W0061675

Robert Harris · Vaterland

Robert Harris

VATER-
LAND

Thriller

Aus dem Englischen
von
Hanswilhelm Haefs

Haffmans Verlag

Titel der englischen Originalausgabe:
»Fatherland«
Hutchinson, London
Copyright © 1992 by
Robert Harris

Für Gill

Umschlagzeichnung von
John Empton

Alle deutschen Rechte vorbehalten
Copyright © 1992 by
Haffmans Verlag AG Zürich
Gesamtherstellung: Ebner Ulm
Gedruckt auf Munken Print 1,8fach.-Vol 90 g/qm
– aus chlorfrei gebleichten Rohstoffen –
– ohne optische Aufheller –
der Munkedals AB, Schweden.
Geliefert über die Trebruk GmbH, Hamburg.
ISBN 3 251 00209 0

Die hundert Millionen selbstbewußter deutscher Herrenmenschen sollten aufs brutalste in Europa eingesetzt und in ihrer Macht gesichert werden durch ein Monopol technischer Zivilisation und die Sklavenarbeit einer abnehmenden eingeborenen Bevölkerung von vernachlässigten, kranken, illiteraten *Kretins,* damit sie die Muße gewönnen, über unendliche *Autobahnen* dahinzubrausen, die Kraft-durch-Freude-Hotels, die Parteihauptquartiere, das Militärmuseum und das Planetarium zu bewundern, die ihnen ihr Führer in Linz (seinem neuen Hitleropolis) erbauen wollte, durch die örtlichen Kunstgalerien zu traben und bei Sahneteilchen endlosen Wiederholungen der *Lustigen Witwe* zuzuhören. Das sollte das Deutsche Jahrtausend sein, aus dem nicht einmal die Einbildungskraft mehr Fluchtmittel haben würde.

HUGH TREVOR-ROPER
Der Geist Adolf Hitlers

Wenn einer sagt: Passen Sie auf, Sie kriegen jetzt zwanzig Jahre Partisanen-Krieg! Diese Aussicht erfreut mich ... Deutschland wird in einem Zustand der ewigen Wachsamkeit bleiben.

ADOLF HITLER
29. August 1942

Vorbemerkung des Autors

Ich danke den Bibliothekaren der Wiener Library in London für ihre langjährige Hilfe.
Ebenso danke ich David Rosenthal und - besonders - Robyn Sisman, ohne die dieses Buch nie begonnen, geschweige beendet worden wäre. R. H.

Inhalt

TEIL I

DIENSTAG, 14. APRIL 1964

Ich schwöre Dir, Adolf Hitler,
als Führer und Kanzler des Deutschen Reiches
Treue und Tapferkeit.
Ich gelobe Dir und den von Dir bestimmten Vorgesetzten
Gehorsam bis in den Tod,
so wahr mir Gott helfe.

FAHNEN-EID DER SS

EINS

Dicke Wolken hatten während der ganzen Nacht auf Berlin gedrückt und jetzt schleppten sie sich in das hinein, was als Morgen galt. An den westlichen Stadträndern trieben Regenfahnen wie Rauch über die Oberfläche der Havelseen.

Himmel und Wasser verschmolzen zu einer grauen Schicht, die nur von der dunklen Linie des gegenüberliegenden Ufers unterbrochen wurde. Da bewegte sich nichts. Kein Licht war zu sehen.

Xaver März, Mordfahnder der Berliner Kriminalpolizei, stieg aus seinem Volkswagen und hielt sein Gesicht in den Regen. Er liebte diesen besonderen Regen. Er kannte seinen Geschmack und seinen Geruch. Es war baltischer Regen, aus dem Norden, kalt und von der See gewürzt, scharf vom Salz. Für einen Augenblick fühlte er sich wie vor zwanzig Jahren, im Kommandoturm eines U-Bootes, das aus Wilhelmshaven hinausglitt, mit gelöschten Lichtern, hinein in die Dunkelheit.

Er sah auf die Uhr. Es war kurz nach sieben.

Am Straßenrand vor ihm standen drei andere Wagen. Die Insassen von zweien schliefen in den Fahrersitzen. Der dritte war ein Streifenwagen der Ordnungspolizei – der Orpo, wie jeder sie nannte. Er war leer. Durch seine offenen Fenster kam scharf in der feuchten Luft das Knistern des Funkgeräts, unterbrochen von heruntergerasselten Redefetzen. Das Drehlicht auf dem Dach leuchtete den Wald neben der Straße an: blau-schwarz, blau-schwarz, blau-schwarz.

März suchte nach den Orpo-Männern und sah sie sich am See unter einem tropfenden Birkenbaum schützen. Im Schlamm zu ihren Füßen schimmerte etwas fahl. Nahebei saß auf einem Baumstamm ein junger Mann in schwarzem Trainingsanzug mit den SS-Zeichen auf der Brusttasche. Er war vorwärts gekrümmt, die Ellenbogen auf den Knien, die Hände seitwärts gegen den Kopf gepreßt – ein Bild des Elends.

März nahm einen letzten Zug aus seiner Zigarette und schnipste sie weg. Sie zischte und erstarb auf der nassen Straße.

Als er näher kam, hob einer der Polizisten den Arm.

»Heil Hitler!«

März beachtete ihn nicht und rutschte das schlammige Ufer hinab, um sich die Leiche anzusehen.

Es war der Körper eines alten Mannes – kalt, fett, haarlos und erschreckend weiß. Aus einiger Entfernung hätte es eine Alabasterstatue sein können, die man in den Schlamm geworfen hatte. Mit Dreck beschmiert lag die Leiche auf dem Rücken, halb aus dem Wasser, die Arme abgespreizt, das Gesicht zurückgeworfen. Ein Auge war fest zugedrückt, das andere schielte bösartig in den schmutzigen Himmel.

»Ihr Name, Unterwachtmeister?« März hatte eine sanfte Stimme. Ohne den Blick von der Leiche zu wenden, redete er den Orpo-Mann an, der ihn gegrüßt hatte.

»Ratka, Herr Sturmbannführer.«

Sturmbannführer war ein SS-Titel, der dem Wehrmachtsrang eines Majors entsprach, und Ratka schien – obwohl hundemüde und naß bis auf die Knochen – eifrig bedacht, Ehrerbietung zu zeigen. März kannte diesen Typ, ohne auch nur hinzusehen: drei Gesuche um Versetzung zur Kripo, alle abgelehnt; eine pflichtbewußte Frau, die dem Führer eine Fußballmannschaft Kinder geschenkt hatte; ein Monatseinkommen von 200 Reichsmark. Ein Leben, in Hoffnung gelebt.

»Gut, Ratka«, sagte März, wieder mit dieser sanften Stimme. »Wann hat man ihn entdeckt?«

»Vor knapp über einer Stunde. Wir hatten gerade Schichtende und patrouillierten in Nikolassee. Wir haben den Anruf entgegengenommen, Dringlichkeitsstufe 1. Fünf Minuten später waren wir hier.«

»Wer hat ihn gefunden?«

Ratka wies mit dem Daumen über die Schulter.

Der junge Mann im Trainingsanzug stand auf. Er konnte kaum älter als achtzehn sein. Sein Haar war so kurz geschoren, daß die rosa Kopfhaut durch den Staub hellbraunen Haares schimmerte. März bemerkte, wie er vermied, auf die Leiche zu blicken.

»Ihr Name?«

»SS-Schütze Hermann Jost.« Er sprach mit sächsischem Akzent – nervös, unsicher, eifrig zu gefallen. »Von der Sepp-Dietrich-Ausbildungsakademie in Schlachtensee.« März kannte sie: eine Monstrosität aus Beton und Asphalt, die in den fünfziger Jahren am Südufer der Havel errichtet worden war. »Ich laufe hier fast jeden Morgen. Es war noch dunkel. Zuerst hab ich gedacht, es sei ein Schwan«, fügte er hinzu, hilflos.

Ratka schnaubte, Verachtung im Gesicht. Ein SS-Kadett, der sich vor einem toten alten Mann fürchtete! Kein Wunder, daß sich der Krieg im Ural ewig weiterschleppte.

»Haben Sie sonst jemanden gesehen, Jost?« März sprach in einem freundlichen Ton, wie ein Onkel.

»Nein. Es gibt eine Fernsprechzelle im Picknick-Eck, etwa einen halben Kilometer zurück. Ich hab angerufen und bin dann hergekommen und hab gewartet, bis die Polizei kam. Auf der Straße war keine Menschenseele.«

März blickte wieder auf die Leiche. Sie war sehr fett. Vielleicht 110 Kilo.

»Wir sollten ihn aus dem Wasser holen.« Er wandte sich der Straße zu. »Zeit, unsere Dornröschen zu wecken.« Ratka, der im strömenden Regen vom einen Fuß auf den anderen trat, grinste.

Es regnete jetzt stärker, und das Kladower Ufer des Sees war praktisch verschwunden. Wasser prasselte auf die Blätter der Bäume und trommelte auf die Dächer der Wagen. Es gab einen schweren Regengeruch nach Verfall: fette Erde und verrottende Vegetation. März' Haare waren an die Kopfhaut geklatscht, Wasser rann ihm den Hals hinab. Er nahm es nicht wahr. Für März enthielt jeder Fall, wie routinemäßig auch immer, wenigstens zu Anfang das Versprechen auf Abenteuer.

Er war zweiundvierzig Jahre alt – schlank, mit grauem Haar und kühlen grauen Augen, die zum Himmel paßten. Während des Krieges hatte das Propagandaministerium einen Spitznamen für die U-Boot-Männer erfunden – die »grauen Wölfe« –, das wäre in gewisser Weise ein guter Name für März gewesen, denn er war ein leidenschaftlicher Detektiv. Aber von Natur aus war er kein Wolf, rannte nicht mit dem Rudel, verließ sich mehr aufs Hirn als auf Muskeln, und so nannten ihn seine Kollegen statt dessen »der Fuchs«.

U-Boot-Wetter!

Er riß die Tür des weißen Škoda auf und wurde von einem Schwall heißer Luft der Autoheizung getroffen.

»Morgen, Speidel!« Er schüttelte die knochige Schulter des Polizeifotografen. »Zeit naß zu werden.« Speidel fuhr zusammen und wurde wach. Er warf März einen wütenden Blick zu.

Das Fahrerfenster des anderen Škoda wurde herabgedreht, als März sich näherte. »Schon gut, März. Schon gut.« Es war SS-Chirurg August Eisler, Pathologe der Kripo, seine Stimme ein Quietschen beleidigter Würde. »Heben Sie sich Ihren Kasernenhumor für die auf, die Sinn dafür haben.«

Sie sammelten sich am Wasserrand, alle außer Doktor Eisler, der abseits stand und sich unter einem alten schwarzen Regenschirm schützte, unter den er niemanden sonst bat. Speidel schraubte ein Blitzlicht auf seine Kamera und setzte den rechten Fuß sorgsam auf einen Lehmklumpen. Er fluchte, als ihm eine Welle über den Schuh platschte.

»Scheiße!«

Der Blitz flammte auf und fror die Szene einen Augenblick lang ein: die weißen Gesichter, die silbrigen Regenfäden, die Dunkelheit der Bäume. Ein Schwan schoß irgendwo aus dem nahen Schilf, um sich anzusehen, was da vor sich ging, und begann, in einigen Metern Entfernung zu kreisen.

»Er bewacht sein Nest«, sagte der junge SS-Mann.

»Ich brauch hier noch eine.« März zeigte. »Und eine hier.«

Speidel fluchte wieder und zerrte seinen triefenden Fuß aus dem Schlamm. Die Kamera blitzte noch zweimal.

März beugte sich nieder und ergriff die Leiche unter den Achseln. Das Fleisch war hart, wie kaltes Gummi, und glitschig.

»Helft mir.«

Die Orpo-Männer nahmen jeder einen Arm, gemeinsam hievten sie, vor Anstrengung grunzend, die Leiche aus dem Wasser, und zerrten sie über das schlammige Ufer und auf das durchtränkte Gras. Als März sich aufrichtete, fing er den Ausdruck auf Josts Gesicht ein.

Der alte Mann trug blaue Badehosen, die ihm bis auf die Knie hinabgerutscht waren. In dem eisigen Wasser waren die Genitalien zu einem winzigen Klümpchen weißer Eier in einem Nest schwarzer Schamhaare zusammengeschrumpelt.

Der linke Fuß fehlte.

Das muß wohl so sein, dachte März. Das war einer der Tage, an denen nichts einfach ist. Ein Abenteuer, also wirklich.

»Herr Doktor. Ihre Meinung bitte.«

Mit einem gereizten Seufzer trat Eisler geziert vor und zog sich den Handschuh von der einen Hand. Das Bein der Leiche endete unterhalb der Wade. Während er immer noch den Schirm hielt, beugte Eisler sich steif nach vorne und ließ die Finger um den Stumpf gleiten.

»Eine Schiffsschraube?« fragte März. Er hatte Leichen gesehen, die aus belebten Wasserwegen gezogen wurden – dem Tegeler See und der Spree in Berlin, der Alster in Hamburg – und aussahen, als ob Metzger über sie hergefallen seien.

»Nein.« Eisler zog die Hand zurück. »Eine alte Amputation. Übrigens ausgezeichnet gemacht.« Er preßte mit der Faust hart auf die Brust. Schlammiges Wasser schoß aus dem Mund und blubberte aus den Nasenlöchern. »Rigor mortis ziemlich fortgeschritten. Zwölf Stunden tot. Vielleicht weniger.« Er zog seinen Handschuh wieder an.

Ein Dieselmotor ratterte irgendwo hinter ihnen durch die Bäume.

»Der Krankenwagen«, sagte Ratka. »Die lassen sich Zeit.«

März winkte Speidel zu sich. »Machen Sie noch eine Aufnahme.«

März blickte auf die Leiche hinab und zündete sich eine Zigarette an. Dann hockte er sich hin und starrte in das einzige offene Auge. So blieb er eine lange Zeit. Wieder blitzte die Kamera. Der Schwan bäumte sich auf, schlug mit den Schwingen und kehrte auf der Suche nach Nahrung in die Mitte des Sees zurück.

ZWEI

Das Kripo-Hauptquartier liegt auf der anderen Seite Berlins, eine Fünfundzwanzig-Minuten-Fahrt von der Havel aus. März brauchte eine Aussage von Jost und bot ihm an, ihn an seiner Kaserne abzusetzen, damit er sich umziehen könne, aber Jost lehnte ab: er wolle seine Aussage lieber so rasch wie möglich machen. Nachdem die Leiche im Krankenwagens verstaut und zum Leichenschauhaus unterwegs war, machten sie sich also in März' kleinem viertürigen Volkswagen auf durch den Stoßverkehr.

Es war einer jener trostlosen Berliner Morgende, an denen die berühmte Berliner Luft nicht erfrischend, sondern nur scharf ist, und die Feuchtigkeit wie mit tausend Eisnadeln in Gesicht und Hände sticht. Auf der Potsdamer Chaussee zwang das Spritzwasser der vorüberrauschenden Wagen die wenigen Fußgänger an die Hauswände. Und während er sie durch die regenbespritzte Windschutzscheibe beobachtete, stellte März sich eine Stadt voller Blinder vor, die sich ihren Weg zur Arbeit ertasten.

Es war alles so *normal*. Später sollte ihn das am meisten berühren. Es war wie bei einem Unfall: zuvor ist alles ganz gewöhnlich; dann der Augenblick; und danach hat sich die Welt für immer verändert. Denn es gab nichts Routinemäßigeres als eine aus der Havel gefischte Leiche. Das geschah zweimal im Monat - verkommenes Volk und gescheiterte Geschäftsleute, leichtsinnige Kinder und liebeskranke Jugendliche; Unfälle und Selbstmorde und Morde; die Verzweifelten, die Törichten, die Traurigen.

Das Telefon hatte kurz nach 6.15 Uhr in seiner Wohnung in der Ansbacher Straße geläutet. Das Klingeln hatte ihn nicht geweckt. Er hatte mit offenen Augen im Halbdunkel gelegen und auf den Regen gelauscht. Während der letzten Monate hatte er schlecht geschlafen.

»März? Wir haben ne Meldung über ne Leiche in der Havel bekommen.« Es war Krause, der Kripobeamte vom Nachtdienst. »Sein Sie ein guter Junge, fahrnse hin und sehnse nach.«

März sagte, er sei nicht interessiert.

»Ob Sie interessiert sind oder nicht, spielt keine Rolle.«

»Ich bin nicht interessiert«, sagte März, »weil ich keinen Dienst habe. Ich hatte letzte Woche Dienst, und die Woche davor.« *Und auch die Woche davor*, hätte er hinzufügen können. »Heute ist mein freier Tag. Sehn Sie noch mal in Ihre Liste.«

Danach hatte es eine Pause am anderen Ende gegeben, dann hatte Krause sich wieder gemeldet und sich widerwillig entschuldigt. »Sie haben Glück gehabt, März. Ich hab in den Dienstplan von letzter Woche geguckt. Sie können weiter schlafen. Oder . . .« Er hatte gewiehert: »Oder was immer Sie sonst tun.«

Eine Windbö hatte Regen gegen das Fenster gepeitscht und die Scheibe klirren lassen.

Es gab ein Standardverfahren, wenn eine Leiche entdeckt wurde: ein Pathologe, ein Polizeifotograf und ein Fahnder hatten sich umgehend zum Tatort zu begeben. Die Fahnder arbeiteten nach einem Dienstplan, den das Kripo-Hauptquartier am Werderschen Markt führte.

»Wer ist übrigens heute eigentlich dran?«

»Max Jäger.«

Jäger. März teilte ein Büro mit Jäger. Er hatte auf den Wecker gesehen und an das kleine Haus in Pankow gedacht, in dem Max mit seiner Frau und den vier Töchtern lebte: Während der Woche war das Frühstück so ziemlich die einzige Zeit, in der er sie sah. März andererseits war geschieden und lebte allein. Er hatte sich vorgenommen, den Nachmittag mit seinem Sohn zu verbringen. Aber vor ihm erstreckten sich die langen Morgenstunden, eine Leere. So wie er sich fühlte, würde es gut sein, irgendeine Routinearbeit zu tun, um sich abzulenken.

»Na schön, lassen Sie ihn in Frieden weiterschlafen«, hatte er gesagt. »Ich bin sowieso wach. Ich übernehme den Fall.«

Das war vor fast zwei Stunden gewesen. März sah im Rückspiegel nach seinem Mitfahrer. Jost schwieg, seit sie die Havel verlassen hatten. Er saß steif auf dem Rücksitz und starrte auf die grauen Gebäude, die vorbeiglitten.

Am Brandenburger Tor signalisierte ihnen ein motorisierter Polizist mit einer Flagge anzuhalten.

In der Mitte des Pariser Platzes vollführte eine SA-Kapelle in braunen triefnassen Uniformen Schwenkungen und stampfte durch die Pfützen. Durch die geschlossenen Fenster des Volkswagens kam das gedämpfte Dröhnen von Trommeln und Trompeten eines alten Parteimarschs. Einige Dutzend Leute hatten sich vor der Akademie der Künste versammelt, um ihnen zuzusehen, die Schultern gegen den Regen eingezogen.

Es war unmöglich, zu dieser Jahreszeit durch Berlin zu fahren, ohne solchen Übungen zu begegnen. In sechs Tagen hatte Adolf Hitler Geburtstag, Führers Geburtstag, ein staatlicher Feiertag, und jede Kapelle im Reich würde an den Paraden teilnehmen. Die Scheibenwischer schlugen den Takt wie ein Metronom.

»Hier sehen wir den endgültigen Beweis«, murmelte März und beobachtete die Menge, »daß das deutsche Volk angesichts von Militärmusik *verrückt* wird.«

Er drehte sich zu Jost um, der dünn lächelte.

Ein Becken-Tusch beendete das Stück. Ein feuchter Applaus prasselte. Der Kapellmeister wandte sich um und verneigte sich. Hinter ihm hatten die SA-Männer bereits begonnen, halb gehend, halb rennend zu ihrem Bus zurückzukehren. Der Polizist auf dem Streifenkrad wartete, bis der Platz leer war, dann stieß er kurz in seine Pfeife. Mit einer weißbehandschuhten Hand winkte er sie durch das Tor.

Vor ihnen gähnte Unter den Linden. Die Straße hatte ihre Lindenbäume '36 verloren – niedergemacht in einem Akt amtlichen Vandalismus zur Zeit der Berliner Olympischen Spiele. An ihrer Stelle hatte der Gauleiter der Stadt Joseph Goebbels eine Allee aus 10 Meter hohen Steinsäulen errichten lassen, auf deren jeder ein Parteiadler mit ausgebreiteten Flügeln hockte. Wasser tropfte ihnen von den Krummschnäbeln und den Flügelspitzen. Es war, als führe man durch einen indianischen Begräbnisgrund.

März fuhr wegen der Ampeln an der Kreuzung Friedrichstraße langsamer und bog nach rechts ab. Zwei Minuten später parkten sie auf dem Platz gegenüber dem Kripobau am Werderschen Markt.

Es war ein häßliches Gebäude – eine mächtige, rußverschmutzte

Monstrosität der Wilhelminischen Zeit, sechs Stockwerke hoch, an der Südseite des Marktes. März war seit zehn Jahren fast sieben Tage in der Woche hergekommen. Wie seine ehemalige Frau oftmals beklagt hatte, war es ihm vertrauter als seine Wohnung. Im Innern gab jenseits der SS-Posten und der knarzenden Drehtür ein Anschlagbrett den gegenwärtigen Stand des Terrorismusalarms bekannt. Vier Farbcodes in aufsteigender Reihung nach der Dringlichkeit: grün, blau, schwarz und rot. Heute war der Alarm wie immer rot.

Der Doppelposten in der Glaskabine überprüfte sie, als sie die Eingangshalle betraten. März zeigte seinen Ausweis und unterzeichnete für Jost.

Der Markt war geschäftiger als üblich. Die Arbeit verdreifachte sich in der Woche vor Führers Geburtstag immer. Sekretärinnen klapperten auf hohen Absätzen mit Aktenstapeln über den Marmorboden. Die Luft roch dick nach nassen Mänteln und Bohnerwachs. Gruppen von Offizieren in Orpo-Grün und Kripo-Schwarz standen beisammen und flüsterten von Verbrechen. Über ihren Köpfen sahen von den entgegengesetzten Enden der Halle mit Girlanden geschmückte Büsten des Führers und des Chefs des Reichssicherheitshauptamtes, Reinhard Heydrich, mit leeren Augen einander starr an. März zog das Metallgitter des Aufzugs zurück und geleitete Jost hinein.

Die Sicherheitskräfte, die Heydrich kontrollierte, waren in drei Gruppen gegliedert. Am unteren Ende der Hackordnung war die Orpo, die gewöhnlichen Bullen. Sie lasen Betrunkene auf, patrouillierten die Autobahnen, stellten die Strafzettel wegen überhöhter Geschwindigkeit aus, nahmen die Verhaftungen vor, bekämpften Brände, kontrollierten die Eisenbahnen und die Flughäfen, nahmen die Notrufe entgegen und fischten die Leichen aus den Seen.

An der Spitze stand die Sipo, die Sicherheitspolizei. Die Sipo umfaßte sowohl die Gestapo, die Geheime Staatspolizei, als auch den SD, den parteieigenen Sicherheitsdienst. Ihr Hauptquartier lag in einem grimmen Komplex um die Prinz-Albrecht-Straße, einen Kilometer südwestlich des Marktes. Sie befaßte sich mit Terrorismus, Subversion, Gegenspionage und »Verbrechen gegen den Staat«. Sie hatte ihre Ohren in jeder Fabrik und jeder Schule, in jedem Krankenhaus und jeder Kirche; in jeder Stadt, in jedem Dorf, in jeder Straße. Eine Leiche in einem See würde die Sipo lediglich dann beschäftigen, wenn es sich um einem Terroristen oder einem Verräter handelte.

Und irgendwo zwischen den beiden anderen und in beide übergehend war die Kripo - Abteilung V des Reichssicherheitshauptamtes. Sie untersuchte alle offenkundigen Verbrechen, vom Einbruch über Bankraub, Tätlichkeiten, Vergewaltigung und Mischehen, bis hinauf zum Mord. Leichen in Seen - wer sie waren und wie sie dahin kamen -, das war Kripo-Sache.

Der Aufzug hielt im zweiten Stock. Der Korridor war wie ein Aquarium beleuchtet. Schwaches Neon prallte von grünem Linoleum und grünlackierten Wänden ab. Derselbe Geruch nach Wachs wie in der Eingangshalle, hier aber noch gewürzt mit den Desinfektionsmitteln der Toiletten und abgestandenem Zigarettenrauch. Zwanzig Milchglastüren säumten den Durchgang, einige halb offen. Das waren die Büros der Fahnder. Aus einem kam der Klang eines einsamen Fingers, der auf einer Schreibmaschine hackte; in einem anderen klingelte ein unbeantwortetes Telefon.

»Das Nervenzentrum des unermüdlichen Kampfes gegen die verbrecherischen Feinde des Nationalsozialismus««, sagte März und zitierte damit eine kürzliche Schlagzeile im ›Völkischen Beobachter‹, dem Parteiblatt. Er machte eine Pause, und als Jost weiterhin verständnislos blickte, erklärte er: »Ein Witz.«

»Bitte?«

»Vergessen Sie's.«

Er stieß eine Tür auf und knipste das Licht ein. Sein Büro war wenig mehr als ein düsterer Wandschrank, eine Zelle, deren einsames Fenster sich auf einen Hof geschwärzter Ziegel öffnete. An einer Wand Regale: zerlesene ledergebundene Bände mit Vorschriften und Anweisungen, ein Handbuch der forensischen Medizin, ein Wörterbuch, ein Atlas, ein Straßenführer von Berlin, Fernsprechbücher, Kästen mit aufgeklebten Etiketten - »Braune«, »Hundt«, »Stark«, »Zadek« -, jeder ein bürokratischer Grabstein, der an irgendein lange vergessenes Opfer erinnerte. Eine andere Wand des Büros nahmen vier Aktenschränke ein. Auf einem stand oben ein Gummibaum, den vor zwei Jahren eine mittelalterliche Sekretärin auf dem Höhepunkt ihrer unausgesprochenen und unerwiderten Leidenschaft für Xaver März da hingestellt hatte. Jetzt war der Baum tot. Das war die ganze Ausstattung, abgesehen von zwei hölzernen Schreibtischen, die unter dem Fenster aneinandergeschoben waren. Der eine war der von März, der andere der von Max Jäger.

März hängte seinen Überzieher an einen Haken neben der Tür. Er zog vor, keine Uniform zu tragen, wenn er es vermeiden konnte, und an diesem Morgen hatte er den Regensturm über der Havel als Entschuldigung dafür genommen, graue Hosen und einen dicken blauen Pullover anzuziehen. Er schob Jägers Stuhl Jost hin. »Setzen Sie sich. Kaffee?«

»Gern.«

Im Korridor stand ein Automat. »Wir haben *Fickfotos* reinbekommen. Das glaubst du nicht. Sieh dir das ma an.« Entlang des Durchgangs konnte März die Stimme von Fiebes hören von VB3, der Abteilung für Sexualverbrechen, wie er mit seinem letzten Erfolg angab. »Hat ihr Mädchen geschossen, sieh mal, kann man jedes *Haar* sehn. Das Mädchen sollte Profi wern.«

Worum mochte es da wohl gehen? März schlug gegen die Seite des Kaffeeautomaten, und der warf einen Plastikbecher aus. Die Frau eines Offiziers, vermutete er, und ein polnischer Arbeiter, den man aus dem Generalgouvernement zur Gartenarbeit rangekarrt hatte. Meistens war es ein Pole; ein träumerischer, seelenvoller Pole, der an dem Herzen der Frau zupfte, deren Mann fort an der Front war. Es klang so, als ob sie von einem eifersüchtigen Mädchen aus dem BDM, dem Bund Deutscher Mädel, *in flagranti* fotografiert worden wären, begierig darauf, den Behörden zu gefallen. Das war ein Sexualverbrechen, wie es 1935 das Gesetz über Rassenschande festgeschrieben hatte.

Das würde ein Verfahren vor dem Volksgerichtshof geben. ›Der Stürmer‹ würde darüber saftiggeil als Warnung für andere berichten. Zwei Jahre Ravensbrück für die Frau. Degradierung und Ungnade für den Ehemann. Fünfundzwanzig Jahre für den Polen, wenn er Glück hatte; wenn nicht, der Tod.

»Ficken!« Eine männliche Stimme murmelte etwas, und Fiebes, ein wieselartiger Inspektor Mitte Fünfzig, dessen Frau vor zehn Jahren mit einem SS-Skilehrer durchgebrannt war, stieß ein kurzes

Meckern aus. März kehrte mit je einem Becher schwarzen Kaffees in den Händen in sein Büro zurück und schmiß die Tür hinter sich so laut zu, wie er das mit dem Fuß nur konnte.

Reichskriminalpolizei

Werderscher Markt 5/6
Berlin

ZEUGENAUSSAGE

Mein Name ist Hermann Friedrich Jost. Ich wurde am 23.2.45 in Dresden geboren. Ich bin Kadett an der Sepp-Dietrich-Akademie in Berlin. Um 5.30 Uhr heute morgen unternahm ich meinen regelmäßigen Trainingslauf. Ich ziehe es vor, allein zu laufen. Mein normaler Weg führt mich nach Westen durch den Grunewald zur Havel, nach Norden am Seeufer entlang zum Lindwerder Restaurant, dann südlich zur Kaserne in Schlachtensee. 300 Meter nördlich der Schwanenwerder Chaussee sah ich etwas im Wasser am Rand des Sees liegen. Es war die Leiche eines Mannes. Ich rannte zu einer Fernsprechzelle, die etwa einen halben Kilometer entfernt am Rand des Seeweges steht, und unterrichtete die Polizei. Ich kehrte zu der Leiche zurück und wartete auf die Ankunft der Behörden. Während dieser ganzen Zeit regnete es stark, ich habe niemanden gesehen.

Ich gebe diese Erklärung aus eigenem freien Willen in der Anwesenheit des Kripo-Fahnders Xaver März ab.

SS-Schütze H. F. Jost
08.24/14.4.64

März lehnte sich in seinen Stuhl zurück und studierte den jungen Mann, während der seine Aussage unterschrieb. In dessen Gesicht gab es keine harten Züge. Es war so rosa und weich wie das eines Säuglings, mit einem kräftigen Ausbruch von Akne um den Mund und einem Hauch blonden Haares auf der Oberlippe. März bezweifelte, daß er sich rasiere.

»Warum laufen Sie allein?«

Jost gab die Aussage zurück. »Das gibt mir die Möglichkeit, meinen Gedanken nachzuhängen. Es tut gut, einmal am Tag allein zu sein. Man ist in der Kaserne nicht oft allein.«

»Seit wann sind Sie Kadett?«

»Seit drei Monaten.«

»Gefällt es Ihnen?«

»Gefallen!« Jost wandte sein Gesicht dem Fenster zu. »Ich hatte gerade mit meinem Studium an der Universität Göttingen angefangen, als meine Mobilmachung kam. Ich will mal so sagen, das war nicht der glücklichste Tag in meinem Leben.«

»Was haben Sie studiert?«

»Literatur.«

»Deutsche?«

»Gibt es denn andere?« Jost zeigte eines seiner wäßrigen Lächeln. »Ich hoffe, daß ich an die Universität zurückkann, wenn ich meine drei Jahre abgedient habe. Ich will Lehrer werden; Schriftsteller. Kein Soldat.«

März überflog die Erklärung. »Wenn Sie so gegen das Militär sind, was machen Sie dann in der SS?« Er konnte die Antwort erraten.

»Mein Vater. Er war Gründungsmitglied der Leibstandarte Adolf Hitler. Sie wissen wie das ist: Ich bin sein einziger Sohn; es war sein glühendster Wunsch.«

»Sie müssen das hassen.«

Jost zuckte mit den Schultern. »Ich überlebe. Und man hat mir gesagt - natürlich inoffiziell -, daß ich nicht an die Front muß. Sie brauchen in der Offiziersschule in Bad Tölz einen Assistenten, um einen Lehrgang über die Degeneration der amerikanischen Literatur zu halten. Das klingt mehr nach meinem Gebiet: Degeneration«, er wagte ein weiteres Lächeln. »Vielleicht werde ich auf dem Gebiet noch ein Experte.«

März lachte und blickte erneut auf die Aussage. Etwas stimmte da nicht, und jetzt sah er es. »Werden Sie sicher.« Er legte die Aussage zur Seite und stand auf. »Ich wünsche Ihnen Glück beim Lehren.«

»Kann ich gehn?«

»Sicher.«

Mit einem Ausdruck der Erleichterung stand Jost auf. März griff nach der Türklinke. »Noch was.« Er drehte sich um und starrte dem SS-Kadetten in die Augen. »Warum lügen Sie mich an?«

Josts Kopf fuhr zurück. »Was . . .«

»Sie haben gesagt, Sie hätten die Kaserne um 5.30 Uhr verlassen. Sie haben die Bullen um 5 nach 6 angerufen. Schwanenwerder ist 3

Kilometer von der Kaserne entfernt. Sie sind fit: Sie laufen jeden Tag. Sie bummeln nicht herum: es gießt in Strömen. Wenn Sie also nicht plötzlich zu hinken begonnen haben, müssen Sie lange vor 6 am See angekommen sein. Damit sind – wie viele? – 20 Minuten von 35 in Ihrer Aussage nicht erklärt. Was haben Sie da gemacht, Jost?«

Der junge Mann sah wie erschlagen aus. »Vielleicht hab ich die Kaserne später verlassen. Oder vielleicht hab ich erst ein paar Runden auf der Laufbahn gedreht . . .«

»Vielleicht, vielleicht . . .« März schüttelte traurig den Kopf. »Das sind Tatsachen, die überprüft werden können, und ich warne Sie: Es wird hart für Sie, wenn ich die Wahrheit herausfinden und Ihnen vorlegen muß. Sind Sie homosexuell?«

»Herr Sturmbannführer! Um Gottes willen . . .«

März legte seine Hände auf Josts Schultern. »Das ist *mir* egal. Vielleicht laufen Sie jeden Morgen allein, um irgendeinen Burschen für zwanzig Minuten im Grunewald zu treffen. Das ist Ihre Angelegenheit. Für mich ist das kein Verbrechen. Alles, was mich interessiert, ist die Leiche. Haben Sie irgendwas gesehen? Was haben Sie wirklich gemacht?«

Jost schüttelte den Kopf. »Nichts, ich schwöre es.« Tränen stiegen in seine weiten blassen Augen.

»Na schön.« März ließ ihn los. »Warten Sie unten. Ich werd veranlassen, daß man Sie nach Schlachtensee zurückbringt.« Er öffnete die Tür. »Denken Sie daran, was ich gesagt hab: Besser, Sie sagen mir jetzt die Wahrheit, als daß ich sie später allein herausfinde.«

Jost zögerte, und für einen Augenblick glaubte März, er würde etwas sagen, aber dann ging er den Korridor hinab und war fort.

März rief in die Kellergarage durch und orderte einen Wagen. Er legte auf und starrte durch das schmierige Fenster auf die gegenüberliegende Mauer. Die schwarzen Ziegel glitzerten unter dem Regenfilm, der aus den oberen Stockwerken herabstürzte. War er mit dem Jungen zu hart umgegangen? Wahrscheinlich. Aber manchmal kann man die Wahrheit nur überlisten, kann sie nur in einem unbewachten Augenblick durch einen Überraschungsangriff fangen. Hatte Jost gelogen? Sicher. Aber wenn er homosexuell war, dann konnte er es sich kaum leisten, nicht zu lügen: Jeder, der einer »widernatürlichen Handlung gegen die Gesellschaft« für schuldig befunden wurde, wanderte prompt ins Arbeitslager. SS-Leute, die man wegen Homosexualität verhaftete, wurden zu Strafbataillonen an der Ostfront abkommandiert; wenige kehrten zurück.

März hatte im letzten Jahr Dutzende junger Männer wie Jost gesehen. Und jeden Tag gab es mehr davon. Sie lehnten sich gegen ihre Eltern auf. Sie stellten den Staat in Frage. Sie hörten amerikanische Radiosender. Sie brachten ihre grob gedruckten Kopien verbotener Bücher in Umlauf – Graham Greene und Arno Schmidt, George Orwell und J. D. Salinger. Vor allem aber protestierten sie gegen den Krieg – den anscheinend endlosen Kampf gegen die von den USA unterstützten sowjetischen Freischärler, der nun bereits seit zwanzig Jahren östlich des Urals vor sich hin mahlte.

Plötzlich schämte er sich, wie er Jost behandelt hatte, und erwog, runterzulaufen und sich bei ihm zu entschuldigen. Aber dann entschied er, wie immer, daß seine Pflicht dem Toten gegenüber zuerst komme. Seine Buße für die Grobheit des Morgens würde sein, der Leiche im See ihren Namen zu geben.

Der Dienstraum der Berliner Kriminalpolizei nimmt den größten Teil der dritten Etage am Werderschen Markt ein. März nahm zwei Stufen zugleich hinauf. Vor dem Eingang verlangte ein Posten mit Maschinenpistole seinen Ausweis. Die Tür öffnete sich unter dem dumpfen Schlagen elektrischer Riegel.

Eine erleuchtete Karte Berlins nimmt die halbe Rückwand ein. Eine Sternengalaxie, orange im Halbdunkel, kennzeichnet die 122 Polizeireviere der Hauptstadt. Zu ihrer Linken ist eine zweite Karte, größer noch, die das ganze Reich darstellt. Rote Lichter kennzeichnen die Städte, die groß genug für eigene Kriminalabteilungen sind. Die Mitte Europas glüht blutigrot. Weiter nach Osten werden die Lichter immer seltener, bis es jenseits Moskaus nur noch einige wenige einzelne Funken sind, die wie Lagerfeuer im Dunkeln blinken. Ein Planetarium des Verbrechens.

Krause, der Beamte vom Dienst für den Gau Berlin, saß unter den Schautafeln auf einer erhöhten Plattform. Er telefonierte, als März herankam, und hob die Hand zum Gruß. Vor ihm saßen in gestärkten weißen Hemden ein Dutzend Frauen in gläsernen Abteilungen mit Kopfhörern und Mikrofonen. Was sie sich alles anhören mußten! Der Feldwebel einer Panzerdivision kommt von seiner Dienstzeit aus dem Osten zurück. Nach dem Essen nimmt er seine Pistole heraus und erschießt nacheinander seine Frau und die drei Kinder. Dann verspritzt er sein Gehirn über die Zimmerdecke. Eine hysterische Nachbarin ruft die Bullen. Die Nachricht kommt hier rein – wird überprüft, gewertet, entschlackt – ehe sie nach unten in jenen Korridor mit rissigem grünem Linoleum und abgestandenem Zigarettenrauch weitergegeben wird.

Hinter dem Beamten vom Dienst nahm eine uniformierte Sekretärin mit saurem Gesicht Eintragungen auf der Tafel der Nachtzwischenfälle vor. Es gab vier Kolumnen: Verbrechen (ernst), Verbrechen (gewaltsam), Zwischenfälle, Unfälle. Jede Kategorie war weiter geviertelt: Zeit der Meldung, Informant, Einzelheiten, veranlaßte Maßnahme. Das durchschnittliche Chaos einer Nacht in der größten Stadt der Welt mit ihren 10 Millionen Einwohnern wurde hier auf wenigen Quadratmetern weißen Plastiks in Hieroglyphen verwandelt.

Es hatte seit 10 Uhr am Vorabend achtzehn Tote gegeben. Der schlimmste Zwischenfall – *1H 2D 4K* – war ein Autozusammenstoß, bei dem drei Erwachsene und vier Kinder in Pankow kurz nach 11 starben. Keine Maßnahme veranlaßt; das konnte der Orpo überlassen bleiben. Eine Familie verbrannte bei einem Hausbrand in Kreuzberg, eine Messerstecherei vor einer Kneipe im Wedding, eine Frau in Spandau zu Tode geprügelt. Die Notiz über März' unterbrochenen Morgen war die letzte der Liste: *06:07 [O]* (das bedeutete, die Nachricht war von der Orpo gekommen) *1 H Havel/März*. Die Sekretärin trat zurück und sicherte ihren Füller mit einem scharfen Klick.

Krause hatte sein Telefonat beendet und blickte sich verteidigend auf. »Ich hab mich schon entschuldigt, März.«

»Schon gut. Ich will die Vermißtenliste. Raum Berlin. Sagen wir: der letzten achtundvierzig Stunden.«

»Kein Problem.« Krause sah erleichtert aus und drehte sich in seinem Sitz zu der sauergesichtigen Frau um. »Du hast den Fahnder gehört, Helga. Überprüf mal, was in der letzten Stunde reingekommen ist.« Er drehte sich wieder zurück und sah März an, rotäugig vor Schlafmangel. »Ich wär ja schon vor ner Stunde gegangen. Aber jeder Ärger in *der* Gegend – Sie wissen ja, wie das ist.«

März blickte auf die Berlin-Karte. Das meiste war ein graues Spinnennetz aus Straßen. Aber auf der Linken gab es zwei Farbkleckse: das Grün des Grunewalds und, daran entlanglaufend, das blaue Band der Havel. In den See hinein krümmte sich wie ein Fötus eine Insel, mit dem Ufer durch eine Nabelschnurchaussee verbunden.

Schwanenwerder.

»Hat Goebbels da immer noch sein Haus?«

Krause nickte. »Und die übrigen.«

Da waren die elegantesten Adressen Berlins, praktisch ein Regierungsviertel. Ein paar Dutzend große Häuser, von der Straße abgeschirmt. Ein Wachposten am Eingang der Chaussee. Ein guter Ort fürs Privatleben, für Sicherheit, für den Anblick des Waldes und für private Anlegestellen; ein schlechter Ort, eine Leiche zu entdecken. Die Leiche war weniger als 300 Meter entfernt angetrieben worden.

Krause sagte: »Die lokale Orpo nennt es den ›Fasanenstrich‹.«

März lächelte. ›Goldfasanen‹ war Gossensprache für Parteibonzen.

»Nicht gut, ne Schweinerei zu lange von *der* Türschwelle liegenzulassen.«

Helga war zurückgekommen. »Personen, die seit Sonntagmorgen als vermißt gemeldet wurden«, verkündete sie, »und deren Identität noch nicht geklärt ist.« Sie gab Krause eine lange Rolle ausgedruckter Namen, der überflog sie und gab sie dann an März weiter. »Das reicht, um Sie beschäftigt zu halten.« Das schien ihn zu amüsieren. »Sie sollten das Ihrem fetten Freund Jäger geben. Der hätte sich schließlich um diese Sache kümmern sollen, erinnern Sie sich?«

»Danke. Aber ich will wenigstens damit anfangen.«

Krause schüttelte den Kopf. »Sie machen doppelt soviel Stunden wie die anderen. Sie werden nicht befördert. Sie kriegen ein beschissenes Gehalt. Sind Sie verrückt, oder was?«

März hatte die Liste vermißter Personen zu einer Röhre zusammengerollt. Er lehnte sich vorwärts und klopfte Krause damit leicht gegen die Brust. »Sie vergessen sich, Genosse«, sagte er. »Arbeit macht frei.« Das Motto der Arbeitslager. Arbeit macht frei.

Er drehte sich um und ging durch die Reihen der Telefonistinnen zurück. Hinter sich konnte er Krause zu Helga sagen hören: »Siehst du, was ich meine? Was für n Scheißwitz soll das jetzt wieder sein?«

März kam in sein Büro zurück, als Max Jäger gerade seinen Mantel aufhängte. »Xavi!« Er breitete die Arme weit aus. »Ich hab ne Nachricht aus dem Dienstraum bekommen. Wie kann ich das je wiedergutmachen?« Er trug die Uniform eines SS-Sturmbannführers: Die schwarze Jacke wies immer noch Spuren seines Frühstücks auf.

»Schreib's meinem guten alten Herzen an«, sagte März. »Und reg dich nicht zu sehr auf. An der Leiche war nichts, was hilft, sie zu identifizieren, und seit Sonntag werden in Berlin über hundert Personen vermißt. Es wird Stunden dauern, auch nur die Liste durchzugehen. Und da ich meinem Jungen versprochen habe, mit ihm heute nachmittag auszugehen, wirst du dich damit allein herumschlagen müssen.«

Er zündete sich eine Zigarette an und beschrieb die Einzelheiten: den Ort, den nicht vorhandenen Fuß, seinen Verdacht betreffend Jost. Jäger nahm alles mit einer Reihe von Grunzern auf. Er war ein schwabbeliger, schmuddeliger, massiger Mann, zwei Meter groß, mit plumpen Händen und Füßen. Er war fünfzig, fast zehn Jahre älter als März, aber sie teilten sich seit 1959 ein Büro und hatten oft als Mannschaft zusammengearbeitet. Die Kollegen am Werderschen Markt spotteten hinter ihren Rücken über sie: der Fuchs und der Bär. Und vielleicht hatten sie auch was von einem alten Ehepaar an sich, in der Art, wie sie sich zankten und dann doch wieder zusammenhielten.

»Das hier ist die Vermißtenliste.« März setzte sich an seinen Schreibtisch und rollte den Ausdruck aus: Namen, Geburtsdaten, Zeit des Verschwindens, Anschrift der Informanten. Jäger lehnte sich über seine Schulter. Er rauchte stumpfe dicke Zigarren, und seine Uniform stank danach. »Laut dem guten Doktor Eisler starb unser Mann vermutlich irgendwann nach 6 Uhr gestern abend, also wird ihn wohl niemand vor 7 oder 8 Uhr frühestens vermißt haben. Vielleicht warten sie sogar ab, ob er heute morgen auftaucht. Vielleicht steht er also noch gar nicht auf der Liste. Aber wir müssen auch noch zwei andere Möglichkeiten erwägen, oder nicht? Erstens: Er war schon einige Zeit verschwunden, *bevor* er gestorben ist. Zweitens – und wir wissen aus bitterer Erfahrung, daß das nicht unmöglich ist –: Eisler hat die Todeszeit zu hoch angesetzt.«

»Der Kerl taugt nicht mal zum Tierarzt«, sagte Jäger.

März zählte schnell. »Einhundertzwei Namen. Ich würd das Alter von unserem Mann auf sechzig schätzen.«

»Sag sicherheitshalber lieber fünfzig. Nach 12 Stunden in der Brühe sieht niemand mehr besonders gut aus.«

»Wohl wahr. Also schließen wir jeden auf der Liste aus, der nach 1914 geboren ist. Dann dürften noch rund ein Dutzend übrigbleiben. Die Identifizierung könnte nicht leichter sein: Fehlt dem Opa ein Fuß?« März faltete das Blatt, riß es entzwei und gab die eine Hälfte Jäger. »Welche Orpo-Reviere liegen an der Havel?«

»Nikolassee«, sagte Max. »Wannsee. Kladow. Gatow. Pichelsdorf – aber das ist wohl schon zu weit im Norden.«

Während der nächsten halben Stunde rief März eines nach dem anderen an, einschließlich Pichelsdorf, um nachzufragen, ob irgendwo Kleidung gefunden worden war oder ob einer der örtlichen Säufer der Beschreibung des Mannes im See entsprach. Nichts. Er wandte seine Aufmerksamkeit seiner Hälfte der Liste zu. Um 11.30 Uhr hatte er jeden in Frage kommenden Namen abgeklärt. Er stand auf und reckte sich.

»Herr Niemand.«

Jäger war mit seinen Anrufen zehn Minuten früher fertig und starrte rauchend aus dem Fenster. »Beliebter Junge, was? Läßt selbst dich begehrt aussehn.« Er nahm die Zigarre aus dem Mund und zupfte sich Tabakfetzen von der Zunge.

»Ich seh mal nach, ob der Dienstraum noch mehr Namen bekommen hat. Überlaß das mir. Viel Spaß mit Paule.«

Die späte Morgenmesse in der häßlichen Kirche gegenüber dem Kripo-Hauptquartier war gerade vorbei. März stand auf der anderen Seite der Straße und beobachtete den Priester, der in einem schäbigen Regenmantel über seiner Soutane die Kirchentür schloß. Religion wurde in Deutschland von Staats wegen behindert. März fragte sich, wie viele Gläubige den Spionen der Gestapo getrotzt hatten, um der Messe beizuwohnen. Ein halbes Dutzend? Der Priester ließ den schweren Schlüssel in die Tasche gleiten und wandte sich um. Er sah, wie März ihn anblickte, und schlurfte sofort davon, die Augen niedergeschlagen, wie jemand, den man bei einer illegalen Handlung erwischt hatte. März knöpfte seinen Regenmantel zu und folgte ihm in den schmutzigen Berliner Morgen.

DREI

»Mit dem Bau des Triumphbogens wurde 1946 begonnen, und die Arbeiten waren rechtzeitig zum Tag der Nationalen Wiedergeburt 1950 vollendet. Die Idee für den Entwurf kam vom Führer selbst und beruht auf Zeichnungen, die er während der Kriegsjahre gemacht hat.«

Die Passagiere in dem Bus auf Stadtrundfahrt - zumindest jene, die verstanden - verdauten die Information. Sie erhoben sich von ihren Sitzen oder lehnten sich in den Gang, um eine bessere Sicht zu haben. Xaver März, der etwa in der Mitte des Busses saß, hob seinen Sohn auf den Schoß. Die Stadtführerin, eine mittelalte Frau, in das Grün des Reichsfremdenverkehrsministeriums gekleidet, stand vorne, die Füße weit auseinander, mit dem Rücken zur Windschutzscheibe. Ihre Stimme kam kalt über das Lautsprecheranlage.

»Der Bogen ist aus Granit und hat ein Volumen von 2 365 685 Kubikmeter.« Sie nieste. »Der Arc de Triomphe in Paris paßt 49mal hinein.«

Einen Augenblick lang dräute der Bogen über ihnen. Dann fuhren sie plötzlich durch ihn hindurch - ein ungeheurer steingerippter Tunnel, länger als ein Fußballfeld, höher als ein 15stöckiges Gebäude, mit der gewölbten verschatteten Decke einer Kathedrale. Die Scheinwerfer und Rücklichter von acht Straßenspuren tanzten durch das nachmittägliche Düster.

»Der Bogen ist 118 Meter hoch. Er ist 168 Meter breit und ist 119 Meter lang. In die Innenwände sind die Namen der drei Millionen Soldaten eingemeißelt, die bei der Verteidigung des Vaterlandes in den Kriegen von 1914 bis 1918 und von 1939 bis 1946 gefallen sind.«

Sie nieste wieder. Die Passagiere verrenkten sich pflichtbewußt die Hälse, um auf die Liste der Gefallenen zu starren. Es war eine gemischte Gesellschaft: eine Gruppe Japaner mit Kameras; ein amerikanisches Paar mit einem kleinen Mädchen in Paules Alter; einige deutsche Siedler, aus dem Ostland oder der Ukraine, zu Führers Geburtstag in Berlin. März sah fort, als sie an der Liste der Gefallenen vorüberfuhren. Irgendwo standen da die Namen seines Vaters und seiner beiden Großväter. Er starrte auf die Stadtführerin. Als sie glaubte, niemand sehe es, wandte sie sich um und wischte sich ihre Nase rasch am Ärmel ab. Der Wagen tauchte im Nieselregen wieder auf.

»Nachdem wir den Triumphbogen verlassen haben, kommen wir in das mittlere Stück der Siegesallee. Die Allee wurde von Reichsminister Albert Speer entworfen und 1957 fertiggestellt. Sie ist 123 Meter breit und 5,6 Kilometer lang. Sie ist sowohl breiter als auch zweieinhalbmal länger als die Champs-Elysées in Paris.«

Höher, länger, größer, breiter, teurer ... Selbst nach dem Sieg, dachte März, hat Deutschland einen Minderwertigkeitskomplex. Nichts stand für sich selbst. Alles mußte mit dem verglichen werden, was das Ausland hat.

»Der Blick von dieser Stelle aus nach Norden entlang der Siegesallee gilt als eines der Weltwunder.«

»Eines der Weltwunder«, wiederholte Paule flüsternd.

Und das war es, selbst an einem Tag wie diesem. Voll dichten Verkehrs erstreckte sich die Allee vor ihnen, flankiert auf beiden Seiten von den Glas- und Granitwänden der Neubauten Speers: Ministerien, Ämter, große Geschäfte, Kinos, Wohnblocks. Am fernen Ende dieses Lichterstroms erhob sich grau wie ein Schlachtschiff die Große Reichshalle im Sprühregen, ihre Kuppel halb in den niedrigen Wolken verborgen.

Von den Siedlern kam anerkennendes Gemurmel. »Das ist ja wie ein Gebirge«, sagte die Frau, die hinter März saß. Sie war in Begleitung ihres Mannes und ihrer vier Söhne. Sie hatten diese Reise vermutlich den ganzen Winter über geplant. Eine Broschüre des Fremdenverkehrsministeriums und ein Traum vom April in Berlin: Luxus, sie in den schneegefesselten mondlosen Nächten in Minsk oder Kiew tausend Kilometer von zu Hause entfernt zu wärmen. Wie mochten sie hergekommen sein? Vielleicht eine organisierte Reise der Kraft-durch-Freude: zwei Stunden im Junkers-Düsenklipper mit einem Zwischenaufenthalt in

Warschau. Oder eine 3-Tage-Fahrt im Familien-Volkswagen auf der Autobahn von Moskau nach Berlin.

Paule strampelte sich aus dem Griff seines Vaters und ging unsicher nach vorne. März kniff sich mit Daumen und Zeigefinger in den Nasenrücken, eine nervöse Angewohnheit, die er sich – wann? – wohl im U-Boot-Dienst angeeignet hatte, nahm er an, als die Schrauben britischer Kriegsschiffe so nahe dröhnten, daß der Schiffskörper erzitterte und man nie wußte, ob ihre nächsten Wasserbomben die letzten sein würden, die man erlebte. Er war 1948 mit Verdacht auf Tuberkulose aus der Marine ausgemustert worden und hatte ein Jahr zur Erholung verbracht. Danach war er, weil er nichts Besseres fand, der Marine-Küstenpolizei beigetreten, in Wilhelmshaven, als Leutnant. In jenem Jahr hatte er Klara Eckart geheiratet, eine Krankenschwester, die er in dem TB-Sanatorium kennengelernt hatte. 1952 war er in die Hamburger Kripo eingetreten. 1954, als sie schwanger war und die Ehe bereits zu scheitern drohte, war er nach Berlin befördert worden. Paul – Paule – war genau vor 10 Jahren und 1 Monat geboren worden.

Was war schiefgegangen? Er machte Klara keine Vorwürfe. Sie hatte sich nicht verändert. Sie war immer eine starke Frau gewesen, die bestimmte einfache Dinge vom Leben wollte: ein Heim, eine Familie, Freunde, Anerkennung. Aber März: *Er* hatte sich verändert. Nach 10 Jahren in der Marine und 12 Monaten Isolation war er in einer Welt an Land gegangen, die er kaum noch kannte. Wenn er zur Arbeit ging, Fernsehsendungen ansah, mit Freunden aß, sogar wenn er – Gott verzeih's – mit seiner Frau schlief, stellte er sich manchmal vor, daß er immer noch an Bord eines U-Bootes war: unter der Oberfläche des Alltagslebens kreuzend, einsam und wachsam.

Er hatte Paule mittags von Klaras Wohnung abgeholt – einem Einfamilienhaus in einem trübsinnigen Nachkriegswohnviertel in Lichtenrade, einem südlichen Vorort. In der Straße parken, zweimal hupen, auf die Bewegung des Vorhangs am Wohnzimmerfenster warten. Das war die Routine, die sich, ohne abgesprochen zu werden, seit ihrer Scheidung vor fünf Jahren ergeben hatte – ein Weg, peinliche Begegnungen zu vermeiden; ein Ritual, das an jedem vierten Sonntag zu erdulden war, falls die Arbeit es gestattete, unter den strengen Vorschriften des Reichsehegesetzes. Es geschah nur selten, daß er seinen Sohn an einem Dienstag sah, doch waren jetzt Schulferien: Seit 1959 hatten die Kinder zu Führers Geburtstag eine Woche frei, statt zu Ostern.

Die Tür hatte sich geöffnet und Paule war erschienen, wie ein schüchterner Schauspieler, den man gegen seinen Willen auf die Bühne hinausstößt. Er trug seine neue Pimpfuniform – steifes schwarzes Hemd und dunkelblaue kurze Hosen – und war wortlos in den Wagen geklettert. März hatte ihn ungeschickt umarmt.

»Du siehst schick aus. Wie gehts in der Schule?«

»Alles in Ordnung.«

»Und deiner Mutter?«

Der Junge zuckte die Schultern.

»Worauf hast du Lust?«

Er zuckte wieder mit den Schultern.

Sie hatten in der Budapester Straße gegenüber dem Zoo gegessen, in einem modernen Restaurant mit Vinylstühlen und Plastiktischen: Vater und Sohn, der eine Bier und Würstchen, der andere Apfelsaft und Buletten. Sie hatten über Pimpfe gesprochen, und Paule war aufgetaut. Solange man kein Pimpf war, war man gar nichts, »eine ununiformierte Kreatur, die noch nie an einem Gruppentreffen oder einem Übungsmarsch teilgenommen hat«. Man konnte ab zehn eintreten und bis vierzehn bleiben und danach in die eigentliche Hitlerjugend überwechseln.

»Ich war Bester bei der Aufnahmeprüfung.«

»Guter Junge.«

»Wir mußten 60 Meter in 12 Sekunden laufen«, sagte Paule. »Weitsprung und Kugelstoßen. Einen Übungsmarsch – anderthalb Tage. Schriftliches. Parteiphilosophie. Und man muß das *Horst-Wessel-Lied* auswendig aufsagen.«

Einen Augenblick befürchtete März, er werde das Lied anstimmen. Also fragte er eilig: »Und dein Dolch?«

Paule griff nach seinem Koppel, auf der Stirn eine Falte der Konzentration. Wie ähnlich er seiner Mutter sieht, dachte März. Die gleichen hohen Wangenknochen, und der volle Mund, dieselben ernsten braunen Augen, weit auseinander. Paule legte den Dolch behutsam vor ihn auf den Tisch. Er nahm ihn auf. Das erinnerte ihn an den Tag, als er seinen eigenen bekam – wann war das? '34? Die Aufregung eines Jungen, der glaubt, jetzt sei er in die Gemein-

34

schaft der Männer aufgenommen. Er drehte ihn um, und das Hakenkreuz am Griff glitzerte im Licht. Er wog das Gewicht des Dolchs in der Hand, dann gab er ihn zurück.

»Ich bin stolz auf dich«, log er. »Was möchtest du jetzt machen? Wir können ins Kino gehen. Oder in den Zoo.«

»Ich möchte eine Stadtrundfahrt machen.«

»Aber das haben wir doch schon beim letzten Mal gemacht. Und das Mal davor.«

»Macht nichts. Ich möchte es gern.«

»Die Große Reichshalle ist das größte Gebäude auf Erden. Sie erhebt sich in eine Höhe von über einem Viertel Kilometer, und an bestimmten Tagen - wie etwa heute - verschwindet die Spitze ihrer Kuppel aus der Sicht. Die Kuppel selbst mißt 140 Meter im Durchmesser, und der Petersdom zu Rom paßt 16mal hinein.«

Sie hatten das Ende der großen Allee erreicht und fuhren auf den Adolf-Hitler-Platz. Zur Linken begrenzte den Platz das Hauptquartier des Oberkommandos der Wehrmacht, zur Rechten die neue Reichskanzlei und der Palast des Führers. Davor lag die Halle. Ihr Grau löste sich in dem Maße auf, je näher man kam. Jetzt konnten sie sehen, was ihre Führerin ihnen erzählte: daß die tragenden Säulen der Vorderfront aus rotem Granit waren, in Schweden gebrochen, und auf beiden Seiten von goldenen Statuen flankiert, Atlas und Tellus, die auf ihren Schultern die Sphären trugen, den Himmel und die Erde.

Das Gebäude war so kristallweiß wie ein Hochzeitskuchen, die Kuppel aus gehämmertem Kupfer dumpfgrün. Paule stand vorne im Bus ganz still.

»Die Große Halle wird nur für die feierlichsten Zeremonien des Deutschen Reiches verwendet und faßt 180 000 Menschen. Ein interessantes und unvorhergesehenes Phänomen: Der Atem dieser Menschenmenge steigt in die Kuppel auf und bildet dort Wolken, die kondensieren und als leichter Regen herabfallen. Die Große Halle ist das einzige Gebäude auf Erden, das sein eigenes Klima schafft . . .«

März hatte das alles schon früher gehört. Er blickte aus dem Fenster und sah nur die Leiche im Schlamm. Badehosen! Was hatte sich der alte Mann dabei gedacht, am Montagabend zu schwimmen? Berlin war schon seit dem späten Nachmittag von schwarzen Wolken verschlungen worden. Als der Sturm schließlich losbrach, war der Regen in Stahlstäben heruntergeschossen und durchbohrte Straßen und Dächer und ertränkte den Donner. Selbstmord vielleicht? Man stelle sich vor. In den kalten See waten, in die Mitte hinausschwimmen, Wassertreten in der Dunkelheit, die Blitze über den Bäumen beobachten, darauf warten, daß die Erschöpfung den Rest tut.

Paule war auf seinen Sitz zurückgekehrt und hüpfte vor Aufregung auf und ab.

»Werden wir den Führer sehen, Papa?«

Die Vision schwand, und März fühlte sich schuldig. Dieses Tagträumen von seiner Arbeit war genau das, worüber Klara sich zu beklagen pflegte: »*Selbst wenn du hier bist, bist du nicht wirklich hier.*«

Er sagte: »Ich glaube nicht.«

Wieder die Führerin: »Zur Rechten die Reichskanzlei und die Residenz des Führers. Die gesamte Fassade mißt 700 Meter und übertrifft um 100 Meter die Fassade des Palastes von Ludwig XIV. in Versailles.«

Die Kanzlei zog langsam vorüber, während der Bus vorbeifuhr: Marmorsäulen und rote Mosaiken, Bronzelöwen, vergoldete Silhouetten, gotische Schrift – ein chinesischer Drache von einem Bauwerk, der da zur Seite des Platzes schlief. Eine Vier-Mann-Ehrenwache der SS stand unter einer sich blähenden Hakenkreuzfahne stramm. Es gab keine Fenster, aber 5 Stockwerke über der Erde war in die Wand der Balkon eingelassen, auf dem der Führer sich bei jenen Gelegenheiten zeigte, zu denen sich eine Million Menschen auf dem Platz versammelten. Selbst jetzt gab es einige Dutzend Neugieriger, die zu den geschlossenen Jalousien hochstarrten, die Gesichter vor Erwartung blaß, hoffend ...

März sah seinen Sohn an. Paule war erstarrt, er hielt den kleinen Dolch in der Hand wie ein Kruzifix umklammert.

Der Bus brachte sie zurück zum Ausgangspunkt der Rundfahrt vor dem Bahnhof der Berlin-Gotenland-Eisenbahn. Es war fünf

Uhr vorbei, als sie aus dem Bus stiegen und die letzten Ränder des natürlichen Lichtes erloschen. Der Tag gab sich selbst mit Abscheu auf.

Der Eingang zum Bahnhof spie Leute aus – Soldaten mit Rucksäcken in Begleitung ihrer Freundinnen und Frauen, Fremdarbeiter mit Pappkoffern und schäbigen Bündel mit Kordeln verschnürt, und Siedler, die nach zwei Tagen Bahnfahrt aus der Steppe auftauchten und verblüfft die Lichter und die Menge anstarrten. Überall sah man Uniformen. Dunkelblau, grün, braun, schwarz, feldgrau. Es glich einer Fabrik bei Schichtende. Da waren die Fabrikgeräusche von rangiertem Metall und schrillem Pfeifen und der Fabrikgeruch nach Hitze und Öl, schaler Luft und Stahlstaub. Ausrufezeichen schrien von den Wänden. »Seid ständig wachsam!« – »Achtung! Meldet sofort verdächtige Pakete!« – »Terroristenalarm!«

Von hier aus gingen haushohe Züge auf 4 Meter breiter Gleisspur nach den Außenposten des Deutschen Reiches ab – nach Gotenland (früher die Krim) und Theoderichshafen (früher Sewastopol); ins Generalkommissariat Taurien und dessen Hauptstadt Melitopol; nach Wolhynien-Podolien, Schitomir, Kiew, Nikolajew, Dnjepropetrowsk, Charkow, Rostow, Saratow ... Das war der Kopfbahnhof einer neuen Welt. Die Ankündigungen von Ankünften und Abfahrten unterbrachen die Coriolan-Ouvertüre im öffentlichen Lautsprechersystem. März versuchte, Paule an die Hand zu nehmen, als sie sich ihren Weg durch die Menge suchten, aber der Junge schüttelte sie ab.

Sie brauchten fünfzehn Minuten, mit dem Wagen aus der unterirdischen Garage herauszukommen, und weitere fünfzehn, um aus den verstopften Straßen um den Bahnhof herauszukommen. Sie fuhren schweigend. Und erst als sie fast zurück in Lichtenrade waren, platzte Paule plötzlich heraus: »Du bist ein Asozialer, nicht wahr?«

Das war ein so eigenartiges Wort aus dem Mund eines Zehnjährigen, und es wurde so sorgfältig ausgesprochen, daß März fast laut herauslachte. Ein Asozialer: nur noch einen Schritt vom Verräter nach dem Verbrecherlexikon der Partei entfernt. Ein Nichtbeiträger zur Winterhilfe. Ein Nichtmitglied der ungezählten NS-Organisationen. Des NS-Skiverbandes. Des Bundes der NS-Wanderer.

Des Großdeutschen NS-Motorclubs. Der Gesellschaft von NS-Kriminalpolizeibeamten. Eines Nachmittags hatte er sogar im Lustgarten eine Parade der NS-Liga der Träger der Lebensrettungsmedaille gesehen.

»Das ist Unsinn.«

»Onkel Erich sagt, das es wahr ist.«

Erich Helfferich. Der war jetzt also »Onkel Erich« geworden. Ein Fanatiker der übelsten Sorte, ein Ganztagsbürokrat im Berliner Hauptquartier der Partei. Ein aufdringlicher bebrillter Pfadfinderführer ... März spürte, wie sich seine Hand um das Lenkrad krampfte. Helfferich hatte vor einem Jahr angefangen, Klara zu besuchen.

»Er sagt, du verweigerst den Führergruß und reißt Witze über die Partei.«

»Und woher will er das alles wissen?«

»Er sagt, es gibt im Parteihauptquartier eine Akte über dich, und es sei nur eine Frage der Zeit, bevor sie dich hoppnehmen.« Dem Jungen kamen vor Scham fast die Tränen. »Ich glaub, er hat recht.«

»Paule!«

Sie fuhren vor dem Haus vor.

»Ich hasse dich.« Das mit ruhiger flacher Stimme. Er stieg aus dem Wagen. März öffnete seine Tür, lief um den Wagen und folgte ihm auf dem Weg zum Haus. Er konnte im Haus den Hund bellen hören.

»Paule!« rief er erneut.

Die Tür öffnete sich. Klara stand da in der Uniform der SS-Frauenschaft. März sah hinter ihr die braungekleidete Gestalt Helfferichs lauern. Der Hund, ein junger Schäferhund, kam herausgerannt und sprang an Paule hoch, der sich an seiner Mutter vorbeidrängte und im Haus verschwand. März wollte ihm folgen, aber Klara versperrte ihm den Weg.

»Laß den Jungen zufrieden. Verschwinde. Laß uns alle in Ruhe.«

Sie schnappte sich den Hund und zerrte ihn an seinem Halsband zurück. Die Tür knallte in sein Jaulen hinein zu.

Später, als er nach Berlin-Mitte zurückfuhr, dachte März über den Hund nach. Dabei wurde ihm klar, daß der Hund die einzige lebende Kreatur in dem ganzen Haus war, die keine Uniform trug.

Wenn er sich nicht so elend gefühlt hätte, hätte er schallend gelacht.

VIER

»Was für n Scheißtag«, sagte Max Jäger. Es war 19.30 Uhr; am Werderschen Markt zog er sich die Jacke an. »Kein persönlicher Besitz aufgetaucht; keine Kleidung. Ich bin die Vermißtenliste bis Donnerstag zurückgegangen. Nichts. Damit sind über 24 Stunden seit dem vermutlichen Zeitpunkt seines Todes vergangen, und nicht eine Seele hat ihn vermißt. Bist du sicher, der ist nicht nur so n Penner?«

März schüttelte kurz den Kopf. »Zu gut ernährt. Und Penner haben keine Badehosen. Normalerweise.«

»Und zu allem Überfluß«, Max nahm noch einen Zug an seiner Zigarre und drückte sie dann aus, »muß ich heute abend zu einer Parteiversammlung. ›Die deutsche Mutter: Kämpferin des Volkes an der Heimatfront‹.«

Wie alle Kripofahnder, einschließlich März, hatte Jäger den SS-Rang eines Sturmbannführers. Anders als März war er im vergangenen Jahr der Partei beigetreten. Nicht daß März ihm das vorwarf. Man mußte Parteimitglied sein, um befördert zu werden.

»Kommt Hannelore mit?«

»Hannelore? Trägerin des Ehrenkreuzes der Deutschen Mutter in Bronze? Natürlich kommt sie mit.« Max blickte auf die Uhr. »Gerade noch Zeit für ein Bier. Was meinst du?«

»Heute abend nicht, danke. Ich komm mit dir runter.«

Sie trennten sich auf der Treppe des Kripo-Gebäudes. Mit einem Winken bog Jäger nach links in Richtung auf die Kneipe in der Oberwallstraße ein, während März sich nach rechts dem Fluß zuwandte. Er ging schnell. Der Regen hatte aufgehört, aber die Luft war noch immer feucht und dunstig. Die Vorkriegsstraßenlampen schimmerten auf dem schwarzen Pflaster. Von der Spree kam der tiefe, durch die Häuser gedämpfte Ton eines Nebelhorns.

Er bog um eine Ecke und wanderte den Fluß entlang und genoß die kalte Nachtluft auf seinem Gesicht. Ein Flußkahn tuckerte stromauf, eine einsame Laterne am Bug, hinterm Heck ein Kessel kochenden dunklen Wassers. Davon abgesehen herrschte Schweigen. Hier gab es keine Autos, keine Menschen. Die Stadt hätte in der Dunkelheit verdampft sein können. Er verließ widerstrebend den Fluß und überquerte den Spittelmarkt zur Seydelstraße. Wenige Minuten später betrat er die Leichenhalle der Stadt Berlin.

Dr. Eisler war nach Hause gegangen. Keine Überraschung. »Ich liebe dich«, atmete eine Frauenstimme in den verlassenen Empfang, »und ich möchte deine Kinder austragen.« Ein Aufseher in bekleckerter weißer Jacke wandte sich widerstrebend von seinem tragbaren Fernsehgerät ab und überprüfte März' Ausweis. Er trug eine Notiz in sein Kontrollbuch ein, nahm einen Schlüsselbund und winkte dem Detektiv, ihm zu folgen. Hinter ihnen erklang die Titelmusik der abendlichen Familienserie des Reichsrundfunks.

Schwingtüren führten in einen Korridor, der Dutzenden anderen am Werderschen Markt glich. Irgendwo, dachte März, muß es einen Reichsdirektor für grünes Linoleum geben. Er folgte dem Aufseher in einen Aufzug. Das Metallgitter schloß sich krachend, und sie fuhren in die Keller hinab.

Am Eingang zum Aufbewahrungsraum zündeten sie sich beide unter einem Schild »Rauchen verboten« Zigaretten an - zwei Profis, die dieselbe Vorbeugemaßnahme trafen, nicht gegen den Geruch der Leichen (der Raum war tiefgekühlt: keine Spur von Verwesungsgestank), aber gegen die stechenden Dünste der Desinfektionsmittel.

»Sie wollen den alten Knaben? Der kurz nach 8 reingekommen ist?«

»Richtig«, sagte März.

Der Aufseher zog an einem langen Handgriff und schwenkte die schwere Tür auf. Es gab ein Zischen kalter Luft, als sie eintraten. Grelle Neonröhren beleuchteten einen Flur aus weißen Kacheln, der sich von beiden Seiten leicht zu einem Abfluß in der Mitte hin senkte. Schwere Metallschubladen waren wie Aktenschränke in die Wände eingelassen. Der Aufseher nahm eine Liste vom Haken neben dem Lichtschalter, ging an ihnen entlang und überprüfte die Nummern.

»Der hier.«

Er klemmte sich die Liste unter den Arm und zog heftig an der Lade. Sie glitt heraus. März trat hinzu und schlug das weiße Laken zurück.

»Wenn Sie wollen, können Sie gehen«, sagte er, ohne sich umzudrehen. »Ich rufe, wenn ich fertig bin.«

»Ist nicht erlaubt. Vorschriften.«

»Für den Fall, daß ich Beweise frisiere? Ich bitte Sie.«

Auch bei der zweiten Begegnung gewann die Leiche nicht. Ein hartes fleischiges Gesicht, kleine Augen und ein grausamer Mund. Der Schädel war fast kahl, abgesehen von einer merkwürdigen Strähne weißen Haares. Die Nase war scharfrückig mit zwei tiefen Eindellungen an beiden Nasenflügeln. Er mußte seit vielen Jahren Brillen getragen haben. Das Gesicht selbst wies keine Verletzungen auf, außer symmetrischen Kratzern auf beiden Wangen. Er schob die Finger in den Mund, stieß aber nur auf den weichen Gaumen. Irgendwann mußte das vollständige falsche Gebiß herausgeschlagen worden sein.

März zog das Laken weiter zurück. Die Schultern waren breit, der Rumpf der eines kräftigen Mannes, der gerade begann, fett zu werden. Er faltete das Laken sauber einige Zentimeter über dem Stumpf zusammen. Er benahm sich Toten gegenüber immer respektvoll. Kein Gesellschaftsarzt am Kurfürstendamm ging mit seinen Patienten zartfühlender um als Xaver März mit seinen Leichen.

Er hauchte Wärme in seine Hände und griff in die Innentasche seines Mantels. Er holte eine schmale Zinnschachtel heraus, die er öffnete, und zwei weiße Karten. Der Zigarettenrauch schmeckte bitter im Mund. Er ergriff das linke Handgelenk der Leiche – so *kalt*; das erschütterte ihn immer aufs neue – und zwang die Finger auf. Sorgfältig preßte er jede Fingerspitze auf das Kissen mit schwarzer Tinte in der Schachtel. Dann stellte er die Schachtel ab, nahm eine der Karten auf und preßte jeden einzelnen Finger darauf. Nachdem er das zu seiner Zufriedenheit getan hatte, wiederholte er die Prozedur mit der rechten Hand des alten Mannes. Der Aufseher sah ihm fasziniert zu.

Die schwarzen Schmierflecken sahen an den weißen Händen scheußlich aus; eine Entweihung.

»Machen Sie ihn bitte sauber«, sagte März.

Das Hauptquartier der Reichs-Kripo befindet sich am Werderschen Markt, aber die forensischen Laboratorien, Verbrechensregister, Waffenkammern, Gewahrsamszellen liegen im Gebäude des Berliner Polizeipräsidiums am Alexanderplatz. Zu dieser ausladenden preußischen Bastion gegenüber der belebtesten U-Bahn-Station der Stadt begab sich März als nächstes.

»Sie wollen *was*?«

Die Stimme, geschärft durch Ungläubigkeit, gehörte Otto Koth, dem stellvertretenden Leiter der Fingerabdruckabteilung.

»Vorrang«, wiederholte März. Er nahm einen weiteren Zug aus seiner Zigarette. Er kannte Koth gut. Vor zwei Jahren hatten sie eine Bande bewaffneter Einbrecher, die einen Polizeileutnant in Lankwitz ermordet hatte, in einer Falle gefangen. Koth war daraufhin befördert worden. »Ich weiß, das ihr einen Rückstau von hier bis zum 100. Geburtstag des Führers habt. Ich weiß, ihr habt die Sipo wegen Terroristen und Gott weiß was im Nacken. Aber tun Sie das für mich.«

Koth lehnte sich in seinen Stuhl zurück. In dem Bücherregal hinter ihm konnte März Artur Nebes Buch über die Kriminologie sehen, das vor dreißig Jahren veröffentlich worden war, aber immer noch das Standardwerk war. Nebe war schon seit 1933 Chef der Kripo.

»Lassen Sie mich sehen, was Sie da haben«, sagte Koth.

März gab ihm die Karten. Koth sah sie sich an und nickte.

»Männlich«, sagte März. »Um die sechzig. Seit einem Tag tot.«

»Ich weiß, wie er sich fühlt.« Koth setzte die Brille ab und rieb sich die Augen. »Na schön. Ich leg sie ganz oben auf den Haufen.«

»Bis wann?«

»Morgen früh sollte eine Antwort da sein.« Koth setzte die Brille wieder auf. »Was ich nicht verstehe ist, woher wissen Sie, daß dieser Mann, wer immer er war, in der Verbrecherkartei steht.«

März wußte es nicht, aber er dachte nicht daran, Koth einen Vorwand zu liefern, sich aus seiner Zusage herauszuwinden. »Glauben Sie mir«, sagte er.

März war um 11 Uhr in seiner Wohnung zurück. Der alte Käfiglift war außer Betrieb. Die Treppen mit ihrem abgewetzten braunen

Teppich rochen nach alten Mahlzeiten, nach gekochtem Kohl und angebranntem Fleisch. Als er am zweiten Stockwerk vorüberkam, konnte er das junge Paar, das unter ihm wohnte, sich streiten hören.

» Wie kannst du das sagen?«

»Du hast nichts gemacht! Überhaupt nichts!«

Eine Tür schlug zu. Ein Säugling schrie. In einer anderen Wohnung drehte jemand als Antwort sein Radio auf volle Lautstärke. Die Symphonie des Lebens in einem Wohnblock. Früher war das mal eine vornehme Gegend gewesen. Jetzt waren darüber wie über viele Bewohner schwerere Zeiten gekommen. Er stieg bis zum nächsten Stock hoch und schloß seine Wohnung auf.

Es war kalt, da die Heizung wie üblich nicht ging. Er hatte fünf Zimmer: ein Wohnzimmer mit einer schönen hohen Decke zur Ansbacher Straße; ein Schlafzimmer mit einem eisernen Bett; ein kleines Badezimmer und eine noch kleinere Küche; ein Nebenraum war mit den Überbleibseln seiner Ehe vollgestopft, nach fünf Jahren immer noch in Kartons verpackt. Zu Hause. Sie war größer als die 44 Quadratmeter, die übliche Größe einer Volkswohnung, aber nicht viel.

Bevor März einzog, gehörte die Wohnung der Witwe eines Luftwaffengenerals. Sie hatte in ihr seit dem Krieg gewohnt und sie verkommen lassen. Als er während seines zweiten Wochenendes das Schlafzimmer neu tapezieren wollte und die angemoderte Tapete herunterriß, hatte er dahinter ein ganz klein zusammengefaltetes Foto gefunden. Ein Sepiaporträt, in bräunlichen und crèmefarbenen Tönen, datiert 1929, aufgenommen in einem Berliner Fotoatelier. Eine Familie stand vor einem gemalten Hintergrund von Bäumen und Feldern. Eine dunkelhaarige Frau blickte auf einen Säugling in ihren Armen. Ihr Ehemann stand stolz hinter ihr, die Hand auf ihrer Schulter. Neben ihm ein kleiner Junge. Seither stand es bei ihm auf dem Kaminsims. Der Junge war in Paules Alter und würde heute in März' Alter sein.

Wer waren diese Leute? Was war aus dem Kind geworden? Seit Jahren fragte er sich das, hatte aber immer gezögert – er hatte am Werderschen Markt stets ausreichend Anspannung für seinen Geist, ohne daß er neue Geheimnisse enträtseln suchte. Dann hatte er unmittelbar vor letzter Weihnacht aus keinem Grund, den er hätte präzis bezeichnen können – aus einer vagen und wachsenden Unbehaglichkeit, die zufälligerweise mit seinem Geburtstag zuammenfiel, nicht mehr –, mit der Suche nach einer Antwort begonnen.

Die Bücher des Vermieters wiesen aus, daß die Wohnung von 1928 bis 1942 an einen Weiß, Jakob, vermietet gewesen war. Aber die Polizei hatte keinerlei Unterlagen über einen Jakob Weiß. Er war weder als umgezogen noch als erkrankt noch als verstorben verzeichnet. Nachfragen bei den Archiven von Heer, Marine und Luftwaffe bestätigten, daß er nicht als Soldat eingezogen worden war. Aus dem Fotoatelier war ein Geschäft geworden, das Fernsehgeräte vermietete, die Geschäftsunterlagen waren verschwunden. Niemand von den jungen Leuten im Büro des Vermieters erinnerte sich an die Familie Weiß. Sie war verschwunden. *Weiß. Eine Leere.* Inzwischen war März klar, daß er die Wahrheit wußte – sie vielleicht immer gewußt hatte –, aber eines Abends ging er dann doch mit dem Foto wie ein Polizist herum und suchte nach Zeugen, und die anderen Bewohner des Wohnblocks hatten ihn angesehen, als sei er verrückt, auch nur zu fragen. Mit einer Ausnahme.

»Das waren Juden«, hatte die Alte im Dachgeschoß gesagt, ehe sie ihm die Tür vor der Nase zuschlug.

Natürlich. Alle Juden waren während des Krieges nach Osten evakuiert worden. Das wußte jeder. Was danach mit ihnen geschehen war, gehörte nicht zu den Fragen, die man in der Öffentlichkeit stellte – und nicht privat, wenn man auch nur einen Funken Verstand hatte, selbst nicht als SS-Sturmbannführer.

Und da, das begriff er jetzt, hatte seine Beziehung zu Paule sich zu verschlechtern begonnen; und die Zeit, da er vor Morgengrauen wach zu werden pflegte und jeden Fall freiwillig übernahm, der ihm über den Weg lief.

März stand ein paar Minuten da, ohne das Licht anzumachen, und blickte hinab auf den Verkehr, der nach Süden zum Wittenbergplatz floß. Dann ging er in die Küche und goß sich einen großen Whisky ein. Die Montagsausgabe des ›Berliner Tageblatt‹ lag neben der Spüle. Er nahm sie mit ins Wohnzimmer.

März hatte beim Lesen der Zeitung eine bestimmte Angewohnheit. Er begann hinten, mit der Wahrheit. Wenn es hieß, daß im Fußball Leipzig Köln vier zu null geschlagen habe, war die Wahrscheinlichkeit groß, daß es wahr war: Selbst die Partei müßte erst noch eine Methode erfinden, die Sportergebnisse umzuschreiben. Sportnachrichten waren eine andere Sache. COUNTDOWN DER OLYMPISCHEN SPIELE TOKIO. USA NEHMEN VIELLEICHT ZUM ERSTEN MAL SEIT 28 JAHREN TEIL. DEUTSCHE SPORTLER IMMER NOCH WELTWEIT FÜHREND. Dann die Anzeigen. DEUTSCHE FAMILIEN! VERGNÜGEN WARTET IN GOTENLAND, DER RIVIERA DES REICHES! Französisches Parfum, belgischer Kaffee, russischer Kaviar, englische Fernseher – das Füllhorn des Reiches ergoß sich über die Seiten. Geburten, Heiraten, Tod: TEBBE, Ernst und Ingrid; ein Sohn für den Führer. WENZEL, Hans, 71 Jahre alt; ein wahrer Nationalsozialist, schmerzlich vermißt.

Und die einsamen Herzen:

FÜNFZIGJÄHRIGER, rein arischer Arzt, Veteran der Schlacht um Moskau, der sich auf dem Land niederlassen will, wünscht sich männliche Nachkommenschaft durch Heirat mit gesunder, arischer, jungfräulicher, junger, bedürfnisloser, fleißiger Frau, an harte Arbeit gewöhnt; breite Hüften, flache Absätze, keine Ohrringe Voraussetzung.

WITWER, sechzig, wünscht sich erneut nordische Lebensgefährtin, bereit, ihm Kinder zu schenken, damit alte Familie im Mannesstamm nicht ausstirbt.

Die Kunstseiten: Zarah Leander, immer noch umjubelt in *Die Frau von Odessa*, jetzt im Gloria-Palast: die epische Geschichte der Neuansiedlung der Südtiroler. Ein Artikel des Musikkritikers, der das »gefährliche, negroide Gejaule« einer Viererbande junger Engländer aus Liverpool angriff, die in Hamburg bei ihren Auftritten Massenanstürme deutscher Jugendlicher auslösten. Herbert von Karajan wird eine Sonderaufführung von Beethovens Neunter – der europäischen Hymne – in der Royal Albert Hall zu London an Führers Geburtstag dirigieren.

Leitartikel über die Antikriegsdemonstrationen der Studenten in Heidelberg: VERRÄTER MÜSSEN MIT GEWALT ZERSCHMETTERT WERDEN! Das ›Tageblatt‹ bezog immer entschlossen Stellung.

Nachruf: irgendein alter Bonze aus dem Innenministerium. »Ein lebenslanger Dienst am Reich . . .«

Nachrichten aus dem Reich: FRÜHLINGSSCHMELZE BRINGT NEUE GEFECHTE AN DER SIBIRISCHEN FRONT! DEUTSCHE TRUPPEN ZERSCHMETTERN IWANS TERRORGRUPPEN! In Rowno, der Hauptstadt des Reichskommissariats Ukraine, hatte man 5 Terroristenführer exekutiert, weil sie die Ermordung einer deutschen Siedlerfamilie organisiert hatten. Dann eine Aufnahme des neuesten Atom-U-Bootes des Reiches, der *Großadmiral Dönitz*, in seiner neuen Basis Trondheim.

Weltnachrichten. In London war bekanntgegeben worden, daß König Edward und Königin Wallis im Juli dem Reich einen Staatsbesuch abstatten würden, »um die tiefen Bande des Respekts und der Zuneigung zwischen den Völkern Großbritanniens und des Deutschen Reiches weiter zu verstärken. In Washington nimmt man an, daß der jüngste Sieg Präsident Kennedys bei den US-Vorwahlen seine Chancen gestärkt hat, die Wiederwahl zu gewinnen . . .«

Die Zeitung glitt März aus den Fingern zu Boden.

Eine halbe Stunde später läutete das Telefon.

»Tut mir *so* leid, Sie zu wecken.« Koth war sarkastisch. »Aber ich dachte, daß dies Vorrang hat. Soll ich morgen noch mal anrufen?«

»Nein, nein.« März war hellwach.

»Sie werden das mögen. Das ist wunderbar.« Zum ersten Mal in seinem Leben hörte März Koth kichern. »Alsdann, Sie spielen doch keine Spielchen mit mir? Das ist doch kein kleiner Witz, den Sie und Jäger miteinander ausgeknobelt haben?«

»Wer ist es?«

»Zuerst den Hintergrund.« Koth amüsierte sich viel zu sehr, als daß er sich hetzen ließ. »Wir mußten weit zurückgehen, um die Entsprechung zu finden. Sehr weit zurück. Aber wir haben sie gefunden. Perfekt. Kein Zweifel. Über Ihren Mann gibt es tatsächlich eine Akte. Er ist ein einziges Mal in seinem Leben verhaftet worden. Von unseren Kollegen in München vor vierzig Jahren. Um genau zu sein, am 9. November 1923.«

Schweigen. Fünf, sechs, sieben Sekunden verstrichen.

»Aha! Ich merke, daß selbst Sie die Bedeutung dieses Datums erkennen.«

»Ein alter Kämpfer.« März griff neben den Sessel nach seinen Zigaretten. »Sein Name?«

»In der Tat. Ein alter Parteigenosse. Zusammen mit dem Führer nach dem Putsch im Bürgerbräukeller verhaftet. Sie haben einen der ruhmreichen Pioniere der Nationalsozialistischen Revolution aus dem See gefischt.« Koth lachte wieder. »Ein klügerer Mann hätte ihn da gelassen, wo er war.«

»*Wie heißt er?*«

Nachdem Koth aufgelegt hatte, marschierte März fünf Minuten lang durch die Wohnung und rauchte wütend. Dann machte er drei Anrufe. Der erste galt Max Jäger. Der zweite dem Beamten vom Dienst am Werderschen Markt. Der dritte einer Berliner Nummer. Die Stimme eines Mannes, vom Schlaf verquollen, antwortete, als März gerade auflegen wollte.

»Rudi? Hier Xaver März.«

»Xavi? Bist du verrückt? Es ist Mitternacht.«

»Noch nicht ganz.« März patrouillierte über den verblaßten Teppich, den Apparat in der einen Hand, den Hörer unter das Kinn geklemmt. »Ich brauch deine Hilfe.«

»Um Gottes willen!«

»Was kannst du mir über einen Mann namens Josef Bühler sagen?«

In jener Nacht hatte März einen Traum. Er stand wieder am Seeufer im Regen, und da lag die Leiche, das Gesicht im Schlamm. Er zog an ihrer Schulter - zog heftig -, aber konnte sie nicht bewegen. Die Leiche war grauweißes Blei. Als er sich aber umdrehte, um zu gehen, ergriff sie sein Bein und begann, ihn in den See zu zerren. Er wühlte in der Erde und versuchte, seine Finger in den weichen Schlamm zu graben, aber da war nichts, um sich daran festzuhalten. Der Griff der Leiche war ungeheuer stark. Und als sie untergingen, verwandelte sich ihr Gesicht in das von Paule, verzerrt vor Wut, grotesk in seiner Scham, und es schrie: »Ich hasse dich ... ich hasse dich ... ich hasse dich!«

TEIL II

MITTWOCH, 15. APRIL 1964

Entspannung, die (a) entspannen, lockern,
nachlassen (von etwas, das straff ist);
lockern (der Muskeln).
(b) Entspannung, auch Détente (einer politischen
Situation).

EINS

Der Regen des Vortages war eine schlechte Erinnerung, aus den Straßen schon halb verschwunden. Die Sonne – die wunderbare, unparteiische Sonne – prallte gegen die Fenster von Geschäften und Wohnungen und glitzerte darin.

Im Badezimmer klirrten und ächzten die verrosteten Leitungen, die Dusche gab einen Faden kaltes Wasser her. März rasierte sich mit seines Vaters altem Rasiermesser zum Gurgelschlitzen. Durch das offene Badezimmerfenster konnte er die Geräusche der erwachenden Stadt hören: das Quietschen und Rattern der ersten Straßenbahn; das ferne Summen des Verkehrs in der Tauentzienstraße; die Schritte der Frühaufsteher, die zur großen U-Bahn-Station am Wittenbergplatz eilten; das Rasseln der Gitter, die in der gegenüberliegenden Bäckerei hochgezogen wurden. Es war noch nicht 7, und Berlin war lebendig von Möglichkeiten, die der Tag noch dämpfen würde.

Seine Uniform lag im Schlafzimmer aus: der Panzer der Autorität.

Braunes Hemd mit schwarzen Lederknöpfen. Schwarze Krawatte. Schwarze Reithosen. Schwarze Reitstiefel (der satte Geruch polierten Leders).

Schwarze Jacke: vier Silberknöpfe; drei parallele Silberstreifen auf den Schulterstücken; auf dem linken Ärmel eine rot-weiß-schwarze Hakenkreuzarmbinde; auf dem rechten eine Raute mit dem gotischen Buchstaben K für Kriminalpolizei.

Schwarzes Pistolenkoppel. Schwarze Mütze mit silbernem Totenkopf und dem Parteiadler. Schwarze Lederhandschuhe.

März starrte sich im Spiegel an, und ein Sturmbannführer der Waffen-SS starrte zurück. Er nahm seine Dienstpistole, eine 9-mm-Luger, vom Toilettentisch, überprüfte sie und schob sie in den Halfter. Dann trat er in den Morgen hinaus.

»Bist du sicher, daß dir das reicht?«

Rudolf Halder grinste über März' Sarkasmus und lud sein Tablett ab: Käse, Schinken, Salami, drei hartgekochte Eier, ein Berg Schwarzbrot, Milch, eine Tasse dampfenden Kaffees. Er baute die Teller in einer ordentlichen Reihe auf dem weißen Leinentischtuch auf.

»Ich hab gehört, daß das Frühstück im Reichssicherheitshauptamt üblicherweise nicht so üppig ist.«

Sie saßen im Speiseraum des Prinz-Friedrich-Karl-Hotels in der Dorotheenstraße, auf halbem Wege zwischen dem Kripo-Hauptquartier und Halders Büro im Reichsarchiv gelegen. März kam regelmäßig. Das Friedrich Karl war eine billige Absteige für Touristen und Handelsvertreter, aber es servierte ein gutes Frühstück. Von einem Fahnenmast über dem Eingang hing schlaff eine Europafahne herab – die zwölf goldenen Sterne der Nationen der Europäischen Gemeinschaft auf dunkelblauem Grund. März vermutete, daß der Geschäftsführer, ein Herr Brecker, sie aus zweiter Hand gekauft und aufgehängt hatte, um so Ausländer anzulocken. Offenbar hatte es nicht gewirkt. Ein Blick über die schäbige Kundschaft des Restaurants und die gelangweilte Bedienung ließ nichts erkennen, das auf Überwachung hingedeutet hätte.

Wie üblich machten die Leute um März' Uniform einen weiten Bogen. Alle paar Minuten bebten die Wände, wenn ein Zug in den Bahnhof Friedrichstraße einlief.

»Nimmst du nichts mehr?« fragte Halder. »Kaffee?« Er schüttelte den Kopf. »Schwarzer Kaffee, Zigaretten und Whisky. Als Diät: nix gut. Ich glaube, ich hab dich nicht mehr ordentlich essen gesehen, seit du und Klara euch getrennt habt.« Er schlug ein Ei auf und begann die Schale abzupellen.

März dachte: Von uns allen hat sich Halder am wenigsten verändert. Unter den Fettschichten und hinter den erschlaffenden Muskeln des beginnenden mittleren Alters lauerte immer noch der Geist des schlaksigen Rekruten, der vor über zwanzig Jahren direkt von der Universität weg auf die U-174 gekommen war. Er war Funker gewesen – ein schlechter, durch die Ausbildung und zu Beginn 1942 in den Dienst gehetzt, als die Verluste am höchsten waren und Dönitz ganz Deutschland nach Ersatz abgraste. Damals wie heute trug er eine drahtgefaßte Brille und hatte dünnes rötliches

Haar, das im Nacken wie ein Entenschwanz abstand. Während einer Fahrt, auf der sich die übrigen Männer Bärte stehen ließen, hatte Halder rötliche Büschel auf Wangen und Kinn, wie ein Kater in der Mauser. Die Tatsache, daß er auf einem U-Boot diente, war ein gespenstischer Irrtum, ein Witz. Er war ungeschickt und kaum imstande, einen Zünder einzusetzen. Die Natur hatte ihn zum Akademiker und nicht zum U-Boot-Mann bestimmt, und jede Fahrt verbrachte er in Schweiß vor Angst und Seekrankheit.

Aber er war beliebt. U-Boot-Mannschaften sind abergläubisch, und irgendwie war das Gerücht aufgekommen, daß Rudi Halder Glück bringe. Also umsorgten sie ihn, deckten seine Fehler und ließen ihn eine extra halbe Stunde in seiner Koje sich ächzend herumwälzen. Er wurde zu einer Art Maskottchen. Als der Frieden kam, nahm Halder, erstaunt überlebt zu haben, seine Studien an der Fakultät für Geschichte der Berliner Universität wieder auf. 1958 trat er einer Gruppe von Historikern bei, die im Reichsarchiv an der amtlichen Geschichte des Krieges arbeiteten. Für ihn hatte sich der Kreis geschlossen, seit er seine Tage zusammengekauert in einem unterirdischen Gelaß in Berlin verbrachte und eben jene große Strategie Stück für Stück zusammensetzte, von der er einst ein winziges, verängstigtes Teilchen gewesen war. *Der U-Boot-Dienst: Operationen und Taktiken 1939-43* war 1963 erschienen. Jetzt half Halder bei der Zusammenstellung des dritten Bandes der Geschichte der Deutschen Wehrmacht an der Ostfront.

»Das ist wie in den Volkswagenwerken in Fallersleben arbeiten«, sagte Halder. Er biß von seinem Ei ein Stück ab und kaute eine Weile. »Ich schraube die Räder an, Jäckel setzt die Türen ein und Schmidt den Motor.«

»Und wie lange dauert das noch?«

»Oh, ewig, nehme ich an. Geld spielt keine Rolle. Das ist der Triumphbogen aus Wörtern, weißt du? Jeder Schuß, jedes Scharmützel, jede Schneeflocke, jedes Niesen. Irgendwer wird sogar die Amtliche Geschichte der Amtlichen Geschichten schreiben. Ich werd das noch weitere fünf Jahre machen.«

»Und dann?«

Halder wischte sich Eikrümel von der Krawatte. »Ein Lehrstuhl an irgendeiner kleinen Universität im Süden. Ein Haus auf dem Land mit Ilse und den Kindern. Ein paar Bücher, die respektvoll rezensiert werden. Mein Ehrgeiz ist bescheiden. Und wenn auch nichts anderes, so kann einem diese Art von Arbeit doch einen Sinn für die Perspektive der eigenen Sterblichkeit geben. Apropos . . .« Aus seiner Innentasche zog er ein Blatt Papier hervor. »Mit den besten Grüßen des Reichsarchivs.«

Es war die Fotokopie einer Seite aus einem alten Parteihandbuch. Vier Paßbilder als Porträts uniformierter Beamter, jedes von einer kurzen Biographie begleitet, Brün, Brunner, Buch. Und Bühler.

Halder sagte: »*Führende Persönlichkeiten der NSDAP.* Ausgabe 1951.«

»Kenn ich gut.«

»Gib zu, ein feiner Haufen.«

Die Leiche in der Havel war die von Bühler, keine Frage. Er starrte März durch seine randlose Brille an, streng und humorlos, die Lippen geschürzt. Das Gesicht eines Bürokraten, eines Rechtsanwalts; ein Gesicht, das man tausendmal sehen mochte und doch nie beschreiben konnte; scharf in Person, verwischt in der Erinnerung; das Gesicht eines Maschinenmenschen.

»Du wirst sehen«, faßte Halder zusammen, »eine Säule nationalsozialistischer Ehrbarkeit. Ist der Partei '22 beigetreten – das ist so ehrbar wie nur möglich. Arbeitete als Rechtsanwalt mit Hans Frank, dem Rechtsanwalt des Führers. Stellvertretender Präsident der Akademie des Deutschen Rechts.«

»Staatssekretär, Generalgouvernement 1939««, las März. »SS-Brigadeführer.« Brigadeführer, auch das noch. Er nahm sein Notizbuch heraus und begann zu schreiben.

»Ehrenrang«, sagte Halder mit vollem Mund. »Ich bezweifle, daß er je einen Schuß im Zorn abgefeuert hat. Er war der reine Schreibtischmann. Als Frank '39 rausgeschickt wurde, um als Gouverneur zu regieren, was noch von Polen übrig war, muß der seinen alten Mitarbeiter Bühler als Chefbürokrat mitgenommen haben. Probier mal diesen Schinken. Ausgezeichnet.«

März kritzelte rasch. »Wie lange war Bühler im Osten?«

»Zwölf Jahre, glaub ich. Ich hab die Ausgabe von 1952 überprüft. Da gibt es keinen Bühler mehr. Also muß '51 sein letztes Jahr gewesen sein.«

März hörte auf zu schreiben und klopfte mit dem Füller gegen die Zähne. »Entschuldige mich ein paar Minuten.«

Im Foyer gab es eine Fernsprechzelle. Er rief die Vermittlung der Kripo an und bat um seinen eigenen Anschluß. Eine Stimme grummelte: »Jäger.«

»Hör zu, Max.« März wiederholte, was ihm Halder erzählt hatte. »Da wird eine Frau erwähnt.« Er hielt das Papier in das schwache elektrische Licht in der Zelle und sah angestrengt hin. »Edith Tulard. Kannst du die auftreiben? Damit wir die Leiche identifizieren lassen können.«

»Die ist tot.«

»Was?«

»Sie ist vor über zehn Jahren gestorben. Ich hab das im SS-Mitgliedschaftsamt überprüft – selbst die Ehrenränge mußten ihre nächsten Verwandten angeben. Bühler hatte keine Kinder, aber ich hab seine Schwester aufgetrieben. Sie ist Witwe, zweiundsiebzig Jahre alt und heißt Elisabeth Trinkl. Lebt in Fürstenwalde.« Kannte März: eine kleine Stadt etwa 45 Autominuten südöstlich Berlins. »Die Ortspolizei bringt sie direkt zum Leichenschauhaus.«

»Ich treff dich da.«

»Noch was. Bühler hatte ein Haus auf Schwanenwerder.«

Das erklärte den Fundort der Leiche. »Gute Arbeit, Max.« März hängte auf und machte sich auf den Weg zurück in den Speisesaal.

Halder hatte sein Frühstück beendet. Er warf seine Serviette hin, als März zurückkam, und lehnte sich auf seinem Stuhl zurück. »Ausgezeichnet. Nun finde ich die Aussicht, 1500 Signale der Ersten Panzerarmee unter Kleist zu sortieren, schon fast erträglich.« Er stocherte in seinen Zähnen. »Wir sollten uns häufiger treffen. Ilse fragt immer: Wann bringst du endlich Xavi mal mit?« Er lehnte sich vor: »Hör zu, da ist eine Frau in den Archiven, die arbeitet an der Geschichte des Bundes Deutscher Mädel in Bayern von 1935 bis 1950. Eine phantastische Frau. Ihr Mann ist im letzten Jahr an der Ostfront verschollen. Armer Teufel. Wie auch immer: du und sie. Was hältst du davon? Wir könnten euch beide einladen, sagen wir nächste Woche?«

März lächelte. »Du bist wirklich nett.«

»Das ist keine Antwort.«

»Stimmt.« Er pochte auf die Fotokopie. »Kann ich die behalten?«

Halder zuckte die Achseln. »Warum nicht?«

»Noch was.«

»Na los.«

»Staatssekretär beim Generalgouvernement. Was genau wird er da getan haben?«

Halder spreizte die Hände. Die Handrücken waren dicht mit Sommersprossen übersät, Büschel rotgoldenen Haares kräuselten sich aus den Manschetten. »Er und Frank hatten die absolute Macht. Sie machten, was sie wollten. Damals dürfte die Wiederansiedelung Vorrang vor allem anderen gehabt haben.«

März schrieb »Wiederansiedelung« in sein Notizbuch und umgab es mit einem Kreis. »Wie ging das vor sich?«

»Was soll das? Ein Seminar?« Halder stellte die Teller vor sich zu einem Dreieck zusammen - zwei kleinere links, den größeren rechts. Er schob sie so zusammen, daß sie aneinanderstießen. »Das hier ist Polen vor dem Krieg. Nach '39 wurden die westlichen Provinzen« - er tippte auf die kleineren Teller - »heim ins Reich geführt. Reichsgau Danzig-Westpreußen und Reichsgau Wartheland.«

Er schob den größeren Teller beiseite. »Und das wurde zum Generalgouvernement. Der Rumpfstaat. Die beiden westlichen Provinzen wurden germanisiert. Das ist zwar nicht mein Gebiet, weißt du, aber ich habe einige Zahlen gesehen. 1940 war die Zielsetzung eine Dichte von 100 Deutschen pro Quadratkilometer. Und das haben sie binnen drei Jahren geschafft. Eine unglaubliche Operation, wenn man bedenkt, daß damals noch der Krieg tobte.«

»Wie viele Menschen waren betroffen?«

»Eine Million. Die SS-Rasseämter trieben Deutsche an Orten auf, von denen man nicht einmal geträumt hätte - in Rumänien, Bulgarien, Serbien, Kroatien. Wenn der Schädel die richtigen Maße hatte und man aus dem richtigen Dorf kam - bekam man eben seinen Fahrschein.«

»Und Bühler?«

»Ach ja. Um in den neuen Reichsgauen Platz für 1 Million Deutsche zu schaffen, mußte man 1 Million Polen rausschaffen.«

»Und die gingen ins Generalgouvernement?«

Halder wandte den Kopf um und blickte sich verstohlen um, ob ihn auch niemand hören könne - den »deutschen Blick« nannten die Leute das. »Sie mußten auch mit den Juden fertig werden, die aus Deutschland und den westlichen Ländern vertrieben wurden – aus Frankreich und Holland und Belgien.«

»Juden?«

»Ja doch. Bleib leise.« Halder sprach so leise, daß März sich über den Tisch lehnen mußte, um ihn zu verstehen. »Du kannst dir vorstellen – das reine Chaos. Überfüllung. Hunger. Seuchen. Nach dem, was man so hört, ist das Gebiet immer noch das reinste Scheißloch, egal, was sie sagen.«

Jede Woche veröffentlichten Zeitungen und Fernsehen Aufrufe vom Ostministerium an Siedler, die willens sind, ins Generalgouvernement zu ziehen. »Deutsche! Fordert euer Geburtsrecht! Einen Bauernhof – kostenlos! Einkommen in den ersten fünf Jahren garantiert!« Die Anzeigen zeigten glückliche Kolonisten, die in Luxus lebten. Aber Berichte über die wirkliche Lage waren durchgesickert – von einer Existenz, die durch schlechte Böden, knochenbrechende Schwerstarbeit und trübselige Satellitenstädte bestimmt wurde, in die sich die Deutschen bei Dämmerung zurückziehen mußten, aus Angst vor den örtlichen Partisanen. Das Generalgouvernement war da schlimmer als die Ukraine; schlimmer als Ostland; schlimmer sogar als Muskowien.

Ein Kellner kam und bot mehr Kaffee an. März winkte ab. Als der Mann außer Hörweite war, fuhr Halder mit derselben leisen Stimme fort: »Frank regierte alles aus dem Wawel in Krakau. Dort dürfte also auch Bühler stationiert gewesen sein. Ich hab einen Freund, der da in den amtlichen Archiven arbeitet. Was der für Geschichten kennt ... Der Luxus war offenbar unglaublich. Wie ein Stück aus dem Römischen Reich. Malereien, Gobelins, aus den Kirchen zusammengeraubte Schätze, Juwelen. Bestechung in bar und Bestechung in Natur, du weißt schon, was ich meine.« Halders blaue Augen leuchteten bei der Vorstellung auf, und seine Augenbrauen tanzten.

»Und Bühler war darin verwickelt?«

»Wer weiß. Wenn nicht, dürfte er der einzige gewesen sein.«

»Das würde erklären, wieso er ein Haus auf Schwanenwerder hatte.«

Halder pfiff leise. »Na endlich. Wir haben die falsche Art Krieg geführt, mein Freund. Statt in einem stinkigen Blechsarg 200 Meter unter dem Atlantik eingepfercht zu sein, hätten wir in schlesischen Schlössern auf Seide schlafen und ein paar polnische Mädchen zur Gesellschaft haben können.«

März hätte ihn gerne noch mehr gefragt, aber er hatte keine Zeit. Als sie gingen, sagte Halder: »Kommst du zum Abendessen mit meinem BDM-Weib?«

»Ich denk dran.«

»Vielleicht können wir sie dazu überreden, ihre Uniform anzuziehn.« Wie er da vor dem Hotel stand, die Hände tief in den Taschen und einen langen Schal zweimal um den Hals geschlungen, sah Halder mehr denn je wie ein Student aus. Plötzlich klatschte er sich mit der flachen Hand vor die Stirn. »Total vergessen! Ich wollte dir noch erzählen ... Mein Gedächtnis ... Ein paar Sipo-Jungs waren in der letzten Woche im Archiv und haben nach dir gefragt.«

März spürte, wie sein Lächeln schrumpfte. »Die Gestapo? Was wollten die denn?« Es gelang ihm, einen leichten, nebensächlichen Ton beizubehalten.

»Och, das übliche Zeugs. ›Was zum Teufel hat er im Krieg gemacht? Hat er irgendeine starke politische Überzeugung? Wer sind seine Freunde?‹ Was geht vor, Xavi? Stehst du zur Beförderung an oder was?«

»Muß wohl so sein.« Er redete sich zu, sich zu entspannen. Vielleicht war es ja nur eine Routinekontrolle. Er mußte daran denken, Max zu fragen, ob der was von einer neuen Überprüfung gehört hatte.

»Na schön, wenn du Chef der Kripo wirst, vergiß deine alten Freunde nicht.«

März lachte. »Bestimmt nicht.« Sie schüttelten sich die Hände. Als sie auseinandergingen, sagte März: »Ich frage mich, ob Bühler Feinde hatte?«

»O ja«, sagte Halder, »natürlich.«

»Wen?«

Halder zuckte die Schultern. »Zum Beispiel dreißig Millionen Polen.«

Die einzige Person auf dem zweiten Stockwerk am Werderschen Markt war eine polnische Putzfrau. Ihr Rücken war März zugekehrt, als er aus dem Aufzug stieg. Alles, was er sehen konnte, war ein mächtiger Rumpf, der auf den Sohlen ihrer schwarzen Gummistiefel ruhte, und das rote Kopftuch um ihr Haar, das auf und nieder hüpfte, während sie den Boden schrubbte. Sie sang leise in ihrer Muttersprache vor sich hin. Als sie ihn näher kommen hörte, hielt sie inne und wandte den Kopf der Wand zu. Er drückte sich hinter ihr vorbei und ging in sein Büro. Nachdem sich die Tür geschlossen hatte, hörte er, wie sie wieder zu singen begann.

Es war noch nicht 9 Uhr. Er hängte seine Mütze an die Tür und knöpfte seine Uniformjacke auf. Auf seinem Schreibtisch lag ein großer brauner Umschlag. Er öffnete ihn und schüttelten den Inhalt heraus, Fotografien vom Tatort. Glänzende Farbaufnahmen von Bühlers Körper, wie ein Sonnenanbeter am Rand des Sees ausgebreitet.

Er hob die antike Schreibmaschine vom Aktenschrank herab und trug sie zu seinem Schreibtisch. Aus einem Drahtkorb nahm er zwei Blatt oft benutzten Kohlepapiers, zwei Blatt Durchschlagpapier und ein Berichtsformular, sortierte sie zusammen und zog sie in die Schreibmaschine. Dann zündete er sich eine Zigarette an und starrte einige Minuten lang auf die tote Pflanze.

Er begann zu schreiben.

An: Leiter VB3 (a)
Betr.: Unidentifizierte Leiche, männlich
Von: X. März, SS-Sturmbannführer   15. 4. 64

Ich bitte, wie folgt berichten zu dürfen.

1. Um 6.28 gestern wurde ich abkommandiert, um der Bergung einer Leiche aus der Havel beizuwohnen. Die Leiche war vom SS-Schützen Hermann Jost um 6.02 entdeckt und der Ordnungspolizei gemeldet worden (Aussage liegt bei).

2. Da kein männliches Wesen zutreffender Beschreibung als vermißt gemeldet war, veranlaßte ich, daß die Fingerabdrücke der Person mit den gespeicherten verglichen wurden.

3. Dadurch konnte die Person als Dr. Josef Bühler identifiziert werden, ein Parteimitglied im Ehrenrang eines SS-Brigadeführers. Er diente 1939-1951 als Staatssekretär im Generalgouvernement.
4. Eine vorläufige Untersuchung vor Ort durch SS-Sturmbannführer Dr. Kurt Eisler ergab als vermutliche Todesursache Ertrinken, als vermutliche Todeszeit die Nacht des 13. April.
5. Das Opfer lebte auf Schwanenwerder, nahe der Stelle, wo die Leiche entdeckt wurde.
6. Es gab keine offensichtlichen verdächtigen Umstände.
7. Eine Autopsie wird nach der förmlichen Identifizierung durch nächste Anverwandte durchgeführt.

März zog den Bericht aus der Schreibmaschine, unterzeichnete ihn und gab ihn in der Eingangshalle einem Boten, als er hinausging.

Die alte Frau saß auf einer harten Holzbank aufrecht im Leichenschauhaus in der Seydelstraße. Sie trug ein braunes Tweedkostüm, einen braunen Hut mit einer herabhängenden Feder, kräftige braune Schuhe und graue Wollstrümpfe. Sie starrte vor sich hin, umkrampfte die Handtasche auf dem Schoß und achtete nicht auf das Pflegepersonal, die Polizisten, die trauernden Verwandten, die durch den Korridor kamen. Max Jäger saß neben ihr, die Arme gekreuzt, die Beine ausgestreckt, und sah gelangweilt drein. Als März eintraf, nahm er ihn beiseite.

»Sie ist seit zehn Minuten hier. Hat kaum gesprochen.«

»Schock?«

»Nehm ich an.«

»Bringen wir's hinter uns.«

Die alte Frau sah nicht auf, als sich März neben sie auf die Bank setzte. Er sagte sanft: »Frau Trinkl, mein Name ist März. Ich bin Fahnder der Berliner Kriminalpolizei. Wir müssen einen Bericht über den Tod Ihres Bruders machen, und dazu ist es notwendig, daß Sie die Leiche identifizieren. Danach werden wir Sie nach Hause bringen. Haben Sie verstanden?«

Frau Trinkl wandte sich zu ihm um. Sie hatte ein dünnes Gesicht, eine dünne Nase (die Nase ihres Bruders), dünne Lippen.

Eine Kameenbrosche zog eine gekräuselte Purpurbluse um ihren knochigen Hals zusammen.

»Haben Sie verstanden?« wiederholte er.

Sie blickte ihn mit klaren grauen Augen an, die nicht von Tränen gerötet waren. Ihre Stimme war knapp und trocken: »Vollkommen.«

Sie gingen durch den Korridor in einen kleinen fensterlosen Empfangsraum. Der Boden bestand aus Holzblöcken. Die Wände waren limonengrün. Jemand hatte in dem Bemühen, den Raum aufzuhellen, Fremdenverkehrsplakate der Deutschen Reichsbahn angebracht: eine Nachtansicht der Großen Halle, das Führermuseum in Linz, der Starnberger See. Das Plakat, das an der vierten Wand gehangen hatte, war heruntergerissen worden und hatte Löcher im Verputz hinterlassen, wie Kugeleinschüsse.

Ein Geräusch draußen kündigte die Ankunft der Leiche an. Sie wurde auf einem metallenen Schiebewagen hereingerollt, von einem Laken verhüllt. Zwei Aufseher in weißen Jacken stellten ihn in der Mitte des Bodens ab – ein Speisebüffet, das seine Gäste erwartete. Jäger schloß die Tür.

»Sind Sie bereit?« fragte März. Sie nickte. Er schlug das Laken zurück, und Frau Trinkl stellte sich neben ihn. Als sie sich nach vorne lehnte, schlug ihm ein starker Duft – nach Pfefferminzpastillen und Parfum und Kampfer, der Geruch einer alten Frau – ins Gesicht. Sie starrte lange Zeit in das tote Gesicht, öffnete dann den Mund, als ob sie etwas sagen wollte, aber es kam nur ein Seufzer. Ihre Augen schlossen sich. März fing sie auf, als sie fiel.

»Er ist es«, sagte sie. »Ich habe ihn zwar seit zehn Jahren nicht mehr gesehen, und er ist auch dicker geworden, und ich habe ihn vorher nie ohne seine Brille gesehen, nicht mehr, seit er ein Kind war. Aber er ist es.« Sie saß auf einem Stuhl unter dem Plakat von Linz und lehnte sich mit gesenktem Kopf nach vorne. Ihr Hut war heruntergefallen. Dünne weiße Haarsträhnen hingen ihr ins Gesicht. Die Leiche war weggerollt worden.

Die Tür öffnete sich, und Jäger kam mit einem Glas Wasser zurück, das er ihr in die magere Hand drückte. »Hier bitte.« Sie hielt es einen Augenblick lang fest, dann hob sie es an die Lippen und nahm einen Schluck. »Ich werde nie ohnmächtig«, sagte sie. »Niemals.« Hinter ihr zog Jäger eine Grimasse.

»Natürlich nicht«, sagte März. »Ich muß Ihnen einige Fragen stellen. Geht es Ihnen gut genug? Unterbrechen Sie mich, wenn ich Sie überanstrenge.« Er nahm sein Notizbuch heraus. »Warum haben Sie Ihren Bruder seit zehn Jahren nicht mehr gesehen?«

»Nachdem Edith gestorben war – seine Frau –, hatten wir nichts mehr gemein. Wir haben uns nie sehr nahegestanden. Auch nicht als Kinder. Ich war acht Jahre älter als er.«

»Seine Frau ist schon vor einiger Zeit gestorben?«

Sie dachte einen Augenblick lang nach. »1953, glaube ich. Im Winter. Sie hatte Krebs.«

»Und in der ganzen Zeit danach haben Sie nichts mehr von ihm gehört? Gibt es noch andere Brüder oder Schwestern?«

»Nein. Nur uns beide. Gelegentlich hat er geschrieben. Vor zwei Wochen hab ich einen Brief zu meinem Geburtstag von ihm bekommen.« Sie kramte in ihrer Handtasche und zog ein einzelnes Blatt Briefpapier hervor – gute Qualität, crèmefarben und dick, mit einem Stich des Schwanenwerder Hauses als Kopf. Die Handschrift war gestochen, die Botschaft so formell wie eine amtliche Mitteilung. ›Meine liebe Schwester! Heil Hitler! Ich sende Dir zu Deinem Geburtstag Grüße. Ich hoffe sehr, daß Du Dich ebenso guter Gesundheit erfreust wie ich. Josef.‹ März faltete es wieder zusammen und gab es ihr zurück. Kein Wunder, daß ihn niemand vermißt hatte.

»Hat er in seinen anderen Briefen jemals etwas erwähnt, das ihn beunruhigte?«

»Worüber hätte er beunruhigt sein sollen?« Sie spie die Worte aus. »Edith hat im Krieg ein Vermögen geerbt. Sie hatten Geld. Er lebte in angenehmsten Umständen. Und wie.«

»Sie hatten keine Kinder?«

»Er war unfruchtbar.« Sie sagte das ohne Mitgefühl, als ob sie seine Haarfarbe beschriebe. »Edith war so unglücklich. Ich glaube, das hat sie umgebracht. Sie hockte da allein in dem großen Haus – es war so was wie psychischer Krebs. Sie liebte Musik – sie spielte wunderbar Klavier. Ein Bechstein, ich erinnere mich. Und er – er war ein so kalter Mann.«

Jäger grummelte von der anderen Seite des Raumes: »Sie haben also nicht viel von ihm gehalten?«

»Nein, hab ich nicht. Überhaupt nicht viel.« Sie wandte sich wieder März zu. »Ich bin seit vierundzwanzig Jahren Witwe. Mein Mann war Aufklärer bei der Luftwaffe, abgeschossen über Frankreich. Ich bin nicht mittellos zurückgeblieben - keineswegs. Aber die Pension ... *sehr* klein für jemanden, der an etwas Besseres gewohnt war. Und kein einziges Mal in all den Jahren hat Josef angeboten, mir zu helfen.«

»Was ist mit seinem Bein?« Das war wieder Jäger, sein Ton war feindselig. Er hatte sich offenbar entschlossen, in diesem Familienstreit die Partei Bühlers zu ergreifen. »Was ist damit passiert?« Sein Benehmen war so, als glaube er, sie habe es gestohlen.

Die alte Dame übersah ihn und richtete ihre Antwort an März. »Er hat nie darüber gesprochen, aber Edith hat es mir erzählt. Es passierte 1951, als er noch im Generalgouvernement war. Er fuhr mit einer Eskorte von Krakau nach Kattowitz, als sein Auto von polnischen Partisanen überfallen wurde. Eine Landmine, sagte sie. Der Fahrer wurde getötet. Josef hatte das Glück, nur einen Fuß zu verlieren. Danach ist er aus dem Regierungsdienst ausgeschieden.«

»Aber er ging immer noch schwimmen?« März blickte aus seinem Notizbuch auf. »Wissen Sie, daß wir ihn in Badehosen gefunden haben?«

Sie lächelte schwach. »Mein Bruder betrieb alles fanatisch, Herr März, ob es nun um Politik ging oder um seine Gesundheit. Er rauchte nicht, er rührte niemals Alkohol an, und er trieb jeden Tag Sport, trotz seiner ... Behinderung. Deshalb überrascht es mich nicht im geringsten, wenn er schwimmen war.« Sie setzte das Glas ab und hob ihren Hut auf. »Ich möchte jetzt nach Hause, wenn ich darf.«

März stand auf, hielt ihr die Hand hin und half ihr auf. »Was hat Dr. Bühler nach 1951 gemacht? Da war er doch erst - was? - so in den frühen Fünfzigern?«

»Das ist das Merkwürdige.« Sie öffnete ihre Handtasche und nahm einen kleinen Taschenspiegel heraus. Sie überprüfte, ob ihr Hut gerade saß, und steckte mit nervösen, zittrigen Fingerbewegungen einige lose Haare weg. »Vor dem Krieg war er so ehrgeizig. Er arbeitete achtzehn Stunden am Tag, sieben Tage in der Woche. Aber als er aus Krakau kam, hat er aufgehört. Er hat nicht einmal die Juristerei wieder aufgenommen. Seit über zehn Jahren saß er, nachdem die arme Edith gestorben war, den lieben langen Tag in diesem großen Haus herum und tat nichts.«

Zwei Stockwerke tiefer ging in den Kellern des Leichenschauhauses SS-Chirurg August Eisler von der Kripo-Abteilung VD2 (Pathologie) seiner Arbeit mit brutalem Vergnügen nach. Bühlers Brustkorb war im Standardverfahren geöffnet worden: ein Y-Einschnitt, ein Schnitt von jeder Schulter zur Magenhöhle, eine gerade Linie hinab zum Schambein. Jetzt hatte Eisler seine Hände tief im Inneren des Bauches, seine grünen Handschuhe schimmerten rot, und er drehte und schnitt und zerrte. März und Jäger lehnten neben der offenen Tür an der Wand und rauchten Jägers Zigarren.

»Haben Sie schon gesehen, was euer Mann zu Mittag gegessen hat? Zeigen Sies Ihnen, Eck.«

Eislers Assistent wischte sich die Hände an der Schürze ab und hielt einen durchsichtigen Beutel hoch. Darin befand sich etwas Kleines und Grünes.

»Kopfsalat. Wird langsam verdaut. Bleibt stundenlang im Darm.«

März hatte schon früher mit Eisler gearbeitet. Vor zwei Wintern, als der Schnee Unter den Linden blockierte und es auf dem Tegeler See Schlittschuhrennen gab, hatte man einen Flußbootskapitän namens Kempf aus der Spree gezogen, vor Kälte fast tot. Er war im Krankenwagen auf dem Weg zum Spital gestorben. Unfall oder Mord? Die Zeit, zu der er ins Wasser gefallen war, war entscheidend. März hatte sich das Eis angesehen, das sich zwei Meter vom Ufer entfernt gebildet hatte: Er schätzte, daß fünfzehn Minuten das Äußerste waren, das man im Wasser überleben könnte. Eisler hatte fünfundvierzig gesagt, und seine Meinung überzeugte den Staatsanwalt. Das reichte, um das Alibi des Bootsmanns zu zerstören und ihn zu hängen.

Später hatte der Staatsanwalt - ein redlicher, altmodischer Mann - März in sein Büro gerufen und die Tür abgeschlossen. Dann hatte er ihm Eislers »Beweise« gezeigt: Kopien von Dokumenten, die als Geheime Reichssache abgestempelt und 1942, Dachau, datiert waren. Es handelte sich um einen Bericht über Erfrierungsexperimente mit verurteilten Gefangenen, der ausschließlich der Abteilung des SS-Generalarztes vorbehalten war. Die Männer waren mit Handfesseln in Tanks voller Eiswasser geworfen und in Abständen herausgezogen worden, um ihre Temperatur zu messen, bis sie starben. Fotografien lagen bei von Köpfen, die zwischen Eisschollen auf und nieder tauchten, und Diagramme, die den vorausgesagten und den wirklichen Temperaturverlust zeigten. Die Experimente hatten zwei Jahre gedauert und waren unter anderem von einem jungen Untersturmführer durchgeführt worden, von August Eisler. An jenem Abend waren März und der Staatsanwalt in eine Kneipe in Kreuzberg gegangen und hatten sich bis zur Bewußtlosigkeit betrunken. Am nächsten Tag hatte keiner von ihnen erwähnt, was sich abgespielt hatte. Sie hatten nie mehr miteinander geredet.

»Wenn Sie sich einbilden, ich rücke mit irgendeiner phantastischen Theorie heraus, März, dann vergessen Sies.«

»Das erwarte ich auch nicht.«

Jäger lachte. »Ich auch nicht.«

Eisler ignorierte ihre Erheiterung. »Er ist ertrunken, kein Zweifel. Die Lungen voller Wasser, er muß also noch geatmet haben, als er in den See ging.«

»Keine Schnitte?« fragte März. »Oder Quetschungen?«

»Wollen Sie herkommen und meine Arbeit tun? Nein? Dann glauben Sie mir: Er ist ertrunken. Es gibt keine Kontusionen am Kopf, die darauf hinwiesen, daß man ihn geschlagen oder unter Wasser gedrückt hätte.«

»Ein Herzanfall? Irgendeine Art Krampf?«

»Möglich«, räumte Eisler ein. Eck gab ihm ein Skalpell. »Aber das werde ich erst wissen, sobald ich eine vollständige Untersuchung der inneren Organe durchgeführt habe.«

»Wie lang wird das dauern?«

»Solange es dauert.«

Eisler stellte sich hinter den Kopf von Bühler. Sanft strich er der Leiche das Haar aus der Stirn, auf sich zu, als ob er ein Fieber lindern wolle. Dann beugte er sich hinab und stieß das Skalpell durch die linke Schläfe. Er zog es in einem Bogen über die Stirn, unmittelbar unterhalb der Linie des Haaransatzes. Es gab ein Knirschen von Metall und Knochen. Eck grinste sie an. März nahm einen tiefen Lungenzug aus seiner Zigarre.

Eisler legte das Skalpell in eine Metallschale. Dann beugte er sich erneut hinab und arbeitete sich mit den Fingern in den tiefen Schnitt hinein. Nach und nach begann er, die Kopfhaut zurückzuziehen. März drehte den Kopf weg und schloß die Augen. Er betete, daß niemand, den er liebte oder mochte oder auch nur flüchtig kannte, jemals durch die Schlachterarbeit einer Autopsie geschändet werden müsse.

Jäger sagte: »Und was jetzt?«

Eisler hatte eine kleine handgroße Kreissäge genommen. Er schaltete sie ein. Sie jaulte wie ein Zahnbohrer.

März nahm einen letzten Zug aus der Zigarre. »Ich denke, wir sollten jetzt gehen.«

Sie gingen den Korridor hinab. Hinter sich hörten sie aus dem Autopsieraum, wie sich der Ton der Säge vertiefte, als sie sich in den Knochen fraß.

ZWEI

Eine halbe Stunde später saß Xaver März am Steuer eines der Kripo-VWs und folgte hoch über dem See den Windungen der Havelchaussee. Manchmal verbargen Bäume den Blick auf den See. Dann fuhr er um eine Biegung, oder der Wald wurde dünner, und er konnte das Wasser wieder sehen, wie es in der Aprilsonne wie ein Tablett voller Diamanten funkelte. Zwei Jachten durchschnitten die Oberfläche - wie Papierschiffchen von Kindern, weiße Dreiecke in der Bläue.

Er hatte das Fenster herabgekurbelt, den Ellbogen aufgelegt, die Brise zupfte an seinem Ärmel. Auf beiden Seiten waren die kahlen Zweige der Bäume mit dem Grün des späten Frühlings gesprenkelt. Einen Monat weiter, und die Straße würde mit Autos verstopft sein: Berliner, die aus der Stadt flüchteten, um zu segeln oder zu schwimmen oder zu picknicken oder einfach auf einem der großen öffentlichen Stände in der Sonne zu liegen. Aber heute war die Luft noch zu frisch und der Winter noch zu nahe, so daß März die Straße für sich allein hatte. Er kam an dem roten Ziegelwachhaus des Kaiser-Wilhelm-Turms vorüber, und dann führte die Straße hinab auf die Seehöhe.

Binnen zehn Minuten war er an der Stelle, wo die Leiche entdeckt worden war. In dem schönen Wetter sah sie völlig anders aus. Es war dies eine Touristenattraktion, ein Aussichtspunkt, bekannt als das Große Fenster. Was gestern eine graue Masse gewesen war, war heute ein herrlicher klarer Blick über acht Kilometer Wasser, bis hin nach Spandau.

Er parkte und ging dann den Weg zurück, den Jost gelaufen war, als er die Leiche entdeckt hatte - hinab den Forstpfad, eine scharfe Biegung nach rechts, und dann den See entlang. Er tat das ein zweites und dann ein drittes Mal. Befriedigt stieg er in den Wagen und fuhr über die niedrige Brücke nach Schwanenwerder. Eine rote und weiße Barriere versperrte die Straße. Ein Wachtposten tauchte

aus einem kleinen Häuschen auf, ein Notizbrett in der Hand, das
Gewehr über die Schulter gehängt.

»Ihren Ausweis bitte.«

März reichte ihm seinen Kripo-Ausweis durch das offene Fenster. Die Wache studierte ihn und gab ihn zurück. Er salutierte. »In
Ordnung, Herr Sturmbannführer.«

»Was ist hier das übliche Verfahren?«

»Jeden Wagen anhalten. Die Papiere prüfen und fragen, zu wem
sie wollen. Wenn sie verdächtig aussehen, rufen wir das Haus an
und fragen, ob sie erwartet werden. Manchmal durchsuchen wir
den Wagen. Hängt davon ab, ob der Reichsminister zu Hause ist.«

»Führen Sie eine Liste?«

»Jawohl.«

»Tun Sie mir einen Gefallen. Sehen Sie doch mal nach, ob Dr.
Josef Bühler am Montag abend irgendwelche Besucher hatte.«

Der Wachtposten rückte sein Gewehr zurecht und ging in sein
Häuschen. März konnte sehen, wie er die Seiten des Hauptbuches
umblätterte. Als er zurückkam, schüttelte er den Kopf. »Den ganzen Tag niemand für Dr. Bühler.«

»Hat er denn die Insel verlassen?«

»Wir führen keine Aufzeichnungen über die Bewohner, nur
über die Besucher. Und wir überprüfen keine Leute, die gehen, nur
solche, die kommen.«

»Aha.« März sah an dem Wachtposten vorbei über den See. Einzelne Möwen schossen niedrig über das Wasser. Einige Jachten lagen an einer Mole vertäut. Er konnte das Knarren ihrer Masten im
Winde hören.

»Wie ist das mit dem Ufer: Wird das den ganzen Tag über bewacht?«

Der Wachtposten nickte. »Die Wasserschutzpolizei fährt hier
alle paar Stunden Patrouille. Aber die meisten Häuser haben genügend Sirenen und Hunde, um ein KZ zu bewachen. Wir scheuchen
nur die Neugierigen fort.«

KZ. Kürzer als Konzentrationslager.

In der Ferne klang das Geräusch starker Motoren auf. Der
Wachtposten drehte sich um und beobachtete die Straße hinter
ihm, zur Insel hin.

»Einen Augenblick.«

Um die Biegung kam mit hoher Geschwindigkeit ein grauer BMW, die Scheinwerfer an, gefolgt von einer langen schwarzen Mercedes-Limousine, und dann ein weiterer BMW. Der Posten trat zurück, drückte auf einen Knopf, die Barriere ging hoch, und er salutierte. Als der Konvoi vorüberraste, erhaschte März einen flüchtigen Blick auf die Insassen des Mercedes – eine junge Frau, wunderschön, eine Schauspielerin vielleicht oder ein Mannequin, mit kurzem blondem Haar; und neben ihr, geradeaus starrend, ein verschrumpelter alter Mann, dessen nagetierähnliches Profil sofort erkennbar war. Der Wagen-Kavalkade donnerte stadtwärts davon.

»Fährt der immer so schnell?« fragte März.

Der Posten sah ihn mit wissendem Blick an. »Der Herr Reichsminister hatte Probeaufnahmen. Frau Goebbels wird zum Mittagessen zurückerwartet.«

»Aha. Dann ist ja alles klar.« März drehte den Zündschlüssel, und der VW sprang an. »Wußten Sie, daß Dr. Bühler tot ist?«

»Nein.« Der Posten zeigte keinerlei Interesse. »Wann ist denn das passiert?«

»Montag abend. Er wurde wenige hundert Meter von hier angeschwemmt.«

»Ich hab nur gehört, daß man eine Leiche gefunden hat.«

»Wie war er denn?«

»Ich hab ihn kaum gekannt. Er ist nicht oft ausgegangen. Keine Besucher. Hat nie was gesagt. Aber so enden hier schließlich viele von denen.«

»Wo war sein Haus?«

»Sie können es nicht verfehlen. Auf der Ostseite der Insel. Zwei große Türme. Es ist eines der größten.«

»Danke.«

Als er die Chaussee hinabfuhr, sah März in den Rückspiegel. Der Posten stand da einige Sekunden und sah ihm nach, rückte dann erneut sein Gewehr zurecht und ging langsam in sein Häuschen zurück.

Schwanenwerder war klein, weniger als einen Kilometer lang und einen halben Kilometer breit, und eine einzige Straße lief als Einbahnstraße im Uhrzeigersinn herum. Um Bühlers Besitz zu erreichen, mußte März dreiviertel der Straße um die Insel herumfahren. Er fuhr vorsichtig und verlangsamte jedesmal fast bis zum Stillstand, wenn er ein Haus zu seiner Linken erblickte.

Die Insel, die früher Sandwerder hieß, hatte ihren lieblicheren Namen von den berühmten Schwanenkolonien erhalten, die am südlichen Ende der Havel lebten. Sie war während des letzten Jahrhunderts in Mode gekommen. Die meisten der Gebäude stammten aus dieser Zeit: große Villen mit steilen Dächern und steinernen Fassaden im französischen Stil, mit langen Auffahrten und Rasenflächen, und vor spionierenden Augen durch hohe Mauern und Bäume geschützt. Ein Stück aus den Ruinen des Tuilerien-Palastes stand sinnlos am Straßenrand - eine Säule und ein Stück Bogen, die ein seit langem toter Kaufmann der Wilhelminischen Zeit aus Paris hergeschleppt hatte. Manchmal sah März durch die Gitter eines Tores einen Wachhund und - einmal - einen Gärtner, der den Rasen harkte. Die Besitzer waren entweder in der Stadt bei ihrer Arbeit oder verreist oder verhielten sich ruhig.

März kannte einige von ihnen: Parteibonzen; einen Manager der Autoindustrie, der unmittelbar nach dem Krieg durch die Profite der Sklavenarbeit reich geworden war; den Geschäftsführer von Wertheim, dem großen Kaufhaus am Potsdamer Platz, dessen jüdische Besitzer vor über dreißig Jahren enteignet worden waren; einen Rüstungsfabrikanten; den Chef eines Baukonzerns, der die großen Autobahnen in die östlichen Gebiete baute. Er fragte sich, wie Bühler sich eine so wohlhabende Nachbarschaft leisten konnte, dann erinnerte er sich an Halders Beschreibung: Luxus wie im alten Rom.

»KP 17, hier KHQ. KP 17, bitte antworten.« Eine drängende Frauenstimme füllte den Wagen. März nahm den Hörer des unter dem Armaturenbrett verborgenen Funkgerätes auf.

»Hier KP 17. Was ist los?«

»KP 17, ich habe hier Sturmbannführer Jäger für Sie.«

Er war vor den Toren zu Bühlers Villa angekommen. Durch die Metallgitter konnte März die Biegung der gelben Auffahrt und die beiden Türme sehen, genau wie der Posten es beschrieben hatte.

»Du hast etwas von Ärger gesagt«, dröhnte Jäger, »und den haben wir.«

»Also was?«

»Ich war kaum zehn Minuten hier, als zwei unserer geschätzten

Kollegen von der Gestapo kamen. ›Angesichts der herausragenden Position des Parteigenossen Bühler blahblahblah ist der Fall jetzt neu als Sicherheitsangelegenheit eingestuft worden.‹«

März hämmerte mit der Faust aufs Steuerrad. »Scheiße!«

»›. . . alle Dokumente sind sofort der Sicherheitspolizei zu übergeben, von den Untersuchungsbeamten werden Berichte über den gegenwärtigen Stand der Untersuchung gefordert, die Kripo-Untersuchung ist mit sofortiger Wirkung zu beenden.‹«

»Wann ist denn das passiert?«

»Es passiert jetzt. Die sitzen in unserem Büro.«

»Hast du denen gesagt, wo ich bin?«

»Natürlich nicht. Ich hab sie einfach sitzen lassen und hab ihnen gesagt, ich würde versuchen, dich zu finden. Ich bin direkt in den zentralen Kontrollraum gegangen.« Jäger senkte seine Stimme. März konnte sich vorstellen, wie er der weiblichen Telefonistin den Rücken zukehrte. »Hör zu, Xavi. Ich würde jetzt keine Heldentaten empfehlen. Die meinen es ernst, glaub mir. Es wird jeden Augenblick in Schwanenwerder von Gestapo wimmeln.«

März starrte auf das Haus. Es war vollkommen still und verlassen. Scheiß auf die Gestapo.

In dem Augenblick traf er seine Entscheidung. Er sagte: »Ich kann dich nicht hören, Max. Tut mir leid. Die Verbindung ist zusammengebrochen. Ich habe nichts von dem verstanden, was du gesagt hast. Bitte melde Versagen des Funkgerätes. Aus.« Er schaltete den Empfänger aus.

Ungefähr dreißig Meter vor dem Haus war März auf der rechten Seite an einem Pfad mit einem Tor vorbeigekommen, der in den Wald führte, der in der Mitte der Insel war. Jetzt legte er den Rückwärtsgang ein, stieß schnell dorthin zurück und parkte ein. Er trabte zu Bühlers Tor zurück. Er hatte nicht viel Zeit.

Das Tor war verschlossen. Damit hatte er gerechnet. Das Schloß war ein solider Metallblock. Er zwängte seine Stiefelspitze in das Tor und kletterte hoch. Über seinem Kopf war eine Reihe von Eisenspitzen, dreißig Zentimeter auseinander, das ganze Tor entlang. Er packte mit jeder Hand eine und zog sich hoch, bis er ein Bein hinüberschwingen konnte. Ein riskantes Unternehmen. Einen Augenblick saß er rittlings auf dem Tor und versuchte, zu Atem zu kommen. Dann ließ er sich auf der anderen Seite auf den Kiesweg fallen.

Das Haus war groß, von eigenartigem Schnitt. Es hatte drei Stockwerke, die ein steiles Dach aus blauem Schiefer überdeckte. Zur Linken standen die zwei Steintürme. Sie waren mit dem Hauptgebäude verbunden, an dem ein Balkon mit steinerner Balustrade entlang des ganzen ersten Stockwerks lief. Den Balkon trugen Säulen. Hinter diesen lag, halb im Schatten verborgen, der Haupteingang. März lief auf ihn zu. Buchen und Föhren standen in ungepflegtem Durcheinander entlang der Auffahrt. Die Kanten waren vernachlässigt. Welke Blätter, die seit dem Winter nicht mehr zusammengefegt worden waren, wehten über den Rasen.

Er blieb zwischen den Säulen stehen. Die erste Überraschung: Die Eingangstür war nicht verschlossen.

März stand in der Diele und sah sich um. Zur Rechten eine eichene Treppe, zur Linken zwei Türen, geradeaus ein düsterer Flur, der vermutlich in die Küche führte.

Er probierte die erste Tür. Hinter ihr war ein holzgetäfeltes Speisezimmer. Ein langer Tisch und zwölf hochlehnige, geschnitzte Stühle. Kalt und muffig vom Nichtgebrauch.

Die nächste Tür führte ins Wohnzimmer. Er setzte seine geistige Bestandsaufnahme fort. Brücken auf poliertem Parkett. Schwere Möbel, reich mit Brokat gepolstert. Gobelins an den Wänden, und zwar gute, auch wenn März nicht gerade ein Kenner war. Am Fenster stand ein großes Piano mit zwei großen Fotografien darauf. März hielt eine in das Licht, das schwach durch die staubigen Butzenscheiben schien. Der Rahmen war aus schwerem Silber, mit einem Hakenkreuzmotiv. Das Bild zeigte Bühler und seine Frau an ihrem Hochzeitstag, wie sie eine Treppe zwischen einer Ehrenwache von SA-Männern herunterkamen, die Eichenzweige über das glückliche Paar hielten. Bühler war ebenfalls in SA-Uniform. Seine Frau trug Blumen ins Haar geflochten und war – um einen Lieblingsausdruck von Max Jäger zu verwenden – so häßlich wie eine Kiste Kröten. Keiner von beiden lächelte.

März nahm die andere Fotografie auf und spürte sofort seinen Magen schlingern. Da war wieder Bühler, der sich diesmal leicht verneigte und eine Hand schüttelte. Der Mann, der der Gegenstand dieser Ehrerbietung war, hatte sein Gesicht halb der Kamera zugewendet, als ob er während der Begrüßung von etwas hinter der Schulter des Fotografen abgelenkt worden wäre. Da war eine Inschrift. März fuhr mit dem Finger durch den Schmutz auf dem Glas, um die hingekritzelte Schrift zu entziffern. »Dem Parteigenossen Bühler«, lautete sie. »Adolf Hitler, 17. Mai 1945.«

Plötzlich hörte März ein Geräusch. Als ob gegen eine Tür getreten würde, und dem folgte ein Jaulen. Er stellte die Fotografie zurück und ging zurück in die Diele. Das Geräusch kam vom anderen Ende des Flurs.

Er zog die Pistole und schlich sich den Korridor hinab. Wie er vermutet hatte, führte er zur Küche. Da, wieder das Geräusch. Ein Schrei des Entsetzens und ein Trappeln von Füßen. Außerdem war da noch ein Geruch - irgendwie nach Schmutzigem.

Am anderen Ende der Küche war eine Tür. Er streckte den Arm aus und ergriff die Türklinke und riß dann mit einem Ruck die Tür auf. Etwas Mächtiges sprang aus der Dunkelheit. Ein Hund, mit Maulkorb, die Augen weit vor Entsetzen, raste krachend über den Boden, durch den Flur, in die Diele und hinaus durch die offene Vordertür. Der Boden der Speisekammer war voller stinkender Exkremente und Urin und Lebensmittel, die der Hund aus den Regalen herabgerissen hatte, aber nicht fressen konnte.

Danach wäre März gerne für einige Minuten still stehen geblieben, um sich zu beruhigen. Aber er hatte keine Zeit. Er steckte die Luger weg und untersuchte schnell die Küche. Ein paar fettige Teller im Abwaschbecken. Auf dem Tisch eine Flasche Wodka, fast leer, daneben ein Glas. Es gab eine Tür in den Keller, aber sie war abgeschlossen; er entschloß sich, sie nicht aufzubrechen. Er stieg hinauf. Schlafzimmer, Badezimmer - überall die gleiche Atmosphäre eines schäbigen Luxus'; eines grandiosen Lebensstils, der verwahrlost war. Und überall gab es, bemerkte er, Bilder - Landschaften, religiöse Allegorien, Porträts - die meisten unter dicken Staubschichten. Das Haus war seit Monaten nicht mehr ordentlich gereinigt worden, vielleicht seit Jahren.

Das Zimmer, das wohl Bühlers Arbeitszimmer gewesen war, lag im obersten Stockwerk eines der Türme. Regale voller juristischer Bücher, Fallstudien, Gesetze. Ein großer Schreibtisch mit Drehsessel neben einem Fenster, das den rückwärtigen Rasen des Hauses überschaute. Ein langes Sofa mit gestapelten Decken, das so aussah, als sei darauf regelmäßig geschlafen worden. Und noch mehr Fotografien. Bühler in Rechtsanwaltsrobe. Bühler in SS-

Uniform. Bühler mit einer Gruppe von Nazi-Großkopfeten, von denen März einen undeutlich als Frank erkannte, in der ersten Reihe einer Veranstaltung, einem Konzert vielleicht. Alle Bilder schienen mindestens zwanzig Jahre alt zu sein.

März setzte sich an den Schreibtisch und blickte aus dem Fenster. Der Rasen führte hinab zum Ufer der Havel. Dort gab es eine kleine Mole, an der ein Kabinenkreuzer vertäut war, und dahinter der freie Blick auf den See bis hin zum gegenüberliegenden Ufer. Weit in der Ferne tuckerte die Fähre Kladow-Wannsee vorüber.

Er wandte seine Aufmerksamkeit dem Schreibtisch selbst zu. Ein Tintenlöscher. Ein schweres Tintenfaß aus Messing. Ein Telefon. Er streckte die Hand danach aus.

Es begann zu läuten.

Seine Hand hing bewegungslos. Ein Läuten. Zwei. Drei. Die Stille des Hauses verstärkte den Klang; die staubige Luft vibrierte. Vier. Fünf. Er krümmte seine Finger über dem Hörer. Sechs. Sieben. Er nahm ab.

»Bühler?« Die Stimme eines alten Mannes, mehr tot als lebendig; Geflüster aus einer anderen Welt. »Bühler? Sprich doch. Wer ist da?«

März sagte: »Ein Freund.«

Pause. *Klick.*

Wer immer es war, er hatte aufgelegt. März legte den Hörer auf die Gabel. Dann begann er rasch die Schreibtischschubladen aufzuziehen. Einige Bleistifte, etwas Schreibpapier, ein Wörterbuch. Er zog die unteren Schubladen ganz heraus, eine nach der anderen, und tastete den Raum ab.

Da war nichts.

Da war etwas.

Ganz hinten stießen seine Finger gegen einen kleinen und glatten Gegenstand. Er zog ihn heraus. Ein kleines Notizbuch in schwarzem Leder, mit Hakenkreuz und Adler in Goldprägung auf dem Einband. Er blätterte es durch. Der Parteitaschenkalender 1964. Er schob ihn in seine Tasche und setzte die Schubladen wieder ein.

Draußen spielte Bühlers Hund verrückt, rannte von einem Ende zum anderen am Ufer entlang, starrte über die Havel und wieherte wie ein Pferd. Alle paar Sekunden ließ er sich auf seinen Hinterbeinen nieder, ehe er seine verzweifelte Patrouille wieder aufnahm. Jetzt konnte er erkennen, daß seine rechte Seite fast ganz von vertrocknetem Blut verklebt war. Als März zum See hinunterging, achtete der Hund nicht auf ihn.

Die Absätze seiner Stiefel dröhnten auf den Planken der hölzernen Mole. Durch die Ritzen zwischen den wackeligen Planken konnte er einen Meter tiefer das schlammige Wasser sehen, das ins Seichte schwappte. Am Ende der Mole stieg er in das Boot. Es schwankte unter seinem Gewicht. Einige Zentimeter Regenwasser standen auf dem Achterdeck, vermischt mit Dreck und Blättern, ein öliger Regenbogen auf der Oberfläche. Das ganze Boot stank nach Benzin. Irgendwo mußte ein Leck sein. Er beugte sich hinab und versuchte die kleine Tür zur Kabine zu öffnen. Sie war verschlossen. Er wölbte seine Hände und sah durch das Fenster, aber es war drinnen zu dunkel, als daß er etwas hätte sehen können.

Er sprang aus dem Boot und begann auf seiner Spur zurückzulaufen. Das Holz der Mole war zu Grau verwittert, abgesehen von einer Stelle entlang der Kante gegenüber dem Boot. Hier gab es orangefarbene Splitter und einen Kratzer weißer Farbe. März beugte sich hinab, um die Spuren zu untersuchen, als etwas fahl Schimmerndes im Wasser seinen Blick einfing, nahe der Stelle, wo die Mole das Ufer verließ. Er ging zurück und kniete nieder, und als er sich mit der Linken festhielt und die Rechte so weit wie nur möglich ausstreckte, konnte er es gerade noch herausziehen. Rosafarben und angeschlagen wie eine alte chinesische Puppe, mit Lederzungen und Stahlschnallen: eine Prothese, ein künstlicher Fuß.

Der Hund hörte sie als erster. Er warf den Kopf hoch, wandte sich ab und trottete den Rasen hinauf zum Haus. Sofort ließ März seine Entdeckung ins Wasser zurückfallen und rannte hinter dem Hund her. Er verfluchte seine Dummheit und arbeitete sich um die Seite des Hauses voran, bis er im Schatten der Türme stand und das Tor sehen konnte. Der Hund sprang an dem Eisengitter hoch und grunzte durch seinen Maulkorb. Auf der anderen Seite konnte er zwei Gestalten ausmachen, die da standen und zum Haus hinaufblickten. Dann erschien eine dritte mit einem großen Bolzenschneider, den er am Schloß ansetzte. Nach zehn Sekunden Druck gab es mit lautem Krachen nach.

Der Hund wich zurück, als die drei Männer nacheinander das Grundstück betraten. Wie März trugen sie die schwarzen Uniformen der SS. Einer schien etwas aus seiner Tasche zu nehmen und ging mit ausgestreckter Hand auf den Hund zu, als biete er ihm etwas zu fressen an. Das Tier duckte sich. Ein einzelner Schuß sprengte die Stille, hallte auf dem Grundstück wider und jagte einen Schwarm Krähen krächzend aus dem Wald hoch in die Luft. Der Mann schob den Revolver in seinen Halfter und winkte einen seiner Gefährten zu dem Hund, der ihn an den Hinterbeinen ergriff und ins Gebüsch zerrte.

Alle drei Männer gingen auf das Haus zu. März blieb hinter der Säule stehen, um die er sich langsam herumschob, während sie die Auffahrt heraufkamen, und hielt sich so in Deckung. Ihm fiel ein, daß er keinen Grund hatte, sich zu verstecken. Er konnte den Gestapo-Männern sagen, daß er das Grundstück durchsucht habe, daß ihn Jägers Nachricht nicht erreicht habe. Aber etwas in ihrem Benehmen, die Rücksichtslosigkeit, mit der sie sich des Hundes entledigt hatten, warnte ihn davor. *Sie waren schon vorher hier gewesen.*

Als sie näher kamen, konnte er ihre Ränge erkennen. Zwei Sturmbannführer und ein Obergruppenführer – zwei Majore und ein General. Welche Art von Staatssicherheit konnte die persönliche Aufmerksamkeit eines richtigen Gestapo-Generals erfordern? Der Obergruppenführer war in seinen späten Fünfzigern, gebaut wie ein Ochse, mit dem zerschlagenen Gesicht eines ehemaligen Boxers. März kannte sein Gesicht vom Fernsehen, aus den Zeitungen.

Wer war denn das?

Dann erinnerte er sich. Odilo Globocnik. In der SS als Globus bekannt. Der frühere Gauleiter von Wien. Es war Globus, der den Hund erschossen hatte.

»Sie – Erdgeschoß«, sagte Globus. »Sie – Rückseite kontrollieren.«

Sie zogen ihre Pistolen und verschwanden im Haus. März wartete eine halbe Minute, dann brach er zum Tor auf. Er drückte sich an den äußersten Rändern des Gartens entlang, vermied die Auffahrt und suchte sich statt dessen, tief gebeugt, seinen Weg durch das Dickicht der Büsche. Fünf Meter vor dem Tor hielt er, um Luft zu holen. In den Torpfosten zur rechten Hand war so unauffällig, daß er kaum erkennbar war, ein rostiger Metallbehälter eingelassen – ein Briefkasten –, in dem ein großes braunes Päckchen lag.

Das ist Wahnsinn, dachte er. Absoluter Wahnsinn.

Er rannte nicht zum Tor: Nichts, wußte er, zieht das menschliche Auge so an wie eine plötzliche Bewegung. Statt dessen zwang er sich, ganz beiläufig aus den Büschen zu schlendern, als sei das die natürlichste Sache der Welt, nahm das Päckchen aus dem Briefkasten und bummelte durch das offene Tor hinaus.

Er wartete darauf, einen Ruf hinter sich zu hören oder einen Schuß. Aber der einzige Laut war das Rascheln des Windes in den Bäumen. Als er seinen Wagen erreichte, stellte er fest, daß seine Hände zitterten.

DREI

»Warum glauben wir an Deutschland und den Führer?«

»Weil wir an Gott glauben, glauben wir an Deutschland, das ER in Seiner Welt erschaffen hat, und an den Führer, Adolf Hitler, den ER uns gesandt hat.«

»Wem vor allem müssen wir dienen?«

»Unserem Volk und unserem Führer Adolf Hitler.«

»Warum gehorchen wir?«

»Aus innerer Überzeugung, aus dem Glauben an Deutschland, an den Führer, an die Bewegung und die SS und aus Treue.«

»Gut!« Der Ausbilder nickte. »Gut. Sammeln in 35 Minuten auf dem südlichen Sportfeld. Jost: bleiben. Der Rest von euch: entlassen!«

Mit ihrem kurzgeschorenen Haar und den lose sitzenden hellgrauen Arbeitsuniformen sah die Klasse der SS-Kadetten aus wie Sträflinge. Sie zogen geräuschvoll ab, mit kratzendem Verschieben der Stühle und Trampeln der Stiefel auf dem rohen Holzfußboden. Ein großes Porträt des verstorbenen Heinrich Himmler lächelte auf sie herab, wohlwollend. Jost sah verloren aus, wie er da allein in der Mitte des Klassenzimmers Habtacht stand. Einige der anderen Kadetten hatten ihn neugierig angesehen, als sie gingen. Es mußte ja Jost sein, schienen sie zu denken. Jost: der Eigenbrötler, der Einsame, der immer auffiel. Heute abend mochten ihm wohl weitere Klassenkeile in der Kaserne drohen.

Der Ausbilder nickte in Richtung des hinteren Klassenzimmers. »Da ist ein Besucher für Sie.«

März lehnte gegen einen Heizkörper, die Arme überkreuzt, und beobachtete.

»Da bin ich noch mal, Jost«, sagte er.

Sie gingen über den weiten Exerzierplatz. In einer Ecke wurde ein Haufen neuer Rekruten von einem SS-Hauptscharführer mit einer bombastischen Rede traktiert. In einer anderen streckten und bogen und berührten hundert andere Jugendliche in schwarzen Trainingsanzügen ihre Zehenspitzen in vollkommener Unterwerfung unter gebrüllte Befehle. Jost hier zu treffen erinnerte März an den Besuch von Häftlingen im Gefängnis. Derselbe Anstaltsgeruch nach Wachs und Desinfektionsmitteln und verkochtem Essen. Dieselben häßlichen Gebäudeblocks aus Beton. Dieselben hohen Mauern und patrouillierenden Wachen. Wie ein KZ war auch die Sepp-Dietrich-Akademie: zugleich riesig und klaustrophobisch; eine vollkommen in sich geschlossene Welt.

»Können wir uns irgendwo privat unterhalten?« fragte März.

Jost sah ihn verächtlich an. »Hier gibt es nichts Privates. Das ist die Hauptsache.« Sie taten einige weitere Schritte. »Ich nehme an, wir können es im Schlafsaal versuchen. Alle anderen sind beim Essen.«

Sie kehrten um, und Jost führte März in ein niedriges, grau gestrichenes Gebäude. Innen war es düster, mit einem starken Geruch von Männerschweiß. Da standen mindestens hundert Betten. In vier Reihen aufgestellt. Jost hatte richtig vermutet: Er war leer. Sein Bett stand in der Mitte, zweidrittel den Gang hinab. März saß auf der groben braunen Decke und bot Jost eine Zigarette an.

»Das ist hier nicht erlaubt.«

März winkte ihm mit dem Päckchen. »Los doch. Sie können ja sagen, ich hätte es Ihnen befohlen.«

Jost nahm dankbar an. Er kniete sich hin, öffnete das Metallschränkchen neben dem Bett und begann nach etwas zu suchen, was man als Aschenbecher verwenden konnte. Als die Tür aufstand, konnte März ins Innere blicken: Stöße von Taschenbüchern, Zeitschriften, eine gerahmte Fotografie.

»Darf ich?«

Jost zuckte mit den Achseln. »Sicher.«

März nahm die Fotografie heraus. Eine Familie, es erinnerte ihn an das Bild der Weiß'. Der Vater in einer SS-Uniform. Die schüchtern dreinblickende Mutter mit Hut. Die Tochter: ein hübsches Kind mit blonden Zöpfen; vierzehn vielleicht. Und Jost selbst: pausbäckig und lächelnd, kaum erkennbar als die gequälte kurzgeschorene Gestalt, die da jetzt auf dem steinernen Kasernenfußboden kniete.

Jost sagte: »Ich hab mich verändert, was?«

März war entsetzt und versuchte das zu verbergen. »Ihre Schwester?« fragte er.

»Sie geht noch zur Schule.«

»Und Ihr Vater?«

»Er hat jetzt ein Baugeschäft in Dresden. Er war einer der ersten 1941 in Rußland. Daher die Uniform.«

März sah sich die strenge Gestalt näher an. »Trägt er nicht das Ritterkreuz?« Das war die höchste Auszeichnung für Tapferkeit.

»O ja«, sagte Jost. »Ein wirklicher Kriegsheld.« Er nahm die Fotografie und verstaute sie wieder im Schränkchen. »Was ist mit Ihrem Vater?«

»Er war in der Kaiserlichen Marine«, sagte März. »Er wurde im Ersten Weltkrieg verwundet. Hat sich nie mehr richtig erholt.«

»Wie alt waren Sie, als er gestorben ist?«

»Sieben.«

»Denken Sie immer noch an ihn?«

»Jeden Tag.«

»Sind Sie auch zur Marine gegangen?«

»Beinahe. Ich war bei den U-Booten.«

Jost schüttelte langsam den Kopf. Sein blasses Gesicht war rosa angelaufen. »Wir alle folgen unseren Vätern, oder nicht?«

»Die meisten von uns vielleicht. Aber nicht alle.«

Sie rauchten eine Weile schweigend. Von draußen konnte März hören, daß die Übungsstunde noch im Gange war. »Eins, zwei, drei ... Eins, zwei drei ...«

»Diese Leute«, sagte März und schüttelte den Kopf. »Es gibt ein Gedicht von Erich Kästner, ›Marschliedchen‹.« Er schloß die Augen und zitierte:

> »Ihr liebt den Haß und wollt die Welt dran messen.
> Ihr werft dem Tier im Menschen Futter hin,
> damit es wächst, das Tier tief in euch drin!
> Das Tier im Menschen soll den Menschen fressen.«

März war angesichts der aufflammenden plötzlichen Leidenschaft des jungen Mannes unbehaglich. »Wann ist das geschrieben worden?«

»1932.«

»Kenn ich nicht.«

»Können Sie auch kaum. Es ist verboten.«

Es entstand ein Schweigen, und dann sagte März: »Wir kennen jetzt die Identität der Leiche, die Sie entdeckt haben. Dr. Josef Bühler. Ein Beamter aus dem Generalgouvernement. Ein SS-Brigadeführer.«

»O Gott.« Jost stützte den Kopf in die Hände.

»Damit ist die Sache sehr viel ernster geworden, verstehen Sie? Bevor ich zu Ihnen gekommen bin, habe ich die Eintragungen des Postens am Haupttor überprüft. Nach dessen Aufzeichnung haben Sie die Kaserne gestern morgen um 5.30 Uhr verlassen, wie üblich. Also machen die Zeitangaben in Ihrer Aussage keinen Sinn.«

Jost hielt sein Gesicht bedeckt. Die Zigarette brannte zwischen seinen Fingern ab. März lehnte sich vor, nahm sie und drückte sie aus. Er stand auf.

»Sehen Sie her«, sagte er. Jost blickte auf, und März begann auf der Stelle zu laufen.

»Das sind Sie, gestern, richtig?« März tat so, als sei er erschöpft, blies die Wangen auf, wischte sich die Stirn mit dem Unterarm. Gegen seinen Willen lächelte Jost. »Gut«, sagte März. Er fuhr fort zu laufen. »Jetzt denken Sie an irgendwelche Bücher oder wie elend Ihr Leben ist und kommen nun durch die Bäume auf den Pfad neben dem See. Es schifft, und das Licht ist nicht gut, aber zu Ihrer Linken sehen Sie etwas . . .«

März drehte den Kopf. Jost sah ihn aufmerksam an.

». . . und was immer es ist, es ist nicht die Leiche . . .«

»Aber . . .«

März zeigte auf Jost. »Ich rate Ihnen, graben Sie sich nicht noch tiefer in die Scheiße. Vor zwei Stunden bin ich hingegangen und habe die Stelle überprüft, wo die Leiche gefunden wurde – es gibt keine Möglichkeit, daß Sie sie von der Straße aus hätten sehen können.«

Er begann wieder zu laufen. »Also: Sie sehen etwas, bleiben aber nicht stehen. Sie rennen dran vorbei. Aber da Sie ein gewissenhafter Bursche sind, entscheiden Sie sich fünf Minuten später, daß Sie besser umkehren und sich das doch mal ansehen sollten. Und dann entdecken Sie die Leiche. Und erst dann rufen Sie die Bullen.«

Er schnappte sich Josts Hand und riß ihn hoch auf die Beine. »Sie laufen jetzt mit mir«, befahl er.

»Ich kann nicht ...«

»Laufen!«

Jost fiel in einen unwilligen Schlurfschritt. Ihre Füße trappelten auf den Steinplatten.

»Jetzt beschreiben Sie, was Sie sehen können. Sie kommen aus dem Wald und sind jetzt auf dem Seeweg ...«

»Bitte ...«

»Sagen Sie's!«

»Ich ... ich sehe ... ein Auto.« Jost hatte die Augen geschlossen. »... dann drei Männer ... es regnet stark, sie haben Mäntel an, Kapuzen, wie Mönche ... sie halten die Köpfe gesenkt ... kommen den Hang vom See rauf ... ich ... ich hab Angst ... ich überquere die Straße und renne zwischen die Bäume, so daß sie mich nicht sehen ...«

»Weiter.«

»Sie steigen in das Auto und fahren ab ... ich warte, und dann komme ich aus dem Wald und finde die Leiche ...«

»Sie haben was ausgelassen.«

»Nein, ich schwöre ...«

»Sie haben ein Gesicht gesehen. Als die in das Auto gestiegen sind, haben Sie ein Gesicht gesehen.«

»Nein ...«

»Sagen Sie mir, wessen Gesicht das war, Jost. Sie können es sehen. Sie kennen es. Sagen Sie es mir.«

»Globus!« schrie Jost. »Ich sehe Globus.«

VIER

Das Päckchen, das er aus Bühlers Briefkasten genommen hatte, lag ungeöffnet auf dem Vordersitz neben ihm. Vielleicht ist es eine Bombe, dachte März, als er den Volkswagen anließ. Es hatte während der letzten paar Monate eine Welle von Bombenpäckchen gegeben, die einem halben Dutzend Regierungsbeamter die Hände und die Gesichter weggerissen hatten. Er könnte es auf Seite drei des ›Tageblatt‹ schaffen: »Fahnder stirbt bei rätselhafter Explosion vor der Kaserne.«

Er fuhr durch Schlachtensee, bis er einen Feinkostladen fand, wo er einen Laib Schwarzbrot, westfälischen Schinken und eine Viertelliterflasche schottischen Whisky kaufte. Noch schien die Sonne; die Luft war frisch. Er steuerte den Wagen westwärts zurück zu den Seen. Er würde etwas tun, was er seit Jahren nicht mehr gemacht hatte. Er würde picknicken.

Nachdem Göring 1934 Reichsjägermeister geworden war, hatte es einige Versuche gegeben, den Grunewald zu lichten. Kastanien und Linden, Buchen und Birken und Eichen waren angepflanzt worden. Aber das Herz war – wie schon vor tausend Jahren, als die Ebenen des nördlichen Europas noch Urwald waren –, das Herz waren die hügeligen Wälder aus melancholischen Föhren geblieben. Aus diesen Wäldern waren fünf Jahrhunderte vor Christi die kriegerischen germanischen Stämme aufgetaucht; und in diese Wälder kehrten fünfundzwanzig Jahrhunderte später mit Zelten und in Wohnwagen und meistens an Wochenenden die siegreichen germanischen Stämme zurück. Die Germanen sind eine Rasse von Waldbewohnern. Schlag Lichtungen in deinen Geist, wenn du willst; die Bäume warten nur darauf, sie wieder zu besetzen.

März parkte und nahm seine Vorräte und Bühlers Päckchenbombe oder was immer das war, und ging vorsichtig auf einem steilen Pfad in den Wald hinein. Nach fünf Minuten des Steigens kam er an eine Stelle, von der aus man einen klaren Blick auf die Havel und auf die rauchig blauen Baumhänge hatte, die sich in der Ferne verloren. Die Föhren rochen in der Wärme stark und süß. Über ihm rumpelte ein großer Jet durch den Himmel im Anflug auf den Berliner Flughafen. Als er verschwand, erstarb der Lärm, bis schließlich Vogelgezwitscher als einziges Geräusch blieb.

März wollte das Päckchen immer noch nicht öffnen. Es machte ihm Unbehagen. Also setzte er sich auf einen großen Stein - den zweifellos die zuständige Stadtbehörde genau zu diesem Zweck ganz zufällig hierhergeschafft hatte -, nahm einen Schluck Whisky und begann zu essen.

Von Odilo Globocznik - Globus - wußte März wenig, nur was man gerüchteweise hörte. Das Schicksal hatte Globus wie einen Wetterhahn hin- und hergedreht während der letzten dreißig Jahre. Österreicher von Geburt und Bauingenieur von Beruf, war er Mitte der dreißiger Jahre Parteiführer von Kärnten und Herrscher in Wien geworden. Danach hatte es eine Zeit der Ungnade als Folge illegaler Devisenspekulationen gegeben, denen ein Wiederaufstieg als Polizeichef im Generalgouvernement gefolgt war, als der Krieg begann - dort mußte er Bühler gekannt haben, überlegte März. Bei Kriegsende hatte es einen zweiten Sturz gegeben nach - wohin doch? - Triest, glaubte er sich zu erinnern. Aber nach Himmlers Tod war Globus nach Berlin zurückgekehrt, und jetzt hatte er eine nicht genau präzisierte Stellung in der Gestapo inne und arbeitete direkt unter Heydrich.

Sein eingeschlagenes und brutales Gesicht war unverkennbar, und Jost hatte es trotz des Regens und des schlechten Lichtes sofort erkannt. Ein Porträt von Globus hing in der Ruhmeshalle der Akademie, und Globus selbst hatte noch vor wenigen Wochen vor den in Ehrfurcht erstarrten Kadetten eine Vorlesung über die Polizeistrukturen des Reiches gehalten. Kein Wunder, daß Jost so verängstigt war. Er hätte die Orpo anonym anrufen und verschwinden sollen, ehe sie eintraf. Von seinem Gesichtspunkt aus hätte er sie am besten überhaupt nicht anrufen sollen.

März hatte sein Schinkenbrot aufgegessen. Er nahm die Brotreste, brach sie in Stückchen und streute die Krümel auf den Waldboden. Zwei Schwarzdrosseln, die ihm beim Essen zugesehen hatten, tauchten vorsichtig aus dem Unterholz auf und begannen, sie aufzupicken.

Er nahm den Taschenkalender heraus. Standardausgabe für Parteimitglieder, in jedem Papiergeschäft erhältlich. Nützliche Informationen vorne. Die Namen der Parteihierarchie: Regierungsmitglieder, Leiter der Kommissariate, Gauleiter.

Staatliche Feiertage: Tag der Nationalen Wiedergeburt 30. Januar; Tag von Potsdam 21. März; Führers Geburtstag 20. April; Nationalfeiertag des Deutschen Volkes 1. Mai ...

Karte des Reiches mit Angabe der Reisedauer der Eisenbahn. Berlin-Rowno 16 Stunden, Berlin-Tiflis 27 Stunden; Berlin-Ufa 4 Tage ...

Der Taschenkalender selbst hatte für jede Woche zwei Seiten, und die Eintragungen waren so selten, daß März ihn zuerst für leer hielt. Er blätterte ihn aufmerksam durch. Am 7. März gab es ein kleines Kreuzchen. Beim 1. April hatte Bühler vermerkt »Geburtstag meiner Schwester«. Ein weiteres Kreuzchen gab es am 9. April. Zum 11. April hatte er notiert »Stuckart/Luther morgens 10«. Schließlich hatte Bühler beim 13. April, dem Tag vor seinem Tod, ein weiteres Kreuzchen eingetragen. Das war alles.

März übertrug die Angaben in sein Notizbuch. Er begann eine neue Seite. Der Tod von Josef Bühler. Lösungen. Die erste: Der Tod war ein Unfall, die Gestapo hatte davon einige Stunden vor der Benachrichtigung der Kripo erfahren, und Globus untersuchte lediglich die Leiche, als Jost vorbeikam. Absurd.

Na schön. Die zweite: Bühler war von der Gestapo verurteilt worden, und Globus hatte die Hinrichtung durchgeführt. Wieder absurd. Die »Nacht-und-Nebel«-Anweisung von 1941 war immer noch in Kraft. Bühler hätte ganz legal zu einem geheimen Tod in irgendeiner Gestapo-Zelle gebracht werden können bei Einziehung seines Besitzes durch den Staat. Wer würde ihn betrauert haben? Oder nach seinem Verschwinden fragen?

Demnach also die dritte: Bühler war von Globus ermordet worden, der seine Spuren verwischte, indem er diesen Tod zu einer Frage der Staatssicherheit erklärte und die Untersuchungen selbst übernahm. Aber warum hatte man dann zugelassen, daß die Kripo überhaupt in die Sache verwickelt wurde? Und was war das Motiv von Globus? Und warum hatte man Bühlers Leiche an einem öffentlichen Ort gelassen?

März lehnte sich an den Stein zurück und schloß die Augen. Die

Sonne auf seinem Gesicht ließ es in der Dunkelheit blutrot aufleuchten. Ein warmer Whiskydunst hüllte ihn ein.

Er mochte kaum mehr als eine halbe Stunde geschlafen haben, als er im Unterholz neben sich ein Rascheln hörte und etwas seinen Ärmel berühren fühlte. Im gleichen Augenblick war er hellwach, gerade rechtzeitig, um die weiße Blume und die Hinterläufe eines Rehs zwischen den Bäumen verschwinden zu sehen. Eine ländliche Idylle, zehn Kilometer entfernt vom Herzen des Reiches! Entweder das oder der Whisky. Er schüttelte den Kopf und nahm das Päckchen auf.

Dickes braunes Papier, sauber gefaltet und verklebt. Sogar *professionell* verpackt und verklebt. Saubere Linien und scharfe Kanten, ökonomischer Einsatz von Material und Arbeit. Das Musterbeispiel eines Päckchens. Noch nie hatte März einen Mann getroffen, der so etwas gekonnt hätte – das mußte von einer Frau verpackt worden sein. Dann die Briefmarken. Drei Schweizer Briefmarken, die kleine gelbe Blümchen auf grünem Grund zeigten. In Zürich am 13.4.1964 um 16.00 Uhr aufgegeben. Das war vorgestern gewesen.

Er spürte, wie seine Handflächen zu schwitzen begannen, als er es mit übertriebener Sorgfalt auspackte, zunächst das Klebeband abzog und dann langsam Zentimeter für Zentimeter das Papier entfaltete. Er öffnete es stückweise. Im Inneren war eine Pralinenschachtel.

Der Deckel zeigte flachshaarige Mädchen, die in rotgewürfelten Röcken auf einer blumigen Wiese einen Maibaum umtanzten. Hinter ihnen erhoben sich weißgipflig gegen einen strahlend blauen Himmel die Alpen. In schwarzer gotischer Schrift aufgedruckt war zu lesen: »Unserem geliebten Führer Geburtstagsgrüße, 1964«. Aber da war etwas Eigenartiges. Die Schachtel war zu schwer, als daß sie nur Pralinen hätte enthalten können.

Er nahm ein Taschenmesser heraus und schnitt den Zellophanumschlag auf. Er setzte die Schachtel sanft auf den Stein. Mit abgewandtem Gesicht und ganz ausgestrecktem Arm hob er den Deckel mit der Spitze seines Messers hoch. Im Inneren begann ein Mechanismus zu surren. Dann:

Lippen schweigen,
's flüstern Geigen:
Hab mich lieb!
All die Schrite
Sagen: Bitte
Hab mich lieb!
Jeder Druck der Hände
Deutlich mir's beschrieb,
Er sagt klar: 's ist wahr, 's ist wahr,
Du hast mich lieb!

Nur die Melodie natürlich, nicht der Text; aber den kannte er gut genug. Allein auf einem Hügel im Grunewald stehend, lauschte März, während die Spieldose das Walzerduett aus dem 3. Akt der *Lustigen Witwe* spielte.

FÜNF

Die Straßen erschienen ihm während der Rückfahrt ins Zentrum Berlins unnatürlich ruhig, und als März den Werderschen Markt erreichte, entdeckte er auch den Grund. Die große Anschlagtafel in der Eingangshalle gab bekannt, daß um 16.30 Uhr eine Regierungserklärung erfolge. Das Personal habe sich in der Stabskantine zu versammeln. Anwesenheit: Pflicht. Er kam gerade noch rechtzeitig.

Im Propagandaministerium hatten sie eine neue Theorie entwikkelt, wonach die beste Zeit für große Ankündigungen das Ende der Arbeitszeit sei. So nehme man die Neuigkeit gemeinsam entgegen und in kameradschaftlicher Stimmung: Das ließ keinen Platz für private Skepsis oder gar für Defätismus. Und außerdem wurden die Sendungen immer so abgestimmt, daß die Arbeiter ein wenig früher nach Hause gehen konnten –, sagen wir um 16.30 Uhr statt um 17 Uhr – und so ein Gefühl der Zufriedenheit mit dem Regime verbanden. So machte man das heutzutage. Der schneeweiße Propagandapalast an der Wilhelmstraße beschäftigte mehr Psychologen als Journalisten.

Der Stab des Werderschen Marktes schob sich nacheinander in die Kantine: Beamte und Angestellte und Sekretärinnen und Fahrer, Schulter an Schulter in einer lebendigen Verkörperung des nationalsozialistischen Ideals. Die vier Fernsehschirme in den vier Ecken zeigten eine Karte des Reiches unter einem Hakenkreuz zur Begleitung eines Beethoven-Potpourris. Von Zeit zu Zeit schaltete sich ein männlicher Ansager mit erregter Stimme ein: »Deutsche, bereitet euch auf eine wichtige Erklärung vor!« In den alten Tagen sendete das Radio nur Musik. Wieder ein Fortschritt.

An wieviele solcher Gelegenheiten konnte März sich erinnern? Sie erstreckten sich hinter ihm wie Inseln in der Zeit. 1938 war er aus dem Klassenzimmer gerufen worden, um zu hören, daß deutsche Truppen nach Wien einmarschiert und Österreich ins Vaterland heimgekehrt sei. Der Direktor, der an Gasverletzungen aus dem Ersten Weltkrieg litt, hatte auf der Bühne des kleinen Gymnasiums geweint, beobachtet von einem schnatternden Haufen verständnisloser Jungen.

1939 war er bei seiner Mutter zu Hause in Hamburg gewesen. An einem Freitag morgen war die Rede des Führers direkt aus dem Reichstag übertragen worden: »*Ich will jetzt nichts andres sein als der erste Soldat des Deutschen Reiches. Ich habe damit wieder jenen Rock angezogen, der mir selbst der heiligste und teuerste war. Ich werde ihn nur ausziehen nach dem Sieg oder - ich werde dieses Ende nicht erleben!*« Donnernder Beifall. Diesmal hatte seine Mutter geweint - ein dünnes heulendes Elends, während ihr Körper vorwärts und rückwärts schaukelte. März, siebzehn, hatte sich voller Scham abgewendet und nach dem Foto seines Vaters geblickt - strahlend in der Uniform der Kaiserlichen Marine -, und er hatte gedacht: *Gott sei Dank. Endlich Krieg. Vielleicht kann ich jetzt deinen Vorstellungen gerecht werden.*

Während der nächsten Zeit war er auf See gewesen. Sieg über Rußland im Frühjahr 1943 - ein Triumph des strategischen Genies des Führers! Die Sommeroffensive der Wehrmacht im Jahr zuvor hatte Moskau vom Kaukasus und damit die Rote Armee von den Ölfeldern Bakus abgeschnitten. Stalins Kriegsmaschine war einfach aus Mangel an Treibstoff stehengeblieben.

Friede mit den Briten 1944 - ein Triumph des Genies des Führers in Sachen Gegenspionage! März erinnerte sich, wie alle U-Boote in ihre Basen an der Atlantikküste zurückberufen worden waren, um mit einem neuen Chiffriersystem ausgerüstet zu werden: Die verräterischen Briten, hatte man ihnen gesagt, hätten die Codes des Vaterlandes dechiffrieren können. Danach war es einfach gewesen, Handelsschiffe abzufangen. England wurde ausgehungert. Churchill und seine Bande von Kriegstreibern waren nach Kanada geflohen.

Friede mit den Amerikanern 1946 - ein Triumph des wissenschaftlichen Genies des Führers! Als Amerika Japan besiegte, indem es dort eine Atombombe zündete, hatte der Führer eine V-3 losgeschickt, die im Himmel über New York explodierte, um zu beweisen, daß er auf die gleiche Weise zurückschlagen könne. Danach war der Krieg zu einer Reihe blutiger Guerilla-Konflikte an den

Rändern des neuen Deutschen Reiches zusammengeschrumpft. Ein nukleares Patt, das die Diplomaten den Kalten Krieg nannten. Aber die Rundfunksendungen dauerten an. Als Göring 1951 starb, hatte es einen ganzen Tag lang feierliche Musik gegeben, ehe die Bekanntmachung erfolgte. Himmler hatte eine ähnliche Behandlung erfahren, als 1962 sein Flugzeug explodierte. Tode, Siege, Kriege, Aufrufe zu Opfern und Rache, der abgestumpfte Kampf gegen die Roten an den Fronten des Ural mit ihren unaussprechlichen Schlachtfeldern und Offensiven – Oktjabrskoje, Polunochnoje, Alapajewsk . . .

März blickte in die Gesichter um ihn herum. Erzwungene gute Laune, Resignation, Vorahnungen. Menschen mit Brüdern und Söhnen und Männern im Osten. Sie starrten auf die Bildschirme.

»Deutsche, bereiten Sie sich auf eine wichtige Erklärung vor!«

Was würde es jetzt sein?

Die Kantine war fast voll. März wurde gegen eine Säule gepreßt. Er konnte einige Meter weiter Max Jäger sehen, wie er mit einer vollbusigen Sekretärin aus VA(1), der Rechtsabteilung, herumscherzte. Max erblickte ihn über ihre Schulter und grinste ihm zu. Ein Trommelwirbel. Der Raum war still. Ein Nachrichtensprecher sagte: »Wir schalten jetzt um ins Außenministerium in Berlin.«

Ein Bronzerelief glitzerte in den Fernsehscheinwerfern. Ein Nazi-Adler, der die Erdkugel in seinen Fängen umkrallte, umgab ein Kranz von Feuerwerksstrahlen, wie die Zeichnung eines Kindes vom Sonnenaufgang. Davor stand mit dicken schwarzen Augenbrauen und blauschattigem Kinn der Sprecher des Auswärtigen Amtes, Drexler. März unterdrückte ein Lachen: Man sollte meinen, daß Goebbels in ganz Großdeutschland einen Sprecher hätte auftreiben können, der nicht wie ein verurteilter Verbrecher aussah.

»Meine Damen und Herren, ich habe für Sie eine kurze Erklärung vom Reichsministerium des Auswärtigen.« Er wandte sich an eine Zuhörerschaft von Journalisten, die nicht ins Blickfeld kamen. Er setzte eine Brille auf und begann zu lesen.

»In Übereinstimmung mit dem alten und wohlüberlegten Wunsch des Führers und des Volkes des Großdeutschen Reiches, mit den Staaten der Erde in Frieden und Sicherheit zu leben, und nach ausführlichen Konsultationen mit allen unseren Verbündeten in der Europäischen Gemeinschaft hat das Reichsministerium für

Auswärtige Angelegenheiten im Namen des Führers heute eine Einladung an den Präsidenten der Vereinigten Staaten von Amerika ausgesprochen, das Großdeutsche Reich zu persönlichen Gesprächen zu besuchen, um ein tieferes Verständnis zwischen unseren beiden Völkern zu fördern. Diese Einladung wurde angenommen. Die amerikanische Administration hat uns heute morgen wissen lassen, daß Herr Kennedy beabsichtigt, den Führer im September in Berlin zu treffen. Heil Hitler! Lang lebe Deutschland!«

Das Bild verblaßte ins Schwarze, und dann kündigte ein weiterer Trommelwirbel die Nationalhymne an. Die Frauen und Männer in der Kantine begannen zu singen. März stellte sie sich in diesem Augenblick in ganz Deutschland vor – in Werften und Stahlwerken, in Büros und Schulen –, wie die harten Stimmen und die hohen zusammenschmolzen in ein einziges großes Zustimmungsgebell, das zum Himmel emporstieg:

Deutschland, Deutschland über alles!
Über alles in der Welt!

Seine Lippen bewegten sich übereinstimmend mit denen der anderen, aber es kam kein Laut heraus.

»Noch mehr Scheiß-Arbeit für uns«, sagte Jäger. Sie waren wieder im Büro. Er hatte die Füße auf den Schreibtisch gelegt und paffte an einer Zigarre. »Wenn du dir einbildest, der Geburtstag des Führers sei ein Sicherheitsalbtraum – vergiß es. Kannst du dir vorstellen, was los ist, wenn auch noch der Kennedy kommt?«

März lächelte. »Mir scheint, Max, dir entgeht die historische Dimension des Ereignisses.«

»Scheiß auf die historische Dimension des Ereignisses. Ich denke an meinen Schlaf. Die Bomben gehen jetzt schon hoch wie die Feuerkracher. Sieh dir das an.«

Jäger schwang die Beine vom Tisch und wühlte in einem Haufen Aktendeckel herum. »Während du an der Havel herumgespielt hast, mußten einige von uns richtig arbeiten.«

Er nahm einen Umschlag und schüttelte den Inhalt heraus. PBT. Persönlicher Besitz von Toten. Aus dem Häufchen Papiere zog er zwei Pässe hervor und gab sie März. Einer gehörte einem

SS-Offizier, Paul Hahn; der andere einer jungen Frau, Magda Voß.

Jäger sagte: »Hübsches Ding, oder? Sie hatten gerade geheiratet. Hatten die Hochzeitsfeier in Spandau verlassen. Wollten in die Flitterwochen. Er fährt. Sie biegen in die Nauener Straße ein. Ein LKW rollt vor sie. N Kerl mit nem Gewehr springt hinten raus. Unser Mann bekommts mit der Angst. Geht in den Rückwärtsgang. Wumm! Den Bordstein rauf und krach in nen Laternenpfahl. Während er versucht, den ersten Gang zu finden – peng! – Schuß in den Kopf. Abgang Bräutigam. Klein-Magda raus außem Wagen, versucht um ihr Leben zu rennen. Peng! Abgang Braut. Ende der Flitterwochen. Ende von allem verdammten Dreck. Nur isses das nich, weil nämlich die Familljen sind immer noch bei der Feier und trinken auf die Neuvermählten, und niemand macht sich die Mühe, denen während der nächsten zwei Stunden mitzuteilen, was geschehen ist.«

Jäger putzte sich die Nase in ein schmieriges Taschentuch. März blickte wieder in den Paß des Mädchens. Sie war hübsch: blond und dunkeläugig; und jetzt mit vierundzwanzig tot im Rinnstein.

»Wer war es?« Er gab die Pässe zurück.

Jäger zählte an den Fingern ab. »Polen. Letten. Esten. Ukrainer. Tschechen. Kroaten. Kaukasier. Georgier. Rote. Anarchisten. Wer weiß? Heutzutage könnte es jeder sein. Der arme Narr hat in seiner Kaserne ne offene Einladung an die Ankündigungstafel gesteckt. Die Gestapo nimmt an, ne Putzfrau, ne Köchin, irgendso jemand hats gesehen und die Nachricht weitergegeben. Die meisten dieser Hilfsweiber in den Kasernen sind Ausländerinnen. Die sind alle heute nachmittag hoppgenommen worden, die armen Schweine.«

Er schob Pässe und Führerscheine zurück in den Umschlag und warf ihn in eine Schublade.

»Und wie ist es dir ergangen?«

»Nimm dir ne Praline.« März reichte Jäger die Schachtel, der sie öffnete. Die dünne Musik erfüllte das Büro.

»Sehr geschmackvoll.«

»Was weißt du davon?«

»Wovon? *Die lustige Witwe*? Die Lieblingsoperette des Führers. Meine Mutter war ganz verrückt danach.«

»Meine auch.« Jede deutsche Mutter war verrückt danach. *Die lustige Witwe* von Franz Lehár. Uraufführung in Wien 1905: so zuckrig wie die Sahnetorten der Stadt. Lehár war 1948 gestorben, und Hitler hatte einen persönlichen Vertreter zur Beerdigung geschickt.

»Was soll man sonst dazu sagen?« Jäger nahm eine Praline in eine seiner großen Pranken und warf sie sich in den Mund. »Wo kommen die her? Von einer heimlichen Bewunderin?«

»Ich hab sie aus Bühlers Briefkasten.« März biß in eine Praline und zuckte bei dem widerwärtigen Geschmack der Kirschschnaps-Füllung zusammen. »Paß mal auf: Du hast keine Freunde, aber jemand schickt dir aus der Schweiz eine kostspielige Schachtel Pralinen. Ohne jede Nachricht. Eine Schachtel, die des Führers Lieblingsschnulze spielt. Wer würde so was tun?« Er schluckte die andere Hälfte der Praline runter. »Vielleicht ein Giftmörder?«

»O Gott!« Jäger spie sich den Mundinhalt in die Hand, zerrte sein Taschentuch heraus und begann, sich die braune Speichel-schmiere von Fingern und Lippen abzuwischen. »Manchmal zweifle ich an deinem Verstand.«

»Ich zerstöre systematisch Beweismittel des Staates«, sagte März. Er zwang sich, noch eine Praline zu essen. »Schlimmer noch: Ich *verzehre* staatliche Beweismittel und begehe dadurch ein doppeltes Vergehen. Ich behindere die Justiz, während ich mich selbst bereichere.«

»Mach Urlaub, Mann. Ich meins ernst. Du brauchst Ruhe. Mein Rat ist, geh runter und schmeiß diese Scheißpralinen so schnell wie möglich in den Müll. Dann komm mit nach Hause und iß mit mir und Hannelore zu Abend. Du siehst aus, als ob du seit Wochen nicht mehr anständig gegessen hast. Die Gestapo hat sich die Akten geholt. Der Autopsie-Bericht geht direkt in die Prinz-Albrecht-Straße. Es ist vorbei. Erledigt. Vergiß es.«

»Hör zu, Max.« März erzählte ihm von Josts Geständnis, daß Jost Globus mit der Leiche gesehen hatte. Er zog Bühlers Taschen-kalender hervor. »Hier stehn diese Namen. Wer sind Stuckart und Luther?«

»Keine Ahnung.« Das Gesicht von Max war plötzlich ange-spannt und hart. »Und was wichtiger ist, ich will es gar nicht wissen.«

Eine steile Flucht von Steinstufen führte in das Halbdunkel hinab. Unten zögerte März, die Pralinen in der Hand. Ein Durchgang zur Linken führte hinaus auf den gepflasterten Haupthof, wo man den Abfall aus großen rostigen Tonnen abholte. Nach rechts führte ein schwach beleuchteter Durchgang zur Registratur.

Er schob sich die Pralinen unter den Arm und wandte sich nach rechts.

Die Kripo-Registratur war in einem Gewirr von Räumen neben dem Heizungskeller untergebracht. Die Nähe der Heizkessel und das Netz aus Heißwasserleitungen, die die Decke im Zickzack überzogen, hielten die Registratur ständig heiß. Da war der beruhigende Geruch von warmem Staub und trockenem Papier, und in der schwachen Beleuchtung schienen sich die Drahtgehänge der Akten und Berichte in die Ewigkeit zu erstrecken.

Die Registratorin, eine fette Frau in einer schmutzigen Uniformbluse, vormals Wärterin im Gefängnis Plötzensee, fragte nach seinem Ausweis. Er gab ihn ihr, wie er das während der letzten zehn Jahre mehr als einmal pro Woche getan hatte. Sie sah ihn sich an, wie sie das immer tat, als ob sie ihn nie zuvor gesehen hätte, dann sein Gesicht, dann zurück, dann gab sie ihn zurück, und dann reckte sie ihr Kinn hoch, etwas zwischen Anerkennung und Hohn. Sie wackelte mit dem Finger. »Und nicht rauchen«, sagte sie, zum 500. Mal.

Aus dem Regal mit Nachschlagewerken neben ihrem Schreibtisch wählte er sich *Wer ist's?* aus – einen rotgebundenen Band von über 1000 Seiten. Er nahm sich auch die schmalere Parteiveröffentlichung, *Führende Persönlichkeiten der NSDAP*, der bei jedem Eintrag auch paßfotogroße Bilder enthielt. Dieses Buch hatte Halder am Morgen verwendet, um Bühler zu identifizieren. Er trug beide Bände zu einem Tisch und drehte die Leselampe an. Weit weg summten die Heizkessel. Die Registratur war verlassen.

März zog von den beiden Büchern den NSDAP-Führer vor. Der war seit Mitte der dreißiger Jahre mehr oder weniger jährlich veröffentlicht worden. Oftmals war er während der dunklen ruhigen Nachmittage des Winters herabgekommen, um in der Wärme die alten Ausgaben durchzublättern. Es bewegte ihn, zu verfolgen, wie die Gesichter sich verändert hatten. Die frühen Bände wurden von den ergrauten Ex-Freikorps-Kommunistenhassern beherrscht,

Männer mit Nacken breiter als ihre Stirnen. Sie starrten sauber geschrubbt und unbehaglich in die Kamera, wie Landarbeiter aus dem 19. Jahrhundert in ihren Sonntagsanzügen. Aber in den Fünfzigern hatten die Bierhauskrakeeler den glatten Technokraten vom Typ Speer Platz gemacht - wohlerzogene Akademiker mit leerem Lächeln und harten Augen.

Einen Luther gab es. Vorname: Martin. Das, Volksgenossen, ist nun wirklich ein historischer Name, mit dem man herumspielen kann. Aber dieser Luther sah seinem historischen Namensvetter überhaupt nicht ähnlich. Er hatte ein Puddinggesicht mit schwarzem Haar und dicker Hornbrille. März nahm sein Notizbuch heraus.

Geb.: 16. Dezember 1895, Berlin. Diente 1914-1918 in der Transportabteilung des Deutschen Heeres. Beruf: Möbelpacker. Trat am 1. März 1933 NSDAP und SA bei. Abgeordneter des Bezirks Dahlem im Berliner Stadtrat. Eintritt in den Auswärtigen Dienst 1936. Leiter der Abteilung Deutschland im Auswärtigen Amt bis zur Pensionierung 1955. Beförderung zum Unterstaatssekretär im Juli 1941.

Die Einzelheiten waren spärlich, aber klar genug für März, um den Typus zu erraten. Fade und aggressiv, ein wüster Straßenpolitiker. Und ein Opportunist. Wie Tausende andere hatte sich Luther gedrängt, wenige Wochen nach der Machtübernahme durch Hitler Parteimitglied zu werden.

Er blätterte weiter bis zu Stuckart, Wilhelm, Doktor der Jurisprudenz. Die Fotografie war eine Studioaufnahme, das Gesicht in brütendem Halbschatten wie das eines Filmstars aufgenommen. Ein eitler Mann und eine eigenartige Mischung: gekräuseltes graues Haar, intensiver Blick, gerade Kiefernlinie - aber ein schlaffer, fast wollüstiger Mund. März machte sich weitere Notizen.

Geb.: 16. November 1902, Wiesbaden. Studierte Jura und Wirtschaftswissenschaften an den Universitäten München und Frankfurt/Main. Promovierte Juni 1928 Magna cum laude. Trat der Partei in München 1922 bei. Verschiedene Posten bei SA und SS. 1933 Oberbürgermeister von Stettin. 1935-55 Staatssekretär im Reichsministerium des Innern. Veröffentlichungen: *Kommentar zu den deutschen Rassegesetzen*, 1936. 1944 zum Ehren-SS-Obergruppenführer befördert. Kehrte 1953 in die private Rechtspraxis zurück.

Das war ein von Luther völlig verschiedener Charakter. Ein Intellektueller, ein alter Kämpfer wie Bühler; ein Überflieger. Oberbürgermeister von Stettin, einer Hafenstadt von nahezu 300 000, im Alter von 31 ... Plötzlich wurde März klar, daß er das alles vor gar nicht langer Zeit schon einmal gelesen hatte. Aber wo? Er konnte sich nicht erinnern. Er schloß die Augen. *Na los doch.*

Wer ist's? fügte nichts Neues hinzu, außer daß Stuckart unverheiratet war, während Luther bereits die dritte Frau hatte. Er fand eine leere Doppelseite in seinem Notizbuch und zeichnete drei Kolumnen ein; überschrieb sie mit Bühler, Luther und Stuckart; und begann, Datenlisten anzulegen. Chronologien anzulegen war ihm sein bevorzugtes Mittel, eine Methode, Muster in einem Nebel aus Zufällen aufzuspüren.

Sie wurden alle etwa zur gleichen Zeit geboren. Bühler war 64; Luther 68; Stuckart 61. Sie waren alle in den Dreißigern in den Staatsdienst getreten – Bühler 1939, Luther 1936, Stuckart 1935. Sie hatten alle ungefähr die gleichen Ränge erreicht – Bühler und Luther waren Staatssekretäre gewesen, Luther Unterstaatssekretär. Sie hatten sich alle in den Fünfzigern zur Ruhe gesetzt – Bühler 1951, Luther 1955, Stuckart 1953. Sie mußten einander alle gekannt haben. Sie hatten sich alle am vergangenen Freitag um 10 Uhr getroffen. Wo war der Zusammenhang?

März lehnte sich in seinem Stuhl zurück und starrte zu dem Gewirr von Röhren hinauf, die einander wie Schlangen über die Decke jagten.

Und dann erinnerte er sich.

Er warf sich vorwärts auf die Füße.

Neben dem Eingang lagerten lose gebundene Bände vom ›Berliner Tageblatt‹, vom ›Völkischen Beobachter‹ und von der SS-Zeitung ›Das Schwarze Korps‹. Er blätterte die Seiten des ›Tageblatt‹ durch, bis zu der Ausgabe von gestern, bis zu den Todesanzeigen. Da war es. Er hatte es gestern abend gesehen.

Parteigenosse Wilhelm Stuckart, ehemals Staatssekretär im Reichsministerium des Innern, der plötzlich am Sonntag, dem 13. April, an Herzversagen gestorben ist, wird immer als ergebener Diener der nationalsozialistischen Sache in der Erinnerung . . .

Der Boden schien sich unter seinen Füßen zu bewegen. Es wurde ihm bewußt, daß die Registratorin ihn anstarrte.

»Geht es Ihnen nicht gut, Herr Sturmbannführer?«

»Doch. Mir gehts gut. Wollen Sie mir einen Gefallen tun?«

Er nahm sich einen Anforderungszettel und trug Stuckarts vollen Namen mit dem Geburtsdatum ein. »Sehen Sie doch bitte nach, ob es über ihn eine Akte gibt.«

Sie blickte den Zettel an und streckte eine Hand aus. »Ihren Ausweis.«

Er gab ihn ihr. Sie leckte den Bleistift an und trug die 12 Ziffern von März' Dienstnummer auf dem Zettel ein. Auf diese Weise konnte man nachprüfen, welcher Kripo-Fahnder welche Akte wann angefordert hatte. Damit war für die Gestapo klar, daß er dranblieb, ganze acht Stunden, nachdem man ihm den Fall Bühler entzogen hatte. Ein weiterer Beweis seines Mangels an nationalsozialistischer Disziplin. Das war nicht zu ändern.

Die Registratorin hatte einen langen hölzernen Schubkasten voller Karteikarten hervorgezogen und ließ ihre eckigen Fingerspitzen über sie hinwegmarschieren. »Stroop«, murmelte sie. »Strunck, Struß. Stülpnagel . . .«

März sagte: »Sie sind schon vorbei.«

Sie grunzte und zog einen Streifen rosafarbenen Papiers heraus. »– ›Stuckart, Wilhelm‹ –«. Sie sah ihn an. »Es gibt eine Akte. Die ist nicht da.«

»Wer hat sie?«

»Sehen Sie selbst.«

März beugte sich vor. Stuckarts Akte befand sich bei Sturmbannführer Fiebes von der Kripo-Abteilung VB(3). Der Abteilung für Sexualverbrechen.

Der Whisky und die trockene Luft hatten ihn durstig gemacht. Im Korridor vor der Registratur gab es einen Trinkwasserbehälter. Er nahm sich einen Becher und überlegte, was er jetzt tun sollte.

Was würde ein vernünftiger Mann getan haben? Das war einfach. Ein vernünftiger Mann würde getan haben, was Max Jäger jeden Tag tat. Er würde sich seinen Hut aufsetzen, seinen Mantel anziehen und nach Hause zu Weib und Kindern gehen. März hatte diese Wahl nicht. Die leere Wohnung in der Ansbacher Straße, die streitenden Nachbarn und die Zeitung von gestern übten keine Anziehungskraft auf ihn aus. Er hatte sein Leben dermaßen auf einen Punkt eingeengt, daß ihm als einziges seine Arbeit blieb. Wenn er die aber verriete, was bliebe dann noch?

Und dann war da noch etwas, jener Instinkt, der ihn jeden Morgen aus dem Bett in einen Tag schleuderte, der ihn nicht willkommen hieß, und das war die Begierde zu *wissen*. Bei der Polizeiarbeit gab es immer eine neue Kreuzung, die man erreichen, eine andere Ecke, um die man spähen konnte. Wo war die Familie Weiß, und was war mit ihr geschehen? Wessen Leiche lag da im See? Wie hingen die Tode von Bühler und Stuckart zusammen? Das ließ ihn weitermachen, sein Segen oder sein Fluch, sein Zwang zum *Wissen*. Und also gab es letzten Endes doch keine Wahl.

Er warf den Pappbecher in den Abfallkorb und stieg die Treppen hinauf.

SECHS

Walther Fiebes saß in seinem Büro und trank Schnaps. Von einem Tisch unter dem Fenster aus beobachtete ihn eine Reihe von fünf menschlichen Köpfen – weiße Gipsköpfe mit Schädeldecken an Scharnieren, alle hochgeklappt wie Klodeckel, alle wiesen ihre Gehirne als rote und graue Sektionen vor – die fünf Arten, aus denen das Deutsche Reich bestand.

Schilder kennzeichneten sie von links nach rechts, in der absteigenden Reihung ihrer Annehmbarkeit für die Behörden. Kategorie Eins: rein Nordisch. Kategorie Zwei: vorwiegend Nordisch oder Faliskisch. Kategorie Drei: harmonische Mischlinge mit leichten alpin-dinarischen oder mediterranen Eigenschaften. Diese drei Gruppen kamen für die Mitgliedschaft in der SS in Frage. Die anderen konnten keine öffentlichen Ämter bekleiden und starrten Fiebes vorwurfsvoll an. Kategorie Vier: Mischlinge überwiegend ostbaltischen oder alpinen Ursprungs. Kategorie Fünf: Mischlinge außereuropäischen Ursprungs.

März war ein Eins/Zwei; Fiebes ironischerweise ein Grenzfall Drei. Aber schließlich waren die Rassenfanatiker selten die blauäugigen arischen Übermenschen – die waren nach den Worten des ›Schwarzen Korps‹ »zu leicht geneigt, ihre völkische Mitgliedschaft für gesichert anzusehen«. Statt dessen wurde über die schwammigen Grenzen der germanischen Rasse von jenen gewacht, die des Wertes ihres Blutes weniger sicher waren. Unsicherheit bringt gute Grenzwächter hervor. Der fränkische Schulmeister mit seinen knöchrigen Knien, lächerlich in seiner Lederhose; der bayerische Ladenbesitzer mit seinen Glasmurmeln; der rothaarige thüringische Buchhalter mit dem nervösen Tick und der Vorliebe für jüngere Mitglieder der Hitlerjugend; der Lahme und der Häßliche, die kleinsten Ferkel aus dem nationalen Wurf – das waren die lautesten Verteidiger des Volkes.

So war es auch bei Fiebes – dem kurzsichtigen, krummschultrigen, gehörnten Fiebes mit den vorstehenden Zähnen –, den das Reich mit der einzigen Arbeit gesegnet hatte, die er sich wirklich wünschte. Homosexualität und Rassenmischung hatten Vergewaltigung und Inzest als Kapitalverbrechen abgelöst. Abtreibung, »ein Sabotageakt gegen Deutschlands rassische Zukunft«, wurde mit dem Tode bestraft. Die permissiven Sechziger zeigten eine starke Neigung zu solchen Geschlechtsverbrechen. Fiebes, vom Wesen her ein Lakenschnüffler, arbeitete während all der Stunden, die ihm der Führer schenkte, und war dabei nach Max Jägers Worten so glücklich wie ein Schwein in der Pferdescheiße.

Aber heute nicht. Heute trank er im Büro, seine Augen waren wäßrig, und sein Fledermaustoupet hing leicht schräg.

März sagte: »Den Zeitungen zufolge starb Stuckart an Herzversagen.«

Fiebes zwinkerte.

»Aber der Registratur zufolge befindet sich die Akte Stuckart bei Ihnen.«

»Dazu kann ich nichts sagen.«

»Natürlich können Sie. Wir sind doch Kollegen.« März setzte sich und zündete sich eine Zigarette an. »Ich nehme an, wir haben es mit dem bekannten Spiel zu tun, ›der Familie Peinlichkeiten ersparen‹.«

Fiebes murmelte: »Nicht nur der Familie.« Er zögerte. »Kann ich davon eine haben?«

»Natürlich.« März gab ihm eine Zigarette und bot ihm Feuer an. Fiebes nahm versuchsweise einen Zug, wie ein Schuljunge.

»Diese Angelegenheit hat mich ganz schön erschüttert, März, wie ich gern zugebe. Der Mann war für mich ein Held.«

»Haben Sie ihn gekannt?«

»Dem Ruf nach natürlich. *Getroffen* habe ich ihn in Wirklichkeit nie. Warum? Was haben Sie für ein Interesse?«

»Staatssicherheit. Das ist alles, was ich sagen kann. Sie wissen ja, wie das ist.«

»Aha. Jetzt verstehe ich.« Fiebes goß sich einen weiteren großen Schnaps ein. »Wir haben ne ganze Menge gemeinsam, März, Sie und ich.«

»Haben wir?«

»Sicher. Sie sind der einzige Fahnder, der so oft hier ist wie ich. Wir haben uns von unseren Frauen getrennt, von unseren Kindern

- von all dieser Scheiße. Wir leben für die Aufgabe. Wenn es da gut geht, geht es uns gut. Wenn es da schlecht geht . . .« Der Kopf fiel ihm nach vorne. Dann sagte er: »Kennen Sie Stuckarts Buch?«

»Leider nein.«

Fiebes zog eine Schublade heraus und gab März einen abgestoßenen ledergebundenen Band. *Kommentar zu den deutschen Rassegesetzen.* März blätterte es durch. Da gab es Kapitel zu jedem der 3 Nürnberger Gesetze von 1935: das Reichsbürgergesetz, das Gesetz zum Schutze des deutschen Blutes und der deutschen Ehre, das Gesetz zum Schutze der rassischen Gesundheit des deutschen Volkes. Einige Passagen waren rot unterstrichen mit Ausrufezeichen am Rand. »Zur Vermeidung rassischer Schädigung ist es nötig, daß Paare sich vor der Eheschließung einer ärztlichen Untersuchung unterziehen.« »Eheschließung zwischen Personen, die an Geschlechtskrankheiten, angeborenem Schwachsinn, erblicher Fallsucht oder erblicher körperlicher Mißbildung leiden (siehe Sterilisierungsgesetz, 1933) ist nur zulässig nach Vorlage einer Sterilisierungsbescheinigung.« Es gab Tabellen: »Eine Übersicht über die Zulässigkeit von Eheschließungen zwischen Ariern und Nichtariern«, »Das Überwiegen von Mischlingen ersten Grades«.

Für Xaver März war das alles unverständliches Kauderwelsch.

Fiebes sagte: »Das meiste davon ist heute veraltet. Vieles bezieht sich auf Juden, und die Juden sind, wie wir wissen« - er zwinkerte - »alle in den Osten gegangen. Aber der Stuckart ist in meinem Geschäft immer noch die Bibel. Der wahre Grundstein.«

März gab ihm das Buch zurück. Fiebes umschlang es wie einen Säugling. »Was ich nun wirklich sehen muß«, sagte März, »ist die Akte über Stuckarts Tod.«

Er war auf eine Auseinandersetzung vorbereitet. Statt dessen machte Fiebes nur eine allumfassende Geste mit seiner Schnapsflasche. »Na los.«

Die Kripo-Akte war alt. Sie reichte über mehr als ein Vierteljahrhundert zurück. 1936 war Stuckart Mitglied des »Ausschusses für den Schutz des deutschen Blutes« im Innenministerium geworden - einem Tribunal aus Beamten, Rechtsanwälten und Ärzten, das über Anträge auf Eheschließung zwischen Ariern und Nichtariern zu befinden hatte. Kurz danach begann es, daß der Polizei anonyme Anschuldigungen zugingen, Stuckart stelle Heiratsgenehmigungen gegen Bargeld aus. Außerdem hatte er offenbar von einigen der betroffenen Frauen geschlechtliche Gunst gefordert.

Der erste namentliche Klageführer war ein Dortmunder Schneider, ein Herr Maser, der sich bei seiner örtlichen Parteidienststelle beschwert hatte, seine Verlobte sei belästigt worden. Seine Aussage war an die Kripo weitergeleitet worden. Es gab keinerlei Unterlagen über irgendwelche Untersuchungen. Statt dessen waren Maser und seine Freundin in Konzentrationslagern verschwunden. Eine ganze Reihe anderer Berichte, einschließlich solcher von Stuckarts Blockwart während des Krieges, befanden sich in der Akte. Nie war etwas unternommen worden.

1953 hatte Stuckart eine Beziehung zu einer 18jährigen Warschauerin namens Maria Dymarski aufgenommen. Sie hatte behauptet, bis 1720 zurück deutsche Ahnen zu haben, nur um einen Hauptmann der Wehrmacht heiraten zu können. Die Fachleute des Ministeriums des Inneren waren zu dem Schluß gelangt, daß die vorgelegten Dokumente Fälschungen seien. Im folgenden Jahr hatte man der Dymarski die Genehmigung erteilt, als Hausgehilfin in Berlin zu arbeiten. Als Arbeitgeber war Wilhelm Stuckart eingetragen.

März sah auf. »Wie konnte er denn damit zehn Jahre lang durchkommen?«

»Er war schließlich Obergruppenführer, März. Über einen solchen Mann beschwert man sich nicht. Erinnern Sie sich daran, was mit Maser passierte, als er sich beschwert hatte? Außerdem hatte niemand Beweise - damals.«

»Und jetzt gibt es Beweise?«

»Sehn Sie in den Umschlag.«

In der Akte lag ein großer brauner Umschlag, und darin waren ein Dutzend Farbfotos von aufregend guter Qualität, die Stuckart und Dymarski im Bett zeigten. Weiße Körper auf roten Satinlaken. Die Gesichter - auf einigen Aufnahmen verzerrt, auf anderen entspannt - waren leicht zu erkennen. Sie waren alle vom selben Blickpunkt aus aufgenommen worden, entlang des Bettes. Der Körper des Mädchens, fahl und unterernährt, sah unter dem des Mannes zerbrechlich aus. Auf einer Aufnahme saß sie rittlings auf ihm - die dünnen weißen Arme hinter dem Kopf verschlungen, das Gesicht der Kamera zugewandt. Breite, slawische Gesichtszüge. Aber mit ihrem schulterlangen blondgefärbten Haar hätte sie als eine Deutsche durchgehen können.

»Die sind aber doch nicht in jüngster Zeit aufgenommen?«

»Vor rund zehn Jahren. Er ist grauer geworden. Sie hat ein bißchen Fleisch angesetzt. Je älter sie wurde, desto mehr sah sie wie ne Hure aus.«

»Haben wir irgendeine Vorstellung, wo das ist?« Der Hintergrund bestand aus verwischten Farben. Das braune Kopfende des Bettes, rot und weiß gestreifte Tapeten, eine Lampe mit gelbem Schirm; es hätte überall sein können.

»Das ist nicht seine Wohnung - wenigstens nicht so, wie sie heute dekoriert ist. Ein Hotel, vielleicht ein Bordell. Die Kamera lag hinter einem Zweiwegspiegel. Sehn Sie, wie die manchmal in die Kamera zu starren scheinen? Ich hab den Blick hunderte Male gesehen. Die überprüfen sich dann im Spiegel.«

März sah sich jede der Aufnahmen von neuem an. Glanzabzüge, nicht zerkratzt - neue Abzüge von alten Negativen. Die Art von Aufnahmen, die einem ein Zuhälter in einer der Hinterstraßen von Kreuzberg verkaufen mochte.

»Wo haben Sie die gefunden?«

»Direkt neben den Leichen.«

Stuckart hatte zunächst seine Mätresse erschossen. Dem Autopsiebericht zufolge hatte sie voll bekleidet und mit dem Gesicht nach unten auf dem Bett in Stuckarts Wohnung am Fritz-Todt-Platz gelegen. Er hatte ihr eine Kugel mit seiner SS-Luger in den Hinterkopf geschossen (wenn das stimmt, dachte März, hat der alte Bürohengst die vermutlich zum ersten Mal gebraucht). Spuren von Baumwolle und Daunen in der Wunde deuteten darauf hin, daß er die Kugel durch ein Kissen gefeuert hatte. Dann hatte er sich selbst auf die Kante des Bettes gesetzt und sich offenbar durch den Gaumen geschossen. Auf den Tatortaufnahmen war keine der beiden Leichen zu erkennen. Stuckarts Hand umklammerte die Pistole noch immer.

»Er hat eine Nachricht hinterlassen«, sagte Fiebes, »auf dem Tisch im Eßzimmer.«

»Durch diese Tat hoffe ich, meiner Familie, dem Reich und dem

Führer Peinlichkeiten zu ersparen. Heil Hitler! Lang lebe Deutsch-
land! Wilhelm Stuckart.«

»Erpressung?«

»Vermutlich.«

»Wer hat die Leichen gefunden?«

»Das ist das Beste daran.« Fiebes spie die Wörter aus wie Gift:
»Eine amerikanische Journalistin.«

Ihre Aussage befand sich in den Akten: Charlotte Maguire, 25
Jahre, Berliner Vertreterin einer amerikanischen Nachrichten-
agentur, der ›World European Features‹.

»N richtiges kleines Miststück. Fing im gleichen Augenblick, in
dem sie reingebracht wurde, an, nach ihren Rechten zu schreien.
Rechte!« Fiebes nahm einen weiteren Schluck Schnaps. »Scheiße,
aber ich nehm an, wir müssen zu Amerikanern jetzt *nett* sein,
oder?«

März schrieb sich ihre Adresse auf. Der einzige andere Zeuge,
der befragt worden war, war der Portier in Stuckarts Wohnblock.
Die Amerikanerin behauptete, sie habe zwei Männer auf der
Treppe gesehen, unmittelbar vor der Entdeckung der Leichen; aber
der Portier beharrte darauf, daß da niemand gewesen sei.

März sah plötzlich auf. Fiebes fuhr zusammen. »Was ist los?«

»Nichts. Vielleicht ein Schatten an Ihrer Tür.«

»Mein Gott, dieses Büro . . .« Fiebes stieß die Milchglastür auf
und sah nach beiden Seiten in den Korridor. Während er ihm den
Rücken zukehrte, löste März den Umschlag, der hinten in die
Akte eingeheftet war, und schob ihn in seine Tasche.

»Niemand.« Er schloß die Tür. »Sie verlieren die Nerven, März.«

»Überwache Phantasie war schon immer mein Verhängnis.« Er
schloß den Aktenhefter und stand auf.

Fiebes schwankte und schielte. »Wolln Se das nich mitnehm?
Arbeitense da nich mit der Gestapo dran?«

»Nein. Eine andere Angelegenheit.«

»Oh.« Er ließ sich schwer nieder. »Als Sie gesacht ham ›Staatssicherheit‹, hab ich angenomm . . . Spielt keine Rolle. Habs nich
mehr am Hals. Die Gestapo hat übernomm, Gottseidank. Obergruppenführer Globus hat die Verantwortung übernomm. Sie
müssen doch von ihm gehört ham? N Gurgelschlitzer, stimmt
schon, aber der wird das schon auseinandersortiern.«

Das Informationsbüro am Alexanderplatz hatte Luthers Adresse. Den Polizeiverzeichnissen zufolge lebte er immer noch in Dahlem. März steckte sich eine weitere Zigarette an und wählte dann die Nummer. Das Telefon klingelte lange – ein kahles unfreundliches Echo irgendwo in der Stadt. Gerade als er auflegen wollte, antwortete eine Frau.

»Ja?«

»Frau Luther?«

»Ja.« Sie klang jünger, als er erwartet hatte. Ihre Stimme war belegt, als ob sie geweint hätte.

»Mein Name ist Xaver März. Ich bin Fahnder der Berliner Kriminalpolizei. Könnte ich Ihren Mann sprechen?«

»Tut mir leid . . . ich versteh das nicht. Wenn Sie von der Polizei sind, dann wissen Sie doch sicher . . .«

»Wissen? Was wissen?«

»Daß er vermißt wird. Er ist seit Sonntag verschwunden.« Sie fing wieder an zu weinen.

»Es tut mir leid, das zu hören.« März balancierte seine Zigarette auf dem Rand des Aschenbechers.

Gott im Himmel, noch einer.

»Er hat gesagt, daß er in Geschäften nach München fährt und am Montag zurück ist.« Sie putzte sich die Nase. »Aber das habe ich doch alles schon erklärt. Sie wissen doch sicher, daß man sich mit dieser Angelegenheit auf *höchster* Ebene befaßt. Was . . .«

Sie brach ab. März konnte am anderen Ende ein Gespräch hören. Da war im Hintergrund die Stimme eines Mannes: barsch und fragend. Sie sagte etwas, das er nicht verstehen konnte, und kam dann wieder an den Hörer.

»Obergruppenführer Globocznik ist jetzt bei mir. Er würde gerne mit Ihnen sprechen. Wie war doch Ihr Name?«

März legte auf.

Auf seinem Weg nach draußen dachte er an den Anruf in Bühlers Wohnung heute morgen. Die Stimme eines alten Mannes.

»Bühler? Sprich doch. Wer ist da?«

»Ein Freund.«

Klick.

SIEBEN

Die Bülowstraße verläuft ungefähr einen Kilometer von West nach Ost durch eines der geschäftigsten Viertel Berlins, in der Nähe des Gotenland-Bahnhofs. Die Adresse der Amerikanerin erwies sich als ein Wohnblock auf halber Strecke.

Er war heruntergekommener, als März erwartet hatte: fünf Stockwerke, schwarz von einem Jahrhundert Verkehrsqualm, von Vogelscheiße gestreift. Ein Betrunkener saß neben dem Eingang auf dem Pflaster und drehte seinen Kopf jedesmal, wenn ein Passant vorüberkam, um ihm nachzusehen. Auf der anderen Seite der Straße verlief eine erhöhte Strecke der U-Bahn. Als er parkte, verließ gerade ein Zug die Station Bülowstraße, über dessen rot-gelben Wagen blauweiße Blitze um den Stromabnehmer tanzten, leuchtend in der sinkenden Dunkelheit.

Ihre Wohnung lag im vierten Stockwerk. Die Bewohnerin war nicht da. ›Henry‹, stand auf einer Notiz, die an die Tür geheftet war, ›I'm in the bar on Potsdamer Straße. Love, Charlie.‹

März kannte nur wenige Worte Englisch – aber genug, um den Sinn der Nachricht zu begreifen. Erschöpft stieg er die Treppen wieder hinab. Die Potsdamer Straße war eine lange Straße mit vielen Kneipen.

»Ich suche Fräulein Maguire«, sagte er zu der Portiersfrau in der Eingangshalle. »Irgendeine Vorstellung, wo ich sie finden kann?«

Es war, als habe er einen Schalter eingeschaltet: »Sie ist vor einer Stunde ausgegangen, Herr Sturmbannführer. Sie sind schon der zweite Mann, der nach ihr fragt. Fünfzehn Minuten, nachdem sie gegangen war, ist ein junger Kerl gekommen und hat gefragt. Auch ein Ausländer – elegant gekleidet, kurzgeschnittenes Haar. Sie wird kaum vor Mitternacht zurück sein, soviel kann ich Ihnen sagen.«

März fragte sich, über wie viele ihrer anderen Mieter die alte Frau Informationen an die Gestapo geben mochte.

»Gibt es eine Kneipe, die sie regelmäßig besucht?«

»Die von Heini, gerade um die Ecke. Da treffen sich alle diese verdammten Ausländer.«

»Ihre Beobachtungsgabe ehrt Sie.«

Als er sie fünf Minuten später wieder ihrem Stricken überließ, war er mit Informationen über »Charlie« Maguire vollgestopft. Er wußte, daß sie dunkle Haare hatte, kurzgeschnitten; daß sie klein und schlank war; daß sie einen Regenmantel aus schimmerndem blauem Plastik trug, »und hohe Absätze, wie ein Strichmädchen«; daß sie hier seit sechs Monaten wohnte; daß sie mit der Miete im Rückstand war; daß er nur mal all die leeren Flaschen sehen sollte, die dieses Flittchen immer wegwarf... Nein danke, liebe Frau, er habe kein Bedürfnis, sie sich anzusehen, das würde wohl nicht nötig sein, Sie sind äußerst hilfreich gewesen...

Er wandte sich in der Bülowstraße nach rechts. Eine weitere Biegung nach rechts brachte ihn in die Potsdamer Straße. Heinis Kneipe war knapp 50 Meter weiter links. Ein gemaltes Schild zeigte einen Wirt mit Schürze und einem Schnauzbart wie eine Lenkstange, der einen schäumenden Bierkrug trug. Darunter war ein Teil der roten Neonröhren ausgebrannt: Hein s.

Die Kneipe war ruhig, abgesehen von einer Ecke, in der eine Gruppe von sechs um einen Tisch saß und laut Englisch sprach. Sie war die einzige Frau. Sie lachte und zerzauste einem älteren Mann die Haare. Der lachte auch. Dann erblickte er März und sagte etwas, und das Lachen erstarb. Sie sahen ihn an, als er näher kam. Er war sich seiner Uniform bewußt und des Geräuschs seiner Stiefel auf dem polierten Holzboden.

»Fräulein Maguire, mein Name ist Xaver März, ich bin von der Berliner Kriminalpolizei.« Er zeigte ihr seinen Ausweis. »Ich würde mich gerne mit Ihnen unterhalten.«

Sie hatte dunkle Augen, die im Licht der Kneipe glitzerten.

»Fahren Sie fort.«

»Unter vier Augen, bitte.«

»Ich habe nichts mehr zu sagen.« Sie wandte sich dem Mann zu, dem sie die Haare zerzaust hatte, und murmelte etwas. März verstand es nicht. Sie lachten alle. März rührte sich nicht. Schließlich stand ein jüngerer Mann in einem Sportjackett und durchgeknöpftem Hemd auf. Er zog eine Karte aus seiner Brusttasche und hielt sie ihm hin.

»Henry Nightingale. Zweiter Sekretär in der Botschaft der Vereinigten Staaten. Tut mir leid, Herr März, aber Fräulein Maguire hat alles, was sie zu sagen hatte, bereits Ihren Kollegen gesagt.«

März ignorierte die Karte.

Die Frau sagte: »Wenn Sie nicht gehen, warum setzen Sie sich dann nicht zu uns? Das hier ist Howard Thompson von der ›New York Times‹.« Der ältere Mann hob sein Glas. »Das ist Bruce Fallon von der ›United Press‹. Peter Kent von ›CBS‹. Arthur Haines von ›Reuters‹. Henry hat sich schon vorgestellt. Mich kennen Sie allem Anschein nach. Wir trinken gerade auf die *große Neuigkeit*. Die Amerikaner und die SS – jetzt sind wir alle Freunde.«

»Sei vorsichtig, Charlie«, sagte der junge Mann von der Botschaft.

»Ach, halt doch den Mund, Henry. Bei Gott, wenn dieser Mann nicht bald abhaut, werde ich aus lauter Langeweile mit ihm reden. Hier –« Auf dem Tisch vor ihr lag ein Stück zerknäultes Papier. Sie stieß es zu März hinüber. »Das da hab ich dafür bekommen, daß ich in diese Angelegenheit verwickelt wurde. Man hat mir mein Visum entzogen, weil ich ›mit einem deutschen Bürger ohne amtliche Erlaubnis fraternisiert‹ haben soll. Ich hätte heute schon abreisen müssen, aber meine Freunde hier haben mit dem Propagandaministerium gesprochen und eine Verlängerung um eine Woche erlangt. Würde nicht gut ausgesehen haben, oder? Mich ausgerechnet am Tag der *großen Neuigkeit* rauszuschmeißen.«

März sagte: »Es ist wichtig.«

Sie starrte ihn an, ein kalter Blick. Der Mann von der Botschaft legte ihr die Hand auf den Arm. »Du mußt nicht mitgehen.«

Das schien ihr den Ausschlag zu geben. »Willst du wohl den Mund halten, Henry?« Sie schüttelte ihn ab und zog den Mantel um die Schultern. »Er sieht ganz anständig aus. Für einen Nazi. Danke für den Drink.« Sie kippte den Inhalt ihres Glases herunter – dem Aussehen nach Whisky mit Wasser – und stand auf. »Gehn wir.«

Der Mann namens Thompson sagte etwas auf Englisch.

»Mach ich, Howard. Mach dir keine Sorgen.«

Draußen sagte sie: »Wohin gehen wir?«

»Zu meinem Wagen.«

»Und dann?«

»In Dr. Stuckarts Wohnung.«

»Wie schön.«

Sie *war* klein. Obwohl sie auf ihren hohen Absätzen einherklapperte, reichte sie März nicht mal bis an die Schulter. Er öffnete die Tür des Volkswagens für sie, und als sie sich vorbeugte, um einzusteigen, roch er den Whisky in ihrem Atem, und auch Zigaretten - französische, keine deutschen -, und Parfüm: ein sehr kostspieliges, dachte er.

Der 1300-Kubik-Motor des Volkswagens ratterte hinter ihnen. März fuhr aufmerksam: nach Westen durch die Bülowstraße, um den Berlin-Gotenland-Bahnhof herum, nach Norden durch die Siegesallee. Die erbeutete Artillerie aus dem Barbarossa-Feldzug säumte die Prachtstraße, die Rohre auf die Sterne gerichtet. Normalerweise war dieser Teil der Hauptstadt abends ruhig, da die Berliner die lärmigeren Cafés hinter dem Ku-Damm vorzogen, oder die überfüllten Straßen in Kreuzberg. Aber an diesem Abend waren hier überall Menschen - sie standen in Gruppen zusammen, bewunderten die Geschütze und die von Flutlicht angestrahlten Gebäude, bummelten und sahen sich die Schaufenster an.

»Was für ein Mensch wird wohl abends ausgehen und sich Geschütze ansehen?« Sie schüttelte verwundert den Kopf.

»Touristen«, sagte März. »Am 20. werden mehr als 3 Millionen hier sein.«

Es war riskant, die Amerikanerin mit in Stuckarts Wohnung zu nehmen, vor allem jetzt, da Globus wußte, daß jemand von der Kripo auf der Suche nach Luther war. Aber er mußte die Wohnung sehen und die Geschichte der Frau hören. Er hatte keinen Plan, keine wirkliche Vorstellung von dem, was er finden mochte. Er erinnerte sich an die Worte des Führers - *»Ich gehe den Weg, den die Vorsehung mir diktiert, mit der Sicherheit eines Schlafwandlers«* - und lächelte.

Vor ihnen waren Suchscheinwerfer auf den Adler der Großen Halle gerichtet. Er schien in der Luft zu stehen, ein goldener Raubvogel, der über der Hauptstadt lauerte.

Sie bemerkte sein Grinsen. »Was ist so komisch?«

»Nichts.« Er wandte sich beim Europaparlament nach rechts. Die Fahnen der 12 Mitgliedsstaaten wurden von Punktstrahlern angeleuchtet. Das Hakenkreuz, das über ihnen flatterte, war doppelt so groß wie die übrigen Fahnen. »Erzählen Sie mir von Stukkart. Wie gut haben Sie ihn gekannt?«

»Praktisch überhaupt nicht. Ich hab ihn durch meine Eltern kennengelernt. Mein Vater war vor dem Krieg hier an der Botschaft. Er hat eine Deutsche geheiratet, eine Schauspielerin. Das ist meine Mutter. Monika Koch, haben Sie je von ihr gehört?«

»Nein, ich glaube nicht.« Ihr Deutsch war einwandfrei. Sie mußte es von Kindheit an gesprochen haben; ihre Mutter, kein Zweifel.

»Sie wird traurig sein, das zu hören. Sie glaubt, daß sie hier ein großer Star war. Nun ja, beide haben Stuckart flüchtig gekannt. Als ich im letzten Jahr nach Berlin kam, haben sie mir eine Liste von Leuten mitgegeben, die ich besuchen und mit denen ich sprechen sollte – Kontakte. Die Hälfte davon stellte sich auf die eine oder andere Weise als tot heraus. Die meisten der übrigen wollten mich nicht treffen. Amerikanische Journalisten sind keine gesundheitsfördernde Gesellschaft, wenn Sie wissen, was ich meine. Stört es Sie, wenn ich rauche?«

»Nur zu. Wie war Stuckart?«

»Scheußlich.« Ihr Feuerzeug flammte in der Dunkelheit auf; sie inhalierte tief. »Er hat mich begrabscht, obwohl gleichzeitig diese Frau in der Wohnung war. Das war kurz vor Weihnachten. Danach hab ich mich von ihm ferngehalten. In der vergangenen Woche kam dann eine Mitteilung von meinem Büro in New York. Sie wollten was zu Hitlers 75. Geburtstag, Gespräche mit einigen von den Leuten, die ihn noch aus der alten Zeit kennen.«

»Und da haben Sie Stuckart angerufen?«

»Richtig.«

»Und ein Treffen mit ihm für Sonntag verabredet, und als Sie hinkamen, war er tot?«

»Wenn Sie schon alles wissen«, sagte sie ärgerlich, »warum müssen Sie denn dann noch mal mit mir sprechen?«

»Ich weiß noch nicht alles, mein Fräulein. Darum geht es.«

Danach fuhren sie schweigend weiter.

Der Fritz-Todt-Platz befand sich ein paar Blocks von der Sieges-

allee entfernt. Mitte der fünfziger Jahre angelegt als Teil des Weiter-
entwicklungsplanes von Speer für die Stadt, war er ein Quadrat
aus teuer aussehenden Gebäuden mit Eigentumswohnungen, die
um einen kleinen Gedenkpark errichtet worden waren. In der
Mitte stand eine absurd heldische Statue von Todt, dem Erbauer
der Autobahnen, geschaffen von Professor Thorak.

»Wo ist die von Stuckart?«

Sie zeigte auf einen Block an der anderen Seite des Platzes. März
fuhr um ihn herum und parkte davor.

»Welches Stockwerk?«

»Viertes.«

Er blickte hoch. Das vierte Stockwerk war dunkel. Gut.

Todts Statue wurde von Flutlicht bestrahlt. In der Widerspiege-
lung des Lichtes war ihr Gesicht weiß. Sie sah aus, als werde ihr
übel. Dann erinnerte er sich an die Fotografien, die Fiebes ihm von
den Leichen gezeigt hatte – Stuckarts Schädel war ein Krater gewesen, wie eine austropfende Kerze –, und da verstand er.

Sie sagte: »Ich muß das doch nicht machen, oder?«

»Nein. Aber Sie werden.«

»Warum?«

»Weil Sie ebensosehr wie ich wissen wollen, was passiert ist. Deshalb sind Sie doch bis hierher mitgekommen.«

Sie starrte ihn erneut an, drückte dann ihre Zigarette aus, indem
sie sie in den Aschenbecher drehte und zerbrach. »Dann lassen Sie
uns rasch machen. Ich will zu meinen Freunden zurück.«

Die Schlüssel zum Gebäude waren immer noch in dem Umschlag, den März aus Fiebes' Akte entfernt hatte. Es waren insgesamt fünf. Er fand den, der zur Eingangstür paßte, und ließ sie in
die Eingangshalle ein. Sie war von vulgärem Luxus, im neuen
Reichsstil – weißer Marmorfußboden, Kristallüster, vergoldete
Stühle des 19. Jahrhunderts mit roter Plüschpolsterung, die Luft
parfümiert mit getrockneten Blumen. Kein Portier, Gottseidank:
seine Schicht war wohl zu Ende. Tatsächlich schien das ganze Gebäude verlassen. Vielleicht hatten die Bewohner sich in ihre Zweit-
häuser auf dem Land zurückgezogen. Berlin konnte in der Woche
vor Führers Geburtstag unerträglich überfüllt sein. Dann flüchteten die Feinen immer aus der Hauptstadt.

»Und jetzt?«

»Erzählen Sie mir einfach, was sich abgespielt hat.«

»Der Portier war an seinem Tisch, hier«, sagte sie. »Ich fragte nach Stuckart. Er wies mich in den vierten Stock. Ich konnte den Aufzug nicht nehmen, weil er gerade repariert wurde. Ein Mann arbeitete darin. Also ging ich zu Fuß.«

»Wie spät war es?«

»Genau 12.00 Uhr.«

Sie stiegen die Treppen hinauf.

Sie fuhr fort: »Ich hatte gerade den zweiten Stock erreicht, als mir zwei Männer rennend entgegen kamen.«

»Bitte beschreiben Sie sie.«

»Es ging alles zu schnell, als daß ich sie hätte genau ansehen können. Beide in den Dreißigern. Der eine trug einen braunen Anzug, der andere einen grünen Anorak. Kurzes Haar. Das ist alles.«

»Was haben die getan, als sie Sie sahen?«

»Sie rannten einfach an mir vorbei. Der im Anorak sagte etwas zu dem anderen, aber ich konnte nicht verstehen, was. Aus dem Aufzugschacht kamen Bohrgeräusche. Danach ging ich rauf zu Stuckarts Wohnung und läutete. Da kam keine Antwort.«

»Und was haben Sie dann gemacht?«

»Ich bin runter zum Portier gegangen und habe ihn gebeten, Stuckarts Tür zu öffnen, um zu sehen, ob alles in Ordnung war.«

»Warum?«

Sie zögerte. »Da war etwas an diesen beiden Männern. Ich hatte so ein Gefühl. Wissen Sie: das Gefühl, das man hat, wenn man an eine Tür klopft und niemand antwortet, aber man ist ganz sicher, daß jemand da ist.«

»Und haben Sie den Portier überredet, die Tür zu öffnen?«

»Ich hab ihm gesagt, ich würde die Polizei rufen, wenn er es nicht macht. Ich habe gesagt, er würde es den Behörden gegenüber zu verantworten haben, wenn Doktor Stuckart irgendwas passiert wäre.«

Gerissene Psychologie, dachte März. Nachdem man ihnen dreißig Jahre lang gesagt hatte, was sie zu tun hatten, war der durchschnittliche Deutsche sorgsam darauf bedacht, für nichts die endgültige Verantwortung zu übernehmen, nicht einmal dafür, eine Tür nicht geöffnet zu haben. »Und dann haben Sie die Leichen gefunden?«

Sie nickte. »Der Portier sah sie als erster. Er schrie, und ich bin hingerannt.«

»Haben Sie die beiden Männer erwähnt, die Sie auf der Treppe gesehen haben? Was hat der Portier gesagt?«

»Er war zuerst viel zu sehr mit Kotzen beschäftigt, als daß er hätte reden können. Danach hat er darauf beharrt, er habe niemanden gesehen. Er sagte, ich müsse mir das eingebildet haben.«

»Glauben Sie, daß er gelogen hat?«

Sie dachte darüber nach. »Nein, glaube ich nicht. Ich glaube, er hat sie wirklich nicht gesehen. Andererseits begreife ich nicht, wie er sie verpaßt haben kann.«

Sie standen immer noch im zweiten Stock an der Stelle, an der – wie sie sagte – die beiden Männer an ihr vorbeigekommen waren. März ging die Treppe wieder hinab. Sie wartete einen Augenblick, dann folgte sie ihm. Am Fuß der Treppe führte eine Tür in den Korridor des ersten Stockwerks.

Er sagte, halb zu sich selbst: »Sie könnten sich hier versteckt haben, nehme ich an. Wo sonst?«

Sie gingen weiter hinab bis ins Erdgeschoß. Hier gab es zwei weitere Türen. Die eine führte in die Eingangshalle. März versuchte die andere. Sie war nicht verschlossen. »Oder sie hätten hier unten rausgehen können.«

Nackte Betonstufen, neonbeleuchtet, führten hinab in den Keller. Unten gab es einen langen Korridor, von dem Türen abgingen. März öffnete sie eine nach der anderen. Ein Waschraum. Ein Vorratsraum. Ein Generatorraum. Ein Luftschutzraum.

Nach dem Reichszivilverteidigungsgesetz von 1948 mußte jeder Neubau mit einem Luftschutzraum ausgestattet werden; diejenigen unter Büros und Wohnungsblocks mußten außerdem eigene Generatoren und Luftfiltersysteme haben. Dieser hier war besonders gut eingerichtet: Etagenbetten, ein Vorratsschrank, eine abgetrennte Ecke mit Toiletten. März trug einen Metallstuhl hinüber zur Belüftungsklappe, die sich in der Mauer zweieinhalb Meter über dem Boden befand. Er faßte nach dem Metallgitter. Es ging mühelos ab. Alle Schrauben waren entfernt worden.

»Das Bauministerium hat eine Öffnung mit einem halben Meter Durchmesser vorgeschrieben«, sagte März. Er schnallte sein Koppel ab und hängte es mit der Pistole über die Stuhllehne.

»Wenn sie sich nur der Schwierigkeiten bewußt wären, die uns das macht.«

Er zog die Jacke aus und gab sie der Frau, dann bestieg er den Stuhl. Als er in den Schacht hineingriff, fand er etwas Solides, sich daran festzuhalten, und zog sich hinein. Filter und Ventilator waren ebenfalls entfernt worden. Indem er seine Schultern gegen den Metallrahmen preßte, konnte er sich langsam vorwärtsbewegen. Es war vollkommen dunkel. Er würgte vor Staub. Seine Hände, die er vor sich hochstreckte, berührten Metall, und er drückte. Das Außengitter gab nach und stürzte zu Boden. Die Nachtluft strömte herein. Für einen Augenblick empfand er einen fast überwältigenden Drang, in sie hinauszukriechen, aber statt dessen schlängelte er sich rückwärts und ließ sich wieder in den Schutzkeller hinab. Er landete, staubig und fettverschmiert.

Die Frau richtete die Pistole auf ihn.

»Peng, peng«, sagte sie. »Sie sind tot.« Sie lächelte über seinen Schrecken. »Amerikanischer Scherz.«

»Sehr witzig.« Er nahm die Luger und steckte sie wieder ins Halfter zurück.

»Okay«, sagte sie, »hier ist ein besserer. Zwei Mörder werden von einem Zeugen gesehen, wie sie ein Gebäude verlassen, und die Polizei braucht vier Tage, um herauszufinden, wie. Ich würde sagen, das ist komisch, Sie nicht?«

»Das hängt von den Umständen ab.« Er klopfte den Staub von seinem Hemd. »Wenn die Polizei neben der Leiche eines der Opfer einen Abschiedsbrief in seiner eigenen Handschrift findet, die besagt, daß es Selbstmord war, verstehe ich, warum sie sich keine Mühe gegeben hat, weiter zu suchen.«

»Aber dann kommen Sie daher und suchen weiter.«

»Ich bin von der neugierigen Sorte.«

»Na klar.« Sie lächelte wieder. »Also ist Stuckart erschossen worden und die Mörder haben versucht, es wie einen Selbstmord aussehen zu lassen?«

Er zögerte. »Das ist eine Möglichkeit.«

Er bedauerte die Worte in dem Augenblick, in dem er sie aussprach. Sie hatte ihn dazu verleitet, mehr von Stuckarts Tod zu enthüllen, als klug war. Jetzt spielten schwache spöttische Lichter in ihren Augen. Er verfluchte sich, weil er sie unterschätzt hatte. Sie war von der Gerissenheit eines Berufsverbrechers. Er erwog, sie zur Bar zurückzubringen und allein weiterzumachen, verwarf den Gedanken dann aber. Er taugte nichts. Um zu wissen, was sich abgespielt hatte, mußte er es mit ihren Augen sehen.

Er knöpfte seine Uniformjacke zu. »Jetzt müssen wir die Wohnung des Parteigenossen Stuckart inspizieren.«

Das wischte ihr zu seinem Vergnügen das Lächeln aus dem Gesicht. Aber sie weigerte sich nicht, mit ihm zu gehen. Sie stiegen die Treppe hinauf, und wieder fiel ihm auf, daß sie fast ebenso begierig darauf war, Stuckarts Wohnung zu sehen, wie er.

Sie nahmen den Aufzug in den vierten Stock. Als sie hinaustraten, hörte er, wie im Flur zu ihrer Linken eine Tür geöffnet wurde. Er packte die Amerikanerin beim Arm und steuerte sie um die Ecke außer Sicht. Als er zurückblickte, konnte er eine Frau mittleren Alters im Pelzmantel sehen, die auf den Aufzug zuging. Sie trug einen kleinen Hund.

»Sie tun mir weh.«

»Tut mir leid.«

Er verbarg sich in den Schatten. Die Frau redete ruhig mit ihrem Hund und verschwand im Aufzug. März fragte sich, ob Globus die Akte von Fiebes schon geholt, und ob er schon entdeckt hatte, daß die Schlüssel fehlten. Sie würden sich beeilen müssen.

Die Tür zu Stuckarts Wohnung war an jenem Tag nahe dem Türgriff mit rotem Wachs versiegelt worden. Ein Zettel unterrichtete Neugierige, daß diese Räume nunmehr unter der Jurisdiktion der Gestapo standen und daß der Eintritt verboten war. März zog sich ein Paar dünner Handschuhe an und erbrach das Siegel. Der Schlüssel drehte sich leicht im Schloß.

Er sagte: »Fassen Sie nichts an.«

Mehr Luxus, der dem Stil des Gebäudes entsprach: kunstvolle vergoldete Spiegel, antike Tische und Stühle mit kannelierten Beinen und elfenbeinfarbener Damastpolsterung, ein königsblauer Teppich mit persischen Brücken. Kriegsbeute, die Früchte des Reiches.

»Jetzt erzählen Sie mir noch mal, was sich abgespielt hat.«

»Der Portier öffnete die Tür. Wir kamen in den Flur.« Ihre Stimme war höher geworden. Sie zitterte. »Er rief, und da niemand antwortete, kamen wir beide rein. Ich habe zuerst die Tür da geöffnet.«

Es war die Art von Badezimmer, die März bisher nur in Hochglanzmagazinen gesehen hatte. Weißer Marmor und rauchige Spiegel, eine versenkte Badewanne, Doppelhandwaschbecken mit goldenen Hähnen ... Das hier, dachte er, war die Hand von Maria Dymarski, die bei einem Ku-Damm-Friseur die deutsche ›Vogue‹ durchblätterte, während ihre polnischen Wurzeln arisch weiß gebleicht wurden.

»Dann bin ich ins Wohnzimmer gekommen ...«

März knipste das Licht an. Eine Wand bestand aus großen Fenstern, die auf den Platz hinausgingen. An den anderen drei hingen große Spiegel. Wohin immer er sich drehte, er konnte Spiegelbilder von sich und dem Mädchen sehen: die schwarze Uniform und der schimmernde blaue Mantel, so fehl am Platz zwischen den Antiquitäten. Nymphen waren der Grundgedanke der Dekoration. In Gold gefaßt schmiegten sie sich um die Spiegel; in Bronze gegossen trugen sie Tischlampen und Uhren. Es gab Bilder von Nymphen und Statuen von Nymphen; Baumnymphen und Wassernymphen; Amphitrite und Thetis.

»Ich hörte ihn schreien. Ich wollte ihm helfen ...«

März öffnete die Tür zum Schlafzimmer. Sie wandte sich ab. Blut sieht im Halbdunkel schwarz aus. Dunkle Schatten sprangen die Wände hinauf und über die Decke.

»Sie lagen auf dem Bett, ja?«

Sie nickte.

»Was haben Sie dann gemacht?«

»Die Polizei angerufen.«

»Wo war der Portier?«

»Im Badezimmer.«

»Haben Sie sie noch mal angesehen?«

»Was denken Sie denn?« Sie fuhr sich mit dem Ärmel ärgerlich über die Augen.

»Na schön, Fräulein Maguire. Das reicht. Warten Sie im Wohnzimmer.«

Der menschliche Körper enthält sechs Liter Blut: genug, um eine große Wohnung anzustreichen. März versuchte, nicht auf das Bett und die Wände zu blicken, während er arbeitete – die Schranktüren öffnete, die Nähte jedes Kleidungsstücks abtastete, mit seinen behandschuhten Händen in jede Tasche fuhr. Er kam zu den Nachttischen neben dem Bett. Sie waren schon vorher geöffnet und durchsucht worden. Der Inhalt der Schubladen war zur Untersuchung herausgekippt und nachher wieder hineingestopft worden – eine typische, ungeschickte Orpo-Arbeit, die mehr Hinweise zerstörte als aufdeckte.

Nichts, nichts. Hatte er dafür alles riskiert?

Er lag auf den Knien, die Arme unter das Bett gestreckt, als er es hörte. Er brauchte eine Sekunde, bis er den Klang wahrnahm.

> Lippen schweigen,
> 's flüstern Geigen:
> Hab mich lieb!

»Tut mir leid«, sagte sie, als er hereinraste. »Ich hätte es nicht anfassen sollen.«

Er nahm ihr die Pralinenschachtel vorsichtig ab und schloß den Deckel über der Melodie.

»Wo war das?«

»Da auf dem Tisch.«

Jemand hatte Stuckarts Post der letzten drei Tage geholt und untersucht, die Briefumschläge säuberlich aufgeschnitten, die Briefe herausgezogen. Sie lag neben dem Telefon aufgehäuft. Er hatte sie nicht bemerkt, als er hereingekommen war. Wie konnten sie ihm entgehen? Die Pralinen waren, wie er sah, genau so verpackt gewesen wie die von Bühler, von der Post in Zürich abgestempelt um 16 Uhr, am Montag nachmittag.

Dann sah er, daß sie ein Papiermesser hielt.

»Ich hab Ihnen doch gesagt, nichts anfassen.«

»Ich hab gesagt, tut mir leid.«

»Glauben Sie, daß das hier ein Spiel ist?« *Die ist ja noch verrückter als ich.* »Sie werden jetzt gehen müssen.« Er versuchte, sie zu fassen, aber sie wand sich frei.

»Auf keinen Fall.« Sie trat zurück und richtete das Messer auf ihn. »Ich nehme an, ich habe genausoviel Recht hier zu sein wie Sie. Versuchen Sies nur und schmeißen mich raus, dann werde ich so laut schreien, daß jeder Gestapo-Mann in Berlin hier gegen die Türe hämmert.«

»Sie haben ein Messer, aber ich hab eine Pistole.«

»Ah, aber Sie wagen nicht, sie zu benutzen.«

März fuhr sich mit der Hand durch die Haare. Er dachte: *Da hast du geglaubt, so schlau zu sein, sie zu finden, sie zu überreden, mit hierher zu kommen. Und während der ganzen Zeit wollte sie nichts mehr, als herzukommen. Sie sucht nach was...* Er war ein Idiot gewesen.

Er sagte: »Sie haben mich angelogen.«

Sie sagte: »Sie haben mich angelogen. Gleichstand.«

»Das hier ist gefährlich. Ich flehe Sie an, Sie haben keine Vorstellung ...«

»Was ich weiß, ist das: Meine Karriere könnte zu Ende sein wegen dem, was in dieser Wohnung passiert ist. Ich könnte gefeuert werden, wenn ich nach New York zurückkomme. Man hat mich aus diesem lausigen Land rausgeschmissen, und ich will wissen warum.«

»Woher weiß ich, daß ich Ihnen vertrauen kann?«

»Woher weiß ich, daß ich *Ihnen* vertrauen kann?«

Sie standen so da für vielleicht eine halbe Minute: er die Hand in seinem Haar, sie das silberne Papiermesser immer noch gegen ihn gerichtet. Draußen begann über dem Platz eine Uhr zu schlagen. März sah auf seine Uhr. Es war fast zehn.

»Dafür haben wir keine Zeit.« Er sprach schnell. »Hier sind die Schlüssel zur Wohnung. Dieser öffnet die Tür unten. Dieser ist für die Eingangstür hier oben. Dieser paßt in den Nachttisch. Das ist ein Schreibtischschlüssel. Dieser hier« - er hob ihn hoch -, »dieser ist, glaube ich, der Schlüssel zum Safe. Wo ist er?«

»Ich weiß es nicht.« Da sie Ungläubigkeit in seinem Blick sah, fügte sie hinzu: »Ich schwöre.«

Sie suchten schweigend zehn Minuten, verschoben Möbel, hoben Teppiche hoch, sahen hinter Bilder. Plötzlich sagte sie: »Dieser Spiegel ist locker.«

Es war ein schlanker, antik aussehender Spiegel, vielleicht dreißig Zentimeter im Quadrat, über dem Tisch, auf dem sie die Briefe geöffnet hatte. März faßte den Messingrahmen. Er bewegte sich etwas, wollte sich aber nicht von der Wand lösen.

»Versuchen Sie es damit.« Sie gab ihm das Messer.

Sie hatte recht. Hinter dem Rand des Rahmens war, etwa zwei

Drittel von oben herab, ein kleiner Riegel. März drückte die Messerspitze dagegen und spürte, wie etwas nachgab. Der Spiegel hing an einem Scharnier. Er schwang auf und enthüllte den Safe.

Er untersuchte ihn und fluchte. Der Schlüssel genügte nicht. Da war auch noch ein Zahlenschloß.

»Zuviel für Sie?« fragte sie.

»– ›Im Fall von Schwierigkeiten‹ –«, zitierte er, »– ›wird der einfallsreiche Beamte immer eine Möglichkeit finden‹.« Er nahm den Telefonhörer ab.

ACHT

Präsident Kennedy ließ über eine Entfernung von 5000 Kilometern sein berühmtes Lächeln blitzen. Er stand hinter einem Knäuel von Mikrofonen und sprach zu einer Menge in einem Football-Stadium. Rot-weiß-blaue Banner wehten hinter ihm – »Wählt Kennedy wieder!« »Vier mehr, 64!« Er rief etwas, das März nicht verstand, und die Menge jubelte zurück.

»Wovon redet er?«

Das Fernsehgerät warf einen blauen Schimmer in die Dunkelheit von Stuckarts Wohnung. Die Frau übersetzte: »– ›Die Deutschen haben ihr System, und wir haben unseres. Aber wir alle sind die Bürger eines Planeten. Und solange sich unsere beiden Nationen daran erinnern, bin ich zutiefst davon überzeugt: können wir Frieden haben.‹ Einsatz für lauten Beifall der dummen Menge.«

Sie hatte ihre Schuhe fortgeschleudert und lag bäuchlings der Länge nach vor dem Gerät.

»Aha. Jetzt kommt der ernsthafte Teil.« Sie wartete, bis er zu sprechen aufhörte, und übersetzte dann wieder: »Er sagt, er wolle während seines Besuchs im Herbst die Frage der Menschenrechte anschneiden.« Sie lachte und schüttelte den Kopf. »Gott, dieser Kennedy ist so voller Scheiße. Das einzige, was er wirklich will, ist, im November mehr Stimmen kriegen.«

»– ›Menschenrechte‹?«

»Die Tausenden von Andersdenkenden, die ihr in Lager gesperrt habt. Die Millionen Juden, die im Krieg verschwunden sind. Die Folter. Das Morden. Tut mir leid, davon zu sprechen, aber wir haben die spießige Vorstellung, daß menschliche Wesen Rechte haben. Wo haben Sie denn die letzten zwanzig Jahre verbracht?«

Die Verachtung in ihrer Stimme versetzte ihm einen Schock. Er hatte noch nie wirklich mit einem Amerikaner gesprochen, war nur den gelegentlichen Touristen begegnet – und die wenigen wurden sorgsam durch die Hauptstadt geleitet und bekamen das zu sehen, was das Propagandaministerium sie sehen lassen wollte, wie Rotkreuz-Vertreter bei einer Besichtigungsfahrt der KZs. Während er ihr jetzt zuhörte, wurde ihm bewußt, daß sie vermutlich mehr über die jüngste Geschichte seines Landes wußte als er. Er fühlte, daß er sich irgendwie verteidigen sollte, aber wußte nicht, was sagen.

»Sie reden wie ein Politiker«, war alles, was er herausbekam. Sie machte sich nicht einmal die Mühe zu antworten.

Er blickte wieder zu der Gestalt auf dem Bildschirm. Kennedy strahlte ein Bild von jugendlicher Kraft aus, trotz seiner Brille und dem erkahlenden Kopf.

»Wird er gewinnen?« fragte er.

Sie schwieg. Einen Augenblick lang dachte er, sie habe sich entschlossen, nicht mit ihm zu reden. Dann sagte sie: »Jetzt ja. Er sieht gut aus für einen Mann von fünfundsiebzig, oder nicht?«

»In der Tat.« März stand einen Meter vom Fenster entfernt und rauchte eine Zigarette, wobei er abwechselnd das Fernsehgerät und den Platz unten betrachtete. Der Verkehr war spärlich – meistens Leute, die vom Abendessen oder aus dem Kino kamen. Ein junges Paar hielt unter der Statue von Todt Händchen. Sie konnten von der Gestapo sein; schwer zu sagen.

Die Millionen Juden, die im Krieg verschwunden sind ... Er riskierte das Kriegsgericht, einfach dadurch, daß er mit ihr sprach. Aber ihr Geist mußte eine Schatzkammer sein, voller kaum erwogener Themen, die für sie nichts bedeuteten, für ihn aber Gold wären. Wenn er nur irgendwie ihren zornigen Widerstand brechen und sich seinen Weg um die Propaganda herum suchen könnte ...

Nein. Ein lächerlicher Gedanke. Er hatte schon so genug Probleme.

Eine feierliche blonde Nachrichtensprecherin füllte den Schirm aus; hinter ihr sah man eine Bildmontage von Kennedy und dem Führer mit dem einzigen Wort »Entspannung«.

Charlotte Maguire hatte sich aus Stuckarts Getränkeschrank ein Glas Scotch genommen. Nun hob sie es dem Fernsehschirm zu höhnischem Gruß entgegen. »Auf Joseph P. Kennedy: Präsident der Vereinigten Staaten – Beschwichtigungspolitiker, Antisemit, Verbrecher und Hurensohn. Mögest du in der Hölle rösten.«

Die Uhr draußen schlug 10.30 Uhr, 10.45 Uhr, 11 Uhr.

Sie sagte: »Vielleicht hat Ihr Freund es sich noch einmal überlegt.«

März schüttelte den Kopf. »Der kommt.«

Einige Augenblicke später rollte ein zerschrammter blauer Škoda auf den Platz. Er fuhr langsam einmal um den Platz herum, kam dann zurück und parkte gegenüber dem Wohnblock. Max Jäger tauchte auf der Fahrerseite auf; von der anderen Seite kam ein kleiner Mann in einer schäbigen Sportjacke, der einen weichen Filzhut und einen Arztkoffer trug. Er schielte zum vierten Stock empor und wich zurück, aber Jäger faßte ihn beim Arm und wirbelte ihn auf den Eingang zu.

In die Stille des Wohnzimmers ertönte der Summer.

»Am besten«, sagte März, »Sie sagen nichts.«

Sie zuckte die Achseln. »Wie Sie wollen.«

Er ging in die Diele und nahm das Haustelefon ab.

»Hallo, Max.«

Er drückte auf einen Knopf und öffnete die Tür. Der Korridor war leer. Nach einer Minute kündigte ein sanftes *Ping* die Ankunft des Aufzugs an, und der kleine Mann erschien. Er schlurfte den Gang herab und in Stuckarts Flur, ohne ein Wort zu sagen. Er war in seinen Fünfzigern und schleppte mit sich wie Mundgeruch den Mief der Hinterhöfe – nach flüchtigen Geschäften und dreifacher Buchführung, nach Kartentischen, die man beim Geräusch von Tritten auf der Treppe wegräumt. Jäger folgte dicht hinter ihm.

Als der Mann sah, daß März nicht allein war, schreckte er zurück in die Ecke.

»Wer ist die Frau?« Er flehte Jäger an. »Sie haben nichts von einer Frau gesagt. Wer ist die Frau?«

»Halt den Mund, Willi«, sagte Max. Mit einem sanften Puff schubste er ihn ins Wohnzimmer.

März sagte: »Mach dir keine Sorgen, Willi. Sieh dir das an.«

Er knipste die Lampe an und richtete sie aufwärts.

Willi Stiefel nahm den Safe mit einem Blick auf. »Englisch«, sagte er. »Kasten: anderthalb Zentimeter, hochzäher Stahl. Feiner Mechanismus. Acht-Ziffern-Code. Sechs, wenn Sie Glück haben.« Er flehte März an: »Ich bitte Sie, Herr Sturmbannführer. Für mich ist es beim nächsten Mal die Guillotine.«

»Für dich wird es diesmal die Guillotine sein«, sagte Jäger, »wenn du nicht voran machst.«

»Fünfzehn Minuten, Herr Sturmbannführer. Dann bin ich hier raus. Abgemacht?«

März nickte. »Abgemacht.«

Stiefel warf der Frau einen letzten nervösen Blick zu. Dann legte er Hut und Jacke ab, öffnete seinen Koffer und nahm ein Paar dünner Gummihandschuhe sowie ein Stethoskop heraus.

März nahm Jäger mit sich zum Fenster und flüsterte: »Hast du viel Überredung gebraucht?«

»Was glaubst du denn? Aber dann hab ich ihm gesagt, daß er immer noch unter dem 42 steht. Da hat er begriffen.«

Paragraph 42 des Reichsstrafgesetzbuchs stellte fest, daß »alle Berufsverbrecher und solche, die sich gegen die Moral vergehen«, schon auf den Verdacht hin, daß sie ein Verbrechen begehen *könnten*, verhaftet werden konnten. Der Nationalsozialismus lehrte, daß das Verbrechertum im Blut liege: etwas, mit dem man geboren wird, wie mit musikalischer Begabung oder blonden Haaren. Also entschied der Charakter des Verbrechers mehr über das Urteil als sein Verbrechen. Ein Gangster, der nach einer Prügelei ein paar Mark stahl, konnte zum Tode verurteilt werden, weil er »eine so tiefverwurzelte Neigung zum Verbrechen an den Tag legt, daß es ausgeschlossen erscheint, daß er jemals zu einem nützlichen Mitglied der Volksgemeinschaft werden kann«. Aber am nächsten Tag mochte dasselbe Gericht ein treues Parteimitglied, das seine Frau wegen einer beleidigenden Bemerkung erschossen hatte, mit einer Verwarnung, Frieden zu halten, davonkommen lassen.

Stiefel konnte sich keine weitere Verhaftung leisten. Er hatte zuletzt 9 Jahre in Spandau wegen Bankraubs abgesessen. Er hatte keine Wahl, sondern mußte mit der Polizei zusammenarbeiten, was immer sie auch von ihm verlangen mochte – Informant, *Agent provocateur* oder Safeknacker. Gegenwärtig betrieb er eine Uhrenreparaturwerkstatt im Wedding und schwor, er bleibe absolut sauber: eine Versicherung der Unschuld, die schwer zu glauben war, wenn man ihm jetzt zusah. Er hatte das Stethoskop an die Safetür gepreßt und drehte das Ziffernrad jeweils um eine Stelle weiter. Seine Augen waren geschlossen, während er dem Klicken lauschte, mit dem die Zuhaltungen des Schlosses in ihre Öffnungen fielen.

Los doch, Willi. März rieb sich die Hände. Seine Finger waren vor Spannung taub.

»O Gott«, sagte Jäger leise. »Ich hoffe, du weißt, was du tust.«

»Ich erklärs dir später.«

»Nein danke. Ich hab dir doch gesagt: ich will nichts wissen.«

Stiefel streckte sich und stieß einen langen Seufzer aus. »Eins«, sagte er. Eins war die erste Ziffer der Kombination.

Wie Stiefel blickte auch Jäger immer wieder zu der Frau hin. Sie saß bescheiden auf einem der vergoldeten Stühle, die Hände im Schoß gefaltet. »Eine *Ausländerin*, um Gottes willen!«

»Sechs.«

So ging das weiter, alle paar Minuten eine weitere Ziffer, bis um 11.35 Uhr Stiefel zu März sagte: »Der Besitzer: wann ist er geboren?«

»Warum?«

»Das würde Zeit sparen. Ich glaube, er hat das Ding auf sein Geburtsdatum eingestellt. Bisher hab ich eins-sechs-eins-eins-eins-neun. Der 16. im 11. 19 . . .«

März sah in seine Notizen aus Stuckarts Eintrag im *Wer ist's?*

»1902.«

»Null-zwei.« Stiefel versuchte die Kombination, dann lächelte er. »Es ist gewöhnlich der Geburtstag des Besitzers«, sagte er, »oder Führers Geburtstag oder der Tag der Nationalen Wiedergeburt.« Er zog die Tür auf.

Der Safe war klein: ein 15-Zentimeter-Kubus, der weder Banknoten noch Juwelen enthielt, nur Papiere – zumeist alte Papiere. März türmte sie auf den Tisch und begann sie durchzusehen.

»Ich möchte jetzt gehen, Herr Sturmbannführer.«

März achtete nicht auf ihn. Mit einem roten Band verschnürt waren die Besitzurkunden für eine Liegenschaft in Wiesbaden – dem Anschein nach das Familienhaus. Dann gab es Aktien. Hoesch, Siemens, Thyssen: die Gesellschaften gehörten zum Standard, aber die investierten Summen sahen astronomisch aus. Versicherungspapiere. Eine menschliche Regung: eine Fotografie von Maria Dymarski, mit dem süßlichen Lächeln der Fünfziger.

Plötzlich schrie Jäger vom Fenster aus eine Warnung: »Da kommen sie, du verdammter verfluchter Narr!«

Ein grauer BMW fuhr schnell um den Platz, gefolgt von einem

Armee-Lastwagen. Die Fahrzeuge schwenkten vor dem Haus in Halteposition, die die Straße blockierten. Ein Mann in Ledermantel mit Gürtel sprang aus dem Wagen. Die Heckklappe des LKWs wurde herabgeklappt, und SS-Männer mit automatischen Gewehren begannen herauszuspringen.

»Los doch! Los doch!« schrie Jäger. Er begann, Charlie und Stiefel zur Tür zu stoßen.

Mit zitternden Fingern arbeitete März sich durch die restlichen Papiere. Ein blauer Umschlag, ohne Adresse. Etwas Schweres darin. Die Lasche des Umschlags war auf. Er sah einen Briefkopf in Kupferstich – Zaugg & Cie, Bankiers – und stopfte ihn in seine Tasche.

An der Tür unten begann es, in langen und drängenden Tönen zu summen.

»Die wissen, daß wir hier oben sind!«

Jäger sagte: »Und was jetzt?« Stiefel war grau geworden. Die Frau stand bewegungslos da. Sie schien nicht zu begreifen, was vor sich ging.

»Der Keller«, schrie März. »Wir könnten ihnen gerade noch entwischen. Holt den Aufzug.«

Die anderen drei rannten in den Korridor. Er begann die Papiere wieder in den Safe zu stopfen, warf ihn zu, drehte das Rad, stieß den Spiegel wieder an seinen Platz. Keine Zeit mehr, noch etwas mit dem gebrochenen Siegel an der Tür zu machen. Sie hielten den Aufzug für ihn auf. Er quetschte sich hinein, und sie begannen ihren Abstieg.

Dritter Stock, zweiter Stock . . .

März betete, daß er nicht im Erdgeschoß anhalte. Er hielt nicht. Er öffnete sich in den leeren Keller. Über ihren Köpfen konnten sie die Hacken der Sturmtruppler auf dem Marmor hören.

»Hier entlang!« Er führte sie in den Luftschutzraum. Das Gitter der Belüftung stand da, wo er es gelassen hatte, gegen die Mauer gelehnt.

Stiefel brauchte man nichts zu sagen. Er rannte zu dem Luftschacht, hievte seinen Koffer über den Kopf und warf ihn hinein. Er griff nach der Ziegelmauer und versuchte, sich hinterherzuziehen, seine Füße kratzten nach einem festen Ansatz an der glatten Mauer. Er schrie über die Schulter: »Helft mir doch!« März und

Jäger schnappten sich seine Beine und hoben ihn hoch. Der kleine Mann schlängelte sich mit dem Kopf voran in das Loch und war verschwunden.

Sie kamen näher - das Dröhnen und Kratzen der Stiefel auf Beton. Die SS hatte den Eingang zum Keller gefunden. Ein Mann rief etwas.

März zu Charlie: »Jetzt Sie.«

»Ich sag Ihnen was«, sagte sie und zeigte auf Jäger. »Der schafft es nie.«

Jägers Hände fuhren an seine Taille. Es stimmte. Er war zu dick. »Ich bleib hier. Ich denk mir was aus. Ihr zwei haut ab.«

»Nein.« Das wurde zur Farce. März zog den Umschlag aus seiner Tasche und preßte ihn Charlie in die Hand. »Nehmen Sie das. Wir könnten durchsucht werden.«

»Und Sie?« Sie hielt ihre blöden Schuhe in der einen Hand und stieg schon auf den Stuhl.

»Warten Sie, bis Sie von mir hören. Erzählen Sie niemandem was.« Er schnappte sie sich, schloß die Hände gerade unter ihren Knien, und warf sie. Sie war so leicht, er hätte weinen können.

Die SS war im Keller. Entlang den Durchgang - das Krachen aufgeworfener Türen.

März schwang das Gitter zurück an seinen Platz und trat den Stuhl fort.

TEIL III

DONNERSTAG, 16. APRIL 1964

Wenn der Nationalsozialismus längere Zeit geherrscht hat, wird man sich etwas anderes gar nicht mehr denken können. Auf die Dauer vermögen Nationalsozialismus und Kirche nicht nebeneinander zu bestehen.

ADOLF HITLER,
11./12. Juli 1941

EINS

Der graue BMW fuhr in südlicher Richtung durch die Saarlandstraße, vorüber an den schlafenden Hotels und den verlassenen Geschäften im Zentrum Berlins. An der dunklen Masse des Museums
für Völkerkunde bog er nach links ein in die Prinz-Albrecht-Straße
auf das Hauptquartier der Gestapo zu.

Wie bei allem anderen, so gab es auch bei den Dienstwagen eine
Hierarchie. Die Orpo steckte in winzigen Opeln. Die Kripo hatte
Volkswagen – die viertürige Version des ursprünglichen KdF-Wa-
gens, des rundrückigen Modells für die Arbeiter, das zu Millionen
von den Autowerken Fallersleben hergestellt wurde. Die Gestapo
aber war schicker. Sie fuhr den BMW 1800 – einen düsteren Kasten
mit einem grollenden, aufgemotzten Motor und stumpfgrauer Karosserie.

Während er im Fond neben Max Jäger saß, hielt März den Blick
auf den Mann gerichtet, der sie verhaftet hatte, den Befehlshaber
des Sturmtrupps auf Stuckarts Wohnung. Als man sie aus dem Keller hinauf in die Eingangshalle geführt hatte, hatte er sie mit einem
makellosen Führergruß gegrüßt. »Sturmbannführer Karl Krebs,
Gestapo!« Das hatte März nichts gesagt. Erst jetzt im BMW erkannte er ihn am Profil. Krebs war einer der beiden SS-Offiziere,
die zusammen mit Globus in Bühlers Villa waren.

Er war ungefähr dreißig Jahre alt, hatte ein eckiges, intelligentes
Gesicht und hätte ohne Uniform so ziemlich alles sein können –
Rechtsanwalt, Bankier, Eugeniker, Henker. So war das heutzutage
mit jungen Männern seines Alters. Sie liefen vom Fließband:
Pimpf, Hitlerjugend, Arbeitsdienst und Kraft-durch-Freude. Sie
hatten dieselben Reden gehört, dieselben Schlagworte gelesen, im
Rahmen der Winterhilfe denselben Eintopf gegessen. Sie waren die
Arbeitspferde des Regimes, sie hatten keine andere Autorität als
die Partei kennengelernt, und sie waren so zuverlässig und alltäg-
lich wie die Volkswagen der Kripo.

Der Wagen hielt an, und fast im gleichen Augenblick stand Krebs auf dem Pflaster und öffnete ihnen die Tür. »Hier entlang, meine Herren. Bitte.«

März stemmte sich aus dem Wagen und blickte die Straße hinab. Krebs mochte so höflich wie ein Pfadfinder sein, aber zehn Meter zurück öffneten sich die Türen eines zweiten BMW, noch ehe er stand, und heraus kamen bewaffnete Männer in Zivil. So war es schon, seit man sie am Fritz-Todt-Platz entdeckt hatte. Keine Gewehrkolben in den Bauch, keine Flüche, keine Handschellen. Nur ein Telefonanruf im Hauptquartier und die ruhige Aufforderung, »diese Angelegenheit weiter zu besprechen«. Krebs hatte sie auch aufgefordert, ihre Waffen zu übergeben. Höflich, doch hinter der Höflichkeit immer die Drohung.

Das Gestapo-Hauptquartier war in einem großen, fünfstöckigen Wilhelminischen Gebäude, das nach Norden blickte und niemals die Sonne sah. Vor vielen Jahren, in den Tagen der Weimarer Republik, hatte das museumsähnliche Gebäude die Berliner Kunstschule beherbergt. Als die Geheimpolizei es übernahm, waren die Studenten gezwungen worden, ihre modernistischen Malereien im Hof zu verbrennen. Jetzt wurden die hohen Fenster von dicken Netzvorhängen geschützt, eine Vorsichtsmaßnahme gegen Terrorangriffe. Hinter der Gaze brannten Kronleuchter wie im Nebel.

März hatte es sich zu einem Grundsatz seines Lebens gemacht, diese Schwelle niemals zu übertreten, und bisher hatte er Erfolg gehabt. Drei Steinstufen führten zur Eingangshalle hinauf. Weitere Stufen, und dann eine weite überwölbte Halle: ein roter Teppich auf einem Steinfußboden, der hohle Widerhall einer Kathedrale. Es ging geschäftig zu. Die frühen Morgenstunden waren für die Gestapo immer geschäftig. Aus den Tiefen des Gebäudes kam das gedämpfte Läuten von Klingeln, hörte man Schritte, ein Pfeifen, einen Ruf. Ein fetter Mann in der Uniform eines Obersturmführers bohrte in der Nase und betrachtete sie ohne Interesse.

Sie gingen weiter, einen Korridor entlang, den Hakenkreuze und Marmorbüsten der Parteiführung säumten - Göring, Goebbels, Bormann, Frank, Ley und die übrigen -, nach dem Vorbild römischer Senatoren gestaltet. März konnte hören, daß ihnen die Wachen in Zivil folgten. Er blickte zu Jäger, aber Max starrte mit zusammengebissenen Zähnen geradeaus.

Weitere Stufen, ein anderer Gang. Der Teppich war Linoleum gewichen. Die Wände waren schmuddelig. März vermutete, daß sie sich irgendwo in der Nähe des hinteren Gebäudeteils befanden, im zweiten Stock.

»Bitte warten Sie hier«, sagte Krebs. Er öffnete eine stabile Holztür. Neonlicht stotterte sich ins Leben. Er trat beiseite, um sie eintreten zu lassen. »Kaffee?«

»Danke.«

Und dann war er gegangen. Als die Tür sich schloß, sah März einen der Wächter draußen im Korridor mit gekreuzten Armen Posten beziehen. Halb erwartete er, einen Schlüssel sich im Schloß drehen zu hören, aber das Geräusch kam nicht.

Man hatte sie in eine Art Verhörzimmer gebracht. Ein grober Holztisch stand mitten auf dem Boden, auf jeder Seite ein Stuhl, ein halbes Dutzend andere entlang der Wände. Es gab ein kleines Fenster. Gegenüber hing in einem Plastikrahmen eine Reproduktion des Porträts von Reinhard Heydrich, gemalt von Joseph Vietze. Auf dem Boden waren kleine braune Flecken, die für März wie getrocknetes Blut aussahen.

Die Prinz-Albrecht-Straße war Deutschlands schwarzes Herz, ebenso berühmt wie die Siegesallee und die Große Halle, aber ohne Touristenbusse. Nummer acht: die Gestapo. Nummer neun: Heydrichs Residenz. Um die Ecke: das Prinz-Albrecht-Palais selbst, das Hauptquartier des SD, des Sicherheitsdienstes der Partei. Ein Komplex von unterirdischen Gängen verband die drei.

Jäger murmelte etwas und sackte auf einem Stuhl zusammen. März fand nichts Passendes zu sagen, also sah er aus dem Fenster. Es hatte eine klare Sicht auf den Park des Palais, der sich hinter dem Gestapo-Gebäude erstreckte – die dunklen Klumpen der Büsche, der Tintensee des Rasens, die skelettartigen Äste der Linden, die sich krallengleich in den Himmel reckten. Zur Rechten sah man durch die kahlen Bäume den Würfel des Europa-Hauses aus Beton und Glas, den in den zwanziger Jahren der jüdische Architekt Mendelssohn gebaut hatte. Die Partei hatte es als Monument seiner »zwergischen Vorstellungskraft« stehen lassen: zwischen Speers granitenen Monolithen war es nur ein Spielzeug. März konnte sich an einen Sonntagsnachmittagstee mit Paule in dem Dachgartenrestaurant erinnern. Limonade und Obsttorte mit Sahne, und die kleine Kapelle hatte – was denn sonst? – eine Auswahl aus der *Lustigen Witwe* gespielt, ältliche Frauen mit kunstvollen Sonntagshüten, die kleinen Finger von den hauchdünnen Porzellantassen abgespreizt.

Die meisten achteten sorgfältig darauf, nicht auf die schwarzen Gebäuden hinter den Bäumen zu blicken. Anderen schien die Nähe der Prinz-Albrecht-Straße ein Bibbern der Erregung zu verschaffen, wie ein Picknick neben einem Gefängnis. In den Kellern durfte die Gestapo ausüben, was das Justizministerium »verschärfte Befragung« nannte. Die Regeln waren von zivilisierten Männern in beheizten Büros entworfen worden und sahen die Anwesenheit eines Arztes vor. Vor einigen Wochen hatte es am Werderschen Markt eine Unterhaltung gegeben. Jemand hatte ein Gerücht über den neuesten Trick der Folterer gehört: Man führte einen dünnen Glaskatheter in den Penis des Verdächtigen ein und zerbrach es dann.

> 's flüstern Geigen:
> Hab mich lieb!

Er schüttelte den Kopf, kniff sich in den Nasenrücken und versuchte, einen klaren Kopf zu bekommen.

Nachdenken.

Er hatte eine papierene Spur von Hinweisen hinterlassen, deren jeder einzelne ausreichend gewesen wäre, die Gestapo zu Stuckarts Wohnung zu führen. Er hatte Stuckarts Akte verlangt. Er hatte den Fall mit Fiebes besprochen. Er hatte in Luthers Wohnung angerufen. Er hatte Charlotte Maguire gesucht.

Er sorgte sich um die Amerikanerin. Selbst wenn es ihr gelungen war, vom Fritz-Todt-Platz zu entkommen, konnte die Gestapo sie doch schon morgen holen. »*Routinefragen, Fräulein... Was ist in diesem Umschlag, bitte?... Wie sind Sie daran gekommen?... Beschreiben Sie den Mann, der den Safe geöffnet hat...*« Sie war zäh, mit dem Selbstbewußtsein einer Schauspielerin, aber in ihren Händen würde sie keine fünf Minuten durchhalten.

März lehnte die Stirn gegen die kalte Glasscheibe. Das Fenster war verriegelt. Es war ein glatter Sturz von 15 Metern bis zum Erdboden.

Hinter ihm öffnete sich die Tür. Ein Mann mit dunkler Haut, in Hemdsärmeln und nach Schweiß stinkend, kam herein und stellte zwei Becher Kaffee auf den Tisch.

Jäger, der mit gekreuzten Armen dasaß und auf seine Stiefel starrte, fragte: »Wie lange noch?«

Der Mann zuckte die Schultern – *eine Stunde? eine Nacht? eine Woche?* – und ging wieder. Jäger kostete den Kaffee und zog eine Grimasse. »Schweinepisse.« Er zündete sich eine Zigarette an und bewegte den Rauch wie spülend im Munde herum, ehe er ihn in Schwaden durch das Zimmer blies.

Er und März sahen einander an. Nach einer Weile sagte Max: »Du weißt, du hättest abhauen können.«

»Und dich da drin stecken lassen? Kaum fair.« März versuchte den Kaffee. Er war lauwarm. Das Neonlicht flackerte und zischte, und machte ihm den Kopf pochen. Das also machten sie mit einem. Ließen einen bis zwei oder drei am Morgen allein, bis der Körper am schwächsten und die Verteidigung am verletzbarsten ist. Er kannte diesen Teil des Spieles ebenso gut wie sie.

Er schluckte den scheußlichen Kaffee und zündete sich eine Zigarette an. Alles tun, um wach zu bleiben. Schuldgefühle wegen der Frau, Schuldgefühle wegen des Freundes.

»Ich bin ein Idiot. Ich hätte dich da nicht reinziehen sollen. Tut mir leid.«

»Vergiß es.« Jäger wedelte den Rauch fort. Er lehnte sich vor und sprach sanft. »Du mußt mich meinen Teil der Verantwortung tragen lassen, Xavi. Ich bin der gute Parteigenosse Jäger. Braunhemd. Schwarzhemd. Jede verdammte Sorte Hemd. Zwanzig Jahre hab ich der heiligen Sache gewidmet, meinen Arsch sauber zu halten.« Er griff nach März' Knie. »Ich habe Schulden einzufordern. Man schuldet mir was.«

Er hatte den Kopf gesenkt. Er flüsterte. »Dich haben sie aufs Korn genommen, mein Freund. Ein Einzelgänger. Geschieden. Dir werden sie das Fell bei lebendigem Leibe abziehn. Und ich? Der große Anpasser Jäger. Verheiratet mit einer Trägerin des deutschen Mutterkreuzes. In Bronze, nicht weniger. Vielleicht nicht ganz so gut bei der Arbeit ...«

»Das stimmt nicht.«

»... aber in *Sicherheit.* Stell dir mal vor, ich hätte dir gestern

morgen nichts davon gesagt, daß die Gestapo den Fall Bühler übernommen hat. Als du dann zurückgekommen bist, hab *ich* gesagt,
wir wollen mal Stuckart überprüfen. Die sehen sich meine Perso-
nalakte an. Die könnten das vielleicht schlucken, wenn es von mir
kommt.«

»Das ist wirklich anständig.«

»Lieber Gott, Mann – vergiß es.«

»Aber es wird nicht klappen.«

»Warum nicht?«

»Weil das eine Sache jenseits von Schulden und sauberen Perso-
nalpapieren ist, begreifst du das nicht? Was ist mit Bühler und
Stuckart? Die waren schon in der Partei, als wir noch nicht einmal
geboren waren. Und wo blieben die Vergünstigungen, als sie die
brauchten?«

»Glaubst du tatsächlich, daß die Gestapo sie umgebracht hat?«
Jäger sah erschreckt aus.

März legte den Finger auf die Lippen und wies auf das Bild. »Sag
mir nichts, was du nicht auch zu Heydrich sagen würdest«, flüsterte er.

Die Nacht schleppte sich schweigend dahin. Gegen drei Uhr schob
sich Jäger ein paar Stühle zusammen, legte sich unbeholfen hin
und schloß die Augen. Nach wenigen Minuten schnarchte er. März
kehrte auf seinen Posten am Fenster zurück.

Er konnte spüren, wie sich Heydrichs Blicke in seinen Rücken
bohrten. Er versuchte, das zu ignorieren, schaffte es nicht, und
drehte sich zur Konfrontation mit dem Bild um. Eine schwarze
Uniform, ein hageres weißes Gesicht, silbernes Haar – überhaupt
kein menschlicher Zug, sondern das fotografische Negativ eines
Schädels; eine Röntgenaufnahme. Die einzige Farbe war im Zentrum dieses Totenmaskengesichtes: diese winzigen blaßblauen
Augen, wie Splitter vom Winterhimmel. März war Heydrich nie
begegnet, hatte ihn nie gesehen; hatte nur Geschichten über ihn
gehört. Die Presse schilderte ihn als Nietzsches Übermenschen,
der in ihm lebendig geworden war. Heydrich in seiner Pilotenuni-
form (er hatte Kampfeinsätze an der Ostfront geflogen). Heydrich
in seinem Fechtdreß (er hatte bei den Olympischen Spielen für

Deutschland gefochten). Heydrich mit seiner Geige (er konnte durch das Pathos seines Spiels die Zuhörer zu Tränen rühren). Als vor zwei Jahren das Flugzeug mit Heinrich Himmler in der Luft explodiert war, hatte Heydrich das Amt des Reichsführers SS übernommen. Nun hieß es, er gehöre zu den möglichen Nachfolgern Hitlers. Bei der Kripo munkelte man, der oberste Polizist des Reiches liebe es, Prostituierte zu verprügeln.

März setzte sich. Eine betäubende Müdigkeit durchsickerte ihn, eine Lähmung: zuerst die Beine, dann den Körper, und zuletzt den Geist. Gegen seinen Willen trieb er in einen seichten Schlaf ab. Einmal glaubte er, er habe von ferne einen Schrei gehört – menschlich und verloren –, aber das hätte auch ein Traum sein können. Schritte klangen in seinem Geist auf. Schlüssel drehten sich. Zellentüren dröhnten.

Er wurde grob wachgerüttelt.

»Guten Morgen, meine Herren. Ich hoffe, Sie konnten sich etwas ausruhen?«

Es war Krebs.

März fühlte sich wie wund. Seine Augen waren in dem kränklichen Neonlicht sandig. Durch das Fenster sah er den Himmel im nahenden Morgen perlgrau werden.

Jäger grunzte und schwang die Beine auf den Boden. »Und jetzt?«

»Jetzt unterhalten wir uns«, sagte Krebs. »Kommen Sie.«

»Wer ist dieses Jüngelchen«, brummte Jäger März zu, »uns so herumzuschubsen?« Aber er war vorsichtig genug, seine Stimme leise zu halten.

Nacheinander gingen sie durch den Korridor, und wieder fragte sich März, welches Spiel hier gespielt werde. Verhören ist eine Kunst der Nacht. Warum damit bis zum Morgen warten? Warum ihnen die Möglichkeit geben, wieder zu Kräften zu kommen, sich eine Geschichte auszudenken?

Krebs hatte sich kürzlich rasiert. Seine Haut war mit winzigen Schnittwunden übersät. Er sagte: »Der Waschraum ist rechts. Sie werden sich frisch machen wollen.« Das war eher eine Anordnung denn eine Frage.

März sah im Spiegel rotäugig und unrasiert eher nach einem Verbrecher als nach einem Polizisten aus. Er ließ das Waschbecken vollaufen, rollte die Ärmel hoch und löste die Krawatte, klatschte sich eisiges Wasser ins Gesicht, auf die Arme, in den Nacken, ließ es den Rücken hinunter tröpfeln. Das kalte Stechen brachte ihn ins Leben zurück.

Jäger stand neben ihm. »Denk dran, was ich dir gesagt hab.«

März drehte schnell den Hahn wieder auf. »Vorsicht.«

»Du glaubst, die hören die Toilette ab?«

»Die hören alles ab.«

Krebs führte sie nach unten. Die Wache schloß sich ihnen an. *In den Keller?* Sie klapperten durch die Empfangshalle – jetzt ruhiger als bei ihrer Ankunft – und hinaus in das mürrische Licht.

Nicht in den Keller.

Im BMW wartete der Fahrer, der sie von Stuckarts Wohnung hergefahren hatte. Der Konvoi fuhr los, nach Norden in den Stoßverkehr hinein, der sich schon um den Potsdamer Platz herum zusammenbraute. Die Schaufenster der großen Geschäfte stellten fromm große, goldgerahmte Fotografien des Führers zur Schau – das offizielle Porträt aus der Mitte der Fünfziger, von dem englischen Fotografen Beaton. Zweige und Blumen schmückten die Rahmen, der traditionelle Schmuck, der Führers Geburtstag ankündigte. Noch vier Tage, und jeder Tag würde ein neues Emporblühen von Hakenkreuzfahnen sehen. Bald würde die Stadt ein Wald aus Rot und Weiß und Schwarz sein.

Jäger umkrampfte die Armstütze und sah aus, als sei ihm übel. »Kommen Sie schon, Krebs«, sagte er mit schmeichelnder Stimme. »Wir haben doch alle den gleichen Rang. Sie können uns doch sagen, wo wir hinfahren.«

Krebs gab keine Antwort. Die Kuppel der Großen Halle ragte vor ihnen auf. Zehn Minuten später, als der BMW nach links in die Ost-West-Achse einbog, erriet März ihr Ziel.

Es war fast acht, als sie ankamen. Die eisernen Tore zu Bühlers Villa standen weit auf. Das Gelände war voller Fahrzeuge und mit schwarzen Uniformen übersät. Ein SS-Mann überprüfte den Rasen mit einem Protonenmagnetometer. Hinter ihm hatte man einen Pfad von roten Fähnchen in den Boden getrieben. Auf dem Kies standen BMWs der Gestapo, ein LKW, ein großer gepanzerter Transportwagen von der Art, mit dem man Goldbarren transportiert.

März spürte, wie Jäger ihn anstieß. Im Schatten neben dem Haus stand eine kugelsichere Mercedes-Limousine, deren Fahrer sich gegen die Karosserie lehnte. Ein metallener Stander hing über dem Kühlergrill: silberne SS-Blitze auf schwarzem Untergrund; in einer Ecke wie ein kabbalistisches Zeichen der gotische Buchstabe K.

ZWEI

Der Chef der Reichskriminalpolizei war ein alter Mann. Er hieß Artur Nebe, und er war eine Legende.

Nebe war schon Chef der Berliner Kripo gewesen, ehe die Partei an die Macht kam. Er hatte einen kleinen Kopf und die fahle schuppige Haut einer Schildkröte. 1954 hatte ihm der Reichstag zu Ehren seines 60. Geburtstages ein großes Gut in der Nähe von Minsk im Ostland geschenkt, mit vier Dörfern, aber er war nicht einmal hingefahren, um es sich anzusehen. Er lebte mit seiner bettlägerigen Frau allein in Charlottenburg in einem großen Haus, das nach Desinfektionsmitteln und reinem Sauerstoff roch. Es wurde behauptet, Heydrich wolle ihn loswerden, um seinen eigenen Mann mit der Kripo zu betrauen, es aber nicht wage. Am Werderschen Markt nannten sie ihn »Onkel Artur«. Onkel Artur wußte alles.

März hatte Nebe aus der Entfernung gesehen, war ihm aber noch nie begegnet. Jetzt saß er an Bühlers Flügel und schlug mit seiner gelben Klaue einen hohen Ton an. Das Instrument war nicht gestimmt, der Ton in der staubigen Luft ein Mißklang.

Am Fenster stand mit dem breiten Rücken zum Zimmer Odilo Globus.

Krebs schlug die Hacken zusammen und grüßte. »Heil Hitler! Die Fahnder März und Jäger.«

Nebe fuhr fort, Klaviertasten anzuschlagen.

»Aha!« Globus drehte sich um. »Die großen Detektive.«

Aus der Nähe war er ein Stier in Uniform. Sein Hals spannte seinen Kragen. Die Hände hingen ihm an den Seiten, zu ärgerlichen roten Fäusten geballt. Auf seiner linken Wange war er voller Narben, hochrot gefleckt. Gewalttätigkeit knisterte in der trockenen Luft um ihn herum wie statische Elektrizität. Jedesmal, wenn Nebe einen Ton anschlug, zuckte er zusammen. Er will den alten Mann verprügeln, dachte März, aber er kann nicht. Nebe stand im Rang über ihm.

»Falls der Herr Oberstgruppenführer seinen Vortrag beendet haben sollte«, sagte Globus durch zusammengebissene Zähne, »könnten wir beginnen.«

Nebes Hand erstarrte über der Tastatur. »Warum hat jemand einen Bechstein und läßt ihn ungestimmt?« Er sah März an. »Warum tut er das?«

»Seine Frau hat gespielt«, sagte März. »Sie ist vor elf Jahren gestorben.«

»Und seither hat niemand mehr darauf gespielt?« Nebe schloß den Deckel leise über den Tasten und fuhr mit dem Finger durch den Staub. »Sonderbar.«

Globus sagte: »Wir haben viel zu tun. Heute habe ich am frühen Morgen dem Reichsführer bestimmte Vorgänge berichtet. Wie Sie wissen, Herr Oberstgruppenführer, findet dieses Treffen auf seine Anweisung hin statt. Krebs wird die Position der Gestapo vortragen.«

März wechselte Blicke mit Jäger. Also war es bis rauf zu Heydrich gegangen.

Krebs hatte ein getipptes Memorandum. Mit seiner genauen und ausdruckslosen Stimme begann er zu lesen.

»Die Nachricht vom Tod des Dr. Josef Bühler wurde über Fernschreiber im Gestapo-Hauptquartier vom Beamten vom Nachtdienst der Berliner Kriminalpolizei gestern Morgen, dem 15. April, um 2.15 Uhr empfangen. Um 8.30 Uhr wurde im Hinblick auf den SS-Ehrenrang eines Brigadeführers des Parteigenossen Bühler der Reichsführer persönlich von seinem Hinscheiden unterrichtet.«

März hatte seine Hände hinter dem Rücken zusammengepreßt, die Nägel gruben sich in seine Handflächen. In Jägers Wange zuckte ein Muskel.

»Zur Zeit des Todes führte die Gestapo eine Untersuchung der Tätigkeiten des Parteigenossen Bühler durch. Im Hinblick darauf und angesichts der früheren Stellung des Verstorbenen im Generalgouvernement wurde der Fall zu einer Sache der Staatssicherheit erklärt und die weitere Durchführung der Gestapo übertragen.

Jedoch wurde wegen eines offensichtlichen Zusammenbruchs der Verbindungsverfahren diese Neubewertung dem Kripo-Fahnder Xaver März nicht mitgeteilt, der ein illegales Eindringen in das Haus des Verstorbenen vornahm.«

Die Gestapo überprüfte Bühler? März zwang sich, mit ausdruckslosem Gesicht seinen Blick auf Krebs geheftet zu halten.

»Als nächstes: der Tod des Parteigenossen Wilhelm Stuckart. Untersuchungen der Gestapo wiesen darauf hin, daß die Fälle Stuckart und Bühler miteinander verbunden sind. Erneut wurde der Reichsführer unterrichtet. Erneut wurde die Untersuchung des Falles der Gestapo übertragen. Und erneut führte der Fahnder März, diesmal in Begleitung des Fahnders Jäger, seine eigenen Untersuchungen in der Wohnung des Verstorbenen durch.

Am 16. April um 0.12 Uhr wurden die Fahnder März und Jäger von mir im Wohnblock des Parteigenossen Stuckart festgenommen. Sie stimmten zu, mich bis zur Klärung der Angelegenheit auf höherer Ebene in das Gestapo-Hautquartier zu begleiten.

Unterzeichnet Karl Krebs, Sturmbannführer.

Ich habe das 6 Uhr heute morgen datiert.«

Krebs faltete das Memorandum zusammen und übergab es dem Chef der Kripo. Draußen knirschte ein Spaten im Kies.

Nebe schob sich das Papier in seine Innentasche. »Soviel für die Akten. Natürlich werden wir ein eigenes Protokoll anfertigen. Und jetzt, Globus: worum geht es wirklich? Ich weiß, daß Sie begierig sind, es uns zu erzählen.«

»Heydrich möchte, daß Sie es selbst sehen.«

»Was sehen?«

»Was Ihr Mann hier bei seinem kleinen unabhängigen Ausflug gestern verpaßt hat. Bitte folgen Sie mir.«

Es war im Keller, aber März bezweifelte, daß er es gefunden hätte, selbst wenn er das Vorhängeschloß aufgesprengt und sich den Weg nach unten erzwungen hätte. Hinter dem üblichen Haushaltsabfall - zerbrochenen Möbeln, ausrangierten Geräten, Rollen schmutziger und zusammengeschnürter Teppiche - war eine holzverkleidete Wand. Ein Stück der Verkleidung war falsch.

»Wir wußten, wonach wir suchten, müssen Sie wissen.« Globus rieb sich die Hände. »Meine Herren, ich garantiere Ihnen, daß Sie in Ihrem ganzen Leben so etwas noch nie gesehen haben.«

Hinter der Holzverkleidung war ein Zimmer. Als Globus die Lampen andrehte, wurden sie in der Tat geblendet: eine Sakristei;

ein Juwelenkammer. Engel und Heilige; Wolken und Tempel; hochwangige Adlige in weißen Pelzen und rotem Damast; sich räkelndes rosa Fleisch auf parfümierter gelber Seide; Blumen und Sonnenaufgänge und Kanäle in Venedig ...

»Treten Sie ein«, sagte Globus. »Der Reichsführer wünscht, daß Sie sich alles genauestens ansehen.«

Es war ein kleines Zimmer – fünf Quadratmeter, schätzte März – mit einer in die Decke eingelassenen Schiene voller Punktstrahler, auf die Gemälde gerichtet, die jede Wand bedeckten. In der Mitte stand ein altmodischer Drehstuhl von der Art, die ein Schreiber des 19. Jahrhunderts in seiner Buchhaltung benutzt haben mochte. Globus setzte seinen Stiefel auf die Armlehne und ließ ihn herumwirbeln.

»Stellen Sie sich vor, wie er hier sitzt. Die Tür geschlossen. Wie ein schmutziger alter Mann in einem Hurenhaus. Wir haben es gestern Nachmittag gefunden. Krebs?«

Krebs trat vor. »Zur Zeit ist ein Fachmann aus dem Führermuseum in Linz auf dem Weg hierher. Professor Braun vom Kaiser-Friedrich-Museum in Berlin hat uns gestern abend eine vorläufige Schätzung gegeben.«

Er zog ein Bündel Notizen zu Rate.

»Im Augenblick wissen wir, daß wir da das *Porträt eines jungen Mannes* von Raphael haben, das *Porträt eines jungen Mannes* von Rembrandt, von Rubens *Christus trägt das Kreuz*, Guardis *Venezianischer Palast*, von Bellotto *Krakauer Vororte*, acht Canalettos, wenigstens fünfunddreißig Stiche von Dürer und Kulmbach, einen Gobelin. Was den Rest angeht, konnte er nur raten.«

Krebs ratterte das herunter, als sei es die Speisekarte eines Restaurants. Er ließ seine blassen Finger auf dem Altar von wunderschönen Farben ruhen, der am Ende des Zimmers auf Bohlen stand.

»Das ist eine Arbeit des Nürnberger Künstlers Veit Stoß, die der König von Polen 1477 in Auftrag gegeben hat. Es dauerte zehn Jahre, ihn zu vollenden. Das Mittelstück des Triptychons zeigt die schlafende Jungfrau, von Engeln umgeben. Die beiden Seitentafeln zeigen Szenen aus dem Leben von Jesus und Maria. Die Predella« – er wies auf den Sockel des Altares – »zeigt den Stammbaum Christi.«

Globus sagte: »Sturmbannführer Krebs kennt sich da aus. Er ist einer unserer begabtesten Offiziere.«

»Da bin ich sicher«, sagte Nebe. »Höchst interessant. Und woher ist das alles?«

Krebs begann: »Der Veit Stoß wurde im November 1939 aus der Kirche Unserer Lieben Frau in Krakau entfernt . . .«

Globus unterbrach: »Es kommt aus dem Generalgouvernement. Wir nehmen an, hauptsächlich aus Warschau. Bühler hat es entweder als verloren oder als zerstört gemeldet. Gott allein weiß, womit das korrupte Schwein sonst noch durchgekommen ist. Stellen Sie sich nur vor, was er verschachert haben muß, um sich dieses Haus zu kaufen!«

Nebe streckte die Hand aus und berührte eine der Leinwände: das Martyrium des heiligen Sebastian, der an eine dorische Säule gebunden war und dem Pfeile aus seiner goldenen Haut ragten. Der Firnis war gesprungen, wie das Bett eines ausgetrockneten Flusses, aber die Farben darunter - rot, weiß, purpurn, blau - waren immer noch leuchtend. Das Gemälde gab einen leichten Geruch nach Staub und Weihrauch ab - den Duft des Vorkriegspolens, einer von der Landkarte verschwundenen Nation. An den Rändern einiger der Holztafeln hingen, wie März bemerkte, noch pulvrige Reste von Mauerwerk - Spuren der Kloster- und Schloßmauern, von denen sie herabgerissen worden waren.

Nebe war von dem Heiligen hingerissen. »Etwas in seinem Ausdruck erinnert mich an Sie, März.« Er zog die Konturen des Körpers mit seinen Fingerspitzen nach und lachte keuchend. »›Der bereitwillige Märtyrer‹. Was meinen Sie, Globus?«

Globus grinste. »Ich glaube nicht an Heilige. Oder Märtyrer.« Er funkelte März an.

»Seltsam«, murmelte Nebe, »sich ausgerechnet Bühler vorzustellen mit all diesen . . .«

»Sie haben ihn gekannt?« Die Frage sprudelte aus März heraus.

»Flüchtig, kurz vor dem Krieg. Ein fanatischer Nationalsozialist und ein hingebungsvoller Rechtsanwalt. Eine eigenartige Mischung. Ein Fanatiker des Details. Wie unser Kollege von der Gestapo hier.«

Krebs verneigte sich leicht. »Der Herr Oberstgruppenführer ist sehr freundlich.«

»Es geht um folgendes«, sagte Globus gereizt. »Wir haben seit einiger Zeit über den Parteigenossen Bühler Bescheid gewußt. Wußten von seinen Tätigkeiten im Generalgouvernement. Wußten von seinen Verbündeten. Leider hat der krumme Hund irgendwann in der letzten Woche herausgefunden, daß wir hinter ihm her waren.«

»Und sich umgebracht?« fragte Nebe. »Und Stuckart?«

»Das gleiche. Stuckart war völlig degeneriert. Er hat sich nicht nur mit Schönheit auf Leinwand versorgt. Er wollte sie auch im Fleisch schmecken. Bühler hatte die Auswahl im Osten unter allem, was er wollte. Wie lauten die Zahlen, Krebs?«

»1940 wurde von den polnischen Museumsbehörden ein geheimes Verzeichnis erstellt. Das haben wir jetzt. Allein aus Warschau entfernte Kunstgegenstände: 2700 Gemälde der europäischen Schule; 10 700 Gemälde polnischer Künstler; 1400 Skulpturen.«

Wieder Globus: »Wir graben gerade einige der Skulpturen im Garten aus. Das meiste von diesem Zeugs ging dahin, wohin es bestimmt war: ins Führermuseum, ins Museum von Reichsmarschall Göring in Karinhall, in Galerien in Wien und Berlin. Aber es gibt einen großen Unterschied zwischen den polnischen Listen mit dem, was entfernt worden ist, und unseren Listen dessen, was wir bekommen haben. Das hat sich so abgespielt. Als Staatssekretär hatte Bühler Zugang zu allem. Er ließ das Zeugs unter Bewachung zu Stuckart vom Innenministerium bringen. Sah alles ganz legal aus. Stuckart sorgte dafür, daß es eingelagert – oder aus dem Reich geschmuggelt wurde, im Tausch gegen Bargeld, Juwelen, Gold, alles, was man tragen und nicht nachweisen kann.«

März konnte sehen, daß Nebe gegen seinen Willen beeindruckt war. Seine kleinen Augen tranken Kunst. »War sonst noch jemand hohen Ranges in die Sache verwickelt?«

»Kennen Sie den früheren Unterstaatssekretär im Außenministerium Martin Luther?«

»Natürlich.«

»Das ist der Mann, den wir suchen.«

»Suchen? Wird er vermißt?«

»Er ist vor drei Tagen von einer Geschäftsreise nicht zurückgekommen.«

»Ich nehme an, Sie sind sicher, daß Luther in diese Angelegenheit verwickelt ist?«

»Während des Krieges war Luther der Leiter der deutschen Abteilung im Außenministerium.«

»Ich erinnere mich. Er war verantwortlich für die Verbindungen des Außenministeriums mit der SS und mit uns von der Kripo.« Nebe wandte sich an Krebs. »Ein weiterer fanatischer Nationalsozialist. Sie würden seinen - ah - Enthusiasmus geschätzt haben. Aber ein ungehobelter Patron. Übrigens möchte ich bei dieser Gelegenheit für die Akten mein Erstaunen darüber zu Protokoll geben, daß er in irgend etwas Kriminelles verwickelt sein soll.«

Krebs holte seinen Füllhalter hervor. Globus fuhr fort: »Bühler hat die Kunstwerke gestohlen. Stuckart hat sie in Empfang genommen. Luthers Stellung im Außenministerium gab ihm die Möglichkeit, frei ins Ausland zu reisen. Wir nehmen an, daß er bestimmte Gegenstände aus dem Reich geschmuggelt und sie dann verkauft hat.«

»Wo?«

»Vor allem in der Schweiz. Aber auch in Spanien. Möglicherweise in Ungarn.«

»Und als Bühler aus dem Generalgouvernement zurückkam . . . wann war das?«

Er sah März an, und März sagte: »1951.«

»1951 wurde das hier ihre Schatzkammer.«

Nebe ließ sich in den Drehstuhl nieder und drehte sich langsam, wobei er nacheinander jede Wand betrachtete. »Außerordentlich. Das dürfte eine der besten Kunstsammlungen in privater Hand auf der ganzen Welt sein.«

»Eine der besten Sammlungen in *krimineller* Hand«, warf Globus ein.

»Ach.« Nebe schloß die Augen. »So viel Vollkommenheit an einem Ort betäubt die Sinne. Ich brauche Luft. Geben Sie mir Ihren Arm, März.«

Als er stand, konnte März die alten Knochen krachen hören. Aber der Griff um seinen Arm war aus Stahl.

Nebe ging an seinem Stock - *taptaptap* - über die Veranda an der Rückseite der Villa.

»Bühler hat sich selbst ertränkt. Stuckart hat sich erschossen.

Ihr Fall scheint sich ziemlich überzeugend selbst zu lösen, Globus, ohne etwas so Lästiges wie ein Verfahren zu benötigen. Rein statistisch gesehen würde ich sagen, daß Luthers Überlebenschancen recht gering sind.«

»Zufällig hat Herr Luther ein schlechtes Herz. Nach den Angaben seiner Frau infolge der Nervenbelastungen während des Krieges.«

»Sie überraschen mich.«

»Nach den Angaben seiner Frau braucht er Ruhe, Medikamente und Frieden – was er gegenwärtig nicht bekommt, wo immer er sein mag.«

»Diese Geschäftsreise . . .«

»Er sollte am Montag aus München zurückkommen. Wir haben das bei der Lufthansa überprüft. An jenem Tag gab es niemanden namens Luther auf irgendeinem der Münchenflüge.«

»Vielleicht ist er ins Ausland geflohen.«

»Vielleicht. Aber ich bezweifle das. Aber letzten Endes werden wir ihn schon aufspüren, wo immer er sein mag.«

Taptap. März bewunderte Nebes geistige Beweglichkeit. Als Berliner Polizeichef hatte er in den Dreißigern eine Abhandlung über Kriminologie geschrieben. Er erinnerte sich, sie Dienstag abend auf Koths Regalen in der Fingerabdruckabteilung gesehen zu haben. Sie war noch immer ein Standardwerk.

»Und Sie, März.« Nebe blieb stehen und schwang sich herum. »Was ist Ihre Meinung zu Bühlers Tod?«

Jäger, der seit ihrer Ankunft in der Villa geschwiegen hatte, mischte sich unruhig ein: »Wenn ich das sagen darf, wir haben nur Tatsachen gesammelt . . .«

Nebe schlug heftig mit seinem Stock gegen Stein. »Die Frage war nicht an Sie gerichtet.«

März brauchte dringend eine Zigarette. »Ich habe nur vorläufige Beobachtungen«, begann er. Er fuhr sich mit der Hand durch die Haare. Er war hier nicht in seinem Gewässer; bei weitem nicht. So kann man nicht anfangen, dachte er, so kann man nur enden. Globus hatte die Arme gekreuzt und starrte ihn an.

»Parteigenosse Bühler«, begann er, »ist irgendwann zwischen 6 Uhr am Montagabend und 6 Uhr am nächsten Morgen gestorben. Wir warten noch auf den Autopsiebericht, aber die Todesursache war mit größter Wahrscheinlichkeit Ertrinken – seine Lungen waren mit Flüssigkeit gefüllt, was darauf hinweist, daß er noch atmete, als er ins Wasser kam. Wir wissen ferner von dem Wachtposten auf der Chaussee, daß Bühler während jener zwölf kritischen Stunden keinen Besucher empfangen hat.«

Globus nickte. »Also: Selbstmord.«

»Nicht notwendigerweise, Herr Obergruppenführer. Bühler hat keine Besucher *über Land* empfangen. Aber die hölzerne Mole ist in jüngster Zeit angeschrammt worden, was es als möglich erscheinen läßt, daß dort ein Boot angelegt haben könnte.«

»Bühlers Boot«, sagte Globus.

»Bühlers Boot ist seit Monaten nicht mehr gebraucht worden; vielleicht seit Jahren.«

Jetzt, da er die Aufmerksamkeit seiner kleinen Zuhörerschaft gefangen hielt, fühlte März einen Ansturm der Erheiterung; ein Empfinden der Erleichterung. Er begann rasch zu reden. Langsamer, mahnte er sich, sei vorsichtig.

»Als ich gestern morgen die Villa inspiziert habe, befand sich Bühlers Wachhund in der Speisekammer, mit einem Maulkorb. Eine Seite seines Kopfes blutete. Ich habe mich gefragt: Warum sollte ein Mann, der sich umbringen will, seinem Hund das antun?«

»Wo ist dieses Tier jetzt?« fragte Nebe.

»Meine Männer mußten es erschießen«, sagte Globus. »Das Tier hatte den Verstand verloren.«

»Aha. Natürlich. Weiter, März.«

»Ich nehme an, daß Bühlers Angreifer am späten Abend gelandet sind, in der Dunkelheit. Wenn Sie sich erinnern wollen, Montagabend war Sturm. Der See dürfte reichlich aufgewühlt gewesen sein – was die Schäden an der Mole erklärte. Ich glaube, daß der Hund alarmiert war, und da haben sie ihn bewußtlos geschlagen, ihm den Maulkorb umgebunden, und sind unversehens über Bühler hergefallen.«

»Und haben ihn in den See geworfen?«

»Nicht sofort. Trotz seiner Behinderung war Bühler, laut Aussage seiner Schwester, ein guter Schwimmer. Das konnte man bei seinem Anblick erkennen: die Schultern waren gut entwickelt. Aber ich habe die Leiche, nachdem man sie gesäubert hatte, in der

Leichenhalle untersucht. Sie wies Verletzungen hier« – März berührte seine Wangen – »und am Gaumen ganz vorne im Mund auf. Gestern stand auf dem Küchentisch eine Flasche Wodka, fast leer. Ich vermute, daß der Autopsiebericht Alkohol in Bühlers Blut nachweisen wird. Ich nehme an, daß sie ihn gezwungen haben zu trinken, ihn dann ausgezogen, auf ihr Boot geschleppt und über Bord geworfen haben.«

»Intellektuelle Schweinescheiße«, sagte Globus. »Bühler hat den Wodka wahrscheinlich getrunken, um sich Mut zum Selbstmord anzutrinken.«

»Laut Aussage seiner Schwester war Parteigenosse Bühler Abstinenzler.«

Es gab ein langes Schweigen. März konnte Jäger schwer atmen hören. Nebe schaute über den See. Schließlich murmelte Globus: »Was diese phantastische Theorie nicht erklärt ist, warum diese geheimnisvollen Mörder nicht einfach eine Kugel in Bühlers Hirn geschossen haben, das wärs gewesen.«

»Ich meine, das sollte offenkundig sein«, sagte März. »Sie wollten es wie einen Selbstmord aussehen lassen. Aber sie haben es versiebt.«

»Interessant«, murmelte Nebe. »Wenn Bühlers Selbstmord vorgetäuscht ist, dann ist es nur logisch anzunehmen, daß es der von Stuckart auch ist.«

Weil Nebe immer noch auf die Havel blickte, begriff März zunächst nicht, daß diese Bemerkung eine an ihn gerichtete Frage war.

»Das war auch meine Schlußfolgerung. Und deshalb habe ich gestern abend Stuckarts Wohnung aufgesucht. Der Mord an Stuckart war nach meiner Ansicht ein Drei-Mann-Unternehmen: zwei waren in der Wohnung; einer täuschte in der Halle vor, den Aufzug zu reparieren. Der Krach seines elektrischen Bohrers sollte das Geräusch des Schusses übertönen und so den Mördern die Zeit verschaffen zu verschwinden, ehe die Leiche entdeckt würde.«

»Und der Abschiedsbrief?«

»Vielleicht gefälscht. Oder unter Zwang geschrieben. Oder . . .«

Er hielt inne. Ihm wurde klar, daß er laut dachte – eine möglicherweise tödliche Beschäftigung. Krebs starrte ihn an.

»Ist das alles?« fragte Globus. »Sind wir heute in Grimms Märchenstunde? Ausgezeichnet. Wir haben noch Arbeit zu erledigen. Luther ist der Schlüssel zu diesem Geheimnis, meine Herren. Sobald wir ihn haben, wird sich alles aufklären.«

Nebe sagte: »Wenn sein Herz so schlecht ist, wie Sie behaupten, dann müssen wir uns beeilen. Ich werde mit dem Propagandaministerium vereinbaren, daß Luthers Bild in der Presse und im Fernsehen erscheint.«

»Nein, nein. Auf gar keinen Fall.« Globus klang aufgeschreckt. »Der Reichsführer hat ausdrücklich jede öffentliche Aufmerksamkeit untersagt. Das letzte, was wir brauchen, ist ein Skandal, der die Parteiführung betrifft, vor allem jetzt vor Kennedys Besuch. Gott im Himmel, können Sie sich vorstellen, was die ausländische Presse daraus machen würde? Nein. Ich versichere Ihnen, wir können ihn schnappen, ohne die Presse zu alarmieren. Was wir brauchen, ist eine vertrauliche Blitznachricht an alle Orpo-Patrouillen; Überwachung der wichtigsten Bahnhöfe, der Häfen, Flughäfen, Grenzübergänge . . . Krebs kann das veranlassen.«

»Dann rege ich an, daß er es tut.«

»Sofort, Herr Oberstgruppenführer.« Krebs verbeugte sich kurz vor Nebe und trabte über die Veranda ab ins Haus.

»Ich habe Geschäfte in Berlin, um die ich mich kümmern muß«, sagte Nebe. »März wird als Verbindungsmann der Kripo fungieren, bis Luther gefaßt ist.«

Globus schnaubte. »Das wird nicht nötig sein.«

»O doch, wird es. Verwenden Sie ihn klug, Globus. Er hat Köpfchen. Halten Sie ihn unterrichtet. Jäger: Sie können zum Dienst zurückkehren.«

Jäger sah erleichtert aus. Globus schien etwas sagen zu wollen, überlegte es sich dann aber doch noch.

»Begleiten Sie mich zu meinem Wagen, März. Ihnen einen guten Tag, Globus.«

Als sie um die Ecke waren, sagte Nebe: »Sie haben uns nicht die Wahrheit berichtet, nicht wahr? Oder wenigstens nicht die ganze Wahrheit. Das ist gut. Steigen Sie ein. Wir müssen reden.«

Der Fahrer salutierte und öffnete die Hintertür. Nebe manövrierte sich schmerzvoll auf den Hintersitz. März stieg auf der anderen Seite ein.

»Heute morgen um 6 Uhr ist das durch Kurier bei mir zu Hause eingetroffen.« Nebe schloß seine Aktentasche auf und zog eine Akte heraus, einige Zentimeter dick. »Das ist alles über Sie, Sturmbannführer. Ganz schön schmeichelhaft, soviel Aufmerksamkeit zu erregen, oder nicht?«

Die Fenster des Mercedes waren grün getönt. In dem Halblicht sah Nebe wie eine Eidechse im Reptilienhaus aus.

»Geboren Hamburg 1922; Vater seinen Verwundungen erlegen 1929; Mutter durch britischen Bombenangriff getötet 1942; in die Marine eingetreten 1939; zu den U-Booten überstellt 1940; wegen Tapferkeit ausgezeichnet und befördert 1943; 1946 bekamen Sie Ihr eigenes U-Boot-Kommando – einer der jüngsten U-Boot-Kommandanten des Reiches. Eine glänzende Karriere. Und dann fängt alles an, schiefzugehen.«

Nebe blätterte durch die Akte. März starrte auf den grünen Rasen, in den grünen Himmel.

»Bei der Polizei seit *zehn Jahren* keine Beförderung. 1957 geschieden. Und dann fangen die Berichte an. Der Blockwart: ständige Weigerung, für das Winterhilfswerk zu spenden. Parteibeamte am Werderschen Markt: ständige Weigerung, der NSDAP beizutreten. In der Kantine hat man gehört, wie Sie abschätzige Bemerkungen über Himmler gemacht haben. In Bars hat man gehört, in Restaurants hat man gehört, auf Korridoren hat man gehört . . .«

Nebe zog Seiten heraus.

»Weihnachten 1963 – Sie fangen an, Fragen nach irgendwelchen Juden zu stellen, die mal in Ihrer Wohnung gelebt haben. Juden! Sind Sie verrückt? Dann liegt hier eine Beschwerde Ihrer Ex-Frau vor; und eine von Ihrem Sohn . . .«

»Von meinem Sohn? Mein Sohn ist gerade zehn Jahre alt . . .«

»Also alt genug, sich ein Urteil zu bilden, auf das man auch hört – wie Sie wissen.«

»Darf ich fragen, was ich ihm angeblich getan haben soll?«

»– ›Hat mangelhafte Begeisterung für seine Parteiarbeit gezeigt‹. Der Punkt ist, Sturmbannführer, daß diese Akte zehn Jahre lang in der Gestapo-Registratur herangereift ist – ein bißchen hier, ein bißchen da, jahrein, jahraus wie ein Tumor im Dunkeln gewachsen. Und jetzt haben Sie sich einen mächtigen Feind gemacht, und er will das verwenden.«

Nebe schob den Aktenordner zurück in seine Aktentasche.

»Globus?«

»Globus, ja. Wer denn sonst? Gestern abend hat er gefordert, Sie vors Kriegsgericht der SS ins Columbia-Haus zu bringen.« Das Columbia-Haus war das SS-eigene Gefängnis in der General-Pape-Straße. »Ich muß Ihnen sagen, März, daß es hier genug gibt, um Sie ins KZ zu stecken. Und dann kann Ihnen keiner mehr helfen – weder ich noch sonst jemand.«

»Und was hat ihn aufgehalten?«

»Um ein Kriegsgerichtsverfahren gegen einen Kripo-Beamten im Dienst einzuleiten, braucht er zunächst einmal die Genehmigung Heydrichs. Und Heydrich hat das an mich verwiesen. Also habe ich zu unserem geliebten Reichsführer gesagt: ›Dieser Knabe Globus hat offenbar Angst, daß März etwas gegen ihn in der Hand hat, und deshalb will er ihn aus dem Weg räumen.‹ ›Ich verstehe‹, sagt der Reichsführer, ›was schlagen Sie also vor?‹ ›Warum‹, sage ich, ›sollen wir ihm nicht Zeit bis zum Führertag geben, um seinen Fall gegen Globus zu beweisen? Das sind noch vier Tage.‹ ›In Ordnung‹, sagt Heydrich. ›Aber wenn er bis dahin nichts ausgegraben hat, kann Globus ihn haben.‹« Nebe lächelte zufrieden. »So werden die Affären des Reichs zwischen Kollegen erledigt, die sich seit langem kennen.«

»Ich denke, ich muß dem Herrn Oberstgruppenführer danken.«

»O nein, danken Sie nicht mir.« Nebe war heiter. »Heydrich fragt sich nämlich ernsthaft, ob Sie irgendwas gegen Globus in der Hand haben. Und wenn, würde er das gerne wissen. Ich übrigens auch. Aber vielleicht aus einem anderen Grund.« Er ergriff wieder März' Arm – derselbe harte Griff – und zischte: »Diese Schweine haben etwas vor. Was ist das? Sie werden es herausfinden. Sie werden es mir sagen. Vertrauen Sie niemandem. So hat Onkel Artur so lange überlebt, wie er überlebt hat. Wissen Sie, warum einige von den Alten Globus ›das U-Boot‹ nennen?«

»Nein, Herr Oberstgruppenführer.«

»Weil er während des Krieges in einem polnischen Keller ein U-Boot aufgehängt hatte und die Abgase dazu verwendete, Menschen zu töten. Globus liebt es, Menschen umzubringen. Er würde Sie liebend gerne umbringen. Daran sollten Sie denken.« Nebe ließ März' Arm los. »Und jetzt müssen wir uns verabschieden.«

Er klopfte mit dem Knauf seines Stockes gegen das Trennglas. Der Fahrer stieg und öffnete März' Tür.

»Ich würde Ihnen anbieten, bis Berlin Mitte mitzufahren, aber ich fahre lieber allein. Halten Sie mich unterrichtet. Finden Sie Luther, März. Finden Sie ihn, bevor Globus ihn faßt.«

Die Tür schlug zu. Der Motor flüsterte. Als die Limousine über den Kies knirschte, konnte März Nebe kaum noch ausmachen – nur ein grüner Umriß hinter der schußsicheren Scheibe.

Er drehte sich um und sah, daß Globus ihn beobachtete.

Der SS-General begann, auf ihn zuzugehen, und hielt eine Luger ausgestreckt.

Er ist verrückt, dachte März. Er ist verrückt genug, mich auf der Stelle niederzuschießen wie Bühlers Hund.

Aber alles, was Globus tat, war, ihm die Waffe zu geben. »Ihre Dienstwaffe, Sturmbannführer. Sie werden sie brauchen.« Und dann kam er ganz nahe heran – nahe genug, daß März den sauren Geruch nach Knoblauchwurst in seinem heißen Atem riechen konnte. »Sie haben keinen Zeugen«, war alles, was er flüsterte. »Sie haben keinen Zeugen. Keinen mehr.«

März rannte.

Er rannte von dem Grundstück herunter und über die Chaussee und hinauf in den Wald – geradeaus durch ihn hindurch, bis er die Autobahn erreichte, die die östliche Grenze des Grunewalds bildet.

Da hielt er an, seine Hände umkrampften seine Knie, sein Atem kam in Schluchzern, während unter ihm der Verkehr nach Berlin brauste.

Dann war er wieder unterwegs, trotz der starken Seitenstiche, jetzt eher ein Trab, über die Brücke, an der S-Bahnstation Nikolassee vorbei, die Spanische Allee hinunter auf die Kaserne zu.

Sein Kripo-Ausweis brachte ihn an der Wache vorbei, seine Erscheinung – rotäugig, atemlos, mit mehr als einem Tagesbartwuchs – deutete einen schrecklichen Notfall an, der keine Diskussion duldete. Er fand den Schlafblock. Er fand Josts Bett. Das Kopfkissen war verschwunden, die Decken waren abgezogen worden. Alles, was da noch übrig war, waren der Eisenrahmen und eine harte braune Matratze. Der Spind war leer.

Ein einsamer Kadett, der ein paar Betten weiter seine Stiefel wienerte, erklärte, was sich ereignet hatte. Sie hatten Jost in der Nacht abgeholt. Sie waren zu zweit. Er werde in den Osten geschickt, hatten sie gesagt, zu einem »Sonderlehrgang«. Er war ohne ein Wort gegangen – so als habe er es erwartet. Der Kadett schüttelte den Kopf vor Verwunderung: ausgerechnet Jost. Der Kadett war eifersüchtig. Sie alle waren es. Er würde wirklichen *Kampf* erleben.

DREI

Das Fernsprechhäuschen stank nach Urin und altem Zigarettenrauch, und ein gebrauchtes Kondom war in den Dreck getreten worden.

»Komm doch, komm doch«, flüsterte März. Er klopfte mit einer Reichsmarkmünze gegen das trübe Glas und lauschte auf das elektronische Surren ihres klingelnden Telefons, das unbeantwortet blieb. Er ließ es lange Zeit klingeln, ehe er aufhängte.

Auf der anderen Seite der Straße machte ein Lebensmittelladen auf. Er kaufte sich eine Flasche Milch und ein paar frische Brötchen, die er am Straßenrand verschlang, wobei ihm ständig bewußt war, daß der Lebensmittelhändler ihn durch sein Schaufenster beobachtete. Da wurde ihm klar, daß er schon jetzt wie ein Flüchtiger lebte – nur dann für Lebensmittel Halt machen, wenn man zufällig über sie stolpert, sie im Freien verzehren, ständig in Bewegung sein. Milch rann ihm übers Kinn. Er wischte sie mit dem Handrücken ab. Seine Haut fühlte sich an wie Schmirgelpapier.

Er sah sich aufs neue prüfend um, ob man ihm folge. Auf seiner Straßenseite schob ein uniformiertes Kindermädchen einen Kinderwagen. Auf der anderen war eine alte Frau in das Fernsprechhäuschen gegangen. Ein Schuljunge rannte auf die Havel zu und umklammerte eine Spielzeugjacht. Normal, normal . . .

März, der brave Bürger, ließ die Milchflasche in einen Abfalleimer fallen und machte sich dann auf den Weg, die Vorstadtstraße hinab.

»Sie haben keinen Zeugen. Keinen mehr . . .«

Er empfand eine große Wut auf Globus, um so größer, da sie durch Schuldgefühle genährt wurde. Die Gestapo mußte Josts Zeugenaussage in der Akte über Bühlers Tod gesehen haben. Sie würde das mit der SS-Akademie abgeklärt und dabei entdeckt haben, daß März gestern nachmittag zurückgekommen war, um ihn noch einmal zu verhören. Das würde sie in der Prinz-Albrecht-

Straße aufgescheucht haben. Also war sein Besuch in der Kaserne Josts Todesurteil gewesen. Er hatte seiner Neugier nachgegeben – und so einen Mann umgebracht.

Und jetzt ging die Amerikanerin nicht ans Telefon. Was mochten sie mit ihr machen? Ein Heeres-LKW überholte ihn, der Sog zerrte an ihm, und in seinem Geist stieg die Vision empor, wie Charlotte Maguire zerbrochen im Rinnstein lag. *»Die Berliner Behörden bedauern diesen tragischen Unfall zutiefst... Der Fahrer des betroffenen Fahrzeugs wird immer noch gesucht...«* Er fühlte sich wie der Träger einer gefährlichen Krankheit. Er sollte eine Tafel tragen: Halten Sie sich von diesem Mann fern, er ist ansteckend.

Und endlos kreisten in seinem Kopf Bruchstücke von Gesprächen.

Artur Nebe: *»Finden Sie Luther, März. Finden Sie ihn, bevor Globus ihn faßt...«*

Rudi Halder: *»Ein paar Sipo-Jungs waren in der letzten Woche im Archiv und haben nach dir gefragt...«*

Wieder Nebe: *»Dann liegt hier eine Beschwerde Ihrer Ex-Frau vor; sogar eine von Ihrem Sohn...«*

Eine halbe Stunde wanderte er durch die blühenden Straßen entlang an den hohen Hecken und den Spriegelzäunen der wohlhabenden Berliner Vororte. Als er Dahlem erreichte, hielt er einen Studenten an, um sich nach dem Weg zu erkundigen. Beim Anblick von März' Uniform senkte der junge Mann den Kopf. Dahlem war ein Studentenviertel. Die männlichen Studenten wie dieser hier ließen ihre Haare ein paar Zentimeter über ihre Kragen wachsen; einige der weiblichen trugen Jeans – Gott allein wußte, wo sie die herbekamen. Die Weiße Rose, jene studentische Widerstandsbewegung, die während der vierziger Jahre kurz geblüht hatte, bis ihre Führer hingerichtet worden waren, wurde plötzlich wieder lebendig. IHR GEIST LEBT WEITER, sagten die Graffiti. Mitglieder der Weißen Rose murrten über die Einberufungsbescheide, hörten verbotene Musik, ließen aufrührerische Zeitschriften umlaufen, wurden von der Gestapo schikaniert.

Der Student machte auf März' Frage hin eine vage Bewegung mit seinen bücherbeladenen Armen und war froh, weitergehen zu können.

Luthers Haus stand nahe beim Botanischen Garten, von der Straße zurückgesetzt – ein Landhaus des 19. Jahrhunderts am Ende einer sichelförmigen Auffahrt aus weißem Kies. Zwei Männer saßen in einem ungekennzeichneten grauen BMW, der gegenüber der Einfahrt parkte. Der Wagen und seine Farbe machten sie sofort kenntlich. Zwei weitere würden die Hinterseite überwachen und mindestens einer die anliegenden Straßen durchkreuzen. März ging vorbei und bemerkte, wie sich einer der Gestapo-Schergen zu dem anderen herumdrehte und etwas sagte.

Irgendwo jaulte ein Motormäher; der Geruch von frischgeschnittenem Gras hing über der Auffahrt. Haus und Grundstück mußten ein Vermögen gekostet haben – vielleicht nicht ganz soviel wie Bühlers Villa, aber nicht viel weniger. Der rote Kasten einer neu installierten Alarmanlage ragte unter dem Dachgesims hervor.

Er läutete und spürte, wie er durch den Spion in der Mitte der massiven Tür überprüft wurde. Nach einer halben Minute öffnete sich die Tür und ließ ein englisches Dienstmädchen in schwarz-weißer Uniform erkennen. Er gab ihr seinen Ausweis, und sie verschwand, um ihre Herrin zu fragen. Ihre Füße patschten über den polierten Holzfußboden. Sie kam zurück und führte März in das verdunkelte Wohnzimmer. Ein süßlicher Nebel von Kölnisch Wasser lag über der Szene. Frau Marthe Luther saß auf einem Sofa und zerknüllte ein Taschentuch. Sie sah zu ihm auf – glasige blaue Augen, die mit winzigen Adern durchsetzt waren.

»Etwas Neues?«

»Nein, gnädige Frau. Ich bedaure, das sagen zu müssen. Aber Sie dürfen sicher sein, daß keine Anstrengung unterlassen wird, um Ihren Mann zu finden.« *Das ist wahrer als du ahnst*, dachte er.

Sie war eine Frau, die rasch an Anziehungskraft verloren hatte, aber ein tapferes Rückzugsgefecht lieferte. Allerdings war sie in ihrer Taktik schlecht beraten: unnatürlich blondes Haar, ein enger Rock, eine um einen Knopf zu weit geöffnete Seidenbluse, die eine fette, milchweiße Klüftung zur Schau stellte. Sie sah Zentimeter für Zentimeter nach einer dritten Frau aus. Ein romantischer Roman lag offen mit dem Gesicht nach unten auf dem bestickten Kissen neben ihr. *Der Kaiserball* von Barbara Cartland.

Sie gab ihm seinen Ausweis zurück und schneuzte sich. »Bitte, setzen Sie sich. Sie sehen erschöpft aus. Nicht einmal Zeit, sich zu rasieren! Kaffee? Oder vielleicht einen Sherry? Nein? Rose, bring dem Herrn Sturmbannführer Kaffee. Und ich werde mich doch mit einem *winzigen* Sherry stärken.«

Während er da unbehaglich auf dem Rand eines tiefen, chintz- bezogenen Armsessels kauerte, das Notizbuch offen auf dem Knie, lauschte März der weinerlichen Geschichte von Frau Luther. Ihr Gatte? So ein guter Mensch, kurz angebunden – ja, vielleicht, aber das waren die Nerven, der arme Mann. Der arme, arme Mann – er hatte tränende Augen, wußte März das?

Sie zeigte ihm ein Foto: Luther in irgendeinem Mittelmeerbad, in absurden Shorts, finsteren Angesichts, die Augen hinter den dik- ken Brillengläsern geschwollen.

Und sie machte weiter: Ein Mann seines Alters – er würde im Dezember neunundsechzig werden, und zu seinem Geburtstag würden sie nach Spanien fahren. Martin war ein Freund von Gene- ral Franco – so ein netter kleiner Mann, war März ihm jemals be- gegnet?

»Nein, ich hatte bisher nicht das Vergnügen.«

Aha, nun ja. Sie könne kaum ertragen daran zu denken, was alles geschehen sein mochte, immer war er so fürsorgend ihr zu sagen, wohin er gehe, noch nie habe er sowas zuvor getan. Es war so hilf- reich, reden zu können, so mitfühlend ...

Ein Seufzer von Seide, als sie die Beine übereinanderschlug, und der Rock schob sich aufreizend über ein molliges Knie hoch. Das Mädchen erschien wieder und setzte Kaffeetasse, Sahnekännchen und Zuckerdose vor März ab. Ihre Herrin wurde mit einem Glas Sherry und einer dreiviertel geleerten Kristallkaraffe versorgt.

»Haben Sie ihn jemals die Namen Josef Bühler oder Wilhelm Stuckart nennen hören?«

Ein kleiner Riß der Konzentration erschien in dem Brei aus Make-up: »Nein, ich erinnere mich nicht ... Nein, wirklich nicht.«

»Ist er am vergangenen Freitag ausgegangen?«

»Am vergangenen Freitag? Ich glaube – ja. Er ging am frühen Morgen aus.« Sie trank ihren Sherry schlückchenweise. März machte sich eine Notiz.

»Und wann hat er Ihnen gesagt, daß er verreisen müsse?«

»Am Nachmittag. Er ist gegen zwei zurückgekommen, sagte, es

sei etwas geschehen, und daß er am Montag in München sein müsse. Er ist am Sonntag nachmittag geflogen, damit er die Nacht dort verbringen und früh aufstehen könne.«

»Und hat er Ihnen gesagt, worum es ging?«

»In der Beziehung war er sehr altmodisch. Seine Angelegenheiten waren seine Angelegenheiten, wenn Sie verstehen, was ich meine.«

»Wie erschien er denn vor der Reise?«

»Ach, reizbar, wie üblich.« Sie lachte - ein mädchenhaftes Kichern. »Naja, vielleicht *war* er ein bißchen abwesender als üblich. Die Fernsehnachrichten deprimierten ihn immer - der Terrorismus, die Kämpfe im Osten. Ich habe ihm gesagt, er solle doch nicht darauf achten - aus Sorgen entsteht nichts Gutes, hab ich gesagt - aber da gab es Sachen . . . ja, die nagten an ihm.« Sie senkte die Stimme. »Er hatte während des Krieges einen Zusammenbruch, der arme Kerl. Die Belastung . . .«

Sie wollte wieder weinen. März mischte sich ein: »In welchem Jahr war sein Zusammenbruch?«

»Ich glaube 1943. Das war natürlich, bevor ich ihn kannte.«

»Natürlich.« März lächelte und verbeugte sich leicht. »Damals müssen Sie noch die Schule besucht haben.«

»Vielleicht nicht mehr gerade die *Schule* . . .« Der Rock schob sich ein bißchen höher.

»Wann haben Sie angefangen, sich um seine Sicherheit zu sorgen?«

»Als er am Montag nicht zurückgekommen ist. Ich war die ganze Nacht wach.«

»Und dann haben Sie ihn am Dienstag morgen vermißt gemeldet?«

»Das wollte ich gerade, als Obergruppenführer Globocznik kam.«

März bemühte sich, die Überraschung aus seiner Stimme fernzuhalten. »Er kam, noch *bevor* Sie es der Polizei gemeldet haben? Wie spät war das?«

»Kurz nach neun. Er sagte, er müsse meinen Mann sprechen. Ich habe ihm die Situation erklärt. Der Obergruppenführer hat das sehr ernst genommen.«

»Ich bin sicher, daß er das getan hat. Hat er Ihnen gesagt, warum er Herrn Luther sprechen mußte?«

»Nein. Ich nehme an, es war eine Parteiangelegenheit. Warum?«

Plötzlich bekam ihre Stimme einen härteren Klang. »Wollen Sie andeuten, daß mein Mann etwas Falsches getan hat?«

»Nein, nein . . .«

Sie zog sich den Rock über die Knie und glättete ihn mit üppig beringten Fingern. Es gab eine Pause, und dann sagte sie: »Herr Sturmbannführer, was ist eigentlich der Zweck dieser Unterredung?«

»Ist Ihr Mann jemals in der Schweiz gewesen?«

»Von Zeit zu Zeit, vor einigen Jahren. Er hatte da Geschäfte. Warum?«

»Wo ist sein Reisepaß?«

»Er ist nicht in seinem Arbeitszimmer. Das habe ich aber schon alles mit dem Obergruppenführer durchgesprochen. Martin hat seinen Reisepaß immer bei sich gehabt. Er sagte, er wisse nie, wann er ihn brauche. Das war seine Schulung aus dem Außenministerium. Wirklich, daran gibt es nichts Ungewöhnliches, bestimmt nicht . . .«

»Verzeihen Sie, gnädige Frau.« Er drängte weiter. »Die Alarmanlage. Ich hab sie bemerkt, als ich hereinkam. Sie sieht neu aus.«

Sie blickte hinab in ihren Schoß. »Martin hat sie letztes Jahr anbringen lassen. Wir hatten Eindringlinge.«

»Zwei Männer?«

Sie sah überrascht auf. »Woher wissen Sie das?«

Das war ein Fehler gewesen. Er sagte: »Ich muß den Bericht darüber in der Akte Ihres Mannes gelesen haben.«

»Unmöglich.« Die Überraschung in ihrer Stimme wich Mißtrauen. »Er hat das nie angezeigt.«

»Warum nicht?«

Sie war im Begriff, eine grobe Antwort zu geben – so etwas wie »Was geht denn Sie das an?« –, aber dann sah sie den Ausdruck in März' Augen und änderte ihre Meinung. Sie sagte mit resignierender Stimme: »Ich habe ihn angefleht, Herr Sturmbannführer. Aber er wollte nicht. Und er wollte mir nicht sagen, warum nicht.«

»Was ist geschehen?«

»Es war im letzten Winter. Wir hatten vor, den Abend zu Hause zu verbringen. Da haben Freunde im letzten Augenblick angerufen, und wir sind zusammen zum Abendessen ausgegangen. Bei

Horcher. Als wir zurückkamen, waren zwei Männer *in diesem Zimmer*.« Sie sah sich um, als ob sie immer noch irgendwo versteckt sein könnten. »Gott sei Dank waren unsere Freunde mit uns gekommen. Wenn wir allein gewesen wären ... Als sie sahen, daß wir zu viert waren, sprangen sie aus dem Fenster da.« Sie wies über März' Schulter.

»Also ließ er ein Alarmsystem anbringen. Hat er noch andere Vorsichtsmaßnahmen ergriffen?«

»Er hat eine Wache angestellt. Vier Wachmänner insgesamt. Sie arbeiteten schichtweise. Er behielt sie bis nach Weihnachten. Dann beschloß er, daß er ihnen nicht mehr trauen könne. Er war dermaßen *verängstigt*, Herr Sturmbannführer.«

»Wodurch?«

»Das wollte er mir nicht sagen.«

Heraus kam das Taschentuch. Ein weiterer Sherry wurde aus der Karaffe eingegossen. Ihr Lippenstift hatte dicke rote Schmierflecke am Rand ihres Glases hinterlassen. Sie glitt wieder auf den Rand des Weinens zu. März hatte sie falsch eingeschätzt. Sie fürchtete um ihren Mann, gewiß. Aber noch mehr fürchtete sie, daß er sie vielleicht betrüge. In ihrem Geist jagten einander die Schatten und hinterließen Spuren in ihren Augen. War es eine andere Frau? Ein Verbrechen? Ein Geheimnis? War er aus dem Land geflohen? Für immer gegangen? Er empfand Mitleid mit ihr und erwog einen Augenblick lang, sie auf den Fall der Gestapo gegen ihren Mann aufmerksam zu machen. Aber warum ihr Elend vergrößern? Sie würde bald genug wissen. Er hoffte, daß der Staat das Haus nicht beschlagnahmen würde.

»Ich werde ihn wohl nie mehr wiedersehen, oder?«

»Doch« sagte er.

Nein dachte er.

Es war eine Erleichterung, den dunklen und kränklichen Raum zu verlassen und in die frische Luft zu entkommen. Die Männer der Gestapo saßen immer noch in dem BMW. Sie beobachteten ihn, als er ging. Er zögerte einen Augenblick und wandte sich dann nach rechts, zum Bahnhof Botanischer Garten.

Vier Wachmänner!

Langsam begann er, es vor sich zu sehen. Ein Treffen in Bühlers Villa am Freitag morgen, an dem Bühler, Stuckart und Luther teilnahmen. Ein Treffen in Panik, alte Männer in Angstschweiß – und aus guten Gründen. Vielleicht hatte jeder von ihnen eine andere Aufgabe übernommen. Jedenfalls war Luther am Sonntag nach Zürich geflogen. März war sicher, daß er es war, der vom Zürcher Flughafen aus am Montag nachmittag die Pralinen geschickt hatte, vielleicht unmittelbar bevor er an Bord eines anderen Flugzeugs ging. Was bedeuteten sie? Kein Geschenk: ein Zeichen. Sollte ihr Eintreffen bedeuten, daß er seine Aufgabe erfolgreich erledigt hatte? Oder daß er gescheitert sei?

März sah sich über die Schulter um. Ja, jetzt folgte man ihm, war er sicher. Sie hatten genügend Zeit gehabt, das zu organisieren, während er in Luthers Haus war. Wer waren ihre Leute? Die Frau in dem grünen Mantel? Der Student auf seinem Fahrrad? Hoffnungslos. Die Gestapo war zu gut, als daß er sie hätte erkennen können. Es würden mindestens drei oder vier sein. Er verlängerte seine Schritte. Er näherte sich dem Bahnhof.

Frage: ist Luther am Montag nachmittag aus Zürich nach Berlin zurückgekommen, oder ist er außer Landes geblieben? Insgesamt neigte März der Ansicht zu, er sei zurückgekehrt. Jener Anruf gestern Morgen in Bühlers Villa – »Bühler? Sprich doch. Wer ist da?« –, das war Luther gewesen, da war er auch sicher. Also: angenommen, Luther hat die Päckchen aufgegeben, unmittelbar bevor er an Bord ging, sagen wir gegen 5 Uhr. Dann würde er gegen 7 Uhr an jenem Abend in Berlin gelandet sein. Und dann war er untergetaucht.

Der Bahnhof Botanischer Garten lag an der Linie der elektrisch betriebenen Stadtbahn in die Vororte. März kaufte sich einen Fahrschein für eine Mark und lungerte vor der Sperre herum, bis der Zug kam. Er stieg ein und dann, gerade als die Türen zuzischten, sprang er wieder heraus und rannte über die metallene Fußgängerbrücke zum anderen Bahnsteig. Zwei Minuten später bestieg er den Zug in südlicher Richtung, nur um in Lichterfelde herauszuspringen und die Strecke zurückzufahren. Der Bahnhof lag verlassen. Er ließ den ersten Zug nach Norden weiterfahren, bestieg den zweiten und ließ sich auf seinem Platz nieder. Der einzige andere Passagier in seinem Wagen war eine schwangere Frau. Er lächelte sie an; sie sah weg. Gut.

Luther, Luther. März zündete sich eine Zigarette an. Ging auf die siebzig zu, nervöses Herz, tränende Augen. Zu paranoid, um auch nur seiner Frau zu trauen. Vor sechs Monaten sind sie zum ersten Mal gekommen, und da bist du ihnen durch Zufall entkommen. Warum bist du vor ihnen zum Berliner Flughafen geflüchtet? Bist du durch die Kontrollen gekommen und hast dann beschlossen, deine Verbündeten anzurufen? In Stuckarts Wohnung muß das Telefon unbeantwortet geläutet haben, neben dem schweigenden blutüberströmten Schlafzimmer. In Schwanenwerder muß Bühler, wenn Eislers Schätzung der Todeszeit richtig war, schon von seinen Mördern überrascht gewesen sein. Haben sie das Telefon läuten lassen? Oder hat einer von ihnen geantwortet, während die anderen Bühler niederzwangen?

Luther, Luther: irgend etwas ist geschehen, das dich um dein Leben laufen ließ – an jenem Montagabend hinaus in den eisigen Regen.

Er stieg an der Station Gotenland aus. Ein weiteres Stück Wirklichkeit gewordener architektonischer Phantasie – Mosaikfußböden, polierte Steine, dreißig Meter hohe Fenster aus buntem Glas. Das Regime schloß Kirchen und ersetzte sie durch den Bau von Hauptbahnhöfen, die wie Kathedralen aussahen.

Als er von der Überführung auf die Tausende von hastenden Reisenden hinabblickte, überließ März sich fast der Verzweiflung. Myriaden von Leben – jedes mit seinen eigenen Geheimnissen und Plänen und seiner persönlichen Last von Schuld – kreuzten unter ihm hin und her, und keines berührte das andere, und jedes war abgespalten und unterschiedlich. Sich vorzustellen, daß er – allein – einen einzelnen alten Mann unter so vielen herausfinden sollte – zum ersten Mal kam ihm der Gedanke phantastisch und absurd vor.

Aber Globus konnte es. Schon waren, wie März erkennen konnte, die Polizeistreifen verstärkt worden. Das mußte während der letzten halben Stunde geschehen sein. Die Orpo-Männer überprüften jeden Mann über sechzig. Ein Penner ohne Papiere wurde jammernd weggeführt.

Globus! März wandte sich vom Geländer ab und stieg in den abwärtsfahrenden Aufzug, um die eine Person in Berlin zu suchen, die ihm vielleicht das Leben retten konnte.

VIER

Mit der zentralen U-Bahn-Linie zu fahren, war, in den Worten des Reichsministeriums für Propaganda und Kulturelle Aufklärung, eine Reise durch die deutsche Geschichte, Berlin-Gotenland, Bülowstraße, Nollendorfplatz, Wittenbergplatz, Nürnberger Platz, Hohenzollernplatz – die Stationen folgten einander wie Perlen auf einer Schnur.

Die Wagen, die auf dieser Linie liefen, stammten noch aus der Vorkriegszeit. Rote Wagen für Raucher, gelbe für Nichtraucher. Die harten Holzbänke waren von drei Jahrzehnten Berliner Hintern glänzend poliert worden. Die meisten Passagiere standen, und hielten sich an den abgenutzten ledernen Handgriffen fest und schwankten im Rhythmus des Zuges. Anschläge forderten sie auf, Informanten zu werden. »Der Profit der Schwarzfahrer ist der Verlust der Berliner! Zeigt den Behörden jedes Vergehen an!« »Hat er seinen Platz einer Frau oder einem Kriegsveteranen angeboten? Die Strafe für Nichtanbieten: 25 Reichsmark!«

März hatte sich an einem Bahnsteigkiosk das ›Berliner Tageblatt‹ gekauft und durchflog es nahe der Tür lehnend. Kennedy und der Führer, der Führer und Kennedy – das war praktisch alles, was zu lesen war. Das Regime investierte eindeutig und heftig in den Erfolg der Gespräche. Das konnte nur bedeuten, daß die Dinge im Osten noch schlechter standen, als man allgemein annahm. »Ein ständiger Kriegszustand an der Ostfront wird uns helfen, eine gesunde Menschenrasse zu formen«, hatte der Führer einmal gesagt, »und wird uns daran hindern, wieder in die Weichlichkeit eines auf sich beschränkten Europas zurückzufallen.« Die Menschen *waren* aber weich geworden. Welchen Sinn hat denn der Sieg sonst? Sie hatten Polen, um ihnen die Gärten umzugraben, und Ukrainer, die Straßen zu kehren, und französische Köche, ihre Speisen zu kochen, und englische Dienstmädchen, sie aufzutragen. Nachdem sie die Bequemlichkeiten des

Sieges gekostet hatten, war ihnen der Appetit auf Krieg vergangen.

Ganz unten auf einer der Innenseiten stand in einer so kleinen Schrift, daß man es kaum wahrnahm, Bühlers Todesanzeige. Es hieß, er sei infolge eines »Badeunfalls« gestorben.

März stopfte die Zeitung in die Tasche und stieg an der Bülowstraße aus. Von der offenen Plattform aus konnte er zu Charlotte Maguires Wohnung hinübersehen. Ein Schatten bewegte sich hinter dem Vorhang. Sie war zu Hause. Oder vielmehr: jemand war in der Wohnung.

Die Portiersfrau saß nicht in ihrem Sessel, und als er an die Wohnungstür klopfte, antwortete niemand. Er klopfte wieder, dicsmal lauter.

Nichts.

Er ging von der Tür weg und klapperte den ersten Teil der Treppe hinab. Dann blieb er stehen, zählte bis zehn und schlich sich wieder aufwärts, seitlich, den Rücken an die Wand gepreßt, eine Stufe; Pause - noch eine Stufe; Pause -, und jedesmal zuckte er zusammen, wenn er ein Geräusch verursachte, bis er schließlich erneut vor der Tür stand. Er zog seine Pistole.

Minuten verstrichen. Hunde bellten, Autos und Züge und Flugzeuge kamen vorüber, Säuglinge schrien, Vögel sangen: die Kakophonie der Stille. Und dann krachte im Innern der Wohnung lauter als alles andere eine Fußbodenplanke.

Die Tür öffnete sich einen Bruchteil.

März wirbelte herum und rammte sie mit der Schulter. Wer immer sich hinter der Tür befand, wurde von der Gewalt des Rammstoßes zurückgeschleudert. Und dann war März drinnen und auf ihm, und schob ihn durch die winzige Diele ins Wohnzimmer. Eine Lampe stürzte zu Boden. Er versuchte die Pistole hochzubekommen, aber der Mann griff nach seinen Armen. Und jetzt war er es, der rückwärts gedrängt wurde. Die Rückseiten seiner Beine stießen gegen einen niedrigen Tisch, und er stürzte hintenüber und schlug mit dem Kopf gegen etwas, und die Luger rutschte über den Boden.

Nun ja, das war ganz lustig, und unter anderen Umständen hätte März vielleicht gelacht. Aber er war bei dieser Art von Auseinandersetzungen nie besonders gut gewesen, und jetzt - nachdem er mit dem Überraschungsvorteil begonnen hatte - lag er un-bewaffnet auf dem Rücken, den Kopf im Kamin, und die Beine im-mer noch auf dem Kaffeetischchen, in der Haltung einer Schwan-geren, die sich einer inneren Untersuchung unterzieht.

Sein Angreifer stürzte sich über ihn und trieb ihm die Luft aus. Eine behandschuhte Hand krallte nach seinem Gesicht, die andere schloß sich um seine Kehle. März konnte weder sehen noch atmen. Er warf den Kopf von Seite zu Seite und biß in die Lederhand. Er drosch mit seinen Fäusten nach dem Kopf des anderen Mannes, konnte aber keine Kraft in seine Hiebe legen. Was da über ihm war, war nicht menschlich. Das war die erbarmungslose Gewalt einer Maschine. Sie zermalmte ihn. Stählerne Finger hatten jene Arterie gefunden - die sich März nie merken, geschweige denn finden konnte -, und er spürte, wie er sich der Gewalt ergab, der rauschen-den Schwärze, die alle Schmerzen auslöscht. Und er dachte: *also bin ich auf Erden gewandelt, um so zu enden.*

Ein Krachen. Die Hände lösten sich, zogen sich zurück. März trieb wieder in den Kampf hinein, zumindest als Zuschauer. Der Mann war zur Seite geschleudert worden, durch einen Hieb mit einem Stahlrohrstuhl gegen den Kopf. Blut zog sich als Maske über sein Gesicht, es pulste aus einem Schnitt über seinem Auge. Kra-chen. Wieder der Stuhl. Mit einem Arm versuchte der Mann, die Schläge abzuwehren, mit dem anderen wischte er sich krampfhaft die geblendeten Augen. Er begann, auf seinen Knien auf die Tür zuzukriechen, einen Teufel auf dem Rücken - eine zischende, spei-ende Furie, deren Klauen nach seinen Augen krallten. Langsam, als ob er eine ungeheure Last schleppe, stemmte er sich auf ein Bein, dann auf das andere. Alles was er sich noch wünschte, war wegzu-kommen. Er stolperte gegen den Türrahmen, drehte sich um und hämmerte seinen Peiniger gegen ihn - einmal, zweimal.

Erst da ließ Charlotte Maguire ihn los.

Nester von Schmerzen explodierten wie Feuerwerk: sein Kopf, die Rückseiten seiner Beine, seine Rippen, die Kehle.

»Wo haben Sie denn so zu kämpfen gelernt?«

Er war in der kleinen Küche und beugte sich über das Spülbek-ken. Sie tupfte Blut aus dem Schnitt an seinem Hinterkopf.

»Versuchen Sie mal als einziges Mädchen der Familie mit drei Brüdern aufzuwachsen. Dann lernen Sie zu kämpfen. Halten Sie still.«

»Mir tun die Brüder leid. Autsch.« März' Kopf schmerzte am meisten. Blutiges Wasser tropfte auf fettige Teller wenige Zentimeter vor seinem Gesicht, und das ließ ihm übel werden. »Ich dachte, in Hollywood ist es üblich, daß der Mann das Mädchen rettet.«

»Hollywood ist reine Scheiße.« Sie legte ein frisches Tuch auf. »Das ist ziemlich tief. Bist du sicher, daß du nicht doch ins Krankenhaus willst?«

»Keine Zeit.«

»Wird der Mann zurückkommen?«

»Nein. Jedenfalls vorläufig nicht. Vermutlich handelt es sich immer noch um eine Geheimaktion. Danke.«

Er drückte das Tuch gegen seinen Hinterkopf und streckte sich. Als er das tat, entdeckte er einen weiteren Schmerz, an der Wurzel seines Rückgrats.

»Geheimaktion?«, wiederholte sie. »Glauben Sie nicht, daß er ein einfacher Dieb war?«

»Nein. Er war ein Profi. Ein authentischer, Gestapo-geschulter Profi.«

»Und ich hab ihn besiegt!« Das Adrenalin verlieh ihrer Haut ein Schimmern; ihre Augen sprühten. Ihre einzige Verletzung war eine Prellung an der Schulter. Sie war attraktiver, als er sich erinnern konnte. Zarte Wangenknochen, eine kräftige Nase, volle Lippen, große braune Augen. Sie hatte braunes Haar, das bis zum Nackenansatz geschnitten war und das sie hinter die Ohren gekämmt trug.

»Wenn sein Befehl gelautet hätte, Sie umzubringen, hätte er das getan.«

»Wirklich? Und warum hat er es nicht getan?« Plötzlich klang sie ärgerlich.

»Sie sind Amerikanerin. Eine geschützte Art, vor allem jetzt.« Er sah sich das Tuch an. Der Blutstrom war zum Stillstand gekommen. »Unterschätzen Sie den Gegner nicht, mein Fräulein.«

»Unterschätzen Sie *mich* nicht. Wenn ich nicht nach Hause gekommen wäre, hätte er Sie umgebracht.«

Er beschloß nichts zu sagen. Ihre Stimmung war offenbar auf dem Tiefpunkt.

Die Wohnung war gründlich durchsucht worden. Ihre Wäsche

hing aus den Schubladen heraus, ihre Papiere waren über den Schreibtisch und auf den Fußboden verstreut, die Koffer waren umgedreht worden. Zwar dürfte es, dachte er, auch vorher nicht besonders ordentlich gewesen sein: die schmutzigen Teller in der Spüle, das Durcheinander von (meist leeren) Flaschen im Badezimmer, die vergilbenden Ausgaben der ›New York Times‹ und von ›Time‹, deren Blätter von der deutschen Zensur in Streifen geschnitten waren, wahllos an den Wänden aufgestapelt. Das zu durchsuchen mußte ein Albtraum gewesen sein. Schwaches Licht sickerte durch schmutzige Netzvorhänge. Alle paar Minuten bebten die Wände, wenn Züge vorbeifuhren.

»Gehört die Ihnen?« Sie zog die Luger unter einem Stuhl hervor und hielt sie zwischen Zeigefinger und Daumen hoch.

»Ja. Danke.« Er nahm sie. Sie hatte eine besondere Gabe, daß er sich dumm vorkam. »Fehlt was?«

»Ich glaube nicht.« Sie sah sich um. »Ich bin nicht sicher, daß ich es sehen könnte, wenn dem so wäre.«

»Was ich Ihnen gestern abend gegeben habe . . .?«

»O das? Es war hier auf dem Kaminsims.« Sie strich mit der Hand darüber und runzelte die Stirn. »Es *war* hier . . .«

Er schloß die Augen. Als er sie wieder aufmachte, grinste sie.

»Machen Sie sich keine Sorgen, Sturmbannführer. Es ruhte nahe meinem Herzen. Wie ein Liebesbrief.«

Sie wandte ihm den Rücken zu und knöpfte ihre Bluse auf. Als sie sich wieder umdrehte, hielt sie den Umschlag in der Hand. Er nahm ihn mit zum Fenster. Er fühlte sich warm an.

Er war lang und schmal, aus dickem Papier - ein reiches, sahniges Blau mit braunen Altersflecken, wie Leberflecken. Er war Luxusware, handgemacht, ein Überbleibsel aus einer anderen Zeit. Er trug weder Namen noch Adresse.

In dem Umschlag befanden sich ein kleiner Messingschlüssel und ein Brief, geschrieben auf passendem blauem Papier, dick wie Karton. In die obere rechte Ecke war in üppigem Kupferstich gedruckt: Zaugg & Cie, Bankiers, Bahnhofstraße 44, Zürich. Ein einziger Satz, der darunter getippt war, wies den Träger als Mitinhaber des Nummernkontos 2402 aus. Der Brief war vom 8. Juli 1942 datiert. Er war unterschrieben mit Hermann Zaugg, Direktor.

März las ihn noch einmal durch. Er war nicht überrascht, daß

Stuckart den im Safe eingeschlossen hatte: Für einen deutschen Bürger war es ungesetzlich, im Ausland ein Bankkonto ohne Genehmigung der Reichsbank zu unterhalten. Auf Nichtbeachtung stand die Todesstrafe.

Er sagte: »Ich habe mir Sorgen um Sie gemacht. Ich habe vor ein paar Stunden versucht, Sie anzurufen, aber niemand hat sich gemeldet.«

»Ich war aus, Nachforschungen.«

»Nachforschungen?«

Jetzt grinste sie wieder.

Auf März' Anregung hin machten sie einen Spaziergang durch den Tiergarten, den traditionellen Treffpunkt für Berliner, die Geheimes zu besprechen hatten. Selbst die Gestapo hätte erst noch Methoden erfinden müssen, wie man einen Park abhört. An Baumwurzeln sprossen Osterblumen aus dem Rasen. Kinder fütterten die Enten auf dem Neuen See.

Aus Stuckarts Wohnblock herauszukommen sei einfach gewesen, sagte sie. Der Luftschacht habe sich fast zu ebener Erde auf die Allee geöffnet. Dort waren keine SS-Männer. Die waren alle vorne vor dem Eingang. Also war sie einfach an dem Gebäude entlang zu der Straße hinter ihm gegangen und hatte sich ein Taxi nach Hause genommen. Sie war die halbe Nacht aufgeblieben und hatte auf seinen Anruf gewartet und hatte den Brief immer wieder gelesen, bis sie ihn auswendig kannte. Als sie um 9 Uhr immer noch nichts gehört hatte, beschloß sie, nicht länger zu warten.

Sie wollte wissen, was mit ihm und Jäger geschehen war. Er erzählte ihr nur, daß man sie ins Hauptquartier der Gestapo gebracht und sie am Morgen freigelassen hatte.

»Sind Sie in Schwierigkeiten?«

»Ja. Und jetzt erzählen Sie mir, was Sie entdeckt haben.«

Sie war zuerst in die öffentliche Bücherei am Nollendorfplatz gegangen – da man ihr den Presseausweis abgenommen hatte, wußte sie nichts Besseres zu tun. In der Bücherei war ein Handbuch der europäischen Banken. Zaugg & Cie gab es noch. Die Bankadresse war immer noch Bahnhofstraße. Von der Bücherei aus war sie in die US-Botschaft gegangen, um Henry Nightingale zu sprechen.

»Nightingale?«

»Sie sind ihm gestern abend begegnet.«

März erinnerte sich: der junge Mann in dem Sportjackett mit dem durchgeknöpften Hemd und seiner Hand auf ihrem Arm. »Sie haben ihm doch nichts erzählt?«

»Natürlich nicht. Außerdem ist er diskret. Wir können ihm vertrauen.«

»Ich ziehe es vor, selbst zu beurteilen, wem ich vertrauen kann.« Er fühlte sich von ihr enttäuscht. »Ist er Ihr Liebhaber?«

Sie blieb stehen. »Was ist das für eine Frage?«

»Für mich steht mehr auf dem Spiel als für Sie, mein Fräulein. Sehr viel mehr. Ich habe ein Recht darauf, es zu wissen.«

»Sie haben *überhaupt kein* Recht, etwas zu wissen.« Sie war wütend.

»Schon gut.« Er hob die Hände hoch. Die Frau war unmöglich. »Ihre Angelegenheit.«

Sie nahmen den Spaziergang wieder auf.

Nightingale, erklärte sie, war Fachmann für schweizerische Wirtschaftsangelegenheiten, nachdem er mit den Angelegenheiten einiger deutscher Flüchtlinge in den Vereinigten Staaten befaßt gewesen war, die versuchten, ihr Geld aus Banken in Zürich und Genf abzuziehen.

Es war fast unmöglich.

1934 hatte Heydrich einen Gestapo-Agenten namens Georg Hannes Thomae in die Schweiz geschickt, um die Namen von so vielen deutschen Konteninhabern wie nur möglich herauszufinden. Thomae hatte sich in Zürich niedergelassen, Affären mit einigen einsamen Kassiererinnen angefangen und sich mit untergebenen Bankangestellten angefreundet. Wenn die Gestapo den Verdacht hatte, daß eine bestimmte Person ein illegales Konto unterhielt, besuchte Thomae die Bank als Bote und versuchte, Geld auf das Konto einzuzahlen. In dem Augenblick, in dem Geld angenommen wurde, wußte Heydrich, daß ein Konto bestand. Der Inhaber wurde verhaftet, bis zur Enthüllung aller Einzelheiten gefoltert, und bald erhielt die Bank in der vorgeschriebenen Form ein Telegramm, in dem die Rücküberweisung aller Einzahlungen verfügt wurde.

Der Krieg der Gestapo gegen die Schweizer Banken wurde immer ausgeklügelter und ausgedehnter. Ferngespräche, Telegramme und Briefe zwischen Deutschland und der Schweiz wurden routinemäßig abgefangen. Kunden wurden hingerichtet oder in Konzentrationslager geschickt. In der Schweiz brach ein Sturm der Entrüstung los. Schließlich verabschiedete die Schweizer Nationalversammlung in aller Eile ein neues Bankgesetz, das es allen Banken unter Androhung von Haftstrafen verbot, irgendwelche Einzelheiten über die Konten ihrer Kunden bekanntzugeben. Georg Thomae flog auf und wurde ausgewiesen.

Die Schweizer Banken begannen, Geschäfte mit deutschen Bürgern als zu gefährlich und zeitraubend für eine Weiterführung anzusehen. Mit Kunden in Verbindung zu treten war praktisch unmöglich. Hunderte Konten wurden von ihren schreckerfüllten Inhabern einfach aufgegeben. Zumindest ehrbare Bankiers hatten keine Lust, sich in solche Transaktionen auf Leben und Tod einzulassen. Die Veröffentlichungen waren zerstörerisch. 1939 war das einst einträgliche deutsche Nummernkontengeschäft zusammengebrochen.

»Und dann kam der Krieg«, sagte Charlie. Sie hatten das Ende des Neuen Sees erreicht und gingen jetzt zurück. Von jenseits der Bäume kam das Brummen des Verkehrs auf der Ost-West-Achse. Die Kuppel der Großen Halle erhob sich über den Bäumen. Die Berliner spotteten, der einzige Weg, sie nicht sehen zu müssen, sei, in ihr zu wohnen.

»Nach 1939 stieg die Nachfrage nach Schweizer Konten aus offensichtlichen Gründen dramatisch an. Die Menschen versuchten verzweifelt, ihre Vermögen aus Deutschland hinauszuschaffen. Also ersannen sich Banken wie Zaugg eine neue Art von Einlagekonten. Für eine Gebühr von 200 Franken bekam man einen Depotkasten und eine Nummer, einen Schlüssel und einen Beglaubigungsbrief.«

»Genau wie Stuckart.«

»Richtig. Man brauchte nur Schlüssel und Brief vorzuzeigen, und alles gehörte einem. Keine Fragen. Zu jedem Konto konnte man so viele Schlüssel und Beglaubigungsbriefe haben, wie der Inhaber zu bezahlen bereit war. Das Schöne daran war – die Banken hatten nicht länger etwas damit zu tun. Eines Tages mochte, wenn sie sich eine Reiseerlaubnis beschaffen konnte, eine zierliche alte

Dame mit den Ersparnissen ihres Lebens auftauchen. Und zehn Jahre danach konnte ihr Sohn mit Brief und Schlüssel kommen und mit seiner Erbschaft fortgehen.«

»Oder die Gestapo konnte auftauchen ...«

»... und wenn sie Brief und Schlüssel hatte, konnte die Bank ihr alles aushändigen. Keine Peinlichkeiten, keine Publizität. Kein Verstoß gegen das Bankgesetz.«

»Diese Konten - gibt es die immer noch?«

»Die Schweizer Regierung hat sie unter Druck von Berlin gegen Kriegsende verboten, und seither sind keine neuen mehr zugelassen worden. Aber die alten - die gibt es immer noch, denn die Bedingungen der ursprünglichen Vereinbarung müssen eingehalten werden. Sie sind selbst zu Wertgegenständen geworden. Leute handeln damit. Henry sagt, daß Zaugg daraus eine Spezialität gemacht hat. Gott allein weiß, was in all seinen Kästen steckt.«

»Haben Sie gegenüber diesem Nightingale Stuckarts Namen genannt?«

»Natürlich nicht. Ich habe ihm erzählt, ich schriebe für ›Fortune‹ über *Die verlorenen Erbschaften des Krieges.*«

»So wie Sie mir erzählt haben, Sie wollten von Stuckart ein Interview für einen Artikel über *Des Führers frühe Jahre?*«

Sie zögerte und fragte dann ruhig: »Was soll das heißen?«

Sein Kopf pochte, seine Rippen schmerzten immer noch. *Was wollte er wissen?* Er zündete sich eine Zigarette an, um Zeit zum Nachdenken zu gewinnen.

»Menschen, die dem gewaltsamen Tod begegnen - die versuchen es zu vergessen, wegzulaufen. Nicht Sie. Gestern abend: Ihre Bereitwilligkeit, in Stuckarts Wohnung zurückzukommen, die Art, wie Sie seine Briefe öffneten. Heute morgen: das Ausgraben von Informationen über Schweizer Banken ...«

Er hörte auf zu sprechen. Ein älteres Paar ging auf dem Fußweg an ihnen vorüber und starrte sie an. Ihm wurde klar, daß sie ein seltsames Paar abgaben: ein SS-Sturmbannführer, unrasiert und reichlich zerzaust, und eine Frau, die ganz offensichtlich eine Ausländerin war. Ihr Akzent mochte vollkommen sein, aber da war etwas um sie, in ihrem Ausdruck, ihrer Kleidung, ihrer Haltung - etwas, das verriet, daß sie keine Deutsche war.

»Gehen wir hier lang.« Er führte sie vom Fußweg fort auf die Bäume zu.

»Kann ich eine davon haben?«

Als er ihr im Schatten eine Zigarette anzündete, schützte sie die Flamme mit gewölbten Händen. Das Widerspiel des Feuers tanzte in ihren Augen.

»Na schön.« Sie trat einen Schritt zurück und umschlang sich mit den Armen, als sei ihr kalt. »Es stimmt, daß meine Eltern Stukkart vor dem Krieg gekannt haben. Es stimmt, daß ich ihn vor Weihnachten besucht habe. Aber nicht ich habe ihn angerufen. Er hat mich angerufen.«

»Wann?«

»Samstag. Spät.«

»Was hat er gesagt?«

Sie lachte. »O nein, Sturmbannführer. In meinem Geschäft sind Informationen eine Ware, die auf dem freien Markt gehandelt wird. Aber ich bin bereit zu handeln.«

»Was wollen Sie wissen?«

»Alles. Warum Sie gestern Abend in die Wohnung einbrechen mußten. Warum Sie Geheimnisse vor Ihren eigenen Leuten haben. Warum die Gestapo Sie vor einer Stunde fast umgebracht hat.«

»Ach, *das* . . .« Er lächelte. Er fühlte sich erschöpft. Er lehnte den Rücken gegen die rauhe Borke des Baumes und starrte über den Park. Es schien ihm, daß er nichts zu verlieren hatte.

»Vor zwei Tagen«, begann er, »habe ich eine Leiche aus der Havel gefischt.«

Er erzählte ihr alles. Er erzählte ihr von Bühlers Tod und Luthers Verschwinden. Er erzählte ihr, was Jost gesehen hatte und was ihm zugestoßen war. Er erzählte ihr von Nebe und Globus, von den Kunstschätzen und den Gestapo-Akten. Er erzählte ihr sogar von Paules Aussage. Und etwas, das er bei Verbrechern bemerkt hatte, während sie gestanden, auch wenn sie wußten, daß ihr Geständnis sie eines Tages umbringen würde: als er geendet hatte, fühlte er sich besser.

Lange Zeit schwieg sie. »Das ist fair«, sagte sie. »Ich weiß nicht, ob es Ihnen hilft, aber mir ist Folgendes zugestoßen.«

Sie war Samstag abend früh ins Bett gegangen. Das Wetter war schlecht – der Anfang jener riesigen Regenbank, die drei Tage lang die Stadt ertränkt hatte. Sie hatte keine Lust auf Gesellschaft, schon seit Wochen nicht. Berlin kann einen dazu bringen. Kann einen sich im Schatten jener gewaltigen grauen Gebäude klein und hoffnungslos fühlen lassen; die ewigen Uniformen; die nie lächelnden Bürokraten.

Das Telefon klingelte gegen 11.30 Uhr, gerade als sie in den Schlaf abzudriften begann. Eine Männerstimme. Straff. Präzise. »Es gibt eine Fernsprechzelle gegenüber Ihrer Wohnung. Gehen Sie dahin. Ich werde Sie da in 5 Minuten anrufen. Wenn die Zelle besetzt ist, warten Sie bitte.«

Sie hatte nicht erkannt, wer das war, aber etwas in der Stimme des Mannes hatte ihr gesagt, daß das kein Scherz sei. Sie hatte sich angezogen, ihren Mantel geschnappt, war die Treppen hinuntergehastet, auf die Straße, und hatte versucht, sich gleichzeitig die Schuhe anzuziehen und weiterzugehen. Der Regen war ihr wie ein Schlag übers Gesicht gefahren. Auf der anderen Seite der Straße stand vor dem Bahnhof eine alte Telefonkabine – Gottseidank leer.

Und während sie auf den Anruf wartete, erinnerte sie sich, wo sie diese Stimme zum ersten Mal gehört hatte.

»Gehen Sie ein bißchen zurück«, sagte März. »Ihre erste Begegnung mit Stuckart. Beschreiben Sie die.«

Das war vor Weihnachten gewesen. Sie hatte ihn einfach angerufen. Erklärt, wer sie war. Er schien ablehnend, aber sie war hartnäckig geblieben, und schließlich hatte er sie zum Tee gebeten. Er hatte einen Schopf weißer welliger Haare und eine jener orangefarbenen Bräunungen, die man entweder bei langen Aufenthalten unter der Sonne oder unter Ultraviolettlampen erwirbt. Die Frau, Maria, war auch in der Wohnung, benahm sich aber wie ein Dienstmädchen. Sie servierte den Tee und ließ sie dann allein. Das übliche Geschwätz: wie geht es Ihrer Mutter? Sehr gut, danke der Nachfrage.

Ha, war das ein Witz.

Sie schnippte die Asche vom Ende ihrer Zigarette.

»Die Karriere meiner Mutter ist gestorben, als sie Berlin verließ. Und wurde durch meine Ankunft begraben. Wie Sie sich vorstellen können, gab es während des Krieges in Hollywood keine große Nachfrage nach deutschen Schauspielerinnen.«

Und dann hatte er sie nach ihrem Vater gefragt, in einer gewissermaßen zähneknirschenden Weise. Und sie hatte großes Vergnügen empfunden, als sie sagen konnte: ausgezeichnet, ich danke Ihnen. Er sei 1961 in den Ruhestand getreten, als Kennedy an die Macht kam. Der Stellvertretende Unterstaatssekretär Michael Maguire. Gott schütze die Vereinigten Staaten von Amerika. Stukkart hatte ihn durch Mom getroffen, hatte ihn gekannt, als er hier bei der Botschaft war.

März unterbrach: »Wann war das?«

»1937 bis 1939.«

»Weiter.«

Na ja, dann habe er nach ihrem Job gefragt, und sie habe ihm davon erzählt. ›World European Features‹: er hatte nie davon gehört. Kaum überraschend, hatte sie gesagt: Niemand habe davon gehört. Solche Sachen. Höfliches Interesse, wissen Sie. Und als sie gegangen war, hatte sie ihm ihre Karte gegeben, und er hatte sich verneigt und ihr die Hand geküßt, und war dabei verweilt und war nicht zu bremsen gewesen, und sie hatte sich schlecht gefühlt. Als sie hinausgingen, hatte er ihr den Hintern getätschelt. Und sie sei froh zu sagen: das war's. Fünf Monate: nichts.

»Bis Samstag abend?«

Bis Samstag abend. Sie hatte in der Telefonkabine kaum mehr als dreißig Sekunden gewartet, als er anrief. Jetzt war alle Arroganz aus seiner Stimme gewichen.

»Charlotte?« Er hatte die zweite Silbe betont. Schar-*lott*-e. »Verzeihen Sie dieses Melodram. Ihr Telefon wird abgehört.«

»Man sagt, daß die Anschlüsse aller Ausländer abgehört werden.«

»Das stimmt. Als ich noch im Ministerium war, legte man mir Abschriften vor. Aber öffentliche Fernsprecher sind sicher. Ich bin jetzt in einem öffentlichen Fernsprecher. Ich bin am Donnerstag vorbeigekommen und habe mir die Nummer der Fernsprechzelle aufgeschrieben, in der Sie jetzt sind. Es ist ernst, wissen Sie. Ich muß Kontakt zu den Behörden Ihres Landes aufnehmen.«

»Warum gehen Sie nicht in die Botschaft?«

»Die Botschaft ist nicht sicher.«

Er hatte verängstigt geklungen. Und angetrunken. Er hatte mit Sicherheit getrunken.

»Wollen Sie sagen, daß Sie überlaufen wollen?«

Ein langes Schweigen. Sie hörte hinter sich ein Geräusch. Das Geräusch von Metall gegen Glas. Sie hatte sich umgedreht und im Regen und der Dunkelheit einen Mann entdeckt, der die Hände um seine Augen wölbte, in die Kabine starrte und wie ein Tiefseetaucher aussah. Sie hatte wohl aufgeschrien oder so, denn Stuckart war noch verschreckter geworden.

»Was war das? Was ist?«

»Nichts. Nur jemand, der telefonieren will.«

»Wir müssen schnell machen. Ich werde nur mit Ihrem Vater verhandeln, nicht mit der Botschaft.«

»Was wollen Sie, daß ich tue?«

»Kommen Sie morgen zu mir, und ich werde Ihnen alles erzählen. Schar-*lott*-e, ich werde Sie zur berühmtesten Reporterin auf Erden machen.«

»Wo? Und wann?«

»In meiner Wohnung. Mittags.«

»Ist es dort sicher?«

»Sicher ist es nirgendwo.«

Dann hatte er aufgehängt. Das waren die letzten Worte, die sie Stuckart hatte sprechen hören.

Sie rauchte ihre Zigarette zu Ende und zertrat die Kippe.

Den Rest kannte er mehr oder weniger schon. Sie hatte die Leichen gefunden und die Polizei gerufen. Sie hatten sie in die große Wache am Alexanderplatz mitgenommen, wo sie in einem Zimmer mit kahlen Wänden über drei Stunden gesessen hatte und langsam verrückt wurde. Dann hatte man sie zu einem anderen Gebäude gefahren, wo sie vor einem kriecherischen SS-Mann mit billiger Perücke, dessen Büro eher wie das eines Pathologen als das eines Detektivs aussah, ihre Aussage zu machen hatte.

März lächelte über die Beschreibung von Fiebes.

Sie war da schon entschlossen, der Polizei nichts von Stuckarts Anruf am Samstag abend zu sagen, und zwar aus einem augenscheinlichen Grund. Wenn sie angedeutet hätte, daß sie bereit gewesen sei, Stuckart beim Überlaufen zu helfen, hätte man sie »mit dem Status als Journalist nicht vereinbarter Tätigkeiten« angeklagt und verhaftet. So hatte man beschlossen, sie abzuschieben. So geht das.

Die Behörden planten zur Feier des Führergeburtstags ein Feuerwerk im Tiergarten. Ein Teil des Parks war abgezäunt worden, und in dem bereiteten Pyrotechniker in blauen Overalls ihre Überraschungen vor, von einer neugierigen Menge beobachtet. Mörserrohre, mit Sandsäcken geschützte Feuerstellungen, Schutzlöcher, Kilometer von Kabeln: das alles sah eher nach der Vorbereitung eines Artillerieüberfalls als nach einer Feier aus. Niemand schenkte dem SS-Sturmbannführer und der Frau in dem blauen Plastikmantel irgendwelche Aufmerksamkeit.

Er kritzelte auf eine Seite seines Notizbuches.

»Das hier sind meine Telefonnummern – im Büro und zu Hause. Und hier sind die Nummern meines Freundes Max Jäger. Wenn Sie mich nicht erreichen können, rufen Sie ihn an.« Er riß die Seite heraus und gab sie ihr. »Wenn sich irgend etwas Verdächtiges ereignet, wenn irgendwas Sie beunruhigt – rufen Sie an, egal um welche Zeit.«

»Was ist mit Ihnen? Was wollen Sie tun?«

»Ich will versuchen, heut nacht nach Zürich zu fliegen. Und morgen als erstes dieses Bankkonto zu überprüfen.«

Er wußte, was sie sagen wollte, noch ehe sie den Mund öffnete.

»Ich komm mit Ihnen.«

»Sie sind hier viel sicherer.«

»Aber es ist auch meine Geschichte.«

Sie klang wie ein enttäuschtes Kind. »Es ist keine Geschichte, um Himmels willen.« Er schluckte seinen Ärger herunter. »Hören Sie. Ein Vorschlag. Ich schwöre Ihnen, daß ich Ihnen alles erzähle, was ich herausfinde. Sie können alles haben.«

»Nicht so gut wie dabeisein.«

»Besser als tot sein.«

»Im Ausland würden die das nie tun.«

»Im Gegenteil, genau das würden die tun. Wenn hier etwas passiert, sind sie verantwortlich. Wenn im Ausland was passiert . . .« Er zuckte die Achseln. »Wie das beweisen?«

Sie trennten sich in der Mitte des Tiergartens. Er strebte energisch über das Gras auf das Summen der Stadt zu. Während er ausschritt, nahm er den Umschlag aus der Tasche, drückte ihn, um zu prüfen, ob der Schlüssel noch darin sei – und hob ihn impulsiv an die Nase. Ihr Duft. Er blickte über die Schulter zurück. Sie ging durch die Bäume, mit dem Rücken zu ihm. Sie verschwand für einen Augenblick und erschien dann wieder; verschwand, erschien – ein kleines Vögelchen – leuchtendblaue Federn vor trübseligen Stämmen.

FÜNF

Die Tür zu März' Wohnung hing in ihren Angeln wie ein gebrochener Kiefer. Er stand im Gang vor der Tür, mit gezogener Pistole, und lauschte. Die Wohnung lag schweigend da, verlassen.

Man hatte seine Wohnung ebenso wie die von Charlotte Maguire durchsucht, aber mit sehr viel böswilligeren Händen. Alles war in der Mitte des Wohnzimmers auf einen Haufen gekippt worden – Kleider und Bücher, Schuhe und alte Briefe, Fotografien, Steingut und Möbel – die Ablagerungen eines Lebens. Es sah aus, als habe jemand ein Freudenfeuer entzünden wollen, sei aber im letzten Augenblick, ehe er die Fackel hineinschleuderte, abgelenkt worden.

Oben auf dem Scheiterhaufen stand aufrecht eine holzgerahmte Aufnahme von März im Alter von zwanzig Jahren, wie er einen Händedruck mit dem Befehlshaber der U-Boot-Flotte austauschte, dem Admiral Dönitz. Warum hatte man sie so stehen lassen? Was sollte das bedeuten? Er nahm sie auf, trug sie zum Fenster und blies den Staub herunter. Er hatte sogar vergessen, daß er sie besaß. Dönitz liebte es, bei jedem Boot an Bord zu kommen, ehe es aus Wilhelmshaven auslief: eine ehrfurchtgebietende Gestalt, aufrecht wie ein Ladestock, mit eisernem Griff, schroff. »Gute Jagd« hatte er März angebellt. Das knurrte er jedem zu. Die Aufnahme zeigte fünf junge Männer, die zu seinem Empfang unter dem Kommandoturm aufgebaut waren. Links neben März stand Rudi Halder. Die anderen drei waren später in jenem Jahr umgekommen, im Rumpf eines U-175 gefangen.

Gute Jagd.

Er warf das Bild zurück auf den Haufen.

Es hatte Zeit gekostet, das alles so zuzurichten. Zeit und Ärger und die Gewißheit, nicht gestört zu werden. Es mußte geschehen sein, während er in der Prinz-Albrecht-Straße gefangengehalten war. Es konnte nur das Werk der Gestapo sein. Er erinnerte sich an eine Zeile, die die Weiße Rose als Graffiti an eine Mauer nahe dem Werderschen Markt gesprüht hatte: EIN POLIZEISTAAT IST EIN LAND, DAS VON VERBRECHERN BEHERRSCHT WIRD.

Sie hatten seine Post geöffnet. Ein paar längst überfällige Rechnungen – *die* durften sie gerne haben – und ein Brief von seiner Exfrau, am Dienstag datiert. Er überflog ihn. Sie hatte entschieden, daß er Paule in Zukunft nicht mehr sehen dürfe. Das rege den Jungen zu sehr auf. Sie hoffe, er werde zustimmen, da es so am besten sei. Falls nötig, sei sie aber auch bereit, vor dem Reichsfamiliengericht eine eidesstattliche Erklärung über ihre Gründe abzulegen. Sie vertraue darauf, daß das nicht nötig sein werde, in seinem und des Jungen Interesse. Sie hatte mit »Klara Eckert« unterschrieben. Also sie hatte ihren Mädchennamen wieder angenommen. Er knüllte den Brief zusammen und warf ihn neben die Fotografie zum Rest des Abfalls.

Wenigstens das Badezimmer hatten sie intakt gelassen. Er duschte und rasierte sich, und sah sich im Spiegel seine Verletzungen an. Die fühlten sich schlimmer an, als sie aussahen: eine große Quetschung, die sich auf seiner Brust prachtvoll entwickelte, weitere Quetschungen an den Rückseiten seiner Beine und unten an seinem Kreuz; ein bleigrauer Fleck an seiner Kehle. Nichts Ernsthaftes. Wie pflegte sein Vater zu sagen? Jener väterliche Balsam gegen alle Beschädigungen der Kindheit? »Du wirst es überleben, Junge.« So war es. »Du wirst es überleben!«

Nackt ging er zurück ins Wohnzimmer, durchstöberte den Trümmerhaufen, zog eine saubere Hose hervor, ein Paar Schuhe, einen Koffer, eine lederne Reisetasche. Er befürchtete, sie hätten ihm seinen Reisepaß weggenommen, aber er war da, am Fuße des Hügels. Er war 1961 ausgestellt worden, als März nach Italien gefahren war, um einen Verbrecher zurückzubringen, den man in Mailand festhielt. Sein jüngeres Ich starrte ihn an, mit volleren Wangen und einem halben Lächeln. *Mein Gott,* dachte er, *ich bin in 3 Jahren um 10 Jahre gealtert.*

Er bürstete seine Uniform aus und zog sie zusammen mit einem sauberen Hemd wieder an und packte dann seinen Koffer. Als er sich vorbeugte, um ihn zu schließen, fiel sein Blick auf etwas im leeren Kamin. Das Foto der Familie Weiß lag da, Gesicht nach unten. Er zögerte, nahm es auf, faltete es zu einem kleinen Viereck

zusammen – genau so wie er es vor fünf Jahren gefunden hatte –
und schob es in seine Brieftasche. Wenn er angehalten und durchsucht werden sollte, würde er sagen, das sei seine Familie.

Dann warf er einen letzten Blick auf alles und ging, und schloß
die zerbrochene Tür hinter sich, so gut er konnte.

In der Hauptniederlassung der Deutschen Bank am Wittenbergplatz fragte er nach, wieviel er noch auf seinem Konto habe.

»4277 Reichsmark und 38 Pfennige.«

»Ich hebe es ab.«

»Alles, Herr Sturmbannführer?« Der Kassierer blinzelte ihn
durch eine drahtgerahmte Brille an. »Wollen Sie das Konto schließen?«

»Alles.«

März sah ihm zu, wie er 42 Hundertmarkscheine abzählte, dann
schob er sie in seine Brieftasche zu der Fotografie. Nicht viel als
Ersparnis eines Lebens.

*Das haben dir keine Beförderungen und 7 Jahre Alimente ange-
tan.*

Der Kassierer starrte ihn an. »Hat der Herr Sturmbannführer
etwas gesagt?«

Er hatte seinen Gedanken also die Stimme geliehen. Er verlor
wohl schon den Verstand. »Nein. Tut mir leid. Danke.«

März nahm seinen Koffer auf, ging hinaus auf den Platz und
nahm sich ein Taxi zum Werderschen Markt.

Als er allein in seinem Büro war, erledigte er zwei Dinge. Er rief
das Hauptbüro der Lufthansa an und bat den Sicherheitschef –
einen ehemaligen Kripo-Fahnder namens Friedmann, den er
kannte –, zu überprüfen, ob die Lufthansa auf einem ihrer Berlin-
Zürich-Flüge am Sonntag oder Montag einen Passagier namens
Martin Luther an Bord gehabt habe.

»Martin Luther, ja?« Friedmann war ziemlich erheitert. »Sonst
noch jemanden, März? Karl den Großen vielleicht? Oder Herr von
Goethe?«

»Es ist wichtig.«

»Es ist immer wichtig. Natürlich. Weiß ich doch.« Friedmann versprach, die Information sofort herauszusuchen. »Hören Sie zu. Wenn Sie es eines Tages leid sind, krummen Hunden nachzujagen: Hier können Sie immer einen Job bekommen, wenn Sie wollen.«

»Danke. Vielleicht komm ich eines Tages darauf zurück.«

Nachdem er aufgehängt hatte, nahm März die tote Pflanze vom Aktenregal herunter. Er hob die verdorrten Wurzeln aus dem Topf, legte den Messingschlüssel hinein, setzte die Pflanze wieder ein und stellte den Topf auf seinen alten Platz.

Fünf Minuten später rief ihn Friedmann zurück.

Artur Nebes Büroräume lagen im vierten Stockwerk – nur crèmefarbene Teppiche und crèmefarbener Anstrich, gedämpftes Licht und schwarze Ledersofas. An den Wänden hingen Drucke von Thoraks Skulpturen. Herkulische Gestalten mit gargantuanischen Torsi rollten zur Feier des Baus der Autobahnen Felsen steile Hänge empor; Walküren bekämpften die drei Dämonen Dummheit, Bolschewismus und Slawentum. Die ungeheuren Ausmaße der Thorakschen Statuen boten Anlaß zu geflüsterten Witzen. »Thorax« nannte man ihn: »Der Herr Professor empfängt heute keine Besucher – er arbeitet im linken Ohr des Pferdes.«

Nebes Adjutant Otto Beck, ein glattgesichtiger Absolvent von Heidelberg und Oxford, blickte auf, als März ins Vorzimmer kam.

März sagte: »Ich muß den Oberstgruppenführer sprechen.«

»Er empfängt niemanden.«

»Mich wird er empfangen.«

»Wird er nicht.«

März lehnte sich vornüber, sehr nahe an Becks Gesicht heran, die Fäuste auf dem Schreibtisch. »Fragen Sie.«

Hinter sich hörte er Nebes Sekretärin fragen: »Soll ich die Wache rufen?«

»Einen Augenblick, Ingrid.« Unter den Absolventen der SS-Akademie in Oxford galt es als schick, sich englischer Kühle zu befleißigen. Beck schnipste sich ein unsichtbares Stäubchen vom Ärmel seiner Uniformjacke. »Und wie heißen Sie?«

»März.«

»Aha. Der berühmte *März* ist gekommen.« Beck nahm den Hörer ab. »Sturmbannführer März bittet darum, Sie zu sprechen, Herr Oberstgruppenführer.« Er sah März an und nickte. »In Ordnung.«

Beck drückte auf einen unter dem Schreibtisch verborgenen Knopf, der die elektronischen Riegel löste. »Fünf Minuten, März. Er hat eine Verabredung mit dem Reichsführer.«

Die Tür zum inneren Büro bestand aus massiver Eiche, sechs Zentimeter dick. Im Inneren waren die Jalousien gegen das Tageslicht fest geschlossen. Nebe krümmte sich über seinen Schreibtisch in eine Pfütze gelben Lichtes und studierte durch ein Vergrößerungsglas eine getippte Liste. Er wandte seinem Besucher ein großes und verschwommenes Fischauge zu.

»Und was haben wir hier . . .?« Er senkte das Glas. »Sturmbannführer März. Mit leeren Händen, nehme ich an?«

»Leider ja.«

Nebe nickte. »Ich habe vom diensthabenden Büro erfahren, daß die Polizeistationen des Reichs schon jetzt bis zum Platzen mit ältlichen Bettlern gefüllt sind, mit alten Säufern, die ihre Papiere verloren haben, mit ausgerissenen Insassen von Altersheimen . . . Genug, um Globus bis Weihnachten auf Trab zu halten.« Er lehnte sich in seinen Sessel zurück. »Wie ich Luther kenne, ist er viel zu gerissen, um sich jetzt schon zu zeigen. Er wird noch ein paar Tage abwarten. Darauf werden Sie Ihre Hoffnung gesetzt haben.«

»Ich möchte um eine Vergünstigung bitten.«

»Fahren Sie fort.«

»Ich möchte das Land verlassen.«

Nebe stieß ein Lachen aus. Er trommelte mit beiden Händen auf den Schreibtisch. »Ihre Akte ist ganz schön umfangreich, März, aber nirgendwo wird da Ihr Sinn für Humor erwähnt. Ausgezeichnet! Wer weiß? Vielleicht werden Sie doch noch überleben. Irgendein KZ-Kommandant könnte Sie als sein Spielzeug adoptieren.«

»Ich möchte in die Schweiz fahren.«

»Aber gewiß doch. Die Landschaft ist aufregend.«

»Ich habe einen Anruf von der Lufthansa erhalten. Luther ist am Sonntag nachmittag nach Zürich geflogen und mit dem letzten Flug Montag abend nach Berlin zurückgekommen. Ich glaube, er hat Zugang zu einem Nummernkonto.«

Nebes Gelächter war auf ein gelegentliches Schnauben geschrumpft. »Beweise?«

März legte den Umschlag auf Nebes Schreibtisch. »Ich habe gestern abend das hier aus Stuckarts Wohnung mitgenommen.«

Nebe öffnete ihn und untersuchte den Brief durch sein Vergrößerungsglas. Er blickte auf. »Gibt es dazu nicht auch einen Schlüssel?«

März starrte auf die Gemälde hinter Nebes Kopf - von Schmutzler *Bauernmädchen kehren vom Feld heim*, von Padua *Der Führer spricht* - scheußlicher orthodoxer Mist.

»Aha. Ich verstehe.« Nebe lehnte sich wieder zurück und strich sich mit dem Glas über die Wange. »Wenn ich Ihnen nicht gestatte zu fliegen, bekomme ich den Schlüssel nicht. Ich könnte Sie natürlich der Gestapo übergeben, und die könnten Sie überreden, den Schlüssel auszuspucken - vermutlich ziemlich schnell. Aber dann würden Globus und Heydrich vor mir vom Inhalt des Schließfachs erfahren.«

Er schwieg eine Weile. Dann zog er sich auf die Füße und hinkte zu den Jalousien. Er öffnete die Schlitze einen Bruchteil und blickte hinaus. März konnte sehen, wie sich seine Augen langsam von einer Seite zur anderen bewegten.

Schließlich sagte er: »Ein verlockender Handel. Aber warum habe ich nur diese Vision, in der ich Ihnen mit einem weißen Taschentuch vom Vorfeld des Hermann-Göring-Flughafens aus zum Abschied winke, während Sie nie mehr zurückkommen?«

»Ich nehme an, mein Ehrenwort, daß ich zurückkäme, würde Ihnen nichts nützen?«

»Der Vorschlag beleidigt unsere Intelligenz.«

Nebe ging zu seinem Tisch zurück und las den Brief noch einmal. Er drückte einen Knopf auf seinem Schreibtisch. »Beck.«

Der Adjutant erschien. »März - geben Sie ihm Ihren Reisepaß. Und jetzt, Beck, schaffen Sie das ins Innenministerium und lassen Sie sofort ein 24-Stunden-Ausreisevisum ausstellen, gültig ab 6 Uhr heute abend bis 6 Uhr morgen abend.«

Beck blickte März an und glitt dann aus dem Büro.

Nebe sagte: »Dies ist mein Angebot. Der Chef der Zürcher Kriminalpolizei, Herr Streuli, ist ein guter Freund von mir. Von dem Augenblick an, in dem Sie aus dem Flugzeug steigen, bis zu dem

Augenblick, in dem Sie es wieder besteigen, werden seine Leute Sie überwachen. Versuchen Sie nicht, ihnen zu entwischen. Wenn Sie morgen nicht zurückkommen, werden Sie verhaftet und abgeschoben. Wenn Sie versuchen sollten, nach Bern durchzubrennen, um sich dort in eine ausländische Botschaft zu begeben, wird man Sie aufhalten. In jedem Fall gibt es für Sie keinen Ausweg. Nach der glücklichen Ankündigung von gestern würden die Amerikaner Sie uns einfach über den Zaun zurückschmeißen. Die Briten, die Franzosen und die Italiener tun, was wir ihnen sagen. Australien und Kanada gehorchen den Amerikanern. Da gibt es noch die Chinesen, nehme ich an, aber ich würde mich da wohl einem KZ anvertrauen. Und in dem Augenblick, in dem Sie wieder zurück in Berlin sind, werden Sie mir alles berichten, was Sie herausgefunden haben. Einverstanden?«

März nickte.

»Gut. Der Führer nennt die Schweizer ›eine Nation von Hoteliers‹. Ich empfehle das Baur au Lac in der Talstraße mit Blick über den See. Äußerst luxuriös. Ein hübscher Ort für einen Verurteilten, dort eine Nacht zu verbringen.«

Zurück in seinem Büro buchte er, die Parodie eines Touristen, sein Hotelzimmer und ließ sich einen Flugzeugplatz reservieren. Binnen einer Stunde hatte er seinen Paß zurück. Mit eingestempeltem Visum: der allgegenwärtige Adler und das umkränzte Hakenkreuz, die leeren Stellen für die Daten ausgefüllt von einer mürrischen Bürokratenhandschrift.

Die Gültigkeit eines Ausreisevisums stand in direkter Beziehung zur politischen Zuverlässigkeit des Antragstellers. Parteibonzen erhielten 10 Jahre; Parteigenossen 5; Bürger mit makelloser Führung 1; der Abschaum aus den Lagern bekam natürlich gar nichts. März hatte man einen Tagespaß in die Außenwelt gegeben. Damit gehörte er zu den Unberührbaren der Gesellschaft - den Murrenden, den Parasiten, den Arbeitsscheuen, den geheimen Verbrechern. Er rief die Kripo-Abteilung für Wirtschaftsfragen an und fragte nach dem Experten für die Schweiz. Als er Zauggs Namen nannte und fragte, ob die Abteilung darüber irgendwelche Informationen habe, lachte der Mann am anderen Ende. »Wieviel Zeit haben Sie?«

»Fangen Sie vorne an.«

»Warten Sie bitte.« Der Mann legte den Hörer nieder und ging, die Akte zu holen.

Zaugg & Cie waren 1877 von einem französisch-deutschen Finanzier namens Louis Zaugg gegründet worden. Hermann Zaugg, der Unterzeichner von Stuckarts Beglaubigungsbrief, war der Enkel des Gründers. Er war immer noch als Generaldirektor der Bank eingetragen. Berlin hatte seine Aktivitäten über mehr als zwei Jahrzehnte verfolgt. Während der vierziger Jahre hatte Zaugg umfangreiche Geschäfte mit deutschen Bürgern fragwürdiger Zuverlässigkeit gemacht. Er wurde gegenwärtig verdächtigt, Millionen Reichsmark in Bargeld, Kunstwerken, Barren, Juwelen und Edelsteinen zu lagern – was alles rechtmäßig hätte konfisziert sein sollen, zu dem aber das Finanzministerium keinen Zugang erhalten konnte. Man hatte das seit Jahren versucht.

»Was haben wir über Zaugg persönlich?«

»Nur die nackten Daten. Er ist vierundfünfzig, verheiratet, ein Sohn. Hat eine Villa am Zürichsee. Sehr ehrbar. Sehr zurückgezogen. Viele mächtige Freunde in der Schweizer Regierung.«

März zündete sich eine Zigarette an und schnappte sich ein Stück Papier. »Geben Sie mir noch mal die Anschrift.«

Max Jäger kam herein, als März ihm gerade eine Notiz schrieb. Er stieß die Tür mit dem Hintern auf, und kam mit einem Berg von Akten herein, und sah verschwitzt aus. Ein fast zweitägiger Bartwuchs gab ihm ein bedrohliches Aussehen.

»Xavi, Gottseidank.« Er blickte über sein Papiergebirge. »Ich hab dich schon den ganzen Tag zu erreichen versucht. Wo bist du gewesen?«

»Unterwegs. Was ist das? Deine Lebenserinnerungen?«

»Die Schießerei in Spandau. Du hast doch Onkel Artur heute morgen gehört.« Er machte Nebes Stimme nach. »Jäger, Sie können zu Ihrem normalen Dienst zurückkehren.«

Er ließ die Akten auf seinen Schreibtisch fallen. Das Fenster klapperte. Staub wirbelte durch das Büro. »Aussagen von Zeugen und Hochzeitsgästen. Autopsiebericht – sie haben fünfzehn Kugeln aus dem armen Schwein rausgepult.« Er streckte sich und rieb sich mit den Fäusten die Augen. »Ich könnte eine Woche lang schlafen. Ich sage dir: Ich bin zu alt für solche Schrecknisse wie letzte Nacht. Mein Herz hält das nicht aus.« Er brach ab. »Was zum Teufel machst du da?«

März hatte die tote Pflanze aus ihrem Topf genommen und angelte sich den Schlüssel zum Bankschließfach heraus.

»Ich muß in zwei Stunden ein Flugzeug erwischen.«

Jäger blickte auf seinen Koffer. »Nun sag bloß noch – ein paar Ferientage! Ein bißchen Balalaika-Musik an den Ufern des Schwarzen Meeres . . .« Er kreuzte die Arme und warf die Beine tanzend hoch, auf russische Art.

März schüttelte lächelnd den Kopf. »Hast du Lust auf ein Bier?«

»Hab ich Lust auf ein Bier?« Jäger war aus der Tür getanzt, ehe März sich noch umdrehen konnte.

Die kleine Kneipe in der Oberwallstraße führte ein Orpo-Mann im Ruhestand namens Fischer. Sie roch nach Rauch und Schweiß, nach schalem Bier und gebratenen Zwiebeln. Die meisten Kunden waren Polizisten. Grüne und schwarze Uniformen versammelten sich an der Theke oder drückten sich in der Düsternis der holzverkleideten Nischen herum.

Der Fuchs und der Bär wurden herzlich begrüßt.

»Ferien, März?«

»He, Jäger! Stell dich beim nächsten Mal n bißchen näher ans Rasiermesser!«

Jäger bestand darauf, einen auszugeben. März setzte sich in eine Ecknische, schob den Koffer unter den Tisch und zündete sich eine Zigarette an. Manche der Männer hier kannte er seit einem Jahrzehnt. Die Fahrer von Rahnsdorf mit ihren Pokerrunden und ihren schmutzigen Witzen. Die schweren Trinker aus der Abteilung Schwerverbrechen in der Wörthstraße. Er mochte keinen von ihnen missen. Walter Fiebes saß allein an der Theke und brütete über einer Schnapsflasche.

Jäger hob sein Glas. »Prost!«

»Prost!«

Max wischte sich den Schaum von den Lippen. »Gute Würste, gute Motoren, gutes Bier – die drei Geschenke Deutschlands an die

Welt.« Das sagte er immer, wenn sie etwas tranken, und März fehlte immer der Mut, ihn darauf hinzuweisen. »So. Und was ist das mit dem *Flugzeug*?« Für Jäger schien das Wort Bilder von allem Exotischen in der Welt heraufzubeschwören. Die weiteste Reise, die er je von Berlin aus unternommen hatte, war die zu einem Familienferienlager am Schwarzen Meer gewesen – Ferien im vergangenen Jahr in der Nähe von Gotenburg, organisiert von Kraft-durch-Freude.

März drehte leicht den Kopf und sah sich nach allen Seiten um. Der deutsche Blick. Die Nischen auf beiden Seiten waren leer. Lachstürme kamen von der Theke.

»Ich muß in die Schweiz. Nebe hat mir ein Visum für 24 Stunden gegeben. Der Schlüssel, den du eben im Büro gesehen hast – den habe ich gestern Abend aus Stuckarts Safe genommen. Er öffnet ein Bankschließfach in Zürich.«

Jägers Augen öffneten sich weit. »Dann müssen sie da das ganze Kunstzeugs aufheben. Erinner dich an das, was Globus heutemorgen gesagt hat: Sie haben es rausgeschmuggelt und in der Schweiz verkauft.«

»Da hängt noch mehr dran. Ich habe noch mal mit der Amerikanerin gesprochen. Es sieht so aus, als hat Stuckart sie Samstag abend zu Hause angerufen, weil er überlaufen will.«

Überlaufen. Die unnennbare Tat. Sie hing zwischen ihnen in der Luft.

Jäger sagte: »Die Gestapo muß das schon wissen, Xavi. Die haben doch sicher ihr Telefon angezapft?«

März schüttelte den Kopf. »Dafür war Stuckart zu klug. Er hat die Telefonzelle gegenüber ihrer Wohnung benutzt.« Er nippte an seinem Bier. »Verstehst du, was da los ist, Max? Ich fühle mich wie ein Mann, der im Dunkeln Treppen hinuntersteigt. Zuerst stellt sich heraus, daß die Leiche im See ein alter Kämpfer war. Dann ergibt sich, daß sein Tod mit dem von Stuckart in Verbindung steht. Gestern abend wird mein einziger Zeuge für Globus' Verwicklung in die Geschichte – der Kadett Jost – auf Globus' Befehl hin von der SS abtransportiert. Was kommt als nächstes?«

»Du stürzt die Treppen runter und brichst dir das Genick, mein Freund. Das kommt als nächstes.«

»Gute Voraussage. Und dabei weißt du das Schlimmste noch nicht.«

März berichtete ihm von seinem Gestapo-Dossier. Jäger sah erschlagen aus. »O Gott. Und was willst du tun?«

»Ich habe daran gedacht, nicht mehr ins Reich zurückzukommen. Ich habe sogar all mein Geld von der Bank abgehoben. Aber Nebe hat recht: Kein anderes Land würde mich auch nur anrühren.« März trank aus. »Würdest du was für mich tun?«

»Sags nur.«

»In die Wohnung der Amerikanerin ist heute morgen eingebrochen worden. Könntest du die Orpo in Schöneberg bitten, daß sie da ab und zu vorbeischauen - ich hab die Adresse auf meinem Schreibtisch gelassen. Ich hab ihr auch für alle Fälle deine Telefonnummer gegeben.«

»Kein Problem.«

»Und kannst du das für Paule aufheben?« Er gab Jäger einen Umschlag, der die Hälfte des Geldes enthielt, das er abgehoben hatte. »Es ist nicht viel, aber vielleicht brauche ich den Rest. Heb es auf, bis er alt genug ist, um zu wissen, was er damit anfangen kann.«

»Hör schon auf, Mann!« Max lehnte sich herüber und schlug ihm auf die Schulter. »So schlimm ist es doch wohl nicht? Oder? Was?«

März starrte ihn an. Nach ein oder zwei Sekunden grunzte Jäger und blickte fort. »Na schön. Gut . . .« Er schob sich den Umschlag in die Tasche. »Mein Gott«, sagte er mit plötzlicher Heftigkeit, »wenn einer meiner Jungens mich bei der Gestapo denunzieren würde, würde ich ihm auch was geben - aber bestimmt kein Geld.«

»Das ist nicht der Fehler des Jungen, Max.«

Fehler, dachte März. *Wie bringt man einen Zehnjährigen zu solchen Fehlern?* Der Junge brauchte eine Vaterfigur. Das gab ihm die Partei - Stabilität, Kameradschaft, einen Glauben -, all die Dinge, die März ihm hätte geben sollen, ihm aber nicht gegeben hatte. Außerdem *erwarteten* die Pimpfe, daß die Jungens ihre Treue von der Familie auf den Staat übertrugen. Nein, er wollte seinem Sohn - konnte seinem Sohn keine Vorwürfe machen.

Düsternis war über Jäger gekommen. »Noch ein Bier?«

»Tut mir leid.« März stand auf. »Ich muß gehen. Ich bin dir was schuldig.«

Jäger schob sich auch auf die Füße. »Wenn du zurückbist, Xavi, komm ein paar Tage zu uns. Die jüngeren Mädels sind diese Woche im BDM-Lager – du kannst ihr Zimmer haben. Und dann können wir uns was fürs Kriegsgericht ausdenken.«

»Einen Asozialen zu beherbergen würde dir bei deiner Ortsparteigruppe keinen Blumentopf einbringen.«

»Scheiß auf die Ortsparteigruppe.«

Das sagte er mit Gefühl. Jäger streckte die Hand aus, März ergriff und schüttelte sie – eine große, schwielige Pranke.

»Paß auf dich auf, Xavi.«

»Paß auf dich auf, Max.«

SECHS

Auf den Rollbahnen des Hermann-Göring-Flughafens standen aufgereiht Maschinen der jüngsten Generation von Passagierjets und schimmerten durch den Treibstoffdunst: die blauen und weißen Boeings der PanAmerican, die rot-weiß-schwarzen mit Hakenkreuzen übersäten Junkers der Lufthansa.

Berlin hat zwei Flughäfen. Das alte Tempelhofer Flugfeld nahe der Stadtmitte dient den inländischen Kurzstreckenflügen. Der internationale Fernverkehr wird über Hermann-Göring in den nordwestlichen Vororten abgewickelt. Die neuen Ankunfts- und Abflughallen sind lange, niedrige Gebäude aus Marmor und Glas, entworfen – natürlich – von Albert Speer. Vor der Ankunftshalle steht eine Statue von Hanna Reitsch, Deutschlands führender Fliegerin, geschaffen aus zusammengeschmolzenen Spitfires und Lancasters. Sie sucht den Himmel nach Eindringlingen ab. Eine Tafel hinter ihr besagt WILLKOMMEN IN BERLIN, DER HAUPTSTADT DES GROSSDEUTSCHEN REICHES, in fünf Sprachen.

März bezahlte den Taxifahrer, gab ihm ein Trinkgeld und ging die Rampe hinauf zu den automatischen Türen. Die Luft war hier kühl und künstlich: durchsetzt mit Flugzeugtreibstoff und zerrissen vom Kreischen gedrosselter Motoren. Dann öffneten sich die Türen und zischten hinter ihm wieder zu, und plötzlich stand er in der schallisolierten Blase der Abflughalle.

»Lufthansaflug 401 nach New York. Die Passagiere werden gebeten, sich zum Ausgang 8 zu begeben ... Letzter Aufruf für Lufthansaflug 014 nach Theoderichshafen. Die Passagiere ...«

März ging zunächst zum Lufthansaschalter, um seine Flugkarte abzuholen, dann zum Abfertigungsschalter, wo eine Blonde mit »Gina« auf der linken Brust und einem Hakenkreuzabzeichen am Aufschlag sorgfältig seinen Paß kontrollierte.

»Möchte der Herr Sturmbannführer irgendwelches Gepäck aufgeben?«

»Nein, vielen Dank. Ich habe nur das da.« Er klopfte auf seinen kleinen Koffer.

Sie gab ihm seinen Paß mit der eingelegten Bordkarte zurück. Diese Tat begleitete ein Lächeln so strahlend und freudlos wie Neonlicht.

»Einsteigen in dreißig Minuten. Einen guten Flug, Herr Sturmbannführer.«

»Danke, Gina.«

»Bitte.«

»Danke.«

Sie verneigten sich voreinander wie zwei japanische Geschäftsleute. Luftreisen waren für März eine neue Welt, ein fremdes Land mit eigenen undurchdringlichen Ritualen.

Er folgte den Hinweisschildern zu den Waschräumen, wählte die den Waschbecken fernste Kabine, verschloß die Tür, öffnete den Koffer und nahm die lederne Reisetasche heraus. Dann setzte er sich nieder und zerrte sich die Stiefel aus. Weißes Licht glänzte auf Chrom und Fliesen.

Nachdem er sich bis auf die Unterhose ausgezogen hatte, packte er Stiefel und Uniform in die Reisetasche, stopfte seine Luger mitten hinein, zog den Reißverschluß zu und schloß sie ab.

Fünf Minuten später tauchte er verwandelt aus der Kabine auf. Ein hellgrauer Anzug, ein weißes Hemd, eine blaßblaue Krawatte und weiche braune Schuhe hatten aus dem arischen Übermenschen wieder einen normalen Bürger gemacht. Er konnte die Verwandlung sich in den Augen der Menschen spiegeln sehen. Keine furchtsamen Blicke mehr. Der Bedienstete der Gepäckaufbewahrung, in der er seine Reisetasche abgab, blickte griesgrämig drein. Er gab März den Aufbewahrungsschein.

»Verlieren Sie den nicht. Und wenn Sie's tun, brauchen Sie gar nicht erst wiederzukommen.« Er wies mit dem Kopf auf das Schild hinter ihm: »Achtung! Gegenstände werden nur auf Vorlage des Aufbewahrungsscheins ausgehändigt!«

März lungerte im Bereich der Paßkontrolle herum und sah sich die Sicherheitsmaßnahmen an. Hürde eins: Kontrolle der Bordkarten, die man ohne gültiges Visum nicht bekam. Hürde zwei: erneute Kontrolle der Visa selbst. Drei Mitglieder des Grenzschutzes standen mit Maschinenpistolen auf beiden Seiten des Eingangs.

Der ältere Mann vor März wurde mit besonderer Sorgfalt überprüft, ein Paßbeamter sprach mit jemandem übers Telefon, dann
winkte man ihn durch. Sie suchten immer noch nach Luther.

Als März an die Reihe kam, bemerkte er, wie sein Paß den
Kontrollbeamten verwirrte. Ein SS-Sturmbannführer nur mit
24-Stunden-Visum? Die normalen Zeichen für Rang und Privile-
gien, im allgemeinen so klar, waren zu wirr, als daß man sie hätte
lesen können. Neugier und Unterwürfigkeit stritten im Gesicht
des Beamten miteinander. Wie üblich gewann die Unterwürfigkeit.

»Gute Reise, Herr Sturmbannführer.«

Auf der anderen Seite der Schranke nahm März sein Studium
der Sicherheitsmaßnahmen des Flughafens wieder auf. Alles Gepäck wurde geröntgt. Er wurde abgetastet und dann ersucht, seinen Koffer zu öffnen. Jeder Gegenstand wurde untersucht – der
Schwammbeutel aufgezogen, die Rasiercrème aufgeschraubt und
berochen. Die Wachen arbeiteten mit der Sorgfalt von Männern,
die wußten, daß sie die nächsten 5 Jahre in einem KZ verbringen
würden, wenn ein Flugzeug während ihrer Schicht Entführern
oder einer Terroristenbombe zum Opfer fiele.

Schließlich hatte er die Kontrollen überstanden. Er befühlte
seine Innentasche, um sich zu versichern, daß Stuckarts Brief immer noch da war, und drehte den kleinen Messingschlüssel in der
anderen Hand. Dann ging er an die Bar, bestellte einen großen
Whisky und rauchte eine Zigarette.

Er ging zehn Minuten vor dem Abflug an Bord der Junkers.

Es war der letzte Flug des Tages von Berlin nach Zürich und
der Passagierraum war voller Geschäftsleute und Bankiers in
dunklen Dreiteilern, die rosafarbene Finanzzeitungen lasen.
März hatte einen Platz am Fenster. Der Platz neben ihm war
leer. Er verstaute seinen Koffer in der Ablage über seinem Kopf,
lehnte sich zurück und schloß die Augen. Im Flugzeug erklang
eine Bachkantate. Draußen wurden die Motoren angelassen. Sie
durchliefen die ganze Skala, vom Summen bis zum schneidenden
Heulen, und einer nach dem anderen fiel wie in einen Chor ein.
Das Flugzeug ruckelte leicht und begann dann, sich zu bewegen.

Von den letzten 36 Stunden war März 33 wach gewesen. Jetzt badete ihn Musik, wiegten ihn die Vibrationen. Er schlief ein.

Er verpaßte die Vorführung der Sicherheitsmaßnahmen. Das Abheben drang kaum in seine Träume. Und die Person, die auf den Sitz neben ihm glitt, nahm er nicht wahr.

Erst als sie ihre Reisehöhe von 10 000 Metern erreicht hatten und der Pilot sie informierte, daß sie Leipzig überflögen, öffnete er die Augen. Die Stewardeß neigte sich ihm zu und fragte, ob er etwas zu trinken wünsche. Er wollte sagen »Einen Whisky«, doch dann wurde er dermaßen abgelenkt, daß er nicht mehr antworten konnte. Neben ihm saß und gab vor, in einem Magazin zu lesen, Charlotte Maguire.

Der Rhein glitt unter ihnen dahin, eine weite Kurve geschmolzenen Metalls in der untergehenden Sonne. März hatte ihn noch nie aus der Luft gesehen. »Lieb Vaterland, magst ruhig sein: Fest steht und treu die Wacht am Rhein.« Zeilen aus seiner Kindheit, die auf einem ungestimmten Klavier in einem zugigen Gymnasium heruntergehämmert wurden. Wer hatte sie geschrieben? Er konnte sich nicht erinnern.

Die Überquerung des Flusses war das Zeichen, daß sie aus dem Reich in die Schweiz übergewechselt waren. In der Ferne: Berge, graublau und dunstig; unten: saubere rechteckige Felder und dunkle Tannenschläge; steile rote Dächer und kleine weiße Kirchen.

Als er aufgewacht war, hatte sie über die Verblüffung in seinem Gesicht gelacht. Vielleicht sind Sie daran gewöhnt, sich mit ausgekochten Verbrechern abzugeben, hatte sie gesagt, und mit der Gestapo und der SS. Aber bisher haben Sie es noch nie mit der guten alten amerikanischen Presse zu tun gehabt.

Er hatte geflucht, worauf sie mit einem weitäugigen Blick der vorgespielten Unschuld wie eine der Töchter von Max Jäger geantwortet hatte. Eine Aufführung, die bewußt schlecht gespielt, aber dadurch eine um so bessere wurde und seinen Ärger gegen ihn selbst richtete, indem er Teil des Spiels wurde.

Danach hatte sie darauf bestanden, alles genau zu erklären, ob er nun zuhören wollte oder nicht, und dabei hatte sie mit einem Plastikbecher voll Whisky gestikuliert. Es sei ganz leicht gewesen, sagte sie. Er habe ihr erzählt, daß er am Abend nach Zürich fliegen werde. Es gab nur einen Flug. Im Flughafen hatte sie den Lufthansaschalter unterrichtet, daß sie mit Sturmbannführer März reisen solle. Sie habe sich verspätet: und ob sie bitte den Platz neben ihm haben könne? Als man dem zustimmte, wußte sie, daß er sich an Bord befinden müsse.

»Und da waren Sie und schliefen«, schloß sie, »wie ein Säugling.«

»Und wenn man Ihnen gesagt hätte, es gebe keinen Passagier namens März?«

»Dann wäre ich trotzdem gekommen.« Sein Ärger machte sie ungeduldig. »Hören Sie zu, ich hab schon den größten Teil der Geschichte. Ein Kunstdiebstahl. Zwei höhere Beamte tot. Ein dritter auf der Flucht. Ein Überlauf-Versuch. Ein geheimes Schweizer Bankkonto. Schlimmstenfalls hätte ich in Zürich allein etwas Atmosphäre eingefangen. Bestenfalls hätte ich vielleicht Herrn Zaugg dazu gebracht, mir ein Interview zu geben.«

»Das bezweifle ich nicht.«

»Sehn Sie doch nicht so sauer aus, Sturmbannführer – ich werde Sie aus der Geschichte raushalten.«

Zürich liegt nur zwanzig Kilometer südlich des Rheines. Sie sanken rasch ab. März trank seinen Scotch aus und setzte den leeren Becher auf das ausgestreckte Tablett der Stewardeß.

Charlotte Maguire stürzte ihren in einem Zug herunter und stellte ihn neben seinen. »Wir haben wenigstens Whisky gemein, Herr März.« Sie lächelte.

Er wandte sich zum Fenster. Das war ihre Geschicklichkeit, dachte er: ihn töricht aussehen zu lassen, wie einen teutonischen Plattfuß. Zuerst hatte sie ihm nichts von Stuckarts Telefonanruf gesagt. Dann hatte sie ihn dazu gebracht, sie bei der Durchsuchung von Stuckarts Wohnung mitmachen zu lassen. Heute morgen hatte sie, statt darauf zu warten, daß er sich bei ihr melde, mit diesem amerikanischen Diplomaten Nightingale über Schweizer Banken gesprochen. Jetzt das. Es war, als habe man ständig ein Kind an den Fersen – ein hartnäckiges, intelligentes, lästiges, trügerisches, gefährliches Kind. Wiederholt tastete er seine Taschen ab, ob Brief und Schlüssel noch da waren. Sie war keineswegs darüber erhaben, sie ihm zu stehlen, während er schlief.

Die Junkers setzte zur Landung an. Die Schweizer Landschaft begann wie ein Film, der immer schneller abläuft, vorüberzurasen: ein Traktor auf einem Feld, eine Straße mit einigen wenigen Scheinwerfern in der rauchigen Dämmerung, und dann berührten sie - ein Hüpfer, zwei - den Boden.

Der Zürcher Flughafen war nicht so, wie er ihn sich vorgestellt hatte. Hinter dem Flugzeug und den Hangars erhoben sich bewaldete Hügelhänge und nicht die Spur einer Stadt. Einen Augenblick lang fragte er sich, ob Globus wohl seine Mission entdeckt und dafür gesorgt habe, daß das Flugzeug umgeleitet werde. Vielleicht hatten sie auf einem abgelegenen Flugfeld in Süddeutschland aufgesetzt? Aber dann las er an der Empfangshalle ZÜRICH.

In dem Augenblick, da das Flugzeug zum Stehen kam, erhoben sich die Passagiere - die meisten berufsmäßige Pendler - wie ein Mann. Auch sie war schon auf den Füßen und nahm ihren Reisekoffer und den lächerlichen blauen Mantel herab. Er griff an ihr vorbei.

»Entschuldigung.«

Sie zog sich den Mantel an. »Und jetzt?«

»Was mich angeht, mein Fräulein, so gehe ich in mein Hotel. Was Sie angeht, so ist das Ihre Angelegenheit.«

Es gelang ihm, sich an einem fetten Schweizer vorbeizudrängen, der Dokumente in seinen ledernen Attachékoffer stopfte. Das Manöver ließ sie ein Stück hinter ihm eingeklemmt zurück. Er blickte sich nicht um, als sie den Gang hinabschlurften und dann aus dem Flugzeug hinaus.

Energisch schritt er durch die Eingangshalle zur Paßkontrolle, wobei er die meisten seiner Mitpassagiere überholte und sich nahe dem Kopf der Schlange aufstellen konnte. Hinter sich hörte er Durcheinander, als sie versuchte, ihn einzuholen.

Der Schweizer Grenzbeamte, ein ernsthafter junger Mann mit herabhängendem Schnurrbart, blätterte durch seinen Paß.

»Geschäft oder Vergnügen, Herr März?«

»Geschäft.« Ganz entschieden Geschäft.

»Einen Augenblick.«

Der junge Mann nahm den Hörer auf, wählte drei Ziffern, wandte sich von März ab und flüsterte etwas in den Hörer. Er sagte: »Ja. Ja. Natürlich.« Dann legte er auf und reichte März seinen Paß zurück.

Sie warteten am Gepäckkarussell zu zweit auf ihn. Er erkannte sie schon aus fünfzig Metern Entfernung: massige Gestalten mit kurzgeschorenem Haar, die kräftige schwarze Schuhe trugen und rehbraune Regenmäntel mit Gürteln. Polizisten – auf der ganzen Welt einander gleich. Er ging ohne einen Blick an ihnen vorbei und spürte mehr als er sah, daß sie sich ihm anschlossen.

Er ging unbehelligt durch den grünen Zollgang und hinaus auf den Hauptplatz. Taxis. Wo standen die Taxis?

Klipp-klapp, klipp-klapp. So kam es hinter ihm heran.

Die Luft im Freien war einige Grade kälter als in Berlin. *Klipp-klapp, klipp-klapp.* Er wirbelte herum. Da war sie, in ihrem Mantel, und umklammerte ihr Gepäck, und balancierte auf ihren hohen Absätzen.

»Verschwinden Sie endlich. Verstehen Sie? Oder brauchen Sie es schriftlich? Fahren Sie zurück nach Amerika und veröffentlichen Sie Ihre dämliche Geschichte. Ich habe Dinge zu erledigen.«

Ohne ihre Antwort abzuwarten, öffnete er die Hintertür des wartenden Taxis, warf seinen Koffer hinein und stieg dann ein.

»Baur au Lac«, sagte er zu dem Fahrer.

Sie fuhren aus dem Flughafengelände auf die Autobahn, die in Richtung Süden auf die Stadt zuführt. Der Tag war fast vergangen. Als März sich umdrehte, um durch das Rückfenster zu blicken, konnte er ein Taxi sehen, das sich etwa zehn Meter hinter ihnen einreihte, und dahinter einen weißen Mercedes, der ihm folgte. Gott, zu was für einer Komödie wurde das. Globus jagte Luther, er jagte Globus, Charlie Maguire jagte ihn, und jetzt war ihnen beiden auch noch die Schweizer Polizei auf den Fersen. Er zündete sich eine Zigarette an.

»Können Sie nicht lesen?«, sagte der Fahrer. Er wies auf ein Schild DANKE DASS SIE NICHT RAUCHEN.

»Willkommen in der Schweiz«, murmelte März. Er drehte das Fenster ein paar Zentimeter herunter, und die Wolke aus blauem Rauch wurde in die kalte Luft gezerrt.

Zürich war schöner, als er erwartet hatte. Das Zentrum erinnerte ihn an Hamburg. Alte Gebäude drängten sich um den Rand des weiten Sees. Blau-weiße Tramwagen ratterten vor hellerleuchteten Geschäften und Cafés am Ufer entlang. Der Fahrer hörte *Die Stimme Amerikas.* In Berlin war sie ein Gemenge statischer Geräusche; hier war sie ganz klar. »I wanna hold your hand«, sang eine junge englische Stimme. »I wanna hold your ha-a-and!« Und tausend junge Mädchen kreischten.

Das Baur au Lac lag eine Straßenbreite vom See entfernt. März bezahlte den Taxifahrer in Reichsmark – jedes Land auf dem Kontinent nahm Reichsmark an, dies war Europas gemeinsame Währung – und ging hinein. Es war so luxuriös, wie Nebe versprochen hatte. Sein Zimmer kostete ihn ein halbes Monatsgehalt. *»Ein hübscher Ort für einen Verurteilten, dort eine Nacht zu verbringen ...«* Als er sich ins Anmelderegister eintrug, erhaschte er an der Eingangstür einen Blitz aus Blau, dem rasch die rehbraunen Regenmäntel folgten. Ich bin wie ein Filmstar, dachte März, als er in den Aufzug stieg. Wo immer ich hingehe, folgen mir zwei Detektive und eine Brünette.

Er breitete einen Stadtplan auf dem Bett aus und setzte sich daneben, wobei er in die weiche Matratze einsank. Er hatte so wenig Zeit. Die Weite des Zürichsees stieß wie eine blaue Klinge in den Straßenkomplex hinein. Laut seiner Kripo-Akte hatte Hermann Zaugg ein Haus in der Seestraße. März fand sie. Die Seestraße lief etwa vier Kilometer südlich des Hotels am Ostufer des Sees entlang.

Jemand klopfte leise an die Tür. Eine Männerstimme rief seinen Namen.

Was nun? Er ging durch das Zimmer und riß die Tür auf. Ein Kellner mit Tablett stand im Korridor. Er sah erschreckt aus.

»Entschuldigung. Mit den Empfehlungen der Dame von Nummer 277.«

»Aha.« März trat beiseite, um ihn einzulassen. Der Kellner trat zögernd ein, als ob er fürchte, daß März ihn verprügle. Er setzte das Tablett ab, wartete noch kurz auf ein Trinkgeld und ging, als es keines gab. März schloß die Tür hinter ihm.

Auf dem Tablett stand eine Flasche Glenfiddich, mit einer Einwortnotiz. »Détente?«

Er stand mit gelockerter Krawatte am Fenster, schlürfte den Malzwhisky und schaute hinaus über den Zürichsee. Girlanden gelber Laternen waren um das schwarze Wasser ausgespannt; auf seiner Oberfläche hüpften und blinkten rote, grüne und weiße nadelspitzkleine Lichter. Er zündete sich eine neue Zigarette an, die millionste dieser Woche.

In der Auffahrt unter seinem Fenster lachten Leute. Ein Licht bewegte sich über den See. Keine Große Halle, keine marschierenden Kapellen, keine Uniformen. Zum ersten Mal seit - ja seit wann? Seit mindestens einem Jahr war er fort von Berlins Eisen und Granit. Also. Er hob sein Glas und betrachtete die fahle Flüssigkeit. Es *gab* also andere Leben, andere Städte.

Er bemerkte, daß sie mit der Flasche zwei Gläser bestellt hatte.

Er setzte sich auf den Rand des Bettes und sah aufs Telefon. Er trommelte mit den Fingern auf dem Tischchen herum.

Wahnsinn.

Sie hatte eine Art, die Hände tief in ihre Taschen zu vergraben und dazustehen, den Kopf leicht zur Seite geneigt, mit einem halben Lächeln. Er erinnerte sich, daß sie im Flugzeug ein rotes Wollkleid mit Ledergürtel getragen hatte. Sie hatte schöne Beine, in schwarzen Strümpfen. Und wenn sie ärgerlich war oder erheitert, was sie meistens war, strich sie ihr Haar hinter ihre Ohren.

Das Lachen draußen entfernte sich.

»Wo haben Sie denn die letzten zwanzig Jahre verbracht?« Ihre verächtliche Frage an ihn in Stuckarts Wohnung.

Sie wußte so viel. Sie tanzte um ihn herum.

»Die Millionen Juden, die im Krieg verschwunden sind...«

Er spielte mit ihrer Notiz herum, goß sich einen neuen Whisky ein und legte sich rücklings aufs Bett. Zehn Minuten später nahm er den Hörer hoch und sprach zur Vermittlung.

»Zimmer 277.«

Wahnsinn. *Wahnsinn.*

Sie trafen sich in der Halle unter den Wedeln einer üppigen Palme. In der gegenüberliegenden Ecke schrammte ein Geigenquartett durch ein *Fledermaus*-Potpourri.

März sagte: »Der Scotch ist wirklich gut.«

»Ein Friedensangebot.«

»Angenommen. Danke.« Er blickte hinüber zu der ältlichen Cellistin. Ihre dicken Beine waren weit auseinandergesetzt, als ob sie eine Kuh melke. »Gott weiß, warum ich Ihnen trauen sollte.«

»Gott weiß, warum ich *Ihnen* trauen sollte.«

»Grundregeln«, sagte er fest. »Eins: keine Lügen mehr. Zwei: wir tun, was ich sage, ob Ihnen das paßt oder nicht. Drei: Sie zeigen mir, was Sie schreiben wollen, und wenn ich Sie bitte, das eine oder andere nicht zu schreiben, dann streichen Sie es. Einverstanden?«

»Einverstanden.« Sie lächelte und bot ihm die Hand. Er nahm sie. Sie hatte einen kühlen, festen Griff. Zum ersten Mal bemerkte er, daß sie eine Männeruhr ums Handgelenk trug.

»Was hat Ihre Meinung geändert?« fragte sie.

Er ließ ihre Hand los. »Sind Sie fertig zum Ausgehen?« Sie trug immer noch ihr rotes Kleid.

»Ja.«

»Haben Sie ein Notizbuch?«

Sie klopfte auf ihre Rocktasche. »Ich bin nie ohne unterwegs.«

»Ich auch nicht. Gut. Gehen wir.«

Die Schweiz war ein Nest von Lichtern in einer großen Dunkelheit, und Feinde umgaben sie auf allen Seiten: Italien im Süden, Frankreich im Westen, Deutschland im Norden und Osten. Ihr Überleben war eine Quelle ständigen Staunens: »Das Schweizer Wunder« nannten sie es.

Luxemburg war zum Moselland geworden, Elsaß-Lothringen zur Westmark; Österreich war die Ostmark. Was die Tschechoslowakei angeht – jenes Bastardkind aus Versailles war zum Protektorat Böhmen-Mähren geschrumpft. Polen, Lettland, Litauen, Estland – von der Landkarte verschwunden. Im Osten war das Deutsche Reich in die vier Reichskommissariate Ostland, Ukraine, Kaukasus und Muskowien gegliedert.

Im Westen hatte Deutschland zwölf Nationen – Portugal, Spanien, Frankreich, Irland, Großbritannien, Belgien, die Niederlande, Italien, Dänemark, Norwegen, Schweden und Finnland – durch den Vertrag von Rom in einem europäischen Handelsblock zusammengepfercht. Deutsch war auf allen Schulen offizielle

Zweitsprache. Die Leute fuhren deutsche Autos, hatten deutsche Radios, besaßen deutsche Fernsehgeräte, arbeiteten in Fabriken in deutschem Besitz, stöhnten über das Benehmen deutscher Touristen in deutsch beherrschten Ferienorten, während deutsche Mannschaften jeden internationalen Sportwettkampf gewannen, mit Ausnahme von Cricket, das nur die Engländer spielten.

Und inmitten von all dem war allein die Schweiz neutral. Das war nicht die Absicht des Führers gewesen. Aber als die Wehrmachtsplaner endlich eine Strategie entwickelt hatten, um auch die Schweiz zu unterwerfen, hatte das Patt des Kalten Krieges begonnen. So blieb sie ein Stück Niemandsland, die mit den vergehenden Jahren für beide Seiten immer nützlicher wurde, ein Ort, wo man sich insgeheim treffen und miteinander verhandeln konnte.

»In der Schweiz gibt es nur drei Klassen von Bürgern«, hatte der Kripo-Experte zu März gesagt. »Amerikanische Spione, deutsche Spione und Schweizer Bankiers, die versuchen, beiden ihr Geld abzunehmen.«

Während des vergangenen Jahrhunderts hatten diese Bankiers sich entlang der Ostküste des Zürichsees wie eine reiche Kruste angesetzt; ein Wasserstandsmesser des Reichtums. Wie auf Schwanenwerder stellten sich ihre Villen der Welt mit kahlen Gesichtern aus hohen Mauern und festen Toren, und dahinter dichte Baumabschirmungen.

März lehnte sich nach vorn und sagte zu dem Fahrer: »Fahren Sie hier langsamer.«

Inzwischen bildeten sie schon einen beachtlichen Aufzug: März und Charlie in einem Taxi, dem zwei Wagen folgten, in denen je ein Schweizer Polizist saß. Die Bellerive-Straße ging über in die Seestraße. März zählte die Hausnummern.

»Halten Sie hier an.«

Der Fahrer hielt am Bordstein. Die Polizeiwagen überholten sie; hundert Meter weiter leuchteten ihre Bremslichter auf.

Charlie sah sich um. »Was jetzt?«

»Jetzt werden wir einen Blick auf das Heim des Doktors Hermann Zaugg werfen.«

März bezahlte den Taxifahrer, der sofort wendete und zur Stadtmitte zurückfuhr. Die Straße war still.

All diese Villen waren gut bewacht, aber die von Zaugg - die dritte, zu der sie kamen – war eine Festung. Tore aus massivem Metall, drei Meter hoch, auf beiden Seiten von Steinmauern flankiert. Eine Sicherheitskamera überwachte den Eingang. März nahm Charlies Arm, und wie ein Liebespaar auf einem Spaziergang bummelten sie vorbei. Sie überquerten die Straße und warteten auf der anderen Seite in einer Einfahrt. März blickte auf die Uhr. Es war kurz nach neun. Fünf Minuten vergingen. Schon wollte er vorschlagen zu gehen, als die Tore klirrend und mit Maschinengebrumm aufzuschwingen begannen.

Charlie flüsterte: »Jemand kommt raus.«

»Nein.« Er nickte die Straße hinauf. »Jemand will rein.«

Die Limousine war groß und mächtig: ein britischer Wagen, ein Bentley, schwarz. Er kam aus der Stadt, fuhr schnell, bog ein und schwang in die Einfahrt. Ein Fahrer und noch ein Mann vorne; hinten ein Blitz von silbernem Haar – vermutlich das von Zaugg. März hatte gerade noch Zeit zu bemerken, wie niedrig die Karosserie über dem Boden hing. Dann schluckten die Reifen einer nach dem anderen die Stöße, als der Bentley über den Bordstein holperte – *wumm wumm wumm wumm* –, und dann war er verschwunden.

Die Tore begannen sich zu schließen, blieben dann aber auf halbem Wege stehen. Zwei Männer erschienen vom Haus her, sie gingen schnell.

»Sie!« schrie einer von ihnen. »Sie beide! Bleiben Sie stehen, wo Sie sind!« Er lief auf die Straße. März packte Charlie am Ellbogen. In diesem Augenblick begann einer der Polizeiwagen rückwärts auf sie zuzufahren, mit jaulendem Getriebe. Der Mann sah nach rechts, zögerte und zog sich zurück.

Der Wagen schlidderte zum Stillstand. Das Fenster wurde herabgekurbelt. Eine gelangweilte Stimme sagte: »Verfluchte Scheiße, rein mit Ihnen.«

März öffnete die Hintertür und schob Charlie hinein und glitt dann hinter ihr her. Der Schweizer Polizist vollführte eine rasend schnelle Dreipunktewendung und brauste dann stadtwärts ab. Zauggs Leibwache war bereits verschwunden; die Tore schlossen sich dröhnend.

März drehte sich um und starrte aus dem Rückfenster. »Sind Ihre Bankiers alle so gut bewacht?«

»Hängt davon ab, mit wem sie Geschäfte machen.« Der Polizist richtete seinen Rückspiegel, um sie sehen zu können. Er war Ende Vierzig, mit blutunterlaufenen Augen. »Haben Sie noch weitere Abenteuer vor, Herr März? Vielleicht irgendwo eine kleine Prügelei? Es würde uns sehr helfen, wenn wir vorher benachrichtigt würden.«

»Ich dachte, Sie sollten uns nur folgen, nicht aber uns beschützen?«

»– ›Folgen und nach Bedarf schützen‹: so lautet unser Befehl. übrigens, der Mann in dem Wagen hinter uns ist mein Kollege. Das war ein scheißlanger Tag. Entschuldigen Sie meine Sprache, Fräulein – niemand hat uns gesagt, daß da eine Frau dabeisein würde.«

»Können Sie uns zum Hotel zurückbringen?« frage März.

Der Polizist grummelte. »Soll ich jetzt zusätzlich zu meinen Dienstpflichten auch noch Chauffeur spielen?« Er schaltete seine Funkanlage ein und sprach mit seinem Kollegen. »Panik vorbei. Wir fahren zurück zum Baur au Lac.«

Charlie hatte ihr Notizbuch auf dem Schoß und schrieb. »Wer sind diese Leute?«

März zögerte, aber dachte dann: was soll's? »Dieser Beamte und sein Kollege sind Mitglieder der Polizei, die sicherstellen sollen, daß ich keinen Versuch unternehme, abzuspringen, während ich mich außerhalb der Reichsgrenzen aufhalte. Und dafür sorgen, daß ich heil und in einem Stück zurückkehre.«

»Immer ein Vergnügen, unseren deutschen Kollegen zu helfen«, grunzte eine Stimme von vorne.

Charlie sagte: »Besteht denn die Gefahr, daß Sie das nicht tun?«

»Offenbar.«

»O Gott.« Sie schrieb sich etwas auf. Er sah fort. Zu ihrer Linken sah man ein paar Kilometer über dem See die Lichter von Zürich ein gelbes Band auf dem dunklen Wasser bilden. Sein Atem ließ die Scheibe anlaufen.

Zaugg war wohl aus seinem Büro zurückgekommen. Es war spät, aber die Züricher arbeiten hart für ihr Geld – üblich waren zwölf bis vierzehn Stunden am Tag. Das Haus des Bankiers konnte man nur über diese Straße erreichen, was die wirksamste aller Sicherheitsmaßnahmen ausschloß: Jeden Abend die Fahrstrecke ändern. Die Seestraße, die auf der einen Seite vom See begrenzt

wurde und auf die von der anderen Seite Dutzende von Nebenstra-
ßen mündeten, war der Alptraum jedes Sicherheitsmannes. Das
mochte einiges erklären.

»Haben Sie sein Auto gesehen?« sagte er zu Charlie. »Wie schwer
es war, welches Geräusch seine Reifen machten? Solche Wagen
sieht man oft in Berlin. Der Bentley war gepanzert.« Er fuhr sich
mit der Hand durch sein Haar. »Zwei Leibwächter, ein Paar Ge-
fängnistore, ferngesteuerte Kameras und ein bombensicheres
Auto. Was ist das für eine Art von Bankier?«

Im Schatten konnte er ihr Gesicht nicht genau sehen, aber er
konnte neben sich ihre Erregung spüren. Sie sagte: »Wir haben das
Beglaubigungsschreiben, erinnern Sie sich? Welche Art Bankier
auch immer er sein mag – jetzt ist er *unser* Bankier.«

SIEBEN

Sie aßen in einem Restaurant in der Altstadt – in dem es dicke Leinenservietten und schweres Tafelsilber gab, und wo die Kellner hinter ihnen aufgereiht standen und die Bedeckungen der Platten wegzauberten, als seien sie eine Truppe Zauberkünstler. Wenn das Hotel ihn die eine Hälfte seines Monatsgehalts gekostet hatte, dann dieses Essen die andere Hälfte, aber das war März egal.

Sie war anders als alle anderen Frauen, denen er begegnet war. Sie war keines der Heimchen aus dem NS-Frauenbund, nur »Kinder, Kirche, Küche« – das Abendessen für den Mann immer fertig, seine Uniform frisch gebügelt, fünf Kinder schlafend oben im Bett. Und während ein gutes nationalsozialistisches Mädel vor Kosmetika, Nikotin und Alkohol entsetzt zurückschreckt, bediente Charlotte Maguire sich aller drei freizügig. Ihre dunklen Augen schimmerten sanft im Kerzenschein, sie redete fast pausenlos von New York, von Auslandsreportagen, von der Zeit ihres Vaters in Berlin, der Verkommenheit von Joseph Kennedy, von Politik und Geld, von Männern und von sich selbst.

Sie war im Frühjahr 1939 in Washington, D.C. geboren worden. (»Den letzten Friedensfrühling nennen ihn meine Eltern – in jeder Beziehung.«) Ihr Vater war kurz zuvor aus Berlin zurückgekommen, um im State Department zu arbeiten. Ihre Mutter versuchte, als Schauspielerin Erfolg zu haben, mußte aber nach 1941 glücklich sein, daß es ihr gelang, der Internierung zu entgehen. Nach dem Krieg war Michael Maguire in den fünfziger Jahren nach Omsk gegangen, der Hauptstadt dessen, was noch von Rußland übriggeblieben war, um dort in der US-Botschaft zu arbeiten. Die Stadt wurde als zu gefährlich angesehen, als daß man vier Kinder hätte mitnehmen können. Also ließ man *Charlotte* zurück, damit sie in kostspieligen Schulen in Virginia erzogen werde; aber *Charlie* war da mit siebzehn ausgestiegen – spuckend und fluchend und gegen alles in Sichtweite rebellierend.

»Ich bin nach New York gegangen. Hab versucht, Schauspielerin zu werden. Das klappte nicht. Hab versucht, Journalistin zu werden. Das paßte besser zu mir. Hab mich an der Columbia eingeschrieben – zur großen Erleichterung meines Vaters. Und dann – stellen Sie sich bloß vor – hab ich ein Verhältnis mit dem Prof angefangen.« Sie schüttelte den Kopf. »Wie dumm kann man eigentlich sein?« Sie stieß einen Strahl Zigarettenrauch aus. »Ist da noch Wein drin?«

Er goß ihr den Rest aus der Flasche ein und bestellte eine neue. Es schien ihm an der Zeit, auch etwas zu sagen. »Warum Berlin?«

»Eine Möglichkeit, aus New York wegzukommen. Daß meine Mutter Deutsche ist, machte es einfacher, ein Visum zu bekommen. Ich muß gestehen: World European Features ist nicht ganz so groß wie es klingt. Zwei Männer in einem Büro am falschen Ende der Stadt mit einem Telex. Um ehrlich zu sein, die wären über jeden glücklich gewesen, dem es gelang, von Berlin ein Visum zu bekommen. Sogar über mich.« Sie sah ihn mit leuchtenden Augen an. »Ich wußte nicht, daß er verheiratet war, wissen Sie. Der Prof.« Sie schnipste mit den Fingern. »Grundlegendes Versagen bei den Nachforschungen, würden Sie nicht auch sagen?«

»Wann ist es zu Ende gegangen?«

»Im letzten Jahr. Ich bin nach Europa gekommen, um ihnen allen zu beweisen, daß ich das konnte. Vor allem ihm. Deshalb macht es mich so krank, ausgewiesen zu sein. Gott, der Gedanke daran, denen allen wieder entgegentreten zu müssen . . .« Sie schlürfte ihren Wein. »Vielleicht hab ich einen Vaterkomplex. Wie alt sind Sie?«

»Zweiundvierzig.«

»Genau mein Alter.« Sie lächelte ihn über den Rand ihres Glases an. »Sie sollten besser aufpassen. Sind Sie verheiratet?«

»Geschieden.«

»Geschieden! Das ist vielversprechend. Erzählen Sie mir von ihr.«

Ihre Offenheit erwischte ihn wehrlos. »Sie war«, begann er, und dann verbesserte er sich. »Sie ist . . .« Er stockte. Wie kann man jemanden zusammenfassen, mit dem man neun Jahre lang verheiratet war, von dem man seit sieben Jahren geschieden ist und der einen gerade bei den Behörden denunziert hat? »Sie ist nicht so wie Sie« war alles, was er sagen konnte.

»Und das heißt?«

»Sie hat keine eigenen Gedanken. Sie sorgt sich darum, was die Leute denken. Sie ist nicht neugierig. Sie ist verbittert.«

»Wegen Ihnen?«

»Natürlich.«

»Gibt es jemand anderen?«

»Ja. Einen Parteibürokraten. Paßt viel besser zu ihr als ich.«

»Und Sie? Haben Sie jemanden?«

In März' Geist ertönte eine Hupe. *Abtauchen, abtauchen, abtauchen.* Seit seiner Scheidung hatte er zwei Affären gehabt. Mit einer Lehrerin, die in der Wohnung unter ihm lebte, und mit einer jungen Witwe, die an der Uni Geschichte lehrte – eine andere Freundin von Rudi Halder: Er verdächtigte Rudi, daß er es sich zur Lebensaufgabe gemacht habe, ihm eine neue Frau zu suchen. Die Beziehungen hatten sich jeweils ein paar Monate hingezogen, bis beide Frauen der Anrufe in letzter Minute vom Werderschen Markt müde wurden: »Tut mir leid, es ist etwas dazwischengekommen . . .«

Statt zu antworten sagte März: »So viele Fragen. Sie hätten Detektiv werden sollen.«

Sie schnitt ihm ein Gesicht. »So wenige Antworten. *Sie* hätten Reporter werden sollen.«

Der Kellner goß ihnen erneut Wein ein. Nachdem er sich zurückgezogen hatte, sagte sie: »Wissen Sie, als wir uns begegnet sind, hab ich Sie auf Anhieb gehaßt.«

»Ach. Die Uniform. Sie löscht den Mann aus.«

»Die Uniform tut das. Als ich heute im Flugzeug nach Ihnen suchte, habe ich Sie kaum wiedererkannt.«

März wurde klar, daß es noch einen anderen Grund für seine gute Laune gab: Er hatte in keinem Spiegel einen Blick auf seine schwarze Silhouette erhascht, er hatte niemandem bei seinem Kommen zusammenfahren sehen.

»Sagen Sie«, sagte er, »was erzählt man sich in Amerika über die SS?«

Sie rollte mit den Augen. »Ach bitte, März. Nicht. Wir wollen uns doch einen schönen Abend nicht verderben.«

»Ich meine es ernst. Ich möchte es wissen.« Er mußte sie mühsam zu einer Antwort überreden.

»Na schön, Mörder«, sagte sie schließlich. »Sadisten. Das personifizierte Böse. Alles. Sie haben danach gefragt. Das ist nicht persönlich gemeint, verstehen Sie? Noch Fragen?«

»Eine Million. Ausreichend für ein ganzes Leben.«

»Ein Leben! Na schön, machen Sie weiter. Ich habe sonst nichts vor.«

Einen Augenblick lang war er sprachlos, von den Wahlmöglichkeiten wie gelähmt. Womit anfangen?

»Der Krieg im Osten«, sagte er. »In Berlin hören wir nur von Siegen. Aber die Wehrmacht muß von der Front am Ural die Särge nachts in Sonderzügen heimschaffen, damit niemand sieht, wie viele Tote es da gibt.«

»Ich hab irgendwo gelesen, das Pentagon schätzt, daß seit 1960 rund 100 000 Deutsche gefallen sind. Die Luftwaffe bombardiert Tag für Tag die russischen Städte flach, aber immer noch greifen sie euch an. Ihr könnt nicht gewinnen, weil die nirgendwohin flüchten können. Und ihr wagt nicht, Kernwaffen einzusetzen, weil wir sonst vielleicht zurückschlagen, und dann fliegt die Erde in die Luft.«

»Was noch?« Er versuchte, sich an neuere Schlagzeilen zu erinnern. »Goebbels sagt, Deutschlands Weltraumtechnik schlage die der Amerikaner jederzeit.«

»Ich glaube, das stimmt. Peenemünde hatte Satelliten Jahre vor uns in Umlaufbahnen.«

»Lebt Winston Churchill noch?«

»Ja. Er ist jetzt ein alter Mann. In Kanada. Da lebt er. Auch die Königin.« Sie nahm seine Verblüffung wahr. »Elizabeth fordert die Krone von ihrem Onkel.«

»Und die Juden?«, fragte März. »Was haben wir ihnen nach Meinung der Amerikaner angetan?«

Sie schüttelte den Kopf. »Warum tun Sie das?«

»Bitte. Die Wahrheit.«

»Die Wahrheit? Woher soll ich wissen, was die Wahrheit ist?« Plötzlich wurde ihre Stimme lauter, sie schrie fast. Leute an den Nachbartischen begannen, sich zu ihr umzudrehen. »Uns hat man beigebracht, an die Deutschen wie an etwas aus einer anderen Welt zu denken. Für Wahrheit ist da kein Platz.«

»Nun gut. Dann erzählen Sie mir die Propaganda.«

Sie blickte außer sich fort, aber dann sah sie mit einer solchen Intensität zurück, daß es ihm schwerfiel, ihrem Blick standzuhalten. »Na schön. Man sagt, daß ihr Europa nach jedem lebenden Juden durchkämmt habt – nach Männern, Frauen, Kindern, Säuglingen. Man sagt, ihr habt sie in den Osten in Gettos verfrachtet, wo Tausende von ihnen an Unterernährung gestorben sind. Dann habt ihr die Überlebenden noch weiter in den Osten gezwungen, und niemand weiß, was danach geschehen ist. Eine Handvoll entkam über den Ural nach Rußland. Ich habe sie im Fernsehen gesehen. Komische alte Männer, die meisten von ihnen; ein bißchen verrückt. Sie sprechen von Hinrichtungsgruben, von medizinischen Experimenten, von Lagern, in die Leute hineingegangen sind, aber aus denen niemand mehr herauskam. Sie sprechen von Millionen Toten. Aber dann kommt der deutsche Botschafter in seiner eleganten Uniform und sagt jedem, daß das alles nur kommunistische Propaganda ist. Also weiß niemand, was wahr ist und was nicht. Und ich sag Ihnen noch etwas – den meisten Leuten ist das alles egal.« Sie lehnte sich in ihren Stuhl zurück. »Zufrieden?«

»Tut mir leid.«

»Mir auch.« Sie griff nach ihren Zigaretten, hielt dann inne und sah ihn erneut an. »Deshalb haben Sie im Hotel Ihre Meinung darüber geändert, mich mitzunehmen, oder? Hat nichts mit dem Whisky zu tun. Sie wollten mein Gehirn anzapfen.« Sie begann zu lachen. »Und ich hab geglaubt, *ich* benutzte *Sie*.«

Danach ging es mit ihnen besser. Was immer es an Gift zwischen ihnen gegeben haben mochte, es war abgesaugt. Er erzählte ihr von seinem Vater, und wie er ihm in die Marine gefolgt war, und wie er zur Polizei gekommen war und langsam Geschmack daran gefunden hatte – fast eine Berufung.

Sie sagte: »Ich kann immer noch nicht verstehen, wie Sie die tragen können.«

»Was?«

»Diese Uniform.«

Er goß sich ein weiteres Glas Wein ein. »Oh, da gibt es eine einfache Antwort. 1936 wurde die Kriminalpolizei in die SS eingegliedert; alle Beamten mußten SS-Ehrenränge annehmen. Also hatte ich die Wahl: entweder Fahnder in dieser Uniform mit der Möglichkeit zu versuchen, ein bißchen was zu tun; oder jemand ohne Uniform sein und überhaupt nichts tun zu können.«

Und wie die Dinge laufen, werde ich bald nicht einmal mehr diese Wahl haben, dachte er.

Sie neigte den Kopf auf die Seite und nickte. »Das kann ich verstehen. Das ist fair.«

Er wurde ungeduldig, er hatte sich selbst satt. »Nein, ist es nicht. Das ist Scheiße, Charlie.« Zum ersten Mal, seit sie zu Beginn des Essens darauf bestanden hatte, nannte er sie so; den Namen zu verwenden erschien ihm wie eine Liebeserklärung. Er hastete weiter: »Das ist die Antwort, die ich in den letzten zehn Jahren jedem gegeben habe, auch mir selbst. Unglücklicherweise habe sogar ich aufgehört, daran zu glauben.«

»Aber was geschehen ist - das Schlimmste von dem, was geschehen ist -, hat sich während des Krieges ereignet, und da waren Sie nicht dabei. Sie haben mir doch erzählt, daß Sie da auf See waren.«

Er sah schweigend auf seinen Teller. Sie fuhr fort: »Und außerdem ist im Krieg alles anders. Alle Länder tun im Krieg schlimme Dinge. Mein Land hat eine Atombombe auf japanische Zivilisten abgeworfen - und hat auf einen Schlag eine viertel Million Menschen getötet. Und während der letzten zwanzig Jahre sind die Amerikaner Verbündete der Russen gewesen. Und erinnern Sie sich daran, was die Russen getan haben?«

Es war wahr, was sie sagte. Nach und nach hatten die Deutschen, als sie nach Osten vorrückten, die Massengräber der Opfer Stalins entdeckt, angefangen mit den 10 000 Leichen von polnischen Offizieren im Wald von Katyn. Millionen waren in den Hungersnöten, den Säuberungen, den Deportationen der dreißiger Jahre umgekommen. Niemand kannte die genauen Zahlen. Die Hinrichtungsgruben, die Folterkammern, die GULags im Polarkreis - all das wurde jetzt von den Deutschen als Gedenkstätten für die Toten gepflegt, als Museen des bolschewistischen Übels. Kinder wurden durch sie geführt; ehemalige Häftlinge dienten als Führer. Es gab einen speziellen historischen Forschungszweig, der sich der Erforschung der kommunistischen Verbrechen widmete. Das Fernsehen zeigte Dokumentationen über Stalins Holocaust - gebleiche Schädel und lebende Skelette, von Bulldozern zermatschte Leichen und von der Erde zusammengebackene Überreste von Frauen und Kindern, die man mit Draht zusammengeschnürt und dann ins Genick geschossen hatte.

Sie legte ihre Hand auf seine. »Die Welt ist, wie sie ist. Sogar ich sehe das.«

Er sprach, ohne sie anzusehen. »Ja. Schön. Aber alles, was Sie da sagen, habe ich schon gehört. ›Das war vor langer Zeit.‹ ›Das war im Krieg.‹ ›Die Iwans waren die Schlimmsten von allen.‹ ›Was kann ein Mann allein machen?‹ Ich habe zugehört, wie Menschen das seit zehn Jahren flüstern. Das ist übrigens alles, was sie tun. Flüstern.«

Sie zog ihre Hand zurück und zündete sich eine neue Zigarette an und drehte ihr kleines goldenes Feuerzeug zwischen den Fingern. »Als ich zuerst nach Berlin ging und meine Eltern mir die Liste von Leuten gaben, die sie früher gekannt hatten, da standen viele Theaterleute auf ihr, Künstler – Freunde meiner Mutter. Ich nehme an, eine ganze Reihe von ihnen müssen nach Lage der Dinge Juden gewesen sein, oder Homosexuelle. Und ich bin losgezogen und habe sie gesucht. Sie waren natürlich alle verschwunden. Das hat mich nicht überrascht. Aber sie waren nicht nur verschwunden. *Es war, als habe es sie nie gegeben.*«

Sie klopfte mit dem Feuerzeug leicht auf die Tischdecke. Er nahm ihre Finger wahr – schlank, nicht manikürt, ohne Schmuck.

»Natürlich lebten jetzt Leute in den Wohnungen, in denen die Freunde meiner Mutter gelebt haben. Oft alte Leute. Sie müssen es gewußt haben, oder? Aber sie haben mich nur leer angesehen. Sie sahen Fernsehen, sie tranken Tee, sie hörten Musik. Übriggeblieben war *überhaupt nichts.*«

März sagte: »Sehen Sie sich das an.«

Er zog seine Brieftasche und nahm das Foto heraus. Es sah zwischen dem plüschigen Luxus des Restaurants völlig fehl am Platze aus – Reste aus einer Dachkammer, Abfall von einem Verkaufsstand auf dem Flohmarkt.

Er gab es ihr. Sie studierte es. Eine Strähne fiel ihr ins Gesicht, und sie wischte sie beiseite. »Wer ist das?«

»Als ich in die Wohnung zog, nachdem Klara und ich uns getrennt hatten, war sie seit Jahren nicht mehr tapeziert worden. Ich habe das da im Schlafzimmer hinter der Tapete gefunden. Ich sage Ihnen, ich habe die Wohnung in ihre Einzelteile zerlegt, aber das da war alles. Ihr Familienname war Weiß. Aber wer waren sie? Wo sind sie jetzt? Was ist mit ihnen geschehen?«

Er nahm die Fotografie, faltete sie wieder zusammen und steckte sie zurück in seine Brieftasche.

»Was soll man tun«, sagte er, »wenn man sein Leben der Jagd von Verbrechern geweiht hat und dann nach und nach entdeckt, daß die wirklichen Verbrecher die sind, für die man arbeitet? Was soll man tun, wenn einem jeder sagt, man solle sich nicht darum kümmern, man könne doch nichts dagegen tun, es sei schon vor so langer Zeit geschehen?«

Sie sah ihn jetzt auf eine ganz andere Weise an. »Ich nehme an, man wird verrückt.«

»Oder schlimmer. Man kommt zur Vernunft.«

Sie bestand trotz seiner Proteste darauf, die Hälfte der Rechnung zu bezahlen. Als sie das Restaurant verließen, war es fast Mitternacht. Sie gingen schweigend zu ihrem Hotel. Sterne wölbten sich über den Himmel; am Fuß der steilen gepflasterten Straße wartete der See. Sie nahm seinen Arm. »Du hast mich gefragt, ob der Mann in der Botschaft, Nightingale, ob er mein Liebhaber ist.«

»Das war sehr ungezogen von mir. Es tut mir leid.«

»Wärst du enttäuscht, wenn ich dir sage, daß er es nicht ist?«

Er zögerte.

Sie fuhr fort: »Also, er ist es nicht gewesen. Er wäre es gerne gewesen. Tut mir leid. Das klingt nach Angeberei.«

»Überhaupt nicht. Ich bin sicher, viele wären das gerne gewesen.«

»Aber ich hatte nie jemanden getroffen . . .«

Hatte nie . . .

Sie blieb stehen. »Ich bin fünfundzwanzig. Ich gehe, wohin ich will. Ich tue, was ich will. Ich suche mir aus, wen ich will.« Sie wandte sich ihm zu und berührte leicht seine Wange mit ihrer warmen Hand. »Gott, ich hasse es, diese Art Dinge aus dem Weg räumen zu müssen, und du?«

Sie zog seinen Kopf heran.

Wie eigenartig das doch ist, dachte März hinterher, *sein Leben in Unkenntnis der Vergangenheit, der eigenen Welt, seiner selbst zu leben. Und doch, wie einfach! Da geht man durch die Tage über Wege, die andere für einen bereitet haben, und hebt niemals den Kopf - eingewickelt in ihre Logik, von den Windeln bis zum Leichentuch. Es war eine Art von Furcht.*

Na schön, dem allem ein Lebewohl. Und es tat gut, das alles zurückzulassen, was immer jetzt auch geschehen mochte.

Seine Füße tanzten auf den Pflastersteinen. Er schlang seinen Arm um sie. Er hatte so viele Fragen.

»Warte, warte«, sie lachte und schmiegte sich an ihn. »Genug. Hör auf. Ich fange an mich zu sorgen, daß du mich nur meines *Geistes* wegen willst.«

In seinem Hotelzimmer löste sie ihm die Krawatte und zog ihn wieder an sich, ihr Mund sanft auf seinem. Und während sie ihn immer noch küßte, schob sie ihm die Jacke von den Schultern, knöpfte ihm das Hemd auf, öffnete es. Ihre Hände fuhren ihm über die Brust, um seinen Rücken, über seinen Bauch.

Sie kniete nieder und zerrte an seinem Gürtel.

Er schloß die Augen und wühlte mit den Fingern in ihren Haaren.

Nach einigen Augenblicken löste er sich zärtlich von ihr und kniete nieder, Angesicht zu Angesicht, und streifte ihr das Kleid ab. Davon befreit, warf sie den Kopf zurück und schüttelte ihren Hals, ihre Brüste, ihren Bauch; er sog ihren Duft ein, fühlte ihr festes Fleisch sich glatt und straff unter seinen Händen spannen, ihre sanfte Haut auf seiner Zunge.

Später geleitete sie ihn zum Bett und setzte sich auf ihn. Das einzige Licht kam vom See. Kräuselnde Schatten um sie herum. Als er den Mund aufmachte, um etwas zu sagen, legte sie ihm einen Finger auf die Lippen.

TEIL IV

FREITAG, 17. APRIL 1964

Die Gestapo, die Kriminalpolizei und die Sicherheitsdienste sind umhüllt von der geheimnisvollen Aura der politischen Detektivgeschichte.

REINHARD HEYDRICH

EINS

Die Berliner Börse hatte vor dreißig Minuten eröffnet. Auf der Schautafel im Fenster der Union des Banques Suisses in der Zürcher Bahnhofstraße klickten die Zahlen wie Stricknadeln. Bayer, Siemens, Thyssen, Daimler - auf, auf, auf, auf. Die einzigen Aktien, die bei Entspannungsmeldungen fielen, waren die von Krupp.

Elegant gekleidete Geschäftsleute hatten sich wie jeden Morgen unruhig versammelt, um diesen Monitor der wirtschaftlichen Gesundheit des Reiches zu beobachten. Die Preise an der Börse waren seit sechs Monaten gefallen und eine der Panik nahe Stimmung hatte die Investoren ergriffen. Aber in dieser Woche war dank des alten Joe Kennedy - der wußte über die Märkte genau Bescheid, der alte Joe: hatte zu seiner Zeit in der Wall Street eine halbe Milliarde gemacht -, ja, dank Joe war die Talfahrt zum Stehen gekommen. Berlin war glücklich. Jeder war glücklich. Niemand achtete auf das Pärchen, das da die Straße vom See heraufspaziert kam, zwar nicht Hand in Hand, aber einander nahe genug, daß sich ihre Körper ab und zu berührten, und dem zwei gelangweilt dreinblickende Herren in rehbraunen Regenmänteln folgten.

März hatte an dem Nachmittag, bevor er aus Berlin abflog, eine kurze Einführung in die Bräuche und Praktiken des Schweizer Bankwesens erhalten.

»Die Bahnhofstraße ist das Finanzzentrum. Sie sieht wie die Haupteinkaufsstraße aus und ist es auch. Aber die Höfe hinter den Geschäften und die Büros über ihnen, die sind wichtig. Da findet man die Banken. Aber man muß seine Augen offenhalten. Die Schweizer sagen: Je älter das Geld ist, desto schwieriger ist es zu sehen. In Zürich ist das Geld so alt, daß es unsichtbar geworden ist.«

Unter den Pflastersteinen und den Tramschienen der Bahnhofstraße erstreckten sich die Gewölbekatakomben, in denen drei Generationen von Europas Reichen ihren Reichtum vergraben hatten. März blickte auf die Einkaufsbummler und die Touristen, die die Straße entlangströmten, und fragte sich, auf welche alten Träume und Geheimnisse, auf welche Gebeine sie wohl traten.

Diese Banken waren kleine Familienkonzerne. Ein oder zwei Dutzend Angestellte, eine Büroflucht, eine kleine Messingplatte. Zaugg & Cie war typisch. Der Eingang befand sich in einer Seitenstraße, hinter einem Juwelier, überwacht von einer ferngesteuerten Kamera, die der vor Zauggs Villa glich. Als März die Klingel neben der diskreten Tür läutete, fühlte er, wie Charlie seine Hand streichelte.

Eine Frauenstimme fragte über die Sprechanlage nach seinem Namen und seinem Anliegen. Er blickte in die Kamera.

»Mein Name ist März. Das hier ist Fräulein Maguire. Wir möchten Herrn Zaugg sprechen.«

»Haben Sie eine Verabredung?«

»Nein.«

»Der Herr Direktor empfängt niemanden ohne Verabredung.«

»Sagen Sie ihm, wir haben ein Beglaubigungsschreiben für das Konto Nummer 2402.«

»Einen Augenblick, bitte.«

Die Polizisten lungerten am Eingang der Seitenstraße herum. März sah Charlie an. Ihm schien es, als seien ihre Augen strahlender, ihre Haut schimmernder. Er nahm an, er schmeichle sich selbst. Alles sah heute erhöht aus - die Bäume waren grüner, die Blüten weißer, der Himmel blauer, wie mit einem Glanzmittel gewaschen.

Sie trug eine lederne Schultertasche, aus der sie nun eine Kamera zog, eine Leica. »Ich mach eine Aufnahme fürs Familienalbum.«

»Wie du willst. Aber laß mich aus.«

»Welche Bescheidenheit.«

Sie machte eine Aufnahme von Zauggs Tür und Firmenschild. Die Stimme der Empfangsdame schnappte über den Hausruf. »Bitte kommen Sie in die zweite Etage.« Ein Summen von gelösten Riegeln, und März stieß die schwere Tür auf.

Das Gebäude war eine optische Täuschung. Klein und nichtssagend von außen, innen ein Treppenhaus aus Glas und Chromrohren, das in eine weite Empfangshalle führte, die moderne Kunst schmückte. Hermann Zaugg erwartete sie. Neben ihm stand eine der Leibwachen von gestern abend.

»Herr März, ja?« Zaugg streckte die Hand aus. »Und Fräulein Maguire?« Er schüttelte ihre Hand und verneigte sich leicht. »Engländerin?«

»Amerikanerin.«

»Ah. Gut. Ich freue mich immer, amerikanische Freunde zu treffen.« Er war wie eine kleine Puppe: silbernes Haar, rosa schimmerndes Gesicht, kleine Hände und Füße. Er trug einen makellos schwarzen Anzug, ein weißes Hemd, eine perlgraue Krawatte. »Soviel ich weiß, verfügen Sie über die notwendige Beglaubigung?«

März zog den Brief hervor. Zaugg hielt das Papier rasch ans Licht und untersuchte die Unterschrift. »Ja, tatsächlich. Die Handschrift meiner jungen Jahre. Ich fürchte, seit dem ist meine Handschrift schlechter geworden. Kommen Sie.«

In seinem Büro wies er sie zu einem niedrigen Sofa aus weißem Leder. Er setzte sich hinter seinen Schreibtisch. Jetzt lag der Vorteil der Höhe bei ihm: der älteste Trick.

März hatte sich entschlossen, offen zu sein. »Wir sind gestern an Ihrem Haus vorbeigekommen. Ihr Privatleben wird gut bewacht.«

Zaugg hatte die Hände auf dem Schreibtisch gefaltet. Er machte eine bedeutungslose Geste mit seinen kleinen Daumen, als ob er sagen wollte: *Sie wissen ja, wie das ist.* »Ich hörte von meinen Mitarbeitern, daß Sie selbst ebenfalls Schutz hatten. Habe ich diesen Besuch als einen amtlichen anzusehen oder als einen privaten?«

»Beides. Das bedeutet, keins von beiden.«

»Ich bin mit der Lage vertraut. Als nächstes werden Sie mir sagen, daß es sich ›um eine delikate Angelegenheit‹ handelt.«

»Es ist eine delikate Angelegenheit.«

»Meine Spezialität.« Er rückte seine Manschetten zurecht. »Manchmal erscheint es mir, als sei die ganze Geschichte Europas des 20. Jahrhunderts durch dieses Büro geströmt. In den dreißiger Jahren waren es jüdische Flüchtlinge, die da saßen, wo jetzt

Sie sitzen – oftmals pathetische Gestalten, die umklammerten, was immer sie hatten retten können. Sie wurden meist dicht von Herren der Gestapo verfolgt. In den vierziger Jahren waren es deutsche Beamte von – wie soll ich sagen? – kürzlich erworbenem Reichtum. Manchmal kamen die gleichen Männer, die zuvor gekommen waren, um die Konten anderer zu schließen, um nun Konten für sich selbst zu eröffnen. In den fünfziger Jahren hatten wir es mit den Nachfahren jener zu tun, die in den vierzigern verschwunden waren. Jetzt, in den sechziger Jahren, sehe ich eine Zunahme des Amerika-Geschäftes voraus, da Ihre beiden großen Länder sich erneut näher kommen. Die siebziger Jahre werde ich meinem Sohn überlassen.«

»Dieses Beglaubigungsschreiben«, sagte März, »wieviel Zugang verschafft es uns?«

»Sie haben den Schlüssel?«

März nickte.

»Dann haben Sie vollständigen Zugang.«

»Wir würden gerne mit dem Kontenbericht beginnen.«

»Sehr gut.« Zaugg studierte den Brief, dann nahm er den Hörer ab. »Fräulein Graf, bringen Sie mir die Akte zu 2402.«

Sie erschien eine Minute später, eine Frau mittleren Alters, die ein dünnes Bündel Papiere in einem dicken Pappeinband trug. »Was möchten Sie wissen?«

»Wann wurde das Konto eröffnet?«

Er sah die Papiere durch. »Im Juli 1942. Am 8. jenen Monats.«

»Und wer hat es eröffnet?«

Zaugg zögerte. Er ging mit seinem Vorrat an wertvollen Informationen um wie ein Geizhals: Sich von einer Tatsache trennen zu müssen war jedesmal eine Qual. Aber nach den Bedingungen seiner eigenen Regeln hatte er keine Wahl.

Schließlich sagte er: »Herr Martin Luther.«

März machte sich Notizen. »Und welche Bedingungen wurden für das Konto vereinbart?«

»Ein Schließfach. Vier Schlüssel.«

»*Vier* Schlüssel?« März zog überrascht die Augenbrauen hoch. Einer war für Luther selbst, und vermutlich jeweils einer für Bühler und Stuckart. Aber wer bekam den vierten Schlüssel? »Wie wurden sie verteilt?«

»Sie wurden alle Herrn Luther übergeben, zusammen mit vier Beglaubigungsschreiben. Natürlich, was er mit ihnen vorhatte, war nicht unsere Angelegenheit. Sie werden verstehen, daß es sich hier um eine besondere Kontenform handelte - ein Konto für Notzeiten, für den Krieg -, entwickelt, um die Anonymität zu wahren, zugleich aber dem Erben oder dem Nutznießer leichten Zugang zu ermöglichen, sollte dem ursprünglichen Konteninhaber etwas zustoßen.«

»Wie hat er das Konto bezahlt?«

»In bar. Schweizer Franken. Miete für dreißig Jahre. Im voraus. Machen Sie sich keine Sorgen, Herr März – bis 1972 ist nichts zu zahlen.«

Charlie sagte: »Haben Sie Angaben über die Transaktionen im Zusammenhang mit diesem Konto?«

Zaugg wandte sich ihr zu. »Nur die Daten, an denen das Schließfach geöffnet worden ist.«

»Wann war das?«

»Am 8. Juli 1942. Am 17. Dezember 1942. Am 9. August 1943. Am 13. April 1964.«

Am 13. April! März konnte einen Triumphschrei kaum unterdrücken. Seine Vermutung war richtig gewesen. Luther *war* Anfang der Woche nach Zürich geflogen. Er kritzelte die Daten in sein Notizbuch. »Nur viermal?« fragte er.

»Korrekt.«

»Und bis zum letzten Montag ist das Fach während nahezu 21 Jahren nie geöffnet worden?«

»Das deuten die Daten an.« Zaugg schlug die Akte mit einer Geste der Ungeduld zu. »Ich möchte hinzufügen, daß daran nichts Ungewöhnliches ist. Wir haben Fächer hier, die fünfzig Jahre oder länger unberührt liegen.«

»Haben ursprünglich Sie das Konto eingerichtet?«

»Ja.«

»Hat Herr Luther gesagt, warum er das Konto eröffnen wollte, oder warum er diese besondere Regelung brauchte?«

»Bankgeheimnis.«

»Bitte?«

»Das ist eine spezielle Information zwischen Kunde und Bankier.«

Charlie unterbrach. »Aber wir sind doch Ihre Kunden.«

»Nein, Fräulein Maguire. Sie sind die Nutznießer meines Kunden. Ein wichtiger Unterschied.«

»Hat Herr Luther das Fach bei jeder dieser Gelegenheiten selbst geöffnet?« fragte März.

»Bankgeheimnis.«

»War es Luther, der die Box am Montag geöffnet hat? Und in welcher Stimmung befand er sich?«

»Bankgeheimnis, Bankgeheimnis.« Zaugg hob die Hände. »Wir können so den ganzen Tag weitermachen, Herr März. Nicht nur bin ich in keiner Weise verpflichtet, Ihnen solche Informationen zu geben, es wäre unter dem schweizerischen Bankengesetz für mich sogar illegal, wenn ich es täte. Ich habe Ihnen alles mitgeteilt, was zu wissen Sie einen Anspruch haben. Gibt es sonst noch etwas?«

»Ja.« März schloß sein Notizbuch und sah Charlie an. »Wir würden uns das Fach gern selbst ansehen.«

Ein kleiner Aufzug führte hinab in die Gewölbe. Er hatte gerade Platz für vier Passagiere. März und Charlie, Zaugg und sein Leibwächter standen unbequem zusammengepreßt. Aus der Nähe roch der Bankier nach Kölnisch Wasser; sein Haar glitzerte unter einer öligen Pomade.

Der Tresorraum war wie ein Gefängnis oder eine Leichenhalle: ein weiß gefliester Korridor erstreckte sich vor ihnen über 30 Meter, mit Gittern auf beiden Seiten. Am anderen Ende saß neben der Tür an einem Pult ein Sicherheitsbeamter. Zaugg zog einen schweren Schlüsselbund aus seiner Tasche, der mit einer Kette an seinem Gürtel befestigt war. Er summte vor sich hin, während er den richtigen suchte.

Die Decke vibrierte leicht, als eine Tram über sie hinwegfuhr.

Er ließ sie in den Käfig ein. Stahlwände glänzten im Neonlicht: Reihen aus Türen, jede einen halben Quadratmeter groß. Zaugg bewegte sich vor ihnen hin, schloß dann eine in Hüfthöhe auf und trat zurück. Der Sicherheitsbeamte zog ein langes Fach heraus, von der Größe einer metallenen Feldkiste, und trug sie zu einem der Tische.

Zaugg sagte: »Ihr Schlüssel paßt zu diesem Fach. Ich warte draußen.«

»Nicht nötig.«

»Danke, aber ich ziehe es vor zu warten.«

Zaugg verließ den Käfig und blieb draußen stehen, den Rücken zum Gitter. März sah Charlie an und gab ihr den Schlüssel.

»Mach du.«

»Ich zittere . . .«

Sie führte den Schlüssel ein. Er drehte sich leicht. Das Ende des Fachs öffnete sich. Sie langte hinein. Auf ihrem Gesicht erschien ein Ausdruck der Verblüffung, dann der Enttäuschung.

»Ich glaube, es ist leer.« Ihr Ausdruck wechselte. »Nein . . .«

Sie lächelte und zog einen flachen Kasten aus Karton heraus, etwa 50 Quadratzentimeter groß und 5 Zentimeter hoch. Der Deckel war mit rotem Wachs versiegelt und trug ein aufgeklebtes Schildchen mit der maschinengeschriebenen Aufschrift: »Eigentum des Vertragsarchivs des Reichsministeriums des Äußeren, Berlin.« Und darunter in gotischer Schrift: »Geheime Reichssache«.

Ein Vertrag?

März brach das Siegel auf, wozu er den Schlüssel benutzte. Er hob den Deckel auf. Das Innere entließ eine Geruchsmischung aus Staub und Weihrauch.

Eine andere Tram fuhr vorüber. Zaugg summte immer noch und klingelte mit seinen Schlüsseln.

Im Inneren des Pappkartons lag ein Gegenstand, der in Wachstuch eingewickelt war. März hob ihn heraus und legte ihn flach auf den Tisch. Er schlug das Tuch zurück: eine angekratzte alte Holztafel; eine der Ecken war abgebrochen. Er drehte sie um.

Charlie stand unmittelbar neben ihm. Sie murmelte: »Wie schön.«

Die Kanten der Tafel waren abgesplittert, als ob sie von ihrem Platz losgebrochen worden seien. Aber das Porträt selbst war vollständig erhalten. Eine junge Frau, erlesen, mit blaßbraunen Augen, sah nach rechts, eine Schnur schwarzer Perlen zweimal um den Hals geschlungen. In ihrem Schoß hielt sie mit langen aristokratischen Fingern ein kleines Tier mit weißem Fell. Kein Hündchen; eher ein Wiesel.

Charlie hatte recht. Es *war* schön. Es schien das Licht des Tresorraums aufzusaugen und dann zurückzustrahlen. Die blasse Haut des Mädchens glühte - leuchtend wie die eines Engels.

»Was bedeutet das?« flüsterte Charlie.

»Das mag der liebe Gott wissen.« März fühlte sich undeutlich betrogen. War das Schließfach nichts anderes als eine Außenstelle von Bühlers Schatzkammer? »Was weißt du über Kunst?«

»Nicht viel. Aber das kommt mir irgendwie bekannt vor. Darf ich?« Sie nahm das Tafelbild und hielt es auf Armeslänge. »Ich glaube, das ist italienisch. Sieh mal ihre Kleidung - die Art, wie der Ausschnitt ihres Kleides eckig geschnitten ist, die Ärmel. Ich würde sagen Renaissance. Sehr alt und sehr echt.«

»Und sehr gestohlen. Leg es zurück.«

»Müssen wir?«

»Natürlich. Es sei denn, du kannst dir eine gute Geschichte für den Zoll am Berliner Flughafen ausdenken.«

Noch ein Gemälde: das war alles! Leise fluchend ließ März sich das Wachstuch durch die Finger laufen und kontrollierte noch einmal den Pappkarton. Er stellte das Fach aufrecht und schüttelte es. Nichts. Das leere Metall verhöhnte ihn. Worauf hatte er gehofft? Er wußte es nicht. Jedenfalls aber auf etwas, was ihm mehr Aufschluß als das hier verschafft hätte.

»Wir müssen gehen«, sagte er.

»Noch eine Minute.«

Charlie lehnte das Tafelbild gegen das Fach. Dann kauerte sie sich nieder und machte ein halbes Dutzend Aufnahmen. Dann wickelte sie das Bild wieder ein, legte es in sein Behältnis, und verschloß das Fach.

März rief: »Wir sind fertig, Herr Zaugg. Danke.«

Zaugg erschien mit dem Sicherheitsbeamten - einen Bruchteil zu rasch, dachte März. Er vermutete, daß der Bankier versucht hatte, sie zu belauschen.

Zaugg rieb sich die Hände. »Ich nehme an, es ist alles zu Ihrer Zufriedenheit?«

»Vollkommen.«

Der Wächter schob das Fach in seine Vertiefung zurück, Zaugg verschloß die Tür, und das Mädchen mit dem Wiesel war wieder in der Dunkelheit vergraben. »*Wir haben Boxen hier, die fünfzig Jahre oder länger unberührt liegen…*« Wie lange es wohl dauern würde, ehe sie wieder ans Licht kann?

Sie fuhren schweigend mit dem Fahrstuhl hoch. Zaugg geleitete sie auf Straßenebene hinaus. »Und damit auf Wiedersehn.« Er schüttelte jedem von ihnen die Hand.

März fühlte, er solle noch etwas sagen, noch einen letzten Zug versuchen. »Ich glaube, ich sollte Sie darauf aufmerksam machen, daß in der vergangenen Woche zwei der gemeinsamen Inhaber dieses Kontos ermordet worden sind, und daß Martin Luther selbst verschwunden ist.«

Zaugg zwinkerte nicht einmal. »Mein Gott, mein Gott. Alte Kunden verscheiden und neue« - er wies auf sie - »nehmen ihren Platz ein. So dreht sich die Welt. Das einzige, dessen Sie versichert sein dürfen, Herr März, ist, daß gleichgültig, wer gewinnt, am Ende, wenn der Schlachtenqualm sich verzieht, die Banken in den schweizerischen Kantonen immer noch stehen werden. Einen guten Tag.«

Sie standen auf der Straße und die Tür schloß sich bereits, als Charlie rief: »Herr Zaugg!«

Sein Gesicht erschien, und bevor er es zurückziehen konnte, klickte die Kamera. Seine Augen öffneten sich weit und sein kleiner Mund schmollte ein perfektes O der Empörung.

Der Zürichsee lag dunstigblau da, wie ein Bild aus einem Märchen - eine Landschaft für Seeungeheuer und für Helden, sie zu bekämpfen. Wenn die Welt nur so wäre, wie man sie uns versprochen hat, dachte März. Dann würden sich jetzt Burgen mit spitzen Türmen durch diesen Dunst erheben.

Er lehnte sich gegen die feuchte Steinbalustrade vor dem Hotel und wartete auf Charlie, die ihre Rechnung beglich.

Er wünschte sich, er hätte länger bleiben können - mit ihr ans Wasser gehen, die Stadt erforschen, die Hügel; in der Altstadt mit ihr essen; und jeden Abend mit ihr in sein Zimmer zurückkehren und sie da lieben, zum Klang des Sees… Ein Traum. Fünfzig Meter zu seiner Linken saßen in ihrem Wagen seine Beschützer von der Zürcher Polizei und gähnten.

Vor vielen Jahren, als März noch junger Beamter der Hamburger Kripo war, hatte er den Befehl erhalten, einen Häftling, der wegen Raubes lebenslang hatte, während eines eintägigen Sonderurlaubs zu begleiten. Der Prozeß des Mannes hatte in den Zeitungen gestanden; seine Jugendliebe hatte das gelesen und ihm geschrieben; hatte ihn im Gefängnis besucht; hatte eingewilligt, ihn zu heiraten. Die Angelegenheit hatte jenen sentimentalen Zug berührt, der so tief in die deutsche Psyche eingebettet ist. Es hatte einen öffentlichen Kampf gegeben, die Zeremonie zu genehmigen. Die Behörden hatten nachgegeben. Also begleitete März ihn zu seiner Heirat, stand mit Handschellen an ihn gefesselt während der Messe neben ihm, und sogar während der Hochzeitsaufnahmen, ein ungewöhnlich verbundener Trauzeuge.

Der Hochzeitsempfang hatte in einer düsteren Halle neben der Kirche stattgefunden. Gegen Ende hatte ihm der Bräutigam zugeflüstert, da gebe es einen Lagerraum mit einem Teppich, und der Priester habe nichts dagegen ... Und März, noch jungverheiratet, hatte den Lagerraum überprüft und festgestellt, daß es da keine Fenster gab, und hatte den Mann mit seiner Frau für zwanzig Minuten allein gelassen. Der Priester, der als Kaplan dreißig Jahre lang auf den Hamburger Docks gearbeitet und wohl das meiste gesehen hatte, hatte März ernst zugenickt.

Auf dem Weg zurück ins Gefängnis hatte März, als die hohen Mauern in Sicht kamen, angenommen, daß der Mann niedergeschlagen sei, vielleicht um zusätzliche Zeit bäte, vielleicht sogar einen Fluchtversuch unternehmen würde. Nichts dergleichen. Er hatte lächelnd dagesessen und seine Zigarre aufgeraucht. Jetzt, als er über dem Zürichsee stand, begann März zu begreifen, was er empfunden hatte. Es war ihm genug gewesen zu wissen, daß es die Möglichkeit eines anderen Lebens gebe; und ein Tag davon hatte ausgereicht.

Er spürte, wie Charlie sich neben ihn stellte. Sie küßte ihn leicht auf die Wange.

In einem Geschäft am Zürcher Flughafen Kloten stapelten sich bunte Geschenke - Kuckucksuhren, Spielzeugskier, Aschenbecher mit dem eingebrannten Bild des Matterhorns und Pralinen. März suchte sich eine der Schachteln aus, mit Spieluhr, auf deren

Deckel die Worte standen »Unserem geliebten Führer Geburtstagsgrüße, 1964«, und nahm sie mit zum Verkaufstresen, wo
eine mollige Frau mittleren Alters wartete.

»Könnten Sie das für mich einpacken und auf die Post geben?«

»Kein Problem. Schreiben Sie mir nur auf, wohin Sie es wünschen.«

Sie gab ihm einen Vordruck und einen Bleistift, und März
schrieb Hannelore Jägers Namen und Adresse auf. Hannelore
war noch fetter als ihr Mann und liebte Pralinen. Er hoffte,
Max werde den Witz erkennen.

Die Angestellte wickelte die Schachtel mit geübten Fingern
rasch in braunes Papier.

»Verkaufen Sie viel davon?«

»Hunderte. Ihr Deutschen liebt euren Führer wirklich.«

»Ja, das ist wahr.« Er sah sich das Päckchen an. Es war genau
so gepackt wie jenes, das er aus Bühlers Briefkasten genommen
hatte. »Sie führen wohl keine Liste der Adressen, an die Sie solche Päckchen schicken?«

»Das wäre unmöglich.« Sie adressierte es, klebte eine Marke
auf und legte es auf den Haufen hinter ihr.

»Natürlich. Und Sie erinnern sich wahrscheinlich auch nicht
daran, einen älteren Deutschen gegen vier Uhr am Montagnach-
mittag bedient zu haben? Er trägt eine dicke Brille und hat tränende Augen.«

Plötzlich war ihr Gesicht hart vor Mißtrauen. »Wer sind Sie?
Ein Polizist?«

»Es ist unwichtig.« Er zahlte für die Pralinen und auch für
einen Bierkrug, der auf der Seite die Inschrift trug: ICH LIEBE
ZÜRICH.

Luther würde nicht den Weg in die Schweiz gemacht haben,
um das Gemälde wieder in den Banktresor zu *bringen*, überlegte
März. Selbst als Beamter des Außenministeriums im Ruhestand
hätte er niemals ein Päckchen von der Größe mit dem Stempel
»Geheime Reichssache« am Zoll vorbeischmuggeln können. Er
mußte hergekommen sein, um etwas *abzuholen* und wieder mit
nach Deutschland zu nehmen. Und da es sich um seinen ersten
Besuch im Tresor seit einundzwanzig Jahren handelte, und da es

noch drei weitere Schlüssel gab, und da er niemandem traute, mußte er Zweifel empfunden haben, ob sich *das andere Ding* immer noch da befand.

Er stand da und starrte in den Warteraum der Abflughalle und versuchte, sich das Bild des älteren Mannes vorzustellen, der da in das Terminal hastet und seine wertvolle Fracht an sich preßt, während ihm sein schwaches Herz heftig gegen die Rippen schlägt. Die Pralinen mußten eine Erfolgsmeldung gewesen sein: so weit, meine alten Kameraden, so gut. Was mochte er bei sich getragen haben? Keine Gemälde und kein Geld; von beidem hatten sie in Deutschland genug.

»*Papiere.*«

»Was?« Charlie, die auf ihn in dem Menschengewimmel wartete, fuhr erstaunt herum.

»Das muß das Bindeglied gewesen sein, Papiere. Sie waren alle Beamte. Sie haben ihre Leben mit Papieren auf Papier gelebt.«

Er stellte sie sich im Berlin der Kriegszeit vor – wie sie da nachts in ihren Büros saßen und in einer ewigen bürokratischen Schnitzeljagd Memoranden und Protokollnotizen umlaufen ließen, und sich aus Papieren eine Burg schufen. Millionen Deutscher hatten im Kriege gekämpft: in dem eisigen Schlamm der Steppen oder in den Wüsten Libyens oder im klaren Himmel Südenglands oder – wie März – auf See. Diese alten Männer aber hatten ihren Krieg geführt, und hatten geblutet und ihr mittleres Alter vergeudet: *auf Papier.*

Charlie schüttelte den Kopf. »Ich versteh dich nicht.«

»Ich weiß. Vielleicht versteh ich mich. Ich hab dir das hier gekauft.«

Sie wickelte den Krug aus und lachte und drückte ihn ans Herz.

»Ich werde ihn wie einen Schatz hüten.«

Sie gingen rasch durch die Paßkontrolle. Hinter der Schranke drehte März sich zu einem letzten Blick um. Die beiden Schweizer Polizisten sahen vom Flugscheinschalter aus zu. Der eine von ihnen – der, der sie vor Zauggs Villa gerettet hatte – hob die Hand. März winkte zurück.

Ihre Flugnummer wurde zum letzten Mal aufgerufen: »*Passagiere für den Lufthansaflug 227 nach Berlin bitte umgehend...*«

Er ließ den Arm sinken und wandte sich dem Abflugausgang zu.

ZWEI

Während dieses Fluges kein Whisky, dafür aber Kaffee – viel und stark und schwarz. Charlie versuchte, eine Zeitung zu lesen, schlief aber ein. März war zu erregt, um zu ruhen.

Er hatte ein Dutzend leerer Seiten aus seinem Notizbuch gerissen, und sie dann in Hälften gerissen, und dann nochmal in Hälften. Nun hatte er die Stücke auf dem Plastiktischchen vor sich ausgebreitet. Auf jedes hatte er einen Namen geschrieben, ein Datum, einen Vorfall. Jetzt sortierte er sie unaufhörlich – den Anfang ans Ende, das Ende in die Mitte, die Mitte an den Anfang –, und eine Zigarette hing ihm von den Lippen, und Rauch umwirbelte ihn, und sein Kopf stak in den Wolken. Für die anderen Passagiere, von denen einige verstohlen und neugierig zu ihm hinblickten, mußte es aussehen, als ob er eine besonders irrsinnige Form von Patience spielte.

Juli 1942. An der Ostfront hat die Wehrmacht ihre Operation »Blau« begonnen: jene Offensive, die schließlich den Krieg für Deutschland gewinnen wird. Amerika steckt von den Japanern schwere Prügel ein. Die Briten bombardieren die Ruhr und kämpfen in Nordafrika. In Prag erholt Reinhard Heydrich sich von einem Attentatsversuch.

Also: Gute Tage für die Deutschen, vor allem für jene in den besetzten Gebieten. Elegante Wohnungen, Geliebte, Bestechungen – Kisten voller Beute nach Hause zu schicken. Korruption von oben bis unten; vom Gefreiten bis zum Kommissar; vom Alkohol bis zu Altären. Bühler, Stuckart und Luther haben eine besonders raffinierte Gaunerei aufgezogen. Bühler beschlagnahmt Kunstgegenstände im Generalgouvernement, schickt sie unter falschen Bezeichnungen an Stuckart ins Innenministerium – besonders sicher, denn wer würde es wagen, die Post so mächtiger Diener des Rei-

ches aufzumachen? Luther schmuggelt die Gegenstände ins Ausland, um sie zu verkaufen – wiederum sicher, denn wer würde es wagen, den Chef der Deutschlandabteilung des Außenministeriums aufzufordern, seine Koffer zu öffnen? Alle drei gehen in den fünfzigern in den Ruhestand, reiche und geachtete Männer.

Und dann 1964: Katastrophe.

März sortierte seine Papierstückchen neu, und wieder neu.

Am Freitag, dem 11. April, treffen sich die drei Verschwörer in Bühlers Villa: das erste Anzeichen, das auf Panik hindeutet...

Nein. So stimmte das nicht. Er blätterte durch seine Notizen zurück, bis zu Charlies Bericht über ihr Gespräch mit Stuckart. Natürlich.

Am Donnerstag, dem 10. April, am Tag vor dem Treffen, steht Stuckart in der Bülowstraße und notiert sich die Nummer des Telefons in der Zelle gegenüber der Wohnung von Charlotte Maguire. Damit geht er am Freitag in Bühlers Villa. Etwas Schreckliches bedroht sie, so daß die drei Männer das Undenkbare erwägen: in die Vereinigten Staaten von Amerika zu desertieren. Stuckart legt das Verfahren fest. Der Botschaft können sie nicht trauen, weil Kennedy sie mit seinen Beschwichtigern vollgestopft hat. Sie brauchen eine direkte Verbindung mit Washington. Stuckart hat die: Michael Maguires Tochter. Das ist abgesprochen. Am Samstag ruft Stuckart das Mädchen an, um ein Treffen zu vereinbaren. Am Sonntag fliegt Luther in die Schweiz: nicht um Bilder oder Gelder zu holen, wovon sie in Berlin im Überfluß haben, sondern um etwas abzuholen, das dort während der drei Besuche zwischen dem Sommer 1942 und dem Frühling 1943 eingelagert worden ist.

Aber es ist schon zu spät. Zu der Zeit, da Luther sich absetzte, die Botschaft aus Zürich schickte, in Berlin landete, waren Bühler und Stuckart bereits tot. Und also entschloß er sich, zu verschwinden und das mitzunehmen, was er aus dem Tresor in Zürich geholt hatte.

März lehnte sich zurück und erwog sein halbfertiges Puzzle. Das war eine Version der Ereignisse, die ebenso wahrscheinlich war wie jede andere.

Charlie seufzte und bewegte sich im Schlaf, und kuschelte sich zurecht, um ihren Kopf an seine Schulter zu lehnen. Er küßte ihr Haar. Heute war Freitag. Führertag war Montag. Er hatte nur noch das Wochenende. »O mein liebes Fräulein Maguire«, murmelte er. »Ich fürchte, wir haben an der falschen Stelle gesucht.«

»Meine Damen und Herren! In Kürze beginnen wir mit der Landung auf dem Flughafen Hermann Göring. Bitte stellen Sie Ihre Sitze wieder aufrecht und klappen Sie die Tischen vor sich hoch...«
März zog seine Schulter vorsichtig, um sie nicht zu wecken, unter Charlies Kopf vor, sammelte seine Papierstückchen ein und machte sich unsicher auf den Weg in den hinteren Teil des Flugzeugs. Ein Junge in der Uniform der Hitlerjugend kam aus der Toilette und hielt ihm höflich die Tür auf. März nickte, ging hinein und schloß hinter sich ab. Ein schwaches Licht flackerte.

Das kleine Abteil stank nach ewig wiederaufbereiteter schaler Luft; nach billiger Seife; nach Fäkalien. Er hob den Deckel des metallenen Klosetts hoch und ließ die Papierstückchen hineinfallen. Das Flugzeug bockte und schüttelte sich. Ein Warnlicht ging mit einem *Ping* an. ACHTUNG! KEHREN SIE AUF IHREN SITZ ZURÜCK! Die Turbulenz ließ seinen Magen hochkommen. Hatte Luther sich so gefühlt, als sein Flugzeug auf Berlin heruntersank? Das Metall fühlte sich feuchtkalt an. Er drückte auf einen Hebel, und das Klosett wurde geflutet und seine Notizen von einem Wirbel blauen Wassers aus der Sicht gesogen.

Die Lufthansa hatte die Toilette nicht mit Handtüchern, sondern mit feuchten kleinen Papiertüchern ausgestattet, die mit irgendeiner widerwärtigen Flüssigkeit imprägniert waren! März wischte sich durchs Gesicht. Er konnte die Hitze seiner Haut durch die glitschige Textur fühlen. Wieder eine Vibration, als ob ein U-Boot mit Tiefenbomben angegriffen würde. Sie gingen schnell runter. Er preßte sein brennendes Gesicht gegen den kühlen Spiegel. *Abtauchen, abtauchen, abtauchen...*

Sie war wach und zog sich einen Kamm durch ihr dichtes Haar. »Ich dachte schon, du wärest abgesprungen.«

»Stimmt, der Gedanke ist mir auch gekommen.« Er befestigte seinen Sitzgurt. »Aber vielleicht bist du meine Rettung.«

»Du sagst die nettesten Sachen.«

»Ich sagte ›vielleicht‹.« Er nahm ihre Hand. »Hör zu. Bist du sicher, daß Stuckart dir gesagt hat, er sei am *Donnerstag* gekommen, um sich die Nummer des Telefons gegenüber deiner Wohnung aufzuschreiben?«

Sie dachte einen Augenblick lang nach. »Ja, ich bin sicher. Ich erinnere mich, daß mich das denken ließ: Dieser Mann meint es ernst, der hat seine Hausaufgaben gemacht.«

»Das denk ich mir auch. Die Frage ist nur, ob Stuckart auf eigene Rechnung gehandelt hat – ob er versucht hat, sich seine eigene Fluchtroute aufzubauen – oder ob er dich angerufen hat im Verlauf einer Aktion, die er zuvor mit den anderen abgesprochen hatte?«

»Spielt das eine Rolle?«

»Und ob. Denk mal nach. Wenn er sich mit den anderen am Freitag abgesprochen hat, bedeutet das, daß Luther vielleicht weiß, wer du bist, und das Verfahren kennt, mit dir in Kontakt zu treten.«

Sie zog ihre Hand überrascht zurück. »Aber das ist doch verrückt. Er würde mir niemals trauen.«

»Du hast recht, es ist verrückt.« Sie waren durch eine Wolkenschicht hinabgestoßen; darunter lag eine weitere. März konnte die Spitze der Großen Halle durch sie emporstechen sehen, als wäre es die Spitze eines Helmes. »Aber nimm mal an, Luther lebt noch irgendwo da unten, welche Möglichkeiten hat er dann? Der Flughafen wird überwacht. Ebenso die Häfen, die Bahnhöfe, die Grenzen. Er kann nicht wagen, direkt in die amerikanische Botschaft zu gehen, nicht nach dem ganzen Rummel um den Kennedy-Besuch. Was also kann er tun?«

»Das glaub ich einfach nicht. Er hätte mich am Dienstag anrufen können oder am Mittwoch. Oder am Donnerstag morgen. Warum sollte er warten?«

Doch er konnte den Zweifel in ihrer Stimme hören. Er dachte: Du *willst* es nicht glauben. Du hast geglaubt, du wärest schlau, als du in Zürich nach deiner Geschichte gesucht hast, aber während der ganzen Zeit könnte deine Geschichte in Berlin nach dir gesucht haben.

Sie hatte sich von ihm abgewendet, um durch das Fenster zu blicken.

März fühlte sich plötzlich entmutigt. In Wahrheit kannte er sie trotz allem kaum. Er sagte: »Der Grund, warum er gewartet haben könnte, ist, daß er versucht hat, einen besseren, einen sichereren Weg zu finden. Wer weiß? Vielleicht hat er einen gefunden.«

Sie antwortete nicht.

Sie landeten kurz vor zwei Uhr in Berlin im Nieselregen. Am Ende der Rollbahn trieb, als die Junkers wendete, die Feuchtigkeit quer über das Fenster und hinterließ Ketten aus Tröpfchen. Das Hakenkreuz über dem Ankunftsgebäude hing schlaff in der Nässe.

An der Paßkontrolle gab es zwei Schlangen: eine für Deutsche und für Bürger der Europäischen Gemeinschaft, und eine andere für den Rest der Welt.

»Hier müssen wir uns trennen«, sagte März. Er hatte sie mit einiger Schwierigkeit überredet, ihn ihren Koffer tragen zu lassen. Nun gab er ihn ihr zurück. »Was machst du?«

»In meine Wohnung fahren, nehme ich an, und auf den Anruf warten. Und du?«

»Ich glaube, ich verschaff mir eine Geschichtsstunde.« Sie sah ihn verständnislos an. Er sagte: »Ich ruf dich später an.«

»Mach das bitte.«

Ein Überrest des alten Mißtrauens war zurückgekehrt. Er konnte es in ihren Augen sehen und spüren, wie sie es in seinen suchte. Er wollte etwas sagen, um sie zu beruhigen, so was wie »Mach dir keine Sorgen. Ein Geschäft ist ein Geschäft.«

Sie nickte. Ein unbehagliches Schweigen. Dann stellte sie sich plötzlich auf die Zehenspitzen und rieb ihre Wange gegen seine. Sie war gegangen, ehe er sich eine Antwort ausdenken konnte.

Die Reihe der zurückkehrenden Deutschen schlurfte einer nach dem anderen schweigend heim ins Reich. März wartete mit hinter dem Rücken gefalteten Händen geduldig, während sein Reisepaß überprüft wurde. An diesen letzten Tagen vor Führers Geburtstag waren die Grenzkontrollen immer schärfer, die Beamten immer nervöser.

Die Augen des Grenzschutzbeamten waren im Schatten seines Augenschirms verborgen. »Der Herr Sturmbannführer ist schon drei Stunden vor der Zeit zurück.« Er zog eine dicke schwarze Linie durch das Visum, kritzelte »Ungültig« darüber und gab den Paß zurück. »Willkommen daheim.«

In der vollen Halle sah sich März nach Charlie um, aber er konnte sie nicht sehen. Vielleicht hatten sie sich geweigert, sie wieder ins Land zu lassen. Er hoffte es fast: Es würde sicherer für sie sein.

Der Grenzschutz öffnete jede Tasche. Niemals zuvor hatte er solche Sicherheitsmaßnahmen gesehen. Es war ein Chaos. Die Passagiere wirbelten und stritten sich um die Kleiderhaufen herum, die Halle sah aus wie ein indischer Basar. Er wartete, bis er dran war.

Erst nach drei erreichte März die Gepäckaufbewahrung und bekam seinen Koffer zurück. In der Toilette zog er wieder seine Uniform an, legte seine Zivilsachen zusammen und verstaute sie. Er kontrollierte seine Luger und schob sie in den Halfter. Als er ging, sah er sich selbst im Spiegel. Eine vertraute schwarze Gestalt.

Willkommen daheim.

DREI

Wenn die Sonne schien, nannte die Partei das »Führerwetter«. Für Regen hatte sie keinen Namen.

Dennoch war verordnet worden, daß dieser Nachmittag, ob Nieselregen oder nicht, der Beginn der dreitägigen Feiern sein sollte. Und so machte sich das Volk mit verbissener nationalsozialistischer Entschlossenheit ans Feiern.

März fuhr in einem Taxi südwärts durch Wedding. Dies war das Berlin der Arbeiter, in den zwanzigern eine kommunistische Hochburg. Die Fabriksirenen hatten als festliche Geste eine Stunde früher als gewöhnlich gegellt. Jetzt waren die Straßen voller durchnäßter Feiernder. Die Blockwarte waren tätig gewesen. Von jedem zweiten oder dritten Gebäude hing eine Fahne herab – meistens das Hakenkreuz, manchmal aber auch ein Banner mit Schlagworten, das zwischen den eisernen Balkonen an den festungsähnlichen Wohnblocks ausgespannt war. DIE ARBEITER VON BERLIN GRÜSSEN DEN FÜHRER ZU SEINEM 75. GEBURTSTAG! LANG LEBE DIE RUHMREICHE NATIONALSOZIALISTISCHE REVOLUTION! LANG LEBE UNSER FÜHRER UND REICHSKANZLER ADOLF HITLER! Die Hinterstraßen befanden sich in einem Farbtaumel und pulsierten zum *uhm-pah!* der örtlichen SS-Kapellen. Und das war erst der Freitag. März fragte sich, was die Behörden von Wedding wohl für den eigentlichen Tag geplant haben mochten.

Während der Nacht hatte ein rebellischer Geist an der Ecke Wolffstraße in weißer Schrift ein Graffiti hinzugefügt: WER SICH NICHT FREUT, WIRD ERSCHOSSEN! Eine Gruppe beunruhigter Braunhemden bemühte sich, das abzuwaschen.

März benutzte das Taxi bis zum Fritz-Todt-Platz. Sein Volkswagen stand immer noch vor Stuckarts Wohnung, wo er ihn vorgestern abend geparkt hatte. Er blickte zum vierten Stockwerk hoch. Jemand hatte alle Vorhänge zugezogen.

Am Werderschen Markt verstaute er den Koffer in seinem Büro und rief den wachhabenden Beamten an. Martin Luther war noch nicht aufgefunden worden.

Krause sagte: »Unter uns, März, Globus treibt uns alle in den heulenden Wahnsinn. Tobt hier alle halbe Stunde rein und rast und brüllt, daß irgendwer ins KZ wandern müsse, wenn er keine Ergebnisse bekomme.«

»Der Herr Obergruppenführer ist ein sehr hingebungsvoller Offizier.«

»Natürlich, ja, das ist er.« Krauses Stimme war plötzlich voller Panik. »Ich wollte doch keineswegs andeuten ...«

März hängte auf. Wer immer seine Telefongespräche abhörte, hatte jetzt etwas zum Nachdenken.

Er schleppte die Schreibmaschine zu seinem Schreibtisch und zog ein einzelnes Blatt Papier ein. Er zündete sich eine Zigarette an.

An: Artur Nebe, SS-Oberstgruppenführer, Reichskriminalpolizei
Von: X. März, SS-Sturmbannführer   17. 4. 64

1. Ich beehre mich, Ihnen mitzuteilen, daß ich um 10 Uhr am heutigen Morgen die Geschäftsstelle von Zaugg & Cie, Bankiers, Bahnhofstraße, Zürich, betreten habe.

2. Das Nummernkonto, über dessen Existenz wir gestern gesprochen haben, wurde vom Unterstaatssekretär im Außenministerium Martin Luther am 8. 7. 42 eröffnet. Es wurden vier Schlüssel ausgegeben.

3. In der Folge wurde die Box bei drei Gelegenheiten geöffnet: 17. 12. 42, 9. 8. 43, 13. 4. 64.

4. Bei der Untersuchung durch mich stellte sich heraus, daß die Box

März lehnte sich auf seinem Stuhl zurück und blies ein paar saubere Rauchringe gegen die Decke. Der Gedanke an jenes Gemälde in den Händen von Nebe – inmitten seiner Sammlung bombastischer süßlicher Schmutzler und Kirchner – war abstoßend, war geradezu ein Sakrileg. Besser es seinem Frieden in der Dunkelheit zu belassen. Er ließ seine Finger einen Augenblick lang auf den Tasten der Schreibmaschine ruhen und schrieb dann

nichts enthielt.

Er drehte das Papier aus der Maschine, unterzeichnete es und versiegelte es in einem Briefumschlag. Er rief Nebes Büro an und wurde angewiesen, es persönlich und sofort zu überbringen. Er hängte auf und starrte aus dem Fenster auf die Ziegelaussicht.

Warum nicht?

Er stand auf und suchte in den Bücherregalen, bis er das *Verzeichnis der Fernsprechteilnehmer für den Großraum Berlin* fand. Er nahm es herab und suchte eine Nummer, die er vom Büro daneben anrief, um nicht abgehört zu werden.

Eine Männerstimme antwortete: »Reichsarchiv.«

Zehn Minuten später versanken seine Stiefel in dem sanften Sumpf von Artur Nebes Büroteppich.

»Glauben Sie an Zufälle, März?«

»Nein, Herr Oberstgruppenführer.«

»Nein«, sagte Nebe. »Gut. Ich auch nicht.« Er legte sein Vergrößerungsglas hin und schob März' Bericht zur Seite. »Ich glaube nicht, daß zwei Beamte im Ruhestand gleichen Alters und Ranges *rein zufällig* beschließen, Selbstmord zu begehen, um nicht als korrupt entlarvt zu werden. Mein Gott« – er stieß ein kleines scharfes Lachen aus –, »wenn jeder Regierungsbeamte in Berlin sich dazu entschlösse, lägen die Straßen hochgestapelt voller Toter. Und sie sind auch nicht *rein zufällig* in der Woche ermordet worden, in der ein amerikanischer Präsident ankündigt, er wolle uns mit seinem Besuch beglücken.«

Er schob seinen Sessel zurück und hinkte zu einem kleinen Bücherschrank, in dem die heiligen Schriften des Nationalsozialismus standen: *Mein Kampf*, Rosenbergs *Mythus des XX. Jahrhunderts*, Goebbels' *Tagebücher* ... Er drückte auf einen Knopf, der

Bücherschrank schwang auf und enthüllte einen Getränkeschrank. Die Bände, sah März jetzt, waren lediglich auf Holz geklebte Bücherrücken.

Nebe goß sich einen großen Wodka ein und kehrte an seinen Schreibtisch zurück. März stand immer noch davor, weder ganz stramm noch ganz gelockert.

»Globus arbeitet für Heydrich«, sagte Nebe. »Das ist einfach. Globus würde sich nicht mal den eigenen Arsch abwischen, bevor Heydrich ihm sagt, jetzt sei es an der Zeit dazu.«

März sagte nichts.

»Und Heydrich arbeitet die meiste Zeit für den Führer, und während der ganzen Zeit arbeitet er für sich . . .«

Nebe hob den schweren Schwenker an die Lippen. Seine Eidechsenzunge fuhr in den Wodka und spielte mit ihm. Er schwieg für eine Weile. Dann sagte er: »Wissen Sie, warum wir den Amerikanern Honig ums Maul schmieren, März?«

»Nein, Herr Oberstgruppenführer.«

»Weil wir in der Scheiße stecken. Hier ist was, das Sie nicht in den Zeitungen des kleinen Doktors lesen werden. Himmlers Plan war, zwanzig Millionen Siedler im Osten bis 1960. Neunzig Millionen bis Ende des Jahrhunderts. Schön. Gut, wir haben sie also richtig hingebracht. Die Schwierigkeit ist nun, daß die Hälfte wieder zurück will. Betrachten Sie dieses Stückchen kosmischer Ironie, März: Lebensraum, in dem niemand leben möchte. Terrorismus« – er gestikulierte mit der Hand, das Eis im Glase klingelte –, »ich brauche einem Kripo-Beamten nicht zu erzählen, wie ernst der Terrorismus geworden ist. Die Amerikaner stellen Geld und Waffen und Ausbildung zur Verfügung. Sie ermöglichen es den Roten, seit zwanzig Jahren weiterzumachen. Und was uns angeht: Die Jungen wollen nicht kämpfen, und die Alten wollen nicht arbeiten.«

Ob solcher Torheit schüttelte er sein graues Haupt, fischte sich einen Eiswürfel aus dem Schwenker und saugte geräuschvoll daran.

»Heydrich ist verrückt nach diesem Amerikageschäft. Er würde morden, damit es glatt geht. Ist es das, was hier läuft, März? Bühler, Stuckart, Luther – stellten die dafür irgendeine Bedrohung dar?«

Nebes Blicke durchforschten sein Gesicht. März sah starr geradeaus.

»Sie sind selbst eine Ironie, März. Haben Sie schon mal darüber nachgedacht?«

»Nein, Herr Oberstgruppenführer.«

»»Nein, Herr Oberstgruppenführer‹.« Nebe machte ihn spöttisch nach. »Na schön, dann tun Sie es jetzt. Wir haben uns aufgemacht, eine Generation von Übermenschen hervorzubringen, um ein Reich zu beherrschen, ja? Wir haben sie geschult, harte Logik anzuwenden – erbarmungslos, sogar grausam. Erinnern Sie sich, was der Führer einmal gesagt hat? ›Mein größtes Geschenk an die Deutschen ist, daß ich sie gelehrt habe, klar zu denken.‹ Und was geschieht? Ein paar von euch – vielleicht die besten von euch – fangen an, dieses erbarmungslose klare Denken gegen *uns* zu richten. Ich sage Ihnen, ich bin froh, daß ich ein alter Mann bin. Ich fürchte die Zukunft.« Er blieb eine Minute lang ruhig, in seine eigenen Gedanken verloren.

Schließlich nahm der enttäuschte alte Mann sein Vergrößerungsglas wieder auf. »Dann soll es also Korruption sein.« Er las noch einmal März' Bericht, zerriß ihn und ließ ihn in seinen Papierkorb fallen.

Clio, die Muse der Geschichte, bewachte das Reichsarchiv: eine amazonenhafte Nackte, entworfen von Adolf Ziegler, dem »Reichsmeister des Schamhaares«. Sie blickte mit gerunzelter Stirn über die Siegesallee zur Halle der Soldaten, vor dem eine lange Schlange von Touristen darauf wartete, an den Gebeinen Friedrichs des Großen vorbeizuziehen. Tauben hockten auf den Abhängen ihrer mächtigen Brüste wie Bergsteiger auf einem Gletscher. Hinter ihr war über dem Eingang zum Archiv eine Inschrift eingemeißelt worden, Blattgold auf poliertem Granit. Ein Zitat des Führers: FÜR EINE JEDE NATION IST DIE RICHTIGE GESCHICHTE 100 DIVISIONEN WERT.

Rudolf Halder führte März ins Innere und hinauf in den dritten Stock. Er stieß eine Doppeltür auf und trat beiseite, um ihn einzulassen. Ein Korridor mit Steinwänden und Steinfußboden schien sich ins Unendliche zu erstrecken.

»Ganz schön eindrucksvoll, was?« An seinem Arbeitsplatz sprach Halder mit der Stimme des professionellen Historikers, die gleichzeitig Stolz und Sarkasmus vermittelte. »Wir nennen diesen Stil pseudoteutonisch. Es wird dich nicht überraschen, daß dieses das größte Archivgebäude auf Erden ist. Über uns zwei Stockwerke Verwaltung. Auf diesem Stockwerk: die Büros der Forscher und Lesesäle. Unter uns: *sechs* Stockwerke voller Dokumente. Du schreitest hier, mein Freund, über die Geschichte des Vaterlandes. Ich für meinen Teil hüte Clios Lampe da drinnen.«

Es war eine Mönchszelle: klein, ohne Fenster, die Wände aus Granitblöcken. Papiere stapelten sich auf dem Tisch zu halbmeterhohen Haufen und flossen auf den Boden über. Überall Bücher – einige Hundert –, und aus jedem sproß ein Dickicht aus Merkzetteln hervor: Papierfetzen in allen Farben, Straßenbahnfahrscheine, Stückchen von Zigarettenschachteln, verbrauchte Streichhölzer.

»Die Aufgabe des Historikers. Aus Chaos noch mehr Chaos zu machen.« Halder hob einen Stapel alter Armeezeitungen von dem einsamen Stuhl, wedelte den Staub ab und winkte März, sich zu setzen.

»Ich brauche deine Hilfe, Rudi – schon wieder.«

Halder hockte sich auf die Ecke seines Schreibtischs. »Monatelang hab ich nichts von dir gehört, und dann plötzlich zweimal in einer Woche. Ich vermute, es hat wieder mit der Bühler-Sache zu tun. Ich hab die Todesanzeige gesehen.«

März nickte. »Ich sollte dir jetzt sagen, daß du mit einem Aussätzigen sprichst. Du könntest dich schon allein dadurch, daß du dich mit mir triffst, in Gefahr bringen.«

»Das macht es nur um so faszinierender.« Halder legte seine langen Finger gegeneinander und knackte mit den Gelenken. »Also los.«

»Das wird dich wirklich fordern.« März hielt inne und holte Atem. »Drei Männer: Bühler, Wilhelm Stuckart und Martin Luther. Die ersten beiden tot; der dritte auf der Flucht. Alle drei hohe Beamte, wie du weißt. Im Sommer 1942 haben sie ein Bankkonto in Zürich eröffnet. Zuerst habe ich angenommen, sie hätten da Schätze von Geld oder Kunstwerken versteckt – Bühler steckte, wie du vermutet hast, bis über beide Ohren in der Korruption –, aber jetzt vermute ich, daß es wahrscheinlich Dokumente waren.«

»Welche Art von Dokumenten?«

»Keine Ahnung.«

»Gefährliche?«

»Vermutlich.«

»Du hast da von Anfang an ein Problem. Du sprichst von drei verschiedenen Ministerien – Äußeres, Inneres und Generalgouvernement, das im übrigen kein wirkliches Ministerium ist. Das sind Tonnen von Dokumenten. Und das meine ich wörtlich, Xavi – Tonnen.«

»Hast du deren Unterlagen hier?«

»Äußeres und Inneres ja. Die vom Generalgouvernement sind in Krakau.«

»Hast du Zugang zu ihnen?«

»Amtlich – nein. Inoffiziell . . .« Er wedelte mit seiner knochigen Hand. ». . . Vielleicht, wenn ich Glück habe. Aber, Xavi, es würde ein Leben lang dauern, sie auch nur durchzusehen. Was sollen wir denn deiner Meinung nach tun?«

»Irgendwo in ihnen müssen Hinweise stecken. Vielleicht fehlen Unterlagen.«

»Aber das ist eine unmögliche Aufgabe.«

»Ich hab dir doch gesagt, es wird uns fordern.«

»Und wie schnell müssen diese ›Hinweise‹ entdeckt werden?«

»Ich muß sie heute nacht finden.«

Halder gab einen explosiven Laut von sich, eine Mischung aus Ungläubigkeit, Ärger und Hohn. März sagte ruhig: »Rudi, in drei Tagen werden sie mich vor ein SS-Ehrengericht stellen. Du weißt, was das bedeutet. *Ich muß sie jetzt finden.*«

Halder sah ihn einen Augenblick lang an, unwillig zu glauben, was er da hörte, wandte sich dann ab und murmelte: »Laß mich nachdenken . . .«

März sagte: »Kann ich rauchen?«

»Im Flur. Nicht hier drin – dieses Zeugs ist unersetzlich.«

Während März rauchte, konnte er hören, wie Halder in seinem Büro hin und her ging. Er sah auf seine Uhr. Sechs Uhr. Der lange Korridor war verlassen. Die meisten Mitarbeiter mußten schon nach Hause gegangen sein, um das Ferienwochenende zu beginnen. März versuchte zwei Bürotüren, doch sie waren beide verschlossen. Die dritte war offen. Er nahm den Telefonhörer ab, lauschte auf das Zeichen und wählte dann neun. Das Zeichen änderte sich: eine Amtsleitung. Er wählte Charlies Nummer. Sie antwortete sofort.

»Ich bin's. Geht's dir gut?«

Sie sagte: »Mir geht's gut. Ich habe was entdeckt – nur eine Kleinigkeit.«

»Erzähl mir nichts davon. Ich rede später mit dir.« Er versuchte, an etwas anderes zu denken, was er sagen könnte, aber sie hatte den Hörer schon aufgelegt.

Jetzt war Halder am Telefon, seine fröhliche Stimme hallte durch den steinernen Korridor. »Eberhard? Schönen guten Abend ... Wohl wahr, keine Ruhe für manche von uns. Eine schnelle Frage, wenn ich darf. Die Serien des Innenministeriums ... Oh, schon gemacht? Ausgezeichnet. Auf Bürobasis? ... Aha. Hervorragend. Und das ist alles schon gemacht? ...«

März lehnte sich mit geschlossenen Augen gegen die Wand und versuchte, nicht an den Ozean aus Papieren unter seinen Füßen zu denken. Mach schon, Rudi. *Mach schon.*

Er hörte eine Glocke schlagen, als Halder auflegte. Einige Sekunden später erschien Rudi im Korridor und zog sich die Jacke an. Eine Reihe von Bleistiftköpfen ragte aus seiner Brusttasche. »Ein kleines bißchen Glück. Meinem Kollegen zufolge sind die Akten des Innenministeriums wenigstens schon katalogisiert worden.« Er ging rasch den Korridor entlang. März lief neben ihm her.

»Und was bedeutet das?«

»Das bedeutet, daß es einen Zentralindex geben müßte, aus dem wir entnehmen können, welche Akten wirklich über Stuckarts Schreibtisch gegangen sind und wann.« Er hämmerte auf die Knöpfe des Fahrstuhls. Nichts rührte sich. »Sieht so aus, als hätten sie das Ding über Nacht abgestellt. Wir müssen laufen.«

Als sie die breite Wendeltreppe hinabklapperten, rief Halder: »Dir ist ja wohl klar, daß das gegen alle Regeln ist? Ich hab die Zulassung für Militär, Ostfront, nicht für Verwaltung, Inneres. Wenn wir angehalten werden, mußt du der Sicherheit ein Garn über Polizeiarbeit vorspinnen – irgendwas, wozu sie Stunden brauchen, um es nachzuprüfen. Was mich angeht, ich bin nur ein armer Trottel, der dir einen Gefallen tut, klar?«

»Weiß ich zu schätzen. Wie weit noch?«

»Wir müssen bis ganz runter.« Halder schüttelte den Kopf. »Ein Ehrengericht! Mein Gott, Xavi, was ist bloß mit dir los?«

Sechzig Meter unter der Erde zirkulierte die Luft kühl und trocken und waren die Lampen gedämpft, um die Archive zu schonen. »Man sagt, das hier sei so gebaut worden, daß es dem direkten Einschlag einer amerikanischen Rakete widerstehen könnte«, sagte Halder.

»Was ist hier hinter?«

März zeigte auf eine Stahltür, die mit Warnschildern bedeckt war. »ACHTUNG! UNBEFUGTEN IST DER ZUTRITT VERBOTEN!« und »EINTRITT VERBOTEN!« und »DER AUSWEIS IST VORZUZEIGEN«.

»Die richtige Geschichte ist 100 Divisionen wert‹, erinnerst du dich? Da geht die falsche Geschichte hin. Scheiße. Paß auf.«

Halder zerrte März in einen Durchgang. Ein Sicherheitsmann kam auf sie zu, gebeugt wie ein Bergmann in einem Flöz, er schob eine Metallkarre vor sich her. März war überzeugt, daß er sie sehen werde, aber er ging vor Anstrengung stöhnend einfach vorüber. Er blieb an der Metallschranke stehen und schloß sie auf. Ein flüchtiger Blick auf einen Hochofen, das Gebrüll von Flammen, bevor sich die Tür klirrend hinter ihm wieder schloß.

»Komm, gehen wir.«

Als sie weitergingen, erklärte ihm Halder das Verfahren. Das Archiv arbeitete nach den Grundsätzen eines Warenhauses. Aktenanforderungen wurden an eine zentrale Bearbeitungsstelle auf jedem Stockwerk gerichtet. Dort befand sich in Schubladen von einem Meter Höhe und zwanzig Zentimetern Breite der Hauptindex. Neben jeder Aktennummer stand eine Lagernummer. Die Bestände selbst befanden sich in feuersicheren Lagerräumen, die neben der Bearbeitungsstelle lagen. Das ganze Geheimnis sei, sagte Halder, sich im Index auszukennen. Er ging die Front der dunkelroten Lederrücken ab, klopfte gegen jeden mit seinem Finger, bis er den einen gefunden hatte, den er suchte, und schleppte ihn zum Schreibtisch des Stockwerksleiters.

März war einmal auf einem Flugzeugträger unter Deck gewesen, der *Großadmiral Räder.* Die Tiefen des Reichsarchivs erinnerten ihn daran: niedrige Decken über die Lampenreihen liefen, und das Gefühl, etwas Gewaltiges erdrücke einen. Neben dem Arbeitstisch: ein Fotokopierer – in Deutschland ein seltener Anblick, da man deren Verteilung scharf überwachte, um die subversive Herstellung verbotener Literatur zu unterbinden. Ein Dutzend leerer Karren stand neben dem Aufzugschacht. Er konnte in jede Richtung fünfzig Meter weit sehen. Der Bereich war verlassen.

Halder stieß einen Triumphschrei aus. »Staatssekretär, Büroakten 1939-1950. O Gott: vierhundert Kästen. Welche Jahre willst du sehen?«

»Das Schweizer Bankkonto ist im Juli 1942 eröffnet worden, sagen wir also die ersten sieben Monate dieses Jahres.«

Halder drehte die Seite um und sprach mit sich selbst. »Aha. Ich sehe, wie sie das gemacht haben. Sie haben die Unterlagen in vier Serien geteilt: Bürokorrespondenz, Protokolle und Denkschriften, Gesetze und Erlasse, Personalfragen . . .«

»Ich suche nach etwas, das Stuckart mit Bühler und Luther in Verbindung bringt.«

»In dem Fall sollten wir mit der Bürokorrespondenz anfangen. Das sollte uns ein Gefühl dafür geben, was sich damals abgespielt hat.« Halder kritzelte Notizen. »D/15/M/28-34. Alsdann. Auf geht's.«

Lagerraum D lag zwanzig Meter weiter zur Linken. Ablagenummer 15, Abschnitt M, befand sich genau in der Mitte des Raumes. Halder sagte: »Nur sechs Kästen, Gott sei Dank. Nimm du Januar bis April, ich übernehme Mai bis August.«

Die Kästen waren aus Pappkarton, jeder so groß wie eine große Schreibtischschublade. Es gab keinen Tisch, also setzten sie sich auf den Fußboden. Den Rücken gegen das Metallregal gepreßt, öffnete März den ersten Karton, nahm eine Handvoll Papiere heraus und begann zu lesen.

Manchmal braucht man im Leben etwas Glück.

Das erste Dokument war ein Brief vom 2. Januar, vom Unterstaatssekretär im Luftfahrtministerium, und betraf die Ausgabe von Luftschutzmasken an den Reichsluftschutzbund. Der zweite vom 4. Januar kam aus dem Amt für den Vierjahresplan und beschäftigte sich mit der angeblich ungenehmigten Ausgabe von Benzin an hohe Regierungsbeamte.

Der dritte war von Reinhard Heydrich.

März erblickte zunächst die Unterschrift – ein eckiges spinnenhaftes Gekritzel. Dann wanderten seine Augen zum Briefkopf – Reichssicherheitshauptamt, Berlin SW 11, Prinz-Albrecht-Straße – und dann zum Datum: 6. Januar 1942. Und erst dann zum Text:

> Hiermit wird bestätigt, daß die gemeinsame Besprechung mit anschließendem Mittagessen, das ursprüglich für den 9. Dezember 1941 angesetzt war, nunmehr auf den 20. Januar 1942 im Büro der Kommission der Internationalen Kriminalpolizei, Berlin, Am Großen Wannsee, Nr. 56/58, verschoben worden ist.

März durchblätterte die anderen Briefe in dem Kasten: Kohlepapierdurchschläge und crèmefarbene Originale, beeindruckende Briefköpfe – Reichskanzlei, Wirtschaftsministerium, Organisation Todt; Einladungen zu Essen und Treffen; Bitten, Forderungen, Rundschreiben. Aber da war nichts mehr von Heydrich.

März gab Halder den Brief: »Was meinst du dazu?«

Halder runzelte die Stirn: »Ungewöhnlich, ich würde sagen, daß das Reichssicherheitshauptamt ein Treffen von Regierungsbehörden einberuft.«

»Können wir herausfinden, über was sie gesprochen haben?«

»Sollte möglich sein. Wir wollen es über die Querverweise zu den Protokollen und Denkschriften versuchen. Laß mal sehen: 20. Januar . . .«

Halder zog seine Notizen zu Rate, stand auf und ging am Regal entlang. Er zog einen anderen Kasten heraus, kam damit zurück und setzte sich mit gekreuzten Beinen nieder. März sah ihm zu, wie er den Inhalt durchblätterte. Plötzlich hielt er inne. Er sagte langsam: »Mein Gott . . .«

»Was ist?«

Halder gab ihm ein einzelnes Blatt Papier, auf das getippt war:

> Im Interesse der Staatssicherheit wurde auf Anweisung des Reichsführers SS das Protokoll des zwischenbehördlichen Treffens vom 20. Januar 1942 entfernt.

Halder sagte: »Sieh dir das Datum an.«

März tat es. Das Datum war der 6. April 1964. Das Protokoll war vor 11 Tagen von Heydrich entfernt worden.

»Kann der das – legal, meine ich?«

»Die Gestapo kann aus Sicherheitsgründen aussondern, was immer sie will. Normalerweise verbringen sie solche Papiere in die Tresore in der Prinz-Albrecht-Straße.«

Im Korridor draußen gab es ein Geräusch. Halder hob warnend einen Finger. Beide saßen bewegungslos da, während der Wachmann vorbeiklirrte und den leeren Karren aus dem Brennraum zurückbrachte. Sie lauschten, bis die Geräusche sich zum anderen Ende des Gebäudes hin verloren.

März flüsterte: »Und was machen wir jetzt?«

Halder kratzte sich am Kopf. »Ein zwischenbehördliches Treffen auf der Ebene der Staatssekretäre . . .«

März verstand, woran er dachte. »Bühler und Luther werden dann ebenfalls eingeladen gewesen sein?«

»Das erscheint logisch. In dem Rang sind sie bei Protokollfragen empfindlich. Du kannst nicht aus dem einen Ministerium einen Staatssekretär dabei haben und aus einem anderen nur einen einfachen Beamten. Wie spät ist es?«

»Acht.«

»In Krakau sind sie schon eine Stunde weiter.« Halder kaute einen Augenblick lang auf den Lippen, dann faßte er einen Entschluß. Er stand auf. »Ich ruf einen Freund an, der im Archiv des Generalgouvernements arbeitet und frage ihn, ob die SS in den letzten Wochen bei ihnen herumgeschnüffelt hat. Wenn nicht, kann ich ihn vielleicht überreden, morgen hinzugehen und nachzusehen, ob sich das Protokoll noch in Bühlers Papieren befindet.«

»Könnten wir das nicht hier überprüfen, im Archiv des Außenministeriums? In Luthers Papieren?«

»Nein. Zu umfangreich. Das würde uns Wochen kosten. Das ist der beste Weg, glaub mir.«

»Sei vorsichtig, was du ihm sagst, Rudi.«

»Keine Sorge. Ich kenne die Gefahren.« Halder blieb an der Tür stehen. »Und nicht rauchen, während ich weg bin, um Gottes willen nicht. Das ist das leichtest entflammbare Gebäude im Reich.«

Nur zu wahr, dachte März. Er wartete, bis Halder gegangen war und begann dann, zwischen den Regalen voller Kästen auf und ab zu gehen. Er gierte nach einer Zigarette. Seine Hände zitterten. Er steckte sie in die Taschen.

Welch ein Monument der deutschen Bürokratie dieser Ort war. Herr A, der etwas tun wollte, ersuchte Doktor B um Erlaubnis. Doktor B sicherte sich selbst ab, indem er es an Ministerialdirektor C nach oben weitergab. Ministerialdirektor C legte es Reichsminister D vor, der sagte, er überlasse das der Beurteilung durch Herrn A, der sich natürlicherweise wieder an Doktor B wendet ... Die Bündnisse und Rivalitäten, die Fallen und Intrigen aus drei Jahrzehnten Parteiherrschaft westen in diesen metallenen Regalen; zehntausende Gewebe aus Papierfäden hingen in der kühlen Luft.

Halder war nach zehn Minuten zurück. »Die SS ist tatsächlich vor zwei Wochen in Krakau gewesen.« Er rieb sich unbehaglich die Hände. »Man erinnert sich noch lebhaft daran. Ein hoher Besuch. Obergruppenführer Globocznik persönlich.«

»Wo immer ich mich hinwende«, sagte März, »Globocznik!«

»Er ist mit einem Gestapo-Jet aus Berlin eingeflogen, mit Sondervollmachten, die Heydrich persönlich unterschrieben hatte. Er hat ihnen offensichtlich allen die Furcht des Herrn eingejagt. Er hat gebrüllt und geflucht. Und hat genau gewußt, wonach er suchte: Er hat eine Akte entfernt. Zum Mittagessen war er schon wieder weg.«

Globus, Heydrich, Nebe. März legte den Kopf in die Hand. Der drehte sich. »Dann endet hier alles?«

»Hier endet alles. Es sei denn, du glaubst, es könnte sonst noch was in Stuckarts Papieren sein.«

März sah sich die Kästen an. Die Inhalte erschienen ihm so tot wie Staub; wie die Gebeine toter Männer. Der Gedanke daran, noch weitere zu durchwühlen, war ihm widerwärtig. Er brauchte frische Luft. »Vergiß es, Rudi. Und danke.«

Halder bückte sich, um Heydrichs Botschaft aufzuheben. »Interessant, daß die Konferenz vom 9. Dezember zum 20. Januar verschoben wurde.«

»Und was bedeutet das?«

Halder sah in mitleidig an. »Warst du tatsächlich dermaßen eingesperrt in der verfluchten Blechbüchse, in der wir damals leben mußten? Ist die Außenwelt niemals eingedrungen? Am 7. Dezember 1941 haben, du Döskopp, die Streitkräfte Seiner Kaiserlichen

Majestät, des Kaisers Hirohito von Japan, die Pazifikflotte der USA in Pearl Harbor angegriffen. Am 11. Dezember hat Deutschland den Vereinigten Staaten den Krieg erklärt. Gute Gründe, eine Konferenz zu verschieben, meinst du nicht?« Halder grinste, aber langsam erlosch sein Grinsen und machte einem nachdenklicheren Ausdruck Platz. »Ich frage mich . . .«

»Was?«

Er klopfte gegen das Papier. »Es muß vor dem hier eine ursprüngliche Einladung gegeben haben.«

»Und?«

»Hängt davon ab. Manchmal sind unsere Freunde von der Gestapo nicht ganz so erfolgreich beim Ausräumen lästiger Einzelheiten, wie sie belieben sich einzubilden, vor allem wenn sie in Eile sind . . .«

März stand schon vor den Regalen und blickte an ihnen auf und ab, seine Niedergeschlagenheit war verflogen. »Welcher? Wo fangen wir an?«

»Bei einer Konferenz auf der Ebene muß Heydrich den Teilnehmern wenigstens zwei Wochen vorher Bescheid gesagt haben.« Halder sah in seinen Notizen nach. »Das bedeutet Stuckarts Büroakte vom November 1941. Laß mich sehen. Das sollte Kasten 26 sein, glaube ich.«

Er schloß sich März vor den Regalen an und zählte die Kästen ab, bis er den einen gefunden hatte, den er suchte. Er nahm ihn herab und wiegte ihn in den Armen. »Nicht zerren, Xavi. Alles zu seiner Zeit. Die Geschichte lehrt uns Geduld.«

Er kniete nieder, stellte den Kasten vor sich hin, öffnete ihn, nahm einen Armvoll Papiere heraus. Er sah sich jedes einzelne an und stapelte sie links neben sich. »Einladung zu einem Empfang des italienischen Botschafters: langweilig. Konferenz, die Walter Darré ins Landwirtschaftsministerium einberufen hat: *sehr* langweilig . . .«

So machte er etwa zwei Minuten lang weiter, während März dastand und zusah und sich nervös die Faust in die Handfläche bohrte. Dann erstarrte Halder plötzlich. »O Scheiße!« Er las es noch mal und blickte dann auf. »Die Einladung von Heydrich. Überhaupt nicht langweilig, fürchte ich. Überhaupt nicht langweilig.«

VIER

Im Himmel herrschte Chaos. Sternennebel explodierten. Kometen und Meteore sausten über den Himmel, verschwanden für einen Augenblick und explodierten dann vor einem grünen Wolkenozean.

Über dem Tiergarten näherte sich das Feuerwerk seinem Höhepunkt. Fallschirmleuchten erhellten Berlin wie bei einem Luftangriff.

Als März in seinem Wagen wartete, um nach links Unter den Linden einbiegen zu können, schlingerte ihm eine Bande SA-Männer vor den Bug. Zwei von ihnen führten, die Arme umeinandergeschlungen, in den Strahlen seiner Scheinwerfer einen betrunkenen Cancan auf. Die anderen trommelten auf die Karosserie des Volkswagens oder preßten ihre Gesichter gegen die Scheiben – mit hervorquellenden Augen und heraushängenden Zungen; groteske Affen. März schaltete in den ersten Gang und fuhr an. Es gab einen Schlag, als einer der Tänzer fortgeschleudert wurde.

Er fuhr zurück zum Werderschen Markt. Bei der Polizei war jeder Urlaub gestrichen worden. Durch jedes Fenster strahlte elektrisches Licht. In der Eingangshalle grüßte ihn jemand, aber März übersah das. Er klapperte die Treppen in den Keller hinab.

Banktresore und Keller und unterirdische Lagerräume ... langsam werde ich zum Troglodyten, dachte März; zum Höhlenbewohner; zum Einsiedler; zum Räuber papierener Gräber.

Die Gorgone der Registratur saß immer noch in ihrem Versteck. Schlief sie denn nie? Er zeigte ihr seinen Ausweis. Am großen Mitteltisch standen noch andere Detektive, die gelangweilt durch die allgegenwärtigen Aktenumschläge blätterten. März suchte sich einen Platz in der fernsten Ecke des Raumes. Er schaltete eine Leselampe ein und beugte deren Schirm tief über den Tisch. Aus seiner Uniformjacke zog er die drei Blätter heraus, die er aus dem Reichsarchiv mitgenommen hatte.

Es waren Fotokopien von schlechter Qualität. Das Gerät war zu schwach eingestellt gewesen, die Originale waren hastig und schief eingelegt worden. Das warf er Rudi nicht vor. Rudi hatte die Kopien überhaupt nicht machen wollen. Rudi hatte die blanke Furcht ergriffen. All sein Schuljungenübermut hatte ihn verlassen, als er Heydrichs Einladung las. März hatte ihn buchstäblich zum Kopierer schleppen müssen. In dem Augenblick, in dem der Historiker fertig war, war er in den Lagerraum zurückgestürzt, hatte die Papiere in ihre Kästen gestopft und die Kästen in die Regale zurückgestellt. Auf sein Insistieren hatten sie das Archivgebäude durch eine Hintertür verlassen.

»Ich glaube, Xavi, wir sollten uns jetzt für eine lange Zeit nicht mehr sehen.«

»Natürlich nicht.«

»Du weißt ja, wie das ist . . .«

Halder hatte elend und hilflos dagestanden, während über ihren Köpfen die Feuerwerkskörper zischten und knallten. März hatte ihn umarmt – »Mach dir keine Vorwürfe; ich weiß: die Familie kommt zuerst« – und war dann schnell gegangen.

Dokument eins. Heydrichs Originaleinladung, datiert Berlin, den 29. November 1941:

Lieber Parteigenosse L u t h e r !

Am 31. 7. 1941 beauftragte mich der Reichsmarschall des Großdeutschen Reiches, unter Beteiligung der in Frage kommenden anderen Zentralinstanzen alle erforderlichen Vorbereitungen in organisatorischer, sachlicher und materieller Hinsicht für eine Endlösung der Judenfrage in Europa zu treffen und ihm in Bälde einen Gesamtentwurf hierüber vorzulegen. Eine Kopie dieser Bestellung lege ich meinem Schreiben bei.

In Anbetracht der außerordentlichen Bedeutung, die diesen Fragen zuzumessen ist, und im Interesse der Erreichung einer gleichen Auffassung bei den in Betracht kommenden Zentralinstanzen an den übrigen mit dieser Endlösung zusammenhängenden Arbeiten rege ich an, diese Probleme zum Gegenstand einer gemeinsamen Aussprache zu machen, zumal seit dem 15. 10. 1941 bereits in laufenden Transporten Juden aus dem Reichsgebiet einschließlich Protektorat Böhmen und Mähren nach dem Osten evakuiert werden.

Ich lade Sie daher zu einer solchen Besprechung mit anschließendem Frühstück zum 9. Dezember 1941, 12 Uhr, in die Dienststelle der Internationalen Kriminalpolizeilichen Kommission, Berlin, Am Großen Wannsee Nr. 56–58, ein.

Dokument zwei. Die Fotokopie einer Fotokopie, an manchen Stellen fast unlesbar, die Wörter abgerieben wie bei einer uralten Grabinschrift. Hermann Görings Auftrag an Heydrich, vom 31. Juli 1941:

In Ergänzung der Ihnen bereits mit Erlaß vom 24. 1. 39 übertragenen Aufgabe, die Judenfrage in Form der Auswanderung oder Evakuierung einer den Zeitverhältnissen entsprechend möglichst günstigen Lösung zuzuführen, beauftrage ich Sie hiermit, alle erforderlichen Vorbereitungen in organisatorischer, sachlicher und materieller Hinsicht zu treffen für eine Gesamtlösung der Judenfrage im deutschen Einflußgebiet in Europa.

Sofern hierbei die Zuständigkeiten anderer Zentralinstanzen berührt werden, sind diese zu beteiligen.

Ich beauftrage Sie weiter, mir in Bälde einen Gesamtentwurf über die organisatorischen, sachlichen und materiellen Vorausmaßnahmen zur Durchführung der angestrebten Endlösung der Judenfrage vorzulegen.

Dokument drei. Eine Liste der vierzehn Personen, die Heydrich zu der Konferenz eingeladen hatte. Stuckart war der dritte auf der Liste; Bühler der sechste; Luther der siebente. März kannte auch einige der anderen.

Er riß ein Blatt aus seinem Notizbuch, schrieb elf Namen auf und ging damit zur Ausgabe. Die beiden Detektive waren gegangen. Die Registratorin war nirgends zu sehen. Er klopfte auf die Platte und rief: »Bedienung!« Hinter einer Reihe von Aktenschränken erklang das Klirren von Glas gegen Flasche. Das also war ihr Geheimnis. Sie mußte vergessen haben, daß er da war. Einen Augenblick später watschelte sie in Sicht.

»Was haben wir über diese elf Männer?«

Er versuchte, ihr die Liste zu geben. Sie faltete ihre molligen Arme über der schmierigen Uniformjacke. »Ohne Sondergenehmigung nie mehr als drei Akten auf einmal.«

»Kümmern Sie sich nicht drum.«

»Es ist nicht erlaubt.«

»Es ist auch nicht erlaubt, im Dienst Alkohol zu trinken, und doch stinken Sie danach. Und jetzt holen Sie mir diese Akten.«

Für jeden Mann und jede Frau eine Kennziffer; zu jeder Kennziffer eine Akte. Nicht alle Akten befanden sich am Werderschen Markt. Nur solche, deren Leben auf irgendeine Weise mit der Kriminalpolizei in Berührung gekommen waren und ihre Spur hier hinterlassen hatten. Aber indem März das Informationsbüro am Alexanderplatz heranzog und die Todesanzeigen des ›Völkischen Beobachters‹ (die jährlich als *Ehrenliste der Gefallenen* veröffentlicht wurden), konnte er die Lücken schließen.

Der erste Mann auf der Liste war Dr. Alfred Meyer vom Ostministerium. Laut seiner Kripo-Akte hatte Meyer 1960 Selbstmord begangen, nachdem er wegen einer Reihe geistiger Erkrankungen behandelt worden war.

Der zweite Name: Dr. Georg Leibbrandt, ebenfalls vom Ostministerium. Er war 1959 bei einem Autounfall ums Leben gekommen. Ein LKW hatte seinen Wagen auf der Autobahn zwischen Stuttgart und Augsburg gerammt. Der Fahrer des LKWs war nie gefunden worden.

Erich Neumann, Staatssekretär im Amt für den Vierjahresplan, hatte sich 1957 erschossen.

Roland Freisler, Staatssekretär im Justizministerium: im Winter 1954 von einem Wahnsinnigen auf den Stufen des Berliner Volksgerichtshofs mit einem Messer zu Tode gehackt. Eine Untersuchung, wie es hatte geschehen können, daß seine Sicherheitswachen einen kriminellen Wahnsinnigen so nahe hatten an ihn herankommen lassen, ergab, daß niemandem ein Vorwurf zu machen war. Der Mörder war Sekunden nach dem Angriff auf Freisler erschossen worden.

Als er soweit gekommen war, war März auf den Korridor gegangen, um eine Zigarette zu rauchen. Er hatte den Rauch tief in seine Lungen gesogen, den Kopf zurückgelegt und ihn dann langsam wieder ausströmen lassen, als ob er eine Kur anwende.

Als er zurückkam, fand er einen weiteren Haufen Akten auf seinem Tisch.

SS-Oberführer Gerhard Klopfer, Stellvertretender Leiter der Parteikanzlei, wurde von seiner Frau im Mai 1963 als vermißt gemeldet; seine Leiche wurde von Bauarbeitern im südlichen Berlin in einer Zementmischmaschine gefunden.

Friedrich Kritzinger. Der Name klang vertraut. Natürlich. März erinnerte sich der Szenen aus den Fernsehnachrichten: die auf bekannte Weise abgesperrte Straße, das zertrümmerte Auto, die von ihren Söhnen gestützte Witwe. Kritzinger, der ehemalige Ministerialdirektor in der Reichskanzlei, war vor etwas über einem Monat am 7. März in München vor seinem Haus in die Luft gesprengt worden. Bisher hatte keine der Terroristengruppen die Verantwortung dafür beansprucht.

Von zwei Männern berichtete der ›Völkische Beobachter‹, daß sie auf natürliche Weise gestorben seien. SS-Standartenführer Adolf Eichmann vom Reichssicherheitshauptamt war 1961 einer Herzattacke erlegen. SS-Sturmbannführer Doktor Rudolf Lange vom KdS Lettland war 1955 an einem Hirntumor verstorben.

Heinrich Müller. Das war ein weiterer Name, den März kannte. Der bayerische Polizist Müller, vormals Leiter der Gestapo, hatte sich an Bord von Himmlers Flugzeug befunden, als es 1962 abstürzte, keiner an Bord überlebte.

SS-Oberführer Doktor Karl Schöngarth von den Sicherheitsdiensten des Generalgouvernements war am 9. April 1964 – vor kaum mehr als einer Woche – vor die Räder eines U-Bahnzuges gestürzt, der gerade in den Bahnhof Zoo einfuhr. Es hatte keine Zeugen gegeben.

SS-Obergruppenführer Otto Hoffmann vom Reichssicherheitshauptamt war am zweiten Weihnachtstag in seiner Spandauer Wohnung aufgefunden worden, an einer Wäscheleine hängend.

Das war alles. Von den 14 Männern, die auf Einladung Heydrichs der Konferenz beigewohnt hatten, waren 13 tot. Der 14., Luther, wurde vermißt.

Das Propagandaministerium hatte als Teil seines Feldzugs, die öffentliche Wachsamkeit gegenüber dem Terrorismus zu schärfen, eine Reihe von Bildergeschichten für Kinder herstellen lassen. Jemand hatte eine davon an das Anschlagbrett im zweiten Stockwerk geheftet. Ein kleines Mädchen empfängt ein Paket und beginnt, es zu öffnen. Auf jedem der nachfolgenden Bilder entfernt es weitere Schichten Packpapier, bis es mit einem Wecker dasteht, an den zwei Dynamitstangen befestigt sind. Das letzte Bild ist eine Explosion mit der Unterschrift: »Warnung! Öffne niemals ein Paket, wenn du seinen Inhalt nicht kennst!«

Ein guter Witz. Ein Grundsatz für jeden deutschen Polizisten. Mach kein Paket auf, wenn du den Inhalt nicht kennst. Stell keine Fragen, wenn du die Antwort nicht kennst.

Endlösung. Endlösung. Endlösung. Das Wort hallte in März' Kopf wider, als er den Korridor zu seinem Büro halb hinabging, halb hinab rannte.

Endlösung.

Er stemmte die Schubladen von Max Jägers Schreibtisch auf und wühlte sich durch den Wust. Max war in Verwaltungsangelegenheiten berüchtigt nachlässig und wegen dieser Nachlässigkeit oft genug verwarnt worden. März betete, er möge sich die Warnungen nicht zu Herzen genommen haben.

Er hatte nicht.

Gott segne dich, Max, du Trottel.

Er stieß die Schubladen wieder zu.

Erst dann bemerkte er es. Jemand hatte einen gelben Nachrichtenzettel an März' Telefon geheftet: »Dringend. Sofort Dienstraum anrufen.«

FÜNF

Auf dem Rangiergelände des Bahnhofs Gotenland hatten sie Bogenlampen um die Leiche aufgestellt. Aus der Entfernung sah das Ganze sonderbar glanzvoll aus, wie eine Filmszene.

März stolperte darauf zu, rauf und runter, über die hölzernen Schwellen und die metallenen Gleise und den dieseldurchtränkten Schotter.

Bevor man ihn in Gotenland umbenannt hatte, war das der Anhalter Bahnhof gewesen: des Reiches Hauptbahnhof für den Ostverkehr. Von hier aus war der Führer im Krieg in seinem Panzerzug *Amerika* in sein ostpreußisches Hauptquartier aufgebrochen; von hier aus mußten auch die Berliner Juden, unter ihnen die Weiß, auf ihre Reise gen Osten gegangen sein.

». . . seit dem 10. Oktober sind die Juden vom Territorium des Reichs aus in einer ununterbrochenen Reihe von Transporten in den Osten evakuiert worden . . .«

Hinter ihm wurden die Bahnsteigansagen in der Luft schwächer; irgendwo vor ihm das Klirren von Rädern und Kupplungen, eine freudlose Pfeife. Das Gelände war weitläufig – eine Traumlandschaft in dem orangefarbenen Sodiumlicht – genau in der Mitte der eine Fleck strahlender Weiße. Als März näher kam, konnte er ein Dutzend Gestalten ausmachen, die vor einem hochbordigen Güterwagen standen: ein paar Orpo-Männer, Krebs, Dr. Eisler, ein Fotograf, eine Gruppe beunruhigter Beamter der Deutschen Reichsbahn und Globus.

Globus sah ihn als erster und schlug langsam seine behandschuhten Hände in einem gedämpften und höhnischen Applaus zusammen. »Meine Herren, wir können uns entspannen. Die heldenhaften Kämpen der Kriminalpolizei sind eingetroffen, um uns ihre Theorien vorzutragen.«

Einer der Orpo-Männer kicherte.

Die Leiche – oder das, was von ihr übriggeblieben war – lag unter einer rauhen wollenen Decke, die über die Gleise ausgebreitet war, und auch in einem grünen Plastiksack.

»Kann ich die Leiche sehen?«

»Natürlich. Wir haben sie noch nicht angerührt. Wir haben auf Sie gewartet, den großen Detektiv.« Globus nickte Krebs zu, der die Decke wegzog.

Der Torso eines Mannes, an beiden Enden sauber entlang der Gleislinien abgeschnitten. Er lag auf dem Bauch, schräg über die Gleise ausgestreckt. Die eine Hand war abgetrennt, der Kopf war zerschmettert. Beide Beine waren ebenfalls überrollt worden, aber die blutigen Kleidungsfetzen machten es schwierig, die genaue Stelle der Amputation zu erkennen. Es roch stark nach Alkohol.

»Und jetzt müssen Sie hier reinsehen.« Globus hielt den Plastiksack hoch ins Licht. Er öffnete ihn und hielt ihn März nahe vors Gesicht. »Die Gestapo möchte nicht der Unterschlagung von Beweisen angeklagt werden.«

Zwei Füße, einer noch im Schuh; eine Hand, die in einem zersplitterten weißen Knochen und dem goldenen Band einer Armbanduhr endete. März schloß die Augen nicht, was Globus zu enttäuschen schien. »Ach, na schön.« Er ließ den Sack fallen. »Sie sind schlimmer, wenn sie stinken und wenn die Ratten schon an ihnen waren. Durchsuchen Sie seine Taschen, Krebs.«

In seinem flappenden Ledermantel kauerte Krebs über der Leiche wie ein Aasgeier. Er griff unter den Körper und tastete nach dem Inneren der Jacke. Krebs sagte über seine Schulter: »Wir wurden vor zwei Stunden von der Reichsbahnpolizei unterrichtet, daß ein Mann vom Aussehen Luthers hier gesehen worden sei. Aber als wir hier eintrafen ...«

»... hatte er bereits seinen tödlichen Unfall erlitten.« März lächelte bitter. »Wie unerwartet.«

»Gefunden, Herr Obergruppenführer.« Krebs hatte Paß und Brieftasche hervorgezogen. Er richtete sich auf und übergab sie Globus.

»Das ist ohne jede Frage sein Reisepaß«, sagte Globus und blätterte ihn durch. »Und hier sind einige tausend Reichsmark in bar. Genügend Geld für Seidenlaken im Hotel Adlon. Aber natürlich konnte der Kerl seine Visage in zivilisierter Umgebung nicht zeigen. Also hatte er keine andere Wahl, als hier draußen zu schlafen.«

Dieser Gedanke schien ihn zu befriedigen. Er zeigte März den Reisepaß: Luthers massiges Gesicht starrte unter seinem schwieligen Daumen hervor. »Sehen Sie es sich an, Sturmbannführer, und dann rennen Sie los und erzählen Nebe, daß alles vorbei ist. Die Gestapo wird sich von jetzt an um alles kümmern. Sie können verschwinden und sich ein bißchen ausruhen.« *Und genießen Sie es*, schienen seine Augen zu sagen, *solange Sie es noch können.*

»Der Herr Obergruppenführer ist sehr freundlich.«

»Sie werden noch rausfinden, wie freundlich ich bin, März, das verspreche ich Ihnen.« Er wandte sich an Eisler. »Wo ist die verdammte Ambulanz?«

Der Pathologe stand stramm. »Auf dem Weg hierher, Herr Obergruppenführer. Ganz bestimmt.«

März begriff, daß er entlassen war. Er ging zu den Eisenbahnarbeitern, die etwa zehn Meter entfernt in einer verlorenen Gruppe standen. »Wer von euch hat die Leiche entdeckt?«

»Ich, Herr Sturmbannführer.« Der Mann, der vortrat, trug die blaue Uniformjacke und die weiche Kappe eines Lokomotivführers. Seine Augen waren rot, seine Stimme war rauh. War das wegen der Leiche, fragte sich März, oder aus Angst vor der unerwarteten Anwesenheit eines SS-Generals?

»Zigarette?«

»O ja gerne, Herr Sturmbannführer. Danke.«

Der Lokführer nahm sich eine und warf dann einen verstohlenen Blick auf Globus, der jetzt mit Krebs redete.

März bot ihm Feuer an. »Entspannen Sie sich. Lassen Sie sich Zeit. Haben Sie so was schon mal erlebt?«

»Einmal.« Der Mann stieß den Rauch aus und blickte dankbar auf die Zigarette. »Das passiert hier alle drei oder vier Monate. Die Obdachlosen schlafen hier unter den Güterwagen, die armen Teufel, um sich vor dem Regen zu schützen. Und wenn dann die Maschinen anfahren, bleiben sie nicht etwa, wo sie sind, sondern versuchen, rauszukriechen.« Er fuhr sich mit der Hand über die Augen. »Ich muß ihn überfahren haben, als ich zurückgestoßen bin, aber ich habe nichts gehört. Als ich zurück auf die Gleise blickte, war er da - einfach ein Haufen Fetzen.«

»Sind hier viele Obdachlose auf dem Gelände?«

»Immer ein paar Dutzend. Die Reichsbahnpolizei versucht

zwar, sie fernzuhalten, aber das Gelände ist zu groß, um gründlich überwacht zu werden. Sehen Sie mal da rüber. Da laufen ein paar von ihnen weg.«

Er wies über die Gleise. Zunächst konnte März nichts anderes sehen als eine Reihe von Viehwaggons. Dann nahm er im Schatten des Zuges fast unsichtbare Bewegungen wahr - ein Schatten, der ruckweise wie eine Marionette rannte; dann noch einer; dann noch mehr. Sie rannten die Waggons entlang, schossen in die Lücken zwischen ihnen, warteten, und hasteten dann wieder heraus der nächsten Deckung zu.

Globus hatte ihnen den Rücken zugekehrt. Ohne Kenntnis ihrer Anwesenheit redete er immer noch mit Krebs und schmetterte seine rechte Faust in die Fläche seiner linken Hand.

März beobachtete, wie die hölzernen Figuren sich ihren Weg in die Sicherheit erarbeiteten - und dann vibrierten plötzlich die Gleise, ein Windsog, und der Blick wurde von dem Schlafwagenzug nach Rowno abgeschnitten, der aus Berlin heraus beschleunigte. Die Mauer aus doppelstöckigen Speisewagen und Schlafwagen brauchte eine halbe Minute, um an ihnen vorbeizubrausen, und als sie vorbei war, hatte die kleine Kolonie von Herumtreibern sich in der orangenfarbenen Dunkelheit aufgelöst.

TEIL V

SAMSTAG, 18. April 1964

Von Euch werden die meisten wissen, was es heißt, wenn 100 Leichen beisammen liegen, wenn 500 daliegen oder wenn 1000 daliegen.
Dies durchgehalten zu haben, und dabei - abgesehen von Ausnah-
men menschlicher Schwächen - anständig geblieben zu sein, das hat
uns hart gemacht. Dies ist ein niemals geschriebenes und niemals zu
schreibendes Ruhmesblatt unserer Geschichte.

HEINRICH HIMMLER
Geheimrede vor höheren SS-Offizieren
Posen, am 4. Oktober 1943

EINS

Unter ihrer Tür blickte ein Lichtspalt hervor. In ihrer Wohnung spielte ein Radio. Liebesmusik - weiche Geigen und zärtliches Schmachten, angemessen für den Abend. Ein Fest? Benahmen sich Amerikaner angesichts einer Gefahr so? Er stand allein auf dem kleinen Vorplatz und sah auf seine Uhr. Es war fast zwei. Er klopfte, und nach einigen Augenblicken wurde die Tonstärke herabgedreht. Er hörte ihre Stimme.

»Wer ist da?«

»Polizei.«

Eine Sekunde oder zwei verstrichen, dann war da das Klacken von Riegeln und das Klirren von Ketten, und dann öffnete sich die Tür. Sie sagte: »Das war ein guter Witz«, aber ihr Lächeln war vorgetäuscht, zu seinen Gunsten aufgeklebt. In ihren dunklen Augen sah er die Erschöpfung, und auch - wirkliche? - Angst. Er beugte sich vor und küßte sie, und seine Hände ruhten leicht auf ihrer Hüfte, und im gleichen Augenblick verspürte er den Stachel des Begehrens. *Mein Gott,* dachte er, *sie macht aus mir einen Sechzehnjährigen...*

Irgendwo in der Wohnung: Schritte. Er blickte auf. Über ihrer Schulter ragte ein Mann in der Tür des Badezimmers auf. Er war ein paar Jahre jünger als März: kräftige braune Straßenschuhe, Sportjacke, eine Fliege, ein weißer Jersey, der nachlässig über ein Geschäftshemd gezogen war. Charlie versteifte in März' Umarmung und machte sich sanft frei. »Erinnerst du dich an Henry Nightingale?«

Er richtete sich auf und fühlte sich verlegen. »Natürlich, die Kneipe in der Potsdamer Straße.«

Keiner der beiden Männer machte einen Schritt auf den anderen zu. Das Gesicht des Amerikaners war eine Maske.

März blickte Nightingale an und fragte sanft: »Was geht hier vor, Charlie?«

Sie stellte sich auf ihre Zehenspitzen und flüsterte ihm ins Ohr: »Sag nichts. Nicht hier. Es ist etwas geschehen.« Dann, laut: »Ist das nicht interessant, wir drei hier?« Sie nahm März' Arm und führte ihn zum Badezimmer. »Ich glaube, du solltest in mein Empfangszimmer kommen.«

Im Badezimmer benahm sich Nightingale wie der Eigentümer. Er drehte die Kaltwasserhähne über Bad und Handwaschbecken an und die Tonstärke des Radios wieder auf. Das Programm hatte gewechselt. Jetzt vibrierten die gefliesten Wände im Rhythmus des »deutschen Jazz« – eine behördlich genehmigte verwässerte Nachahmung, aus der alle »negroiden Einflüsse« ausgemerzt worden waren. Nachdem er alles zu seiner Zufriedenheit arrangiert hatte, hockte Nightingale sich auf den Rand der Badewanne. März saß neben ihm. Charlie kauerte auf dem Boden.

Sie eröffnete das Treffen: »Ich habe Henry über meinen Besucher von vorgestern morgen erzählt. Der, mit dem du gekämpft hast. Er glaubt, die Gestapo könnte eine Wanze angebracht haben.«

Nightingale grinste freundschaftlich. »Tut mir leid, aber ich fürchte, so ist das in Ihrem Land, Herr Sturmbannführer.«

Ihr Land . . .

»Ich bin sicher, daß das hier eine weise Maßnahme ist.«

Vielleicht ist er doch nicht jünger als ich, dachte März. Der Amerikaner hatte dichtes blondes Haar, blonde Augenbrauen, eine Skibräunung. Seine Zähne waren geradezu absurd regelmäßig – Emailstreifen, die weiß glänzten. Nicht viele Eintopfmahlzeiten in *seiner* Kindheit, keine wäßrigen Kartoffelsuppen oder Würste mit Sägemehl in *diesem* Teint. Seine jungenhaften Züge paßten zu jedem Alter zwischen fünfundzwanzig und fünfzig.

Einige Augenblicke lang redete niemand. Eurobrei füllte das Schweigen. Charlie sagte zu März: »Ich weiß, du hast mir gesagt, ich sollte mit niemandem reden. Aber ich mußte. Jetzt mußt du Henry vertrauen, und Henry muß dir vertrauen. Glaub mir, es gibt keinen anderen Weg.«

»Und wir *beide* müssen natürlich dir trauen.«

»Ach laß doch . . .«

»Na schön.« Er hob die Hände in der Geste der Ergebung.

Neben ihr stand auf dem Klosettdeckel das Modernste an amerikanischem tragbarem Tonbandgerät. Aus einem seiner Stecker hing ein Kabel heraus, das am Ende statt eines Mikrofons einen Saugnapf aufwies.

»Hör zu«, sagte sie. »Dann wirst du verstehn.« Sie beugte sich vor und drückte eine Taste. Die Bandspulen begannen, sich zu drehen.

»*Fräulein Maguire?*«

»*Ja?*«

»*Dasselbe Verfahren wie zuvor, bitte.*«

Es folgte ein Klicken und dann ein Summen.

Sie drückte eine andere Taste und hielt das Band an. »Das war der erste Anruf. Du hast gesagt, er würde anrufen. Ich habe auf ihn gewartet.« Sie triumphierte. »Es ist Martin Luther.«

Das war eine verrückte Angelegenheit, die verrückteste, mit der er es jemals zu tun gehabt hatte. Es war, als ob man sich seinen Weg im Vergnügungspark des Tiergartens durch ein Geisterhaus sucht. Kaum setzt man den Fuß auf festen Boden, da geben die Fußbodenbretter unter einem nach. Man geht um eine Ecke, und ein Verrückter kommt einem entgegen. Dann tritt man zurück und erkennt, daß man die ganze Zeit sich selbst in einem Zerrspiegel gesehen hat.

Luther.

März fragte: »Wann war das?«

»11.45 Uhr.«

11.45 Uhr: vierzig Minuten nach der Entdeckung der Leiche auf den Gleisen. Er dachte an den frohlockenden Ausdruck auf dem Gesicht von Globus und lächelte.

Nightingale fragte: »Was ist denn da so lustig?«

»Nichts. Ich erklär's gleich. Was ist dann passiert?«

»Genau wie vorher. Ich bin zur Telefonzelle rübergegangen, und fünf Minuten später hat er wieder angerufen.«

März hob die Hand an die Stirn. »Jetzt sag bloß, du hast diesen Apparat quer über die Straße mitgeschleppt?«

»Verdammt ja, ich brauch doch einen Beweis!« Sie blitzte ihn an. »Ich hab schon gewußt, was ich tat. Sieh her.« Sie stand auf, um es vorzuführen. »Der Kasten hängt an diesem Schultergurt. Das ganze Ding paßt unter meinen Mantel. Das Kabel läuft durch meinen Ärmel. Ich befestige den Saugnapf am Hörer, so. Einfach. Es war dunkel. Niemand hätte was sehen können.«

Nightingale, der geschulte Diplomat, mischte sich ruhig ein: »Egal, wie du an das Band gekommen bist, Charlie, oder ob du es überhaupt hättest aufnehmen sollen.« Er sagte zu März: »Darf ich vorschlagen, daß wir sie es einfach abspielen lassen?«

Charlie drückte auf einen Knopf. Es gab ein kratzendes Geräusch, vielfach verstärkt – das Geräusch, wie sie das Mikrofon an dem Hörer anbrachte –, und dann:

»*Wir haben nicht viel Zeit. Ich bin ein Freund von Stuckart.*«

Eine ältere Stimme, aber keineswegs brüchig. Eine Stimme mit dem sarkastischen Singsangton des geborenen Berliners. Er redete genau so, wie März es erwartet hatte. Dann Charlies Stimme in ihrem guten Deutsch:

»*Sagen Sie mir, was Sie wollen.*«

»*Stuckart ist tot.*«

»*Ich weiß. Ich habe ihn gefunden.*«

Eine lange Pause. März konnte auf dem Band im Hintergrund eine Bahnhofsansage hören. Luther mußte die Verwirrung nach der Entdeckung der Leiche benutzt haben, um von einem der Bahnsteige des Bahnhofs Gotenland aus anzurufen.

Charlie flüsterte: »Er wurde so still, daß ich fürchtete, ich hätte ihn verjagt.«

März schüttelte den Kopf. »Ich hab's dir doch gesagt. Du bist seine einzige Hoffnung.«

Die Unterredung auf dem Band setzte wieder ein.

»*Sie wissen, wer ich bin?*«

»*Ja.*«

Erschöpft: »*Sie fragen, was ich will? Was glauben Sie denn, was ich will? Asyl in Ihrem Land.*«

»*Sagen Sie mir, wo Sie sind.*«

»*Ich kann bezahlen.*«

»*Das wird nicht...*«

»*Ich habe Informationen. Bestimmte Tatsachen.*«

»*Sagen Sie mir, wo Sie sind. Ich hol Sie ab. Dann fahren wir in die Botschaft.*«

»*Zu früh. Noch nicht.*«

»Wann?«

»Morgen früh. Hören Sie zu. Um 9 Uhr. An der Großen Halle. Haupttreppe. Haben Sie das verstanden?«

»Genau.«

»Bringen Sie jemanden von der Botschaft mit. Aber Sie müssen auch dasein.«

»Wie können wir Sie erkennen?«

Ein Lachen. »Nein. Ich werde Sie erkennen und mich erst dann zeigen, wenn ich zufrieden bin.« Pause. »Stuckart sagte, Sie seien jung und hübsch.« Pause. «Typisch Stuckart.« Pause. »Tragen Sie etwas Auffälliges.«

»Ich habe einen Mantel. Leuchtendblau.«

»Ein hübsches Mädchen in Blau. Das ist gut. Bis morgen früh also.«

Klick.

Purr.

Das Surren des Tonbandgerätes wird abgeschaltet.

»Spiel es noch einmal«, sagte März.

Sie spulte das Band zurück, hielt es an, drückte auf WIEDERGABE. März sah weg und beobachtete das rostige Wasser, wie es durch den Ablauf hinabwirbelte, während Luthers Stimme sich mit dem schrillen Klang einer einsamen Klarinette mischte.

»Ein hübsches Mädchen in Blau . . .« Als sie es zum zweiten Mal gehört hatten, langte Charlie hinüber und stellte den Apparat ab.

»Nachdem er aufgehängt hatte, bin ich zurückgekommen und habe das Band herausgenommen. Dann bin ich zurück zur Telefonzelle gegangen und habe versucht, dich anzurufen. Du warst nicht da. Also habe ich Henry angerufen. Was hätte ich sonst tun sollen? Er hat gesagt, er will jemanden von der Botschaft.«

»Hat mich aus dem Bett geholt«, sagte Nightingale. Er gähnte und reckte sich und enthüllte dabei eine Menge blassen unbehaarten Beines. »Was ich nicht verstehe, ist, warum er Charlie nicht einfach ihn hat auflesen und ihn noch heute direkt in die Botschaft bringen lassen.«

»Sie haben ihn doch gehört«, sagte März. »Heute ist zu früh. Er wagt noch nicht, sich sehen zu lassen. Er muß bis zum Morgen warten. Bis dahin dürfte die Suche der Gestapo nach ihm vermutlich eingestellt worden sein.«

Charlie runzelte die Stirn. »Ich verstehe nicht . . .«

»Der Grund dafür, daß du mich zwei Stunden nicht erreichen konntest, war, daß ich unterwegs war zum Rangiergelände des Bahnhofs Gotenland, wo die Gestapo sich vor Freude umarmte, daß sie endlich Luthers Leiche entdeckt hatten.«

»Das kann nicht wahr sein.«

»Nein. Kann es nicht.« März kniff sich in den Nasenrücken und schüttelte den Kopf. Es war schwer, den Kopf klar zu behalten. »Ich vermute, daß Luther sich während der letzten vier Tage auf dem Gelände versteckt hielt, seit er aus der Schweiz zurückgekommen ist, und versucht hat, einen Plan auszuarbeiten, wie er mit dir in Kontakt treten kann.«

»Aber wie hat er denn die ganze Zeit überlebt?«

März zuckte die Achseln. »Er hatte Geld, erinnere dich. Vielleicht hat er sich einen Streuner ausgesucht, dem er vertrauen konnte, und hat ihm Geld für Essen und Trinken gegeben; vielleicht auch für warme Kleidung. Bis er seinen Plan hatte.«

Nightingale fragte: »Und was war dieser Plan, Sturmbannführer?«

»Er brauchte jemanden, der seinen Platz einnehmen konnte, um die Gestapo zu überzeugen, daß er tot sei.« Sprach er zu laut? Die Paranoia der Amerikaner war ansteckend. Er lehnte sich vorwärts und sagte leise: »Gestern muß er nach Einbruch der Dunkelheit einen Mann getötet haben. Einen Mann ungefähr seines Alters und seiner Statur. Hat ihn betrunken gemacht, hat ihn bewußtlos geschlagen – ich weiß nicht wie –, ihm seine Kleidung angezogen, ihm seine Brieftasche und seinen Paß eingesteckt und seine Uhr angelegt. Dann hat er ihn unter einen Güterzug gelegt, die Hände und den Kopf auf dem Gleis. Dann ist er bei ihm geblieben, um darauf zu achten, daß er sich nicht bewegt, bis die Räder über ihn wegrollten. Er versucht, sich noch etwas Zeit zu kaufen. Er setzt darauf, daß die Berliner Polizei bis morgen 9 Uhr aufgehört hat, nach ihm zu suchen. Ziemlich gute Wette, würde ich sagen.«

»Um Gottes willen«, Nightingale blickte von März zu Charlie und wieder zurück. »Und diesen Mann soll ich mit in die Botschaft bringen?«

»Oh, das kommt noch besser.« März zog aus der Innentasche seiner Uniformjacke die Dokumente aus dem Archiv hervor. »Am

20. Januar 1942 war Martin Luther einer der 14 Männer, die zu einer Sonderkonferenz im Hauptquartier der Interpol am Wannsee bestellt worden waren. Seit dem Kriegsende sind 6 dieser Männer ermordet worden, 4 haben Selbstmord begangen, 1 ist bei einem Unfall ums Leben gekommen. 2 sind angeblich auf natürliche Weise gestorben. Heute lebt nur noch Luther. Eine monströse Statistik, meinen Sie nicht auch?« Er gab Nightingale die Papiere. »Sie werden sehen, daß die Konferenz von Reinhard Heydrich einberufen worden ist, um die Endlösung der Judenfrage in Europa zu diskutieren. Ich nehme an, daß Luther Ihnen ein Angebot machen wird: ein neues Leben in Amerika im Austausch für die dokumentarischen Beweise für das, was mit den Juden geschehen ist.«

Das Wasser rauschte. Die Musik hörte auf. Die seidige Stimme einer Ansagerin flüsterte in das Badezimmer: »Und jetzt für die Nachtliebhaber überall Peter Kreuder mit seinem Orchester und ihrer Version von *I'm in Heaven . . .*«

Ohne ihn anzusehen, streckte Charlie ihre Hand aus. März ergriff sie. Sie flocht ihre Finger zwischen seine und drückte, kraftvoll. Gut, dachte er, sie sollte sich wirklich fürchten. Ihr Griff verstärkte sich. Ihre Hände waren miteinander verbunden wie Fallschirmspringer im freien Fall. Nightingale hatte seinen Kopf über die Dokumente gebeugt und murmelte »Um Gottes willen, um Gottes willen«, immer und immer wieder.

»Jetzt haben wir ein Problem«, sagte Nightingale. »Ich will mit euch beiden offen sein. Charlie, das ist nicht zur Veröffentlichung.« Er sprach so leise, daß sie sich anstrengen mußten, ihn zu hören. »Vor drei Tagen hat der Präsident der Vereinigten Staaten aus welchen Gründen auch immer angekündigt, er werde dieses gottverlassene Land besuchen. In diesem Augenblick wurden zwanzig Jahre amerikanischer Außenpolitik auf den Kopf gestellt. Nun könnte dieser Knabe Luther theoretisch - wenn das, was Sie sagen, stimmt - sie wieder umdrehen, und das alles binnen 72 Stunden.«

Charlie sagte: »Dann würde sie die Woche wenigstens richtigrum beenden.«

»That's a cheap crack.«

Er sagte es auf englisch. März starrte ihn an. »Was sagen Sie, Mr. Nightingale?«

»Ich sagte, Herr Sturmbannführer, daß ich zunächst mit Botschafter Lindenbergh reden muß, und dann muß Botschafter Lindenbergh mit Washington reden. Und ich habe so eine Ahnung, daß beide sehr viel mehr Beweise haben wollen als das da« - er warf die Fotokopien auf den Boden -, »ehe sie die Tore der Botschaft für einen Mann öffnen, der nach dem, was Sie gesagt haben, wahrscheinlich ein gemeiner Mörder ist.«

»Aber Luther bietet Ihnen die Beweise an.«

»Das sagen *Sie.* Aber ich glaube nicht, daß Washington den ganzen Fortschritt, den es in dieser Woche bei der Entspannung gegeben hat, nur aufgrund Ihrer ... Theorien aufs Spiel setzen wird.«

Jetzt war Charlie auf den Füßen. »Das ist Wahnsinn. Wenn Luther nicht sofort mit dir in die Botschaft geht, wird man ihn schnappen und umbringen.«

»Tut mir leid, Charlie. Das kann ich nicht machen.« Er flehte sie an. »Begreif doch! Ich kann nicht jeden alten Nazi aufnehmen, der überlaufen will. Nicht ohne Genehmigung. Und besonders jetzt nicht, wo die Dinge so sind, wie sie sind.«

»Ich kann nicht glauben, was ich höre.« Sie hatte die Hände in die Hüften gestemmt und starrte auf den Boden und schüttelte den Kopf.

»Denk doch mal eine Minute nach.« Wieder flehte er fast. »Dieser Luther sucht Asyl. Die Deutschen sagen: Liefert ihn aus, er hat gerade einen Mann umgebracht. Wir sagen: Nein, denn er wird uns erzählen, was ihr Schweine den Juden im Krieg angetan habt. Und was wird das für den Gipfel bedeuten? Nein - Charlie - sieh nicht einfach weg. *Denk nach.* Kennedy hat *über Nacht* am Mittwoch in den Umfragen 10 Punkte zugelegt. Was meinst du, wie das Weiße Haus reagiert, wenn wir ihnen das hier auf die Köpfe schmeißen?« Zum zweiten Mal wurden Nightingale die Folgen klar; zum zweiten Mal schauderte es ihn. »Um Gottes willen, Charlie, in was bist du da bloß hineingeraten?«

Die beiden Amerikaner diskutierten weitere zehn Minuten hin und her, dann sagte März ruhig: »Übersehen Sie da nicht etwas, Mr. Nightingale?«

Nightingale wandte seine Aufmerksamkeit widerwillig von Charlie ab. »Vielleicht. Sie sind der Polizist. Sagen Sie es mir.«

»Mir scheint, daß wir alle – Sie, ich, die Gestapo – den guten Parteigenossen Luther unterschätzen. Erinnern Sie sich, was er zu Charlie über das 9-Uhr-Treffen gesagt hat: ›*Sie müssen auch da sein*‹.«

»Na und?«

»Er wußte, daß dies Ihre Reaktion sein würde. Vergessen Sie nicht, er hat im Außenministerium gearbeitet. Er nimmt an, daß angesichts einer bevorstehenden Gipfelkonferenz die Amerikaner ihn liebend gerne direkt der Gestapo in den Schoß werfen möchten. Warum hätte er sonst nicht einfach Montag abend ein Taxi vom Flughafen zur Botschaft genommen? Deshalb will er eine Journalistin dabeihaben. Als Zeugin.« März bückte sich und hob die Dokumente auf. »Verzeihen Sie mir, als einfacher *Polizist* verstehe ich nicht die Funktionsweise der amerikanischen Presse. Aber Charlie hat jetzt ihre Geschichte, oder nicht? Sie hat Stukkarts Tod, das Schweizer Bankkonto, diese Papiere, ihre Bandaufnahmen von Luther . . .« Er drehte sich zu ihr um. »Die Tatsache, daß die amerikanische Regierung sich entscheidet, Luther kein Asyl zu gewähren, sondern ihn der Gestapo überläßt – würde es das für die verkommenen US-Medien nicht um so attraktiver machen?«

Charlie sagte: »Darauf kannst du wetten.«

Nightingale sah wieder verzweifelt aus. »He. Laß das, Charlie. All das war nicht für die Veröffentlichung. Ich habe niemals gesagt, daß ich irgendeiner dieser Überlegungen zustimme. Es gibt viele von uns in der Botschaft, die meinen, daß Kennedy nicht kommen sollte. Unter keinen Umständen. Ausrufezeichen.« Er spielte mit seiner Fliege herum. »Aber die Lage ist höllisch verzwickt.«

Schließlich kamen sie zu einer Übereinkunft. Nightingale würde Charlie um 5 Minuten vor 9 auf den Stufen der Großen Halle treffen. Vorausgesetzt, Luther käme, würden sie ihn schleunigst in einen Wagen schaffen, den März fahren sollte. Nightingale würde sich Luthers Geschichte anhören und auf der Grundlage dessen, was er hörte, entscheiden, ob er ihn mit in die Botschaft nähme. Er würde weder dem Botschafter noch Washington noch sonst jemandem sagen, was er vorhatte. Sobald sie auf dem Gelände der Botschaft wären, würde es bei, wie er sagte, »höheren Autoritäten« liegen, über Luthers Schicksal zu entscheiden – aber sie würden in dem Bewußtsein zu entscheiden haben, daß Charlie die ganze Geschichte hatte und sie drucken würde. Charlie war zuversichtlich, daß das State Department nicht wagen würde, Luther abzuweisen.

Wie man ihn dann aus Deutschland herausschaffen würde, war eine ganz andere Angelegenheit.

»Wir haben da so unsere Methoden«, sagte Nightingale. »Wir *haben* es schon früher mit Überläufern zu tun gehabt. Aber darüber will ich nicht diskutieren. Nicht vor einem SS-Offizier. Wie vertrauenswürdig auch immer.« Am meisten besorgt, sagte er, sei er um Charlie. »Man wird dich mächtig unter Druck setzen, damit du den Mund hältst.«

»Damit kann ich fertig werden.«

»Sei da nicht so sicher. Kennedys Leute kämpfen unfair. Na schön. Nehmen wir an, Luther *hat* da wirklich was. Sagen wir mal, das bringt alle auf – Reden im Kongreß, Demonstrationen, Leitartikel – wir haben ein Wahljahr, vergiß das nicht! Und dann ist das Weiße Haus urplötzlich in Schwierigkeiten wegen des Gipfels. Was meinst du, werden sie machen?«

»Damit kann ich fertig werden.«

»Sie werden ganze Lastwagen voll Scheiße über deinen Kopf ausschütten und über diesen alten Nazi. Sie werden sagen: Was hat er denn Neues? Dieselben alten Geschichten, die wir seit zwanzig Jahren hören, und ein paar Dokumente, die wahrscheinlich von den Kommunisten gefälscht worden sind. Kennedy wird vor die Kameras treten, und er wird sagen: ›Meine amerikanischen Landsleute, fragt euch doch selbst, warum das alles ausgerechnet jetzt hochgekommen ist? Wer hat ein Interesse daran, das Gipfeltreffen zu verhindern?‹« Nightingale lehnte sich zu ihr hin, sein Gesicht nur wenige Zentimeter vor ihrem. »Als erstes werden sie Hoover und das FBI darauf ansetzen. Kennst du irgendwelche Linke, Charlie? Irgendwelche jüdische Militante? Hast du mit irgendwelchen geschlafen? Denn so sicher wie die Hölle brennt, werden sie ein paar aufgabeln, die aussagen, du hast, ob du ihnen nun jemals begegnet bist oder nicht.«

»Fick dich selbst, Nightingale.« Sie schob ihn mit der Faust fort. »Fick *dich*.«

Nightingale liebte sie wirklich, dachte März. Verloren in Liebe, hoffnungslos verliebt. Und sie wußte das und spielte damit. Er erinnerte sich an jenen ersten Abend in der Kneipe, als er sie zusammen sah: wie sie seine zurückhaltende Hand abgeschüttelt hatte. Heute: wie sie März angesehen hatte, als er sah, wie er sie küßte; wie er ihre Launen hinnahm und sie mit seinen verträumten Augen ansah. In Zürich ihr Flüstern: »*Du hast mich gefragt, ob er mein Liebhaber ist . . . Er wäre es gerne gewesen . . .*«

Und nun auf ihrer Türschwelle in seinem Regenmantel: er zögerte, er war unsicher, es widerstrebte ihm, sie gemeinsam zurückzulassen, aber dann verschwand er endlich in der Nacht.

Er würde morgen da sein, um Luther zu treffen, dachte März, und wenn auch nur, um sich zu vergewissern, daß sie in Sicherheit ist.

Nachdem der Amerikaner gegangen war, lagen sie Seite an Seite auf ihrem schmalen Bett. Lange Zeit sprach keiner. Die Straßenlampen warfen lange Schatten, der Fensterrahmen lag wie ein Zellengitter quer über der Decke. In der leichten Brise zitterten die Vorhänge. Einmal gab es Geräusche von Rufen und zuknallenden Autotüren - Bummler, die vom Feuerwerk zurückkamen.

Sie hörten zu, wie die Stimmen auf der Straße verklangen, dann flüsterte März: »Gestern abend am Telefon hast du gesagt, daß du etwas herausgefunden hast.«

Sie berührte seine Hand und stieg vom Bett. Er konnte hören, wie sie im Wohnzimmer zwischen den Papierstapeln herumsuchte. Eine halbe Minute später kam sie zurück mit einem mächtigen Bildband. »Ich hab das auf dem Weg vom Flughafen her gekauft.« Sie saß auf dem Rand des Bettes, schaltete die Lampe ein, wendete die Seiten um. »Da.« Sie gab März das aufgeschlagene Buch.

Es war eine Schwarzweiß-Reproduktion des Gemäldes in dem Schweizer Bankfach. Die Einfarbigkeit wurde ihm nicht gerecht. Er hielt die Seite fest und schloß das Buch, um den Titel zu lesen. *Die Kunst Leonardo da Vincis* von Professor Arno Braun vom Kaiser-Wilhelm-Museum in Berlin.

»Mein Gott.«

»Ich weiß. Ich habe geglaubt, ich hätte es wiedererkannt. Lies mal.«

Die Dame mit dem Hermelin nannte der Gelehrte es. »Eine der rätselhaftesten Arbeiten Leonardos.« Man nehme an, daß es etwa um 1483 bis 1486 gemalt worden sei und »vermutlich Cecilia Gallerani zeigt, die junge Geliebte von Lodovico Sforza, dem Herrscher von Mailand«. Dafür gebe es zwei veröffentlichte Hinweise: den einen in einem Gedicht von Bernardino Bellincioni (gestorben 1492); der andere eine zweideutige Bemerkung über ein »unfertiges« Porträt in einem Brief von Cecilia Gallerani selbst, geschrieben im Jahre 1498. »Doch stellt für den Erforscher Leonardos das wirkliche Geheimnis heute der Aufenthaltsort des Gemäldes dar. Es ist bekannt, daß es im späten 18. Jahrhundert in die Sammlung des polnischen Fürsten Adam Czartoryski gelangte und in Krakau 1932 fotografiert wurde. Seither ist es in dem verschwunden, was Karl von Clausewitz so beredt ›die Nebel des Krieges‹ genannt hat. Alle Bemühungen der Reichsbehörden, es aufzuspüren, sind bisher gescheitert, und jetzt muß befürchtet werden, daß diese unschätzbare Blüte der italienischen Renaissance der Menschheit für immer verloren ist.«

Er schloß das Buch. »Mir scheint, noch eine Geschichte für dich.«

»Und auch noch eine gute. Auf der ganzen Welt gibt es nur 9 unumstrittene Leonardos.« Sie lächelte. »Wenn ich jemals hier herauskomme, um sie zu schreiben.«

»Mach dir da keine Sorgen. Wir werden dich schon rausbekommen.« Er legte sich zurück und schloß die Augen. Nach einigen Augenblicken hörte er, wie sie das Buch niederlegte, und dann kam sie zu ihm aufs Bett und schmiegte sich eng an.

»Und du?« atmete sie ihm ins Ohr. »Willst du mit mir rauskommen?«

»Wir können jetzt nicht darüber reden. Nicht hier.«

»Tut mir leid. Hatte ich vergessen.« Ihre Zungenspitze berührte sein Ohr.

Ein Schlag, wie Strom.

Ihre Hand lag leicht auf seinem Bein. Mit ihren Fingern fuhr sie die Innenseite seiner Schenkel entlang. Er begann etwas zu murmeln, aber wie schon einmal in Zürich legte sie ihm einen Finger auf die Lippen.

»Das Ziel des Spieles ist: keine Geräusche machen.«

Später, als er selbst nicht schlafen konnte, lauschte er auf sie: das leise Seufzen ihres Atmens, ein gelegentliches Gemurmel – sehr weit weg und undeutlich. In ihren Träumen drehte sie sich stöhnend zu ihm um. Ihr Arm flog über das Kissen und schützte ihr Gesicht. Sie schien eine private Schlacht auszukämpfen. Er streichelte ihren Haarschopf, wartete, bis ihr Dämon sie wieder freiließ, und schlüpfte dann unter der Bettdecke hervor.

Der Küchenboden war unter seinen nackten Füßen kalt. Er öffnete ein paar Einbauschränke. Verstaubtes Steingut und ein paar halbleere Packungen mit Lebensmitteln. Der Kühlschrank war alt und hätte aus einem biologischen Institut entliehen sein können, der Inhalt blaubepelzt und durchsetzt von exotischen Formen. Es war eindeutig, daß Selbstversorgung hier keinen Vorrang genoß. Er setzte den Wasserkessel auf, spülte einen Becher und häufte drei Löffel Instantkaffeepulver hinein.

Er wanderte durch die Wohnung und schlürfte das bittere Gebräu. Im Wohnzimmer stand er am Fenster und zog den Vorhang ein winziges Stückchen zurück. Die Bülowstraße war verlassen. Er konnte die schwachbeleuchtete Fernsprechzelle sehen und dahinter die Schatten des Bahnhofseingangs. Er ließ den Vorhang wieder fallen.

Amerika. Die Vorstellung war ihm zuvor nie gekommen. Als er daran dachte, bediente sich sein Gehirn automatisch der Bilder, die Doktor Goebbels da so wohlüberlegt eingepflanzt hatte. Juden und Neger. Kapitalisten in Zylindern und verqualmte Fabriken. Bettler auf den Straßen. Striptease-Bars. Gangster, die aus großen Autos aufeinander schießen. Schwelende Mietskasernen und moderne Jazzbands, die wie Polizeisirenen durch die Ghettos schrillen. Kennedys zahniges Lächeln. Charlies dunkle Augen und weiße Glieder. *Amerika.*

Er ging ins Badezimmer. Die Wände waren von Dampfwolken und Seifenspritzern gefleckt. Überall Fläschchen und Tuben, und kleine Töpfchen. Geheimnisvolle weibliche Gegenstände aus Glas und Plastik. Es war schon lange her, daß er das Badezimmer einer Frau gesehen hatte. Es ließ ihn sich linkisch und fremd fühlen – der schwerfüßige Botschafter einer anderen Rasse. Er nahm ein paar Dinge hoch und roch an ihnen, er drückte einen Tropfen weiße Crème auf seinen Finger und rieb mit seinem Daumen daran herum. Dieser Duft von ihr vermischte sich mit ihren anderen, die schon an seiner Hand waren.

Er wickelte sich in ein großes Handtuch und setzte sich auf den Boden, um nachzudenken. Drei- oder viermal hörte er sie noch vor der Dämmerung im Schlaf schreien – Schreie wirklicher Angst. Erinnerungen oder Voraussicht? Er wünschte, er wüßte es.

ZWEI

Kurz vor 7 ging er hinab in die Bülowstraße. Sein Volkswagen parkte hundert Meter straßauf auf der Linken vor einem Metzgerladen. Der Besitzer hängte unförmige Fleischstücke ins Schaufenster. Ein hochgehäuftes Tablett blutroter Würste vor seinen Füßen erinnerte März an etwas.

Die Finger von Globus, das war es - diese ungeheuren rohen Fäuste.

Er beugte sich über den Rücksitz des Volkswagens und zog seinen Koffer an sich. Als er sich aufrichtete, blickte er rasch in beide Richtungen. Es war nichts Besonderes zu sehen - nur die üblichen Anzeichen eines frühen Samstagmorgens. Die meisten Geschäfte würden wie üblich öffnen, gegen Mittag aber wegen des Feiertages schließen.

Zurück in der Wohnung machte er mehr Kaffee, stellte einen Becher auf das Nachttischchen neben Charlie und ging ins Badezimmer, um sich zu rasieren. Nach einigen Minuten hörte er sie hinter sich hereinkommen. Sie legte ihm die Arme um die Brust und drückte ihn, wobei sich ihre Brüste in seinen nackten Rücken preßten. Ohne sich umzudrehen küßte er ihre Hand und schrieb in den Dampf auf dem Spiegel: PACKEN. OHNE RÜCKKEHR. Als er die Botschaft auswischte, sah er sie zum ersten Mal deutlich - die Haare zerzaust, die Augen halbgeschlossen, die Züge ihres Gesichts vom Schlaf noch sanft. Sie nickte und schlenderte zurück ins Schlafzimmer.

Er zog sich seine Zivilsachen an wie für Zürich, aber mit einem Unterschied. Er schob sich seine Luger in die rechte Tasche seines Trenchcoats. Der Mantel - alte Überbestände der Wehrmacht, billig vor langer Zeit erworben - war ausgebeult genug, daß man von der Waffe nichts sehen konnte. Er konnte die Pistole sogar halten und mit ihr durch die Tasche zielen, gangstermäßig: »Na schön, Kumpel, gehn wir.« Er lächelte sich zu. Wieder Amerika.

Die mögliche Anwesenheit eines Mikrofons warf einen Schatten über ihre Vorbereitungen. Sie bewegten sich leise durch die Wohnung ohne zu reden. Um 10 nach 8 war sie fertig. März holte das Radio aus dem Badezimmer, stellte es auf den Tisch im Wohnzimmer und drehte die Tonstärke hoch. »*Ich habe hier unter den eingeschickten Bildern manche Arbeiten beobachtet, bei denen tatsächlich angenommen werden muß, daß gewissen Menschen das Auge die Dinge anders zeigt als sie sind, das heißt daß es wirklich Männer gibt, die die heutigen Gestalten unseres Volkes nur als verkommene Kretins sehen, die grundsätzlich Wiesen blau, Himmel grün, Wolken schwefelgelb usw. empfinden oder, wie sie vielleicht sagen, erleben...*«

Es war zu diesen Tagen üblich, die bedeutendsten Ansprachen des Führers wiederholt zu senden. Diese hier wiederholten sie jedes Jahr – den Angriff auf die modernen Maler, vorgetragen bei der Eröffnung des Hauses der Deutschen Kunst 1937.

Ohne auf ihre schweigenden Proteste zu achten, nahm März ihren Koffer ebenso wie seinen auf. Sie zog sich ihren blauen Mantel an. Über die eine Schulter hängte sie sich einen Lederbeutel. Die Kamera baumelte ihr von der anderen. Auf der Schwelle drehte sie sich zu einem letzten Abschiedsblick um.

»*Entweder diese sogenannten ›Künstler‹ sehen die Dinge wirklich so und glauben daher an das, was sie darstellen, dann wäre nur zu untersuchen, ob ihre Augenfehler entweder auf mechanische Weise oder durch Vererbung zustande gekommen sind. Im einen Fall tief bedauerlich für diese Unglücklichen, im zweiten wichtig für das Reichsinnenministerium, das sich dann mit der Frage zu beschäftigen hätte, wenigstens eine weitere Vererbung derartiger grauenhafter Sehstörungen zu unterbinden. Oder aber sie glauben selbst nicht an die Wirklichkeit solcher Eindrücke, sondern sie bemühen sich aus anderen Gründen, die Natur mit diesem Humbug zu belästigen, dann fällt so ein Vorgehen in das Gebiet der Strafrechtspflege.*«

Sie schlossen die Tür gegen einen Sturm von Gelächter und brausendem Beifall.

Als sie die Treppen hinabgingen, flüsterte Charlie: »Wie lange wird das weitergehen?«

»Das ganze Wochenende.«

»Das wird den Nachbarn Freude machen.«

»Aja, aber wird es einer wagen, dich aufzufordern, es leiser zu drehen?«

Am Fuß der Treppe stand still wie ein Wachtposten die Hausmeisterin – eine Flasche Milch in der Hand, ein Exemplar des ›Völkischen Beobachter‹ unter den Arm geklemmt. Sie sprach zu Charlie, starrte aber März an. »Guten Morgen, Fräulein Maguire.«

»Guten Morgen, Frau Schustermann. Das ist mein Vetter aus Aachen. Wir gehen jetzt los, um Fotos von den spontanen Feiern in den Straßen aufzunehmen.« Sie tätschelte ihre Kamera. »Los doch, Harald, sonst werden wir noch den Anfang verpassen.«

Die alte Frau blickte März weiterhin finster an, und er fragte sich, ob sie ihn von dem früheren Abend her wiedererkenne. Er bezweifelte das: Sie würde sich nur an die Uniform erinnern. Nach ein paar Augenblicken grunzte sie und watschelte in ihre Wohnung zurück.

»Du lügst ganz schön glaubwürdig«, sagte März, als sie auf der Straße waren.

»Ausbildung der Journalistin.« Sie gingen schnell zum Volkswagen. »Es ist gut, daß du die Uniform nicht anhast. Sonst hätte sie wirklich einige Fragen gestellt.«

»Es ist nicht möglich, Luther in einen Wagen zu kriegen, den ein Mann in der Uniform eines SS-Sturmbannführers fährt. Sag mir: sehe ich wie ein Botschaftsfahrer aus?«

»Wie einer der feinsten.«

Er verstaute den Koffer auf dem Rücksitz des Wagens. Als er auf dem Vordersitz Platz genommen hatte, sagte er, bevor er den Motor anließ: »Du kannst nie mehr zurückkommen, weißt du das? Ob das jetzt klappt oder nicht. Einem Überläufer helfen – sie werden dich für eine Spionin halten. Und da geht es nicht mehr nur um Ausweisung. Es geht um etwas viel Schlimmeres.«

Sie wedelte das mit der Hand fort. »Mir hat es hier sowieso nie gefallen.«

Er drehte den Zündschlüssel, und sie fuhren in den Morgenverkehr hinein.

Sie fuhren sehr vorsichtig, überprüften alle dreißig Sekunden, ob sie verfolgt würden, und erreichten den Adolf-Hitler-Platz um 20 vor 9. März fuhr einmal um den Platz herum. Reichskanzlei, Große Halle, Gebäude des Oberkommandos der Wehrmacht - alles schien so, wie es sein sollte: das Quaderwerk schimmerte, die Wachen zogen auf; alles war so wahnsinnig außer allen Maßen wie immer.

Ein Dutzend Reisebusse spie bereits ihre ehrfurchtsvollen Ladungen aus. Eine Reihe Kinder stieg im Gänsemarsch die verschneiten Stufen zur Großen Halle in Richtung auf die roten granitenen Säulen empor, wie eine Reihe von Ameisen. In der Mitte des Platzes lagen unterhalb der großen Springbrunnen Haufen von Absperrgittern, die man am Montag morgen aufstellen würde, ehe der Führer die Reichskanzlei verließ, um zur alljährlichen Danksagungsfeier in die Große Halle zu fahren. Danach würde er in seine Residenz zurückkehren und auf dem Balkon erscheinen. Das Deutsche Fernsehen hatte genau gegenüber einen Kameraturm errichtet. Um dessen Basis scharten sich die Übertragungswagen für Live-Sendungen.

März hielt in einer Parklücke nahe den Touristenbussen an. Von hier aus hatte er klare Sicht über die Verkehrsspuren zur Mitte der Halle.

»Geh die Stufen rauf«, sagte er, »geh rein, kauf dir einen Führer, sieh so natürlich aus, wie du nur kannst. Wenn Nightingale erscheint, stürz auf ihn los: Ihr seid alte Freunde, ist das nicht wunderbar, du bleibst stehen und redest ein Weilchen mit ihm.«

»Und was ist mit dir?«

»Sobald ich sehe, daß du Kontakt zu Luther aufgenommen hast, fahr ich rüber und sammel euch auf. Die Hintertüren sind nicht abgeschlossen. Bleibt auf den unteren Stufen, nahe der Straße. Und laß dich auf keine lange Diskussion ein - wir müssen hier so schnell wie möglich weg.«

Sie war verschwunden, ehe er ihr noch »viel Glück« wünschen konnte.

Luther hatte sich die Stelle gut ausgewählt. Es gab überall um den Platz herum gute Beobachtungspunkte. Der alte Mann konnte die Stufen überwachen, ohne sich selbst zu zeigen. Niemand würde auf drei Fremde achten, die sich da trafen. Und wenn etwas schiefgehen sollte, boten die Scharen von Besuchern idealen Fluchtschutz.

März zündete sich eine Zigarette an. Noch 12 Minuten. Er beobachtete, wie Charlie die lange Stufenflucht emporstieg. Sie hielt oben an, um Atem zu schöpfen, drehte sich dann um und verschwand im Inneren.

Überall: Betriebsamkeit. Weiße Taxen und die langen grünen Mercedes des Oberkommandos der Wehrmacht umkreisten den Platz. Die Fernsehtechniker überprüften ihre Kameraeinstellungen und schrien einander Anweisungen zu. Budenbesitzer räumten ihre Waren ein - Kaffee, Würstchen, Ansichtskarten, Zeitungen, Speiseeis. Ein Geschwader Möwen kreiste oben in dichter Formation und flatterte neben einem der Springbrunnen zur Landung. Eine Gruppe Jungen in Pimpfuniformen rannte auf sie los und schlug mit den Armen, und März dachte an Paule - ein Stich -, und schloß für einen Augenblick die Augen, um seine Schuld ins Dunkel einzuschließen.

Genau um 5 vor 9 kam sie aus dem Schatten und begann, die Treppe herabzusteigen. Ein Mann in einem rehfarbenen Regenmantel ging auf sie zu. Nightingale.

Mach es nicht zu offenkundig, du Idiot...

Sie blieb stehen und warf die Arme weit auseinander - eine vollkommene Darstellung von Überraschung. Sie begannen zu reden.

2 Minuten vor 9.

Würde Luther kommen? Wenn ja, von wo? Von der Reichskanzlei im Osten? Dem Gebäude des Oberkommandos im Westen? Oder direkt von Norden, aus der Mitte des Platzes?

Plötzlich erschien am Fenster neben ihm eine behandschuhte Hand. Daran befestigt: der Körper eines Verkehrspolizisten der Orpo in Lederuniform.

März drehte das Fenster herunter.

Der Bulle sagte: »Parken derzeit hier verboten.«

»Verstanden. In zwei Minuten bin ich weg.«

»Nicht in zwei Minuten. Jetzt.« Der Mann war ein aus dem Berliner Zoo entsprungener Gorilla.

März versuchte, die Stufen weiter im Blick zu behalten, ein Gespräch mit dem Orpo-Mann zu führen und seinen Kripo-Ausweis aus seiner Innentasche zu ziehen.

»Sie bringen hier alles böse durcheinander, mein Freund«, zischte er. »Sie sind mitten in einer Sipo-Überwachungsoperation, und ich muß Ihnen sagen, Sie passen zum Hintergrund wie ein Schwanz ins Nonnenkloster.«

Der Bulle schnappte den Kripo-Ausweis und hielt ihn sich dicht vor die Augen. »Mir hat niemand was von einer Operation gesagt, Herr Sturmbannführer. Was für eine Operation? Wer wird überwacht?«

»Kommunisten. Freimaurer. Studenten. Slawen.«

»Hat mir niemand was von gesagt. Muß ich überprüfen.«

März umklammerte das Steuerrad, um seine bebenden Hände zu beruhigen. »Wir haben Funkstille. Wenn Sie die brechen, wird sich Heydrich persönlich Ihre Eier als Manschettenknöpfe holen, garantiere ich Ihnen. Und jetzt: meinen Ausweis.«

Zweifel umwölkte das Gesicht des Orpo-Mannes. Einen Augenblick lang schien er fast bereit, März aus dem Wagen zu zerren, aber dann gab er langsam den Ausweis zurück. »Ich weiß nicht . . .«

»Vielen Dank für Ihre Unterstützung, Unterwachtmeister.« März kurbelte das Fenster hoch und beendete die Auseinandersetzung.

1 Minute nach 9. Charlie und Nightingale sprachen immer noch. Er sah in seinen Rückspiegel. Der Bulle war ein paar Schritte weggegangen, war stehengeblieben und starrte jetzt zum Wagen zurück. Er sah nachdenklich aus, dann entschloß er sich, ging zu seinem Krad und nahm den Funkhörer auf.

März fluchte. Er hatte noch 2 Minuten, höchstens.

Von Luther: kein Anzeichen.

Dann sah er ihn.

Ein Mann mit einer dickrandigen Brille, der einen schäbigen Mantel trug, war aus der Großen Halle aufgetaucht. Er stand da und blickte um sich, die eine Hand gegen einen der Granitpfeiler gelegt, als ob er Furcht habe, den loszulassen. Dann begann er zögernd, die Stufen herabzusteigen.

März ließ den Motor an.

Charlie und Nightingale wandten ihm immer noch die Rücken zu. Er ging auf sie zu.

Los doch. Los doch. Seht euch nach ihm um, um Himmels willen.

In diesem Augenblick drehte sich Charlie um. Sie sah den alten

Mann und erkannte ihn. Luthers Arm ging hoch, wie der eines erschöpften Schwimmers, der nach dem Uferrand greift.

Etwas wird schiefgehen, dachte März plötzlich. *Irgendwas ist nicht in Ordnung. Etwas, an das ich nicht gedacht habe ...*

Luther hatte noch 5 Meter zu gehen, als sein Kopf verschwand. Er verschwand in einem Wölkchen aus feuchtem rotem Sägemehl, und dann kippte sein Körper vorneüber und rollte die Stufen herab, und Charlie warf die Hände hoch, um ihr Gesicht vor dem Sonnenaufgang aus Blut und Hirn zu schützen.

Ein Herzschlag. Und noch ein halber. Dann heulte der Knall eines Hochgeschwindigkeitsgewehres über den Platz, und scheuchte die Tauben auf und zerstreute sie wie grauen Abfall über den Platz.

Leute begannen zu schreien.

März warf den Gang ein, ließ seinen Blinker aufleuchten und schnitt scharf in den Verkehr, ohne sich um das empörte Gehupe zu kümmern – quer über eine der Spuren, und dann über eine weitere. Er fuhr wie ein Mann, der glaubt, er sei unverwundbar, als ob ihn Glaube und Willenskraft allein vor einem Zusammenstoß schützen könnten. Er konnte sehen, daß sich eine kleine Gruppe um die Leiche gesammelt hatte, aus der Blut und Gewebeteilchen die Stufen hinabströmten. Er konnte die Polizeipfeifen hören. Gestalten in schwarzen Uniformen strömten aus allen Richtungen herbei – Globus und Krebs unter ihnen.

Nightingale hatte Charlie beim Arm gepackt und riß sie von der Szene fort, auf die Straße zu, wo März das Auto bremste. Der Diplomat riß die Tür auf und warf sie auf den Hintersitz und sich hinterher. Die Tür krachte zu. Der Volkswagen schoß davon.

Wir sind verraten worden.

14 Männer waren zusammengerufen worden; jetzt waren 14 tot.

Er sah Luthers ausgestreckte Hand, den Springbrunnen aus seinem Hals schießen, seinen Rumpf in den Sturz nach vorne explodieren. Globus und Krebs rennen. Geheimnisse sich in jenem Schauer aus Gewebe verstreuen; keine Rettung mehr ...

Verraten ...

Er fuhr in ein unterirdisches Parkhaus, unmittelbar an der Rosen-straße, nahe der Börse, wo früher die Synagoge gestanden hatte – sein Lieblingsplatz, um Informanten zu treffen. Konnte es irgend-wo einsamer sein? Er zog einen Parkschein aus dem Automaten und steuerte den Wagen die steile Rampe hinab. Die Reifen kreis-chten auf dem Beton; die Scheinwerfer beleuchteten alte Flecken aus Öl und Kohle auf Boden und Wänden wie Höhlenmalereien.

Ebene zwei war leer – an Samstagen war das Finanzviertel Ber-lins eine Einöde. März parkte in einer Bucht in der Mitte. Als der Motor erstarb, war die Stille vollkommen.

Niemand sagte etwas. Charlie tupfte mit einem Papiertaschen-tuch an ihrem Mantel herum. Nightingale lehnte sich mit geschlos-senen Augen zurück. Plötzlich ließ März seine Fäuste auf das Lenkrad donnern.

»Wem haben Sie es gesagt?«

Nightingale öffnete die Augen. »Niemandem.«

»Dem Botschafter? Washington? Dem Chefspion vor Ort?«

»Ich sage Ihnen doch: niemandem.« In seiner Stimme war Ärger.

»Das ist keine Hilfe«, sagte Charlie.

»Außerdem ist es beleidigend und absurd. Mein Gott, ihr bei-den . . .«

»Betrachten Sie die Möglichkeiten.« März zählte sie an den Fin-gern ab. »Luther hat *sich* jemandem verraten – lächerlich. Die Tele-fonzelle in der Bülowstraße war angezapft – unmöglich: Selbst die Gestapo hat nicht die Mittel, jedes öffentliche Telefon in Berlin anzuzapfen. Na schön. Hat man unser Gespräch gestern abend be-lauscht? Kaum anzunehmen, wir konnten uns selbst kaum hören!«

»Warum muß es denn die große Verschwörung sein? Vielleicht ist man Luther einfach gefolgt.«

»Warum ihn dann nicht festnehmen? Warum ihn in der Öffent-lichkeit genau im Augenblick des Kontaktes erschießen?«

»Er sah mich an . . .« Charlie bedeckte ihr Gesicht mit den Hän-den.

»Es muß ja nicht ich gewesen sein«, sagte Nightingale. »Das Leck hätte auch bei einem von euch beiden gewesen sein können.«

»Wie? Wir waren die ganze Nacht zusammen.«

»Natürlich wart ihr das.« Er spuckte die Worte aus und tastete nach dem Türgriff. »Ich muß mir von Ihnen solchen Scheiß nicht anhören. Charlie – du kommst besser mit mir zurück in die Botschaft. Jetzt. Wir fliegen dich heut nacht aus Berlin raus und können zu Gott beten, daß dich niemand mit dieser Sache in Verbindung bringt.« Er wartete. »Komm schon.«

Sie schüttelte den Kopf.

»Wenn nicht um deinetwillen, dann denk an deinen Vater.«

Sie war ungläubig. »Was hat mein Vater damit zu tun?«

Nightingale hievte sich aus dem Volkswagen. »Ich hätte mich niemals zu diesem Wahnsinn überreden lassen sollen. Du bist eine Närrin. Und was ihn angeht« – er nickte März zu –, »er ist ein toter Mann.«

Er ging vom Wagen fort, seine Schritte hallten in der leeren Parkhauslandschaft wider – zuerst laut, dann schnell immer leiser. Dann das Klirren einer zuschlagenden Metalltür, und weg war er. März sah Charlie im Rückspiegel an. Sie erschien sehr klein, wie sie da auf dem Rücksitz zusammengekauert saß.

Weit weg: ein anderes Geräusch. Die Schranke oben an der Rampe ging hoch. Ein Auto kam. März fühlte, wie ihn plötzlich Panik überkam und Platzangst. Ihre Zuflucht konnte genausogut zur Falle werden.

»Wir können hier nicht bleiben«, sagte er. Er ließ den Motor an. »Wir müssen in Bewegung bleiben.«

»In dem Fall will ich noch mehr Fotos machen.«

»Muß das sein?«

»Du sammelst deine Beweise, Herr Sturmbannführer, und ich sammle meine.«

Er sah sie wieder an. Sie hatte das Taschentuch weggelegt und starrte ihn in zerbrechlichem Trotz an. Er nahm den Fuß von der Bremse. Die Stadt zu durchqueren war fraglos gefährlich, aber was sollten sie sonst tun? Hinter einer verschlossenen Türe liegen und darauf warten, daß man sie abholte?

Er schwang den Wagen im Kreis herum und steuerte auf den Ausgang zu, als in der Düsternis hinter ihnen Scheinwerfer aufleuchteten.

DREI

Sie parkten neben der Havel und gingen ans Ufer hinab. März zeigte ihr die Stelle, an der man Bühlers Leiche gefunden hatte. Ihre Kamera klickte wie die von Speidel vor vier Tagen, aber es gab nur noch wenig aufzunehmen. Im Matsch waren noch ein paar Fußstapfen sichtbar. Das Gras war noch etwas zusammengedrückt, wo man die Leiche aus dem Wasser geschleift hatte. Aber schon in ein oder zwei Tagen würden diese Zeichen verschwinden. Sie wandte sich vom Wasser ab und zog fröstelnd ihren Mantel um sich.

Da es zu gefährlich war, zu Bühlers Villa zu fahren, hielt er mit laufendem Motor am Ende der Chaussee an. Sie lehnte sich heraus, um eine Aufnahme von der Straße zu machen, die auf die Insel führte. Die rot-weiße Schranke war unten. Von dem Wachtposten war nichts zu sehen.

»Ist das alles?« fragte sie. »Dafür wird ›Life‹ nicht viel bezahlen.«

Er dachte einen Augenblick lang nach. »Vielleicht gibt es noch eine andere Stelle.«

Nr. 56-58 Am Großen Wannsee stellte sich als ein weitläufiges Landhaus des 19. Jahrhunderts mit einer Säulenfassade heraus. Es beherbergte nicht länger das deutsche Hauptquartier von Interpol. Zu irgendeinem Zeitpunkt in den Jahren nach dem Krieg war es zu einem Mädcheninternat geworden. März blickte hin und her, und die blätterübersäte Straße hinauf und hinunter, an der die Blüte in leuchtendem Rosa stand, und ging zum Tor. Es war nicht verschlossen. Er winkte Charlie, ihm zu folgen.

»Wir sind Herr und Frau März«, sagte er, als er das Tor aufstieß. »Wir haben eine Tochter . . .«

Charlie nickte. »Ja, natürlich, Heidi. Sie ist sieben und trägt Zöpfe . . .«

»Sie fühlt sich in ihrer jetzigen Schule unglücklich. Diese hier ist uns empfohlen worden. Wir möchten uns gerne umsehen . . .« Sie betraten das Gelände.

Sie sagte: »Natürlich, wenn wir gegen irgendwelche Regeln verstoßen, bitten wir um Entschuldigung . . .«

»Aber Frau März sieht ganz gewiß nicht alt genug aus, um eine siebenjährige Tochter zu haben!«

»Sie wurde in einem noch beeinflußbaren Alter von einem bildschönen Fahnder verführt . . .

»Eine äußerst glaubwürdige Geschichte.«

Die Kiesauffahrt führte in einer Schleife um ein kreisförmiges Blumenbeet. März versuchte, sich vorzustellen, wie alles im Januar 1942 ausgesehen haben mochte. Rauhreif auf der Erde, oder vielleicht Frost. Kahle Bäume. Ein Doppelposten friert neben dem Eingang. Die Regierungswagen knirschen einer nach dem anderen über den vereisten Kies. Ein Adjutant grüßt und tritt vor, um die Schläge zu öffnen. Stuckart: gut aussehend und elegant. Bühler: seine Notizen eines Rechtsanwalts sorgsam in seiner Aktentasche sortiert. Luther: hinter seiner dicken Brille zwinkernd. Blieb ihr Atem hinter ihnen in der Luft hängen? Und Heydrich. Ist er als Gastgeber wohl zuerst erschienen? Oder als letzter, um seine Macht vorzuführen? Hat die Kälte sogar seinen bleichen Wangen Farbe verliehen?

Das Haus war verriegelt und verlassen. Während Charlie eine Aufnahme vom Eingang machte, suchte März sich einen Weg durch das niedrige Gebüsch, um einen Blick durch ein Fenster zu werfen. Reihen von zwergenhaften Schultischen mit zwergenhaften Stühlchen, die umgekehrt auf den Tischen standen. Zwei Anschlagtafeln, von denen man den Schülerinnen die besonderen Tischgebete der Partei beibrachte. Das eine:

VOR DEN MAHLZEITEN
Führer, mein Führer, mir vom Herrn gesandt,
Schütze und bewahre mich, solange ich lebe!
Der du Deutschland aus der tiefsten Verzweiflung gerettet hast,
Dir danke ich heute für mein täglich Brot.
Bleib bei mir und verlaß mich nicht,

Führer, mein Führer, mein Glaube, mein Licht!
Heil mein Führer!

Das andere:

NACH DEN MAHLZEITEN
Dank sei dir für dieses reichliche Mahl,
Schützer der Jugend und Freund unsrer Alten!
Ich weiß, du hast Sorgen, doch sorge dich nicht,
Ich bin mit dir bei Tag und bei Nacht.
Lege dein Haupt mir getrost in den Schoß,
Und sei gewiß: du mein Führer bist groß!
Heil mein Führer!

Kindliche Malereien schmückten die Wände – blaue Wiesen, grüner Himmel, schwefelgelbe Wolken. Kinderkunst ist der entarteten Kunst gefährlich nahe; solche Perversionen würde man ihnen auszutreiben haben ... März konnte den Schulgeruch selbst von hier aus riechen: die vertraute Mischung aus Kalkstaub, Holzfußböden und schalem institutionalisiertem Essen. Er wandte sich ab.

Im Nachbargarten hatte jemand ein Freudenfeuer angezündet. Stechender weißer Rauch – aus nassem Holz und toten Blättern – trieb über den Rasen hinter dem Haus. Eine weite Freitreppe, die von steinernen Löwen mit gefrorenem Hohn flankiert wurde, führte hinab zum Rasen. Jenseits des Rasens sah man durch die Bäume die stumpfe glasige Oberfläche der Havel. Sie blickten nach Süden. Schwanenwerder, kaum einen halben Kilometer entfernt, würde von den Fenstern des oberen Stockwerks gerade sichtbar sein. Als Bühler die Villa Anfang der fünfziger Jahre kaufte, hatte da die Nähe der beiden Gebäude zueinander für ihn ein Motiv ergeben – war er der Verbrecher, den es zum Ort seines Verbrechens zurückzieht? Und wenn ja, welches Verbrechen war es dann genau?

Am Ende des Gartens standen ein paar hölzerne Tonnen, grün vom Alter, die der Gärtner verwendete, um in ihnen Regenwasser zu sammeln. März und Charlie saßen Seite an Seite auf ihnen, ließen die Beine baumeln und blickten über den See. Er hatte keine

Eile, sich weiter zu bewegen. Niemand würde hier nach ihnen Ausschau halten. Das alles war von etwas unbeschreiblich Melancholischem umgeben – die Stille, die toten Blätter, die über den Rasen trieben, der Geruch nach Rauch – ein Etwas, das der Gegensatz zum Frühling war. Es sprach vom Herbst und vom Ende aller Dinge.

Er sagte: »Hab ich dir erzählt, daß es in unserer Stadt Juden gab, bevor ich zur See ging? Als ich zurückkam, waren alle verschwunden. Ich habe nach ihnen gefragt. Die Leute sagten mir, sie seien in den Osten evakuiert worden. Zur Wiederansiedlung.«

»Haben sie das geglaubt?«

»In der Öffentlichkeit sicher. Und selbst im privaten Kreis war es weiser, nicht darüber zu spekulieren. Und leichter. So zu tun, als ob es wahr ist.«

»Hast du das geglaubt?«

»Ich habe nicht darüber nachgedacht.«

»Wen kümmert es?« sagte er plötzlich. »Nimm mal an, jeder hätte alle Einzelheiten gewußt. Wen hätte es gekümmert? Hätte es wirklich einen Unterschied gemacht?«

»Jemand denkt es«, erinnerte sie ihn. »Deshalb ist jeder, der an Heydrichs Konferenz teilgenommen hat, tot. Mit Ausnahme von Heydrich.«

Er sah zum Haus zurück. Seine Mutter, die fest an Geister glaubte, pflegte ihm zu erzählen, daß Ziegelgemäuer und Verputz Geschichte aufsögen und wie ein Schwamm speicherten, was sie gesehen hatten. Seither hatte März seinen Teil an Mauern gesehen, in denen Böses getan worden war, und er glaubte nicht daran. Es gab nichts besonders Böses um Am großen Wannsee 56-58. Es war nur das große Landhaus eines Geschäftsmannes, jetzt in ein Mädchenpensionat umgewandelt. Was also sogen die Wände jetzt auf? Die Zänkereien von Heranwachsenden? Geometrieunterricht? Prüfungsnervositäten?

Er zog Heydrichs Einladung heraus. »Eine Besprechung mit anschließendem Frühstück.« Beginn 12 Uhr. Ende – wann? – gegen drei oder vier am Nachmittag. Zu der Zeit, da sie gingen, würde es schon zu dunkeln begonnen haben. Gelber Lampenschein aus den Fenstern; Nebel vom See. 14 Männer. Wohlgenährt; manche vielleicht vom Gestapo-Cognac beschwipst. Wagen, die nach Berlin-

Mitte zurückfahren. Chauffeure, die lange draußen warteten, mit kalten Füßen und Nasen wie Eiszapfen . . .

Und dann war, weniger als fünf Monate später, in Zürich in der Hitze des Mittsommers Martin Luther in das Büro von Hermann Zaugg marschiert, dem Bankier der Reichen und Geängstigten, und hatte ein Konto mit vier Schlüsseln eröffnet.

»Ich frage mich, warum er leere Hände hatte.«

»Was?« Sie war verwirrt. Er hatte sie in ihren Gedanken unterbrochen.

»Ich habe mir immer vorgestellt, daß Luther einen kleinen Koffer irgendeiner Art bei sich tragen würde. Aber als er die Stufen herabkam, um dich zu treffen, hatte er leere Hände.«

»Vielleicht hatte er sich alles in die Taschen gesteckt.«

»Vielleicht.« Die Havel sah fest aus; ein See aus Quecksilber. »Aber als er aus Zürich kam, muß er mit irgendwelchem Gepäck gelandet sein. Er hatte die Nacht im Ausland verbracht. Und er hatte irgendwas aus der Bank geholt.«

Der Wind regte sich in den Bäumen. März sah sich um. »Er war schließlich ein mißtrauischer alter Schweinehund. Es hätte seinem Charakter entsprochen, das wirklich wertvolle Material zurückzuhalten. Er würde es nicht riskiert haben, den Amerikanern alles auf einmal zu geben – wie hätte er sonst handeln können?«

Ein Jet flog über sie hinweg, er sank auf den Flughafen zu, und das Heulen seiner Motoren sank mit ihm. *Das* nun war ein Geräusch, das 1942 noch nicht existiert hatte . . .

Plötzlich war er auf den Füßen, hob sie herab, daß sie sich ihm anschließe, und dann lief er mit langen Schritten auf das Haus zu, und sie folgte ihm – stolpernd und lachend, und rief ihm zu, langsamer zu gehen.

Er parkte den Volkswagen am Straßenrand in Schlachtensee und stürmte in die Telefonzelle. Max Jäger antwortete nicht, weder am Werderschen Markt noch zu Hause. Das einsame Surren des unbeantworteten Telefons ließ März wünschen, er möge jemand anderen erreichen, irgend jemanden.

Er versuchte es mit Rudi Halders Nummer. Vielleicht konnte er um Entschuldigung bitten, irgendwie andeuten, daß es sich gelohnt habe. Niemand meldete sich. Er blickte auf den Hörer. Was war mit Paule? Selbst die Feindseligkeit des Jungen würde einen gewissen Kontakt schaffen. Aber auch im Bungalow zu Lichtenrade antwortete niemand.

Die Stadt hatte sich vor ihm verschlossen.

Er war schon halb aus der Zelle hinaus, als er sich, einem Impuls folgend, umdrehte und die Nummer seiner Wohnung wählte. Beim zweiten Klingeln meldete sich ein Mann.

»Ja?« Es war die Gestapo: die Stimme von Krebs. »März? Ich weiß, daß Sie es sind! Legen Sie nicht auf!«

Er ließ den Hörer fallen, als ob der ihn gebissen hätte.

Eine halbe Stunde später schob er sich durch die abgenutzten Holztüren des Berliner Leichenschauhauses. Ohne seine Uniform kam er sich nackt vor. In einer Ecke weinte leise eine Frau, und eine Hilfspolizistin saß steif neben ihr, peinlich berührt von dieser Zurschaustellung von Gefühlen an amtlicher Stelle. Er zeigte dem Angestellten seinen Ausweis und fragte nach Martin Luther. Der Mann sah seine eselsohrigen Notizen durch.

»Männlich, Mitte 60, identifiziert als Luther, Martin. Wurde direkt nach Mitternacht reingebracht. Eisenbahnunfall.«

»Und was ist mit der Schießerei heut morgen, der auf dem Platz?«

Der Angestellte seufzte, beleckte einen nikotingelben Zeigefinger und wendete eine Seite um. »Männlich, Mitte 60, identifiziert als Stark, Alfred. Ist vor ner Stunde reingekommen.«

»Das ist er. Wie hat man ihn identifiziert?«

»Er hatte nen Ausweis in der Tasche.«

»Richtig.« März ging entschlossen auf den Aufzug zu und kam so jedem Widerspruch zuvor. »Ich finde meinen Weg nach unten.«

Es war sein Unglück, daß er sich, als die Aufzugtür aufging, Aug in Auge mit Dr. August Eisler fand.

»März!« Eisler sah schockiert aus und trat einen Schritt zurück. »Man erzählt sich, Sie seien verhaftet worden.«

»Man erzählt Unfug. Ich arbeite verdeckt.«

Eisler starrte seinen Zivilanzug an. »Als was? Als Zuhälter?« Das erheiterte den SS-Chirurgen dermaßen, daß er sich die Brille ab-

nehmen und die Augen trocknen mußte. März fiel in sein Gelächter ein.

»Nein, als Pathologe. Ich hab mir sagen lassen, die Bezahlung sei
gut, und es gibt so gut wie keine Arbeitsstunden.«

Eisler hörte zu lächeln auf. »*Sie* haben gut reden. *Ich* bin seit Mitternacht hier.« Er senkte die Stimme. »Ein sehr hohes Tier. Ge-
stapo-Operation. Alles pst, pst.« Er klopfte gegen seine lange Nase.
»Ich kann nichts sagen.«

»Entspannen Sie sich, Eisler. Ich kenne den Fall. Hat Frau Luther die Überreste identifiziert?«

Eisler sah enttäuscht aus. »Nein«, murmelte er. »Wir haben ihr
das erspart.«

»Und Stark?«

»Mein Gott, März – Sie sind aber gut unterrichtet. Ich bin gerade
auf dem Weg, mich mit ihm zu befassen. Wollen Sie mich begleiten?«

In seinem Geiste sah März wieder den explodierenden Kopf und
den dicken Strahl aus Blut und Gehirn. »Nein. Danke.«

»Hab ich mir gedacht. Womit hat man ihn erschossen? Mit einer
Panzerfaust?«

»Haben sie den Mörder gefaßt?«

»Sie sind der Fahnder. Erzählen Sie's mir. ›Nicht zu tief graben‹
war, was man mir gesagt hat.«

»Starks Sachen. Wo sind sie?«

»Verpackt und fertig zum Abtransport. Im Eigentumszimmer.«

»Wo ist das?«

»Den Korridor runter. Vierte Tür links.«

März ging. Eisler tief ihm nach: »He, März! Heben Sie mir ein
paar Ihrer besten Huren auf!« Das schrille Gelächter des Pathologen verfolgte ihn noch lange den Gang hinab.

Die vierte Tür links war nicht abgeschlossen. Er kontrollierte,
ob er unbeobachtet war, und trat dann ein.

Es war ein kleiner Lagerraum, drei Meter breit, mit gerade so
viel Platz, daß ein Mensch in der Mitte gehen konnte. Auf beiden
Seiten des Mittelganges standen staubige Metallregale voller Klei-
derbündel in dichtem Plastik. Dann gab es da Koffer, Handta-
schen, Schirme, Beinprothesen, einen grotesk verformten Kinderwagen, Hüte . . . Die Habseligkeiten der Toten wurden gewöhnlich

von den Angehörigen aus dem Leichenschauhaus abgeholt. Wenn die Todesumstände verdächtig waren, wurden sie von den Fahndern mitgenommen oder unmittelbar in die Gerichtsmedizin und ihre Labors in Schönefeld geschickt. März begann, die Plastikkarten zu überprüfen, auf denen Zeit und Ort des Todes sowie der Name des Opfers verzeichnet wurden. Einiges von dem Zeugs lagerte hier schon seit Jahren - pathetische Bündel aus Lumpen und Kinkerlitzchen, die Hinterlassenschaft von Leichen, um die sich niemand kümmerte, nicht einmal die Polizei.

Wie typisch für Globus, seinen Fehler nicht einzugestehen. Die Unfehlbarkeit der Gestapo mußte um jeden Preis gewahrt werden! Deshalb wurde Starks Körper weiterhin als der von Luther behandelt, während Luther als der Herumtreiber Stark in ein Armengrab geraten würde.

März zerrte das der Tür nächste Bündel hervor und drehte das Täfelchen ins Licht. *18. 4. 64. Adolf-Hitler-Platz. Stark, Alfred.*

So hatte also Luther diese Welt verlassen wie der erbärmlichste KZ-Insasse - gewaltsam, halb verhungert, in den schmutzigen Kleidern eines anderen, die Leiche ungeehrt, und ein Fremder durchwühlt nach seinem Tod seine Habseligkeiten. Poetische Gerechtigkeit - so ziemlich die einzige Art Gerechtigkeit, die es überhaupt gibt.

Er zog sein Taschenmesser heraus und durchschnitt das aufgebauschte Plastik. Der Inhalt ergoß sich auf den Boden wie Innereien.

Ihm lag nichts an Luther. Alles, woran ihm lag, war, wie Globus in den Stunden zwischen Mitternacht und 9 Uhr morgens hatte herausfinden können, daß Luther noch lebte.

Amerikaner!

Er riß die letzten Stücke Plastik weg.

Die Kleider stanken nach Scheiße und Pisse, nach Kotze und Schweiß - nach jeder Art von Geruch, die der menschliche Körper absondert. Gott allein mochte wissen, welche Parasiten in den Textilien hausten. Er durchsuchte die Taschen. Die waren leer. Seine Hände juckten. *Gib die Hoffnung nicht auf. Ein Aufbewahrungsschein für Gepäck ist ein kleines Ding - eng zusammengerollt nicht größer als ein Streichholz; ein Einschnitt im Jackenkragen würde es verbergen.* Mit seinem Messer hackte er an den Nähten des langen braunen Mantels herum, den geronnenes Blut bedeckte, und seine Finger wurden braun und glitschig...

Nichts. All der übliche Abfall, den Landstreicher nach seiner Erfahrung mit sich führen - ein Stückchen Kordel und Papier, die Knöpfe und Zigarettenkippen -, waren schon entfernt worden. Die Gestapo hatte Luthers Kleidung sorgfältig durchsucht. Natürlich hatte sie. Er war ein Narr gewesen zu glauben, sie hätte nicht. Wütend hackte er in das Material - von rechts nach links, von links nach rechts, von rechts nach links...

Er trat von den Haufen Fetzen zurück und keuchte wie ein Meuchelmörder. Dann hob er einen der Fetzen auf und wischte Messer und Hände sauber.

»Weißt du, was ich glaube?« sagte Charlie, als er mit leeren Händen zum Wagen zurückkam. »Ich glaube, er hat aus Zürich überhaupt nichts hergebracht.«

Sie saß immer noch auf dem Rücksitz des Volkswagens. März drehte sich um, um sie anzusehen. »Doch hat er. Natürlich hat er.« Er versuchte, seine Ungeduld zu unterdrücken; es war nicht ihr Fehler. »Aber er hatte zuviel Angst, um es bei sich zu behalten. Also hat er es aufgegeben und einen Aufbewahrungsschein dafür bekommen - entweder am Flughafen oder am Bahnhof - und hatte vor, es später abzuholen. Ich bin sicher, daß dem so ist. Nun hat Globus es, oder es ist eben verloren.«

»Nein. Hör zu. Ich habe nachgedacht. Als ich gestern durch den Flughafen ging, habe ich Gott dafür gedankt, daß du mich daran gehindert hast zu versuchen, das Gemälde mit uns zurück nach Berlin zu bringen. Erinnerst du dich an die Schlangen? Die haben jede Handtasche durchsucht. Wie also hätte Luther *überhaupt was* am Grenzschutz vorbeibringen können?«

März dachte darüber nach und massierte sich die Schläfen. »Eine gute Frage«, sagte er schließlich. »Vielleicht«, setzte er eine Minute später hinzu, »die beste Frage, die ich jemals gehört habe.«

Vor dem Hermann-Göring-Flughafen oxydierte die Statue von Hanna Reitsch im Regen stetig vor sich hin. Sie starrte mit rostverklebten Augen über das Gewimmel vor der Abflughalle.

»Bleib du besser im Wagen«, sagte März. »Kannst du fahren?«

Sie nickte. Er warf ihr die Schlüssel in den Schoß. »Wenn die Flughafenpolizei kommt und dich wegscheucht, versuch nicht, mit ihnen zu diskutieren. Fahr los und komm wieder. Fahr immer im Kreis. Gib mir 20 Minuten.«

»Und dann?«

»Ich weiß es nicht.« Seine Hand wedelte durch die Luft. »Laß dir was einfallen.«

Er ging in die Abflughalle des Flughafens. Die große Digitaluhr über dem Paßkontrollbereich schnappte auf 13.22. Er blickte hinter sich. Er konnte seine Freiheit wahrscheinlich nur noch nach Minuten messen. Oder weniger, falls Globus bereits einen allgemeinen Alarm ausgegeben hatte, denn nirgendwo wurde im Reich schärfer kontrolliert als auf Flughäfen.

Er dachte an Krebs in seiner Wohnung, und an Eisler: *»Man erzählt sich, Sie seien verhaftet worden.«*

Ein Mann mit einem Andenkenbeutel aus der Ruhmeshalle der Soldaten sah vertraut aus. Ein Gestapo-Überwacher? März wechselte abrupt die Richtung und ging zu den Toiletten. Er stand an der Pinkelrinne und pißte Luft, die Augen auf den Eingang gerichtet. Niemand kam herein. Als er hinaus ging, war der Mann gegangen.

»Letzter Aufruf für Lufthansaflug zwo-null-sieben nach Tiflis...«

Er ging zum zentralen Lufthansaschalter und zeigte einem der Wächter seinen Ausweis. »Ich muß Ihren Sicherheitschef sprechen. Dringend.«

»Vielleicht ist er nicht da, Herr Sturmbannführer.«

»Sehen Sie nach.«

Der Wachmann war lange Zeit fort. 13.27 sagte die Uhr. 13.28. Vielleicht rief er die Gestapo. 13.29. März schob die Hand in die Tasche und spürte das kalte Metall der Luger. Besser sich hier bis zum Ende verteidigen als in der Prinz-Albrecht-Straße auf dem Steinfußboden herumkriechen und sich die eigenen Zähne in die Hand spucken.

13.30.
Der Wachmann kam zurück. »Hier entlang, Herr Sturmbannführer. Bitte.«

Friedmann war der Berliner Kripo zur gleichen Zeit wie März beigetreten. Er hatte sie fünf Jahre später verlassen, genau einen Schritt vor einer Korruptionsuntersuchung. Jetzt trug er handgearbeitete englische Anzüge, rauchte zollfreie Schweizer Zigarren und verdiente sich zusätzlich das Fünffache seines Gehaltes durch Methoden, für die man ihn seit langem verdächtigte, die man aber nie hatte nachweisen können. Er war ein Handelsfürst und der Flughafen sein korruptes kleines Königreich.

Als ihm klarwurde, daß März nicht gekommen war, ihn zu überprüfen, sondern eine Gunst zu erbitten, geriet er fast in Ekstase. Seine ausgezeichnete Laune dauerte an, während er März durch einen Gang des Abfertigungsgebäudes fortführte. »Und wie geht es Jäger? Und Fiebes? Fährt der immer noch ab auf Fotos von arischen Maiden mit ukrainischen Fensterwäschern? Ach, wie ich euch alle vermisse, ich wage nicht, daran zu denken! Wir sind da.« Friedmann schob sich die Zigarre in den Mund und zerrte an einer großen Tür. »Die Höhlen Aladins!«

Das Metall glitt kreischend auf und ließ einen kleinen Hangar sichtbar werden, der mit verlorenem und verlassenem Eigentum vollgestopft war. »Die Sachen, die Leute liegenlassen«, sagte Friedmann. »Sie würden es nicht glauben. Wir hatten sogar schon einmal einen Leoparden.«

»Einen Leoparden? Eine Katze?«

»Er ist gestorben. Irgendein fauler Schweinehund hat vergessen, ihn zu füttern. Er hat einen guten Mantel abgegeben.« Er lachte und schnalzte mit den Fingern, und aus den Schatten erschien ein älticher zusammengeduckter Mann – ein Slawe, weit auseinanderstehende furchtsame Augen.

»Steh gerade, Mann. Zeig Respekt.« Friedmann gab ihm einen Stoß, der ihn rückwärts taumeln ließ. »Der Herr Sturmbannführer ist ein guter Freund. Er sucht nach etwas. Sagen Sie's ihm, März.«

»Einen Koffer, vielleicht einen Beutel«, sagte März. »Letzter

Flug von Zürich am Montagabend, dem dreizehnten. Entweder im Flugzeug liegengeblieben oder im Bereich der Gepäckaufbewahrung.«

»Verstanden? Richtig?« Der Slawe nickte. »Dann los!« Er schlurfte fort, und Friedmann wies auf seinen Mund. »Stumm. Man hat ihm im Krieg die Zunge herausgeschnitten. Der ideale Arbeiter!« Er lachte und schlug März auf die Schulter. »Und jetzt. Wie geht es?«

»Ganz gut.«

»Zivilanzug. Arbeit am Wochenende. Muß was Großes sein.«

»Vielleicht.«

»Es geht um diesen Martin Luther, oder?« März antwortete nicht. »Sie sind also auch stumm. Ich verstehe.« Friedmann schnippte die Zigarrenasche auf den sauberen Fußboden. »Soll mir recht sein. Ein Braune-Hosen-Job. Möglich?«

»Ein was?«

»Ausdruck des Grenzschutzes. Jemand will was reinbringen, was er nicht darf. Er kommt zur Kontrolle, sieht die Sicherheitsmaßnahmen, beginnt sich vollzuscheißen. Läßt fallen, was immer es ist, und rennt weg.«

»Aber das ist ungewöhnlich, oder? Ihr öffnet doch nicht jeden Tag jeden Koffer?«

»Nur in der Woche vor Führers Geburtstag.«

»Was ist mit verlorenem Eigentum, öffnet ihr das?«

»Nur wenn es wertvoll aussieht!« Friedmann lachte wieder. »Nein. Das war nur ein Witz. Wir haben nicht genug Leute. Es wird auf jeden Fall geröntgt, erinnern Sie sich - keine Waffen, keine Sprengstoffe. Also lassen wir es einfach hier und warten ab, ob jemand es haben will. Wenn binnen eines Jahres niemand kommt, öffnen wir es und sehen nach, was wir da haben.«

»Ich nehme an, das zahlt ein paar Anzüge.«

»Was?« Friedmann zupfte an seinem makellosen Ärmel. »Diese armseligen Lumpen?« Es gab ein Geräusch, und er drehte sich um. »Sieht so aus, als hätten Sie Glück, März.«

Der Slawe kam zurück und trug etwas. Friedmann nahm es ihm ab und wog es in der Hand. »Reichlich leicht. Kann kein Gold sein. Was ist es nach Ihrer Meinung, März? Drogen? Dollars? Schmuggelseide aus dem Osten? Eine Schatzkarte?«

»Wollen Sie es öffnen?« März faßte die Waffe in seiner Tasche an. Er würde sie gebrauchen, wenn er mußte.

Friedmann schien geschockt. »Das ist eine Gunst. Von einem Freund zum anderen. Ihre Angelegenheit.« Er gab März den Koffer. »Sie werden sich daran erinnern, Sturmbannführer, oder nicht? Eine Gunst? Eines Tages werden Sie etwas für mich tun, oder? Von Kamerad zu Kamerad?«

Der Koffer war von der Art, wie sie Ärzte tragen, mit messingverstärkten Ecken und einem kräftigen Messingschloß, stumpf vor Alter. Das braune Leder war zerkratzt und verblichen, die starken Nähte waren schwarz, der Handgriff war durch viele Jahre des Tragens glattgescheuert wie ein brauner Kiesel, bis er sich wie eine Verlängerung der Hand anfühlte. Er verkündete Verläßlichkeit und Sicherheit; Professionalismus; ruhigen Wohlstand. Er stammte sicher aus der Zeit vor dem Krieg, vielleicht sogar vor dem Ersten Weltkrieg – geschaffen, um eine Generation oder zwei zu überdauern. Solide. Eine Menge wert.

All das nahm März in sich auf, während er zum Volkswagen zurückging. Sein Weg umging den Grenzschutz – eine weitere Gunst Friedmanns.

Charlie stürzte sich darauf wie ein Kind auf sein Geburtstagsgeschenk und fluchte enttäuscht, als sie es verschlossen fand. Als März aus dem Flughafengelände herausfuhr, wühlte sie in ihrer Tasche herum und fand eine Nagelschere. Sie stocherte damit verzweifelt an dem Schloß herum, doch die Scherenklingen hinterließen nur wirkungslose Kratzer auf dem Messing.

März sagte: »Du verschwendest deine Zeit. Ich werde es aufbrechen müssen. Warte, bis wir da sind.«

Sie schüttelte enttäuscht die Tasche. »Wo sind?«

Er fuhr sich mit der Hand durchs Haar.

Eine gute Frage.

Jedes Zimmer in der Stadt war vermietet. Das Eden mit dem Dachgartencafé, das Bristol Unter den Linden, der Kaiserhof in der Mohrenstraße – sie alle hatten schon vor Monaten aufgehört, Reservierungen anzunehmen. Die Riesenhotels mit tausend Zimmern waren ebenso wie die kleinen Pensionen um die Bahnhöfe herum vollgestopft mit Uniformen. Nicht nur die SA und die SS, die Luftwaffe und die Wehrmacht, die Hitlerjugend und der Bund Deutscher Mädel, sondern auch all die anderen: der Nationalsozialistische Reichskriegsbund, der Deutsche Falkenorden, die NS-Führungsschulen ...

Vor dem berühmtesten und luxuriösesten aller Berliner Hotels – dem Adlon an der Ecke Pariser Platz und Wilhelmstraße – drängte sich die Menge vor den metallenen Abschirmgittern, um einen Blick auf die Berühmtheiten zu erhaschen: einen Filmstar, einen Fußballspieler, einen Parteisatrapen, der wegen des Führertages in der Stadt weilte. Als März und Charlie vorbeifuhren, fuhr gerade ein Mercedes vor, dessen schwarzuniformierte Insassen in einem Meer von Blitzlichtern badeten.

März fuhr über den Platz und Unter den Linden hinein, bog nach links ab und dann nach rechts in die Dorotheenstraße. Er parkte zwischen den Abfalleimern auf der Rückseite des Hotels Prinz Friedrich-Karl. Hier hatte während seines Frühstücks mit Rudi Halder diese Angelegenheit richtig begonnen. Wann war das gewesen? Er konnte sich nicht erinnern.

Der Geschäftsführer des Friedrich-Karl war wie üblich in einen altmodischen schwarzen Cut und gestreifte Hosen gekleidet und zeigte eine verblüffende Ähnlichkeit mit dem verblichenen Reichspräsidenten Hindenburg. Er kam geschäftig zum Empfang und streichelte seine weißen Backenbärte, als seien es Schoßtierchen.

»Sturmbannführer März, welch eine Freude! Wirklich, welch eine Freude! Und zur Erholung gekleidet!«

»Guten Tag, Herr Brecker. Eine schwierige Frage. Ich brauche ein Zimmer.«

Brecker warf die Hände verzweifelt hoch. »Das ist unmöglich! Selbst für einen so ausgezeichneten Kunden wie Sie.«

»Kommen Sie, Herr Brecker. Sie müssen da noch was haben. Eine Dachkammer würde genügen, oder eine Besenkammer. Sie würden der Reichskriminalpolizei den größten Dienst erweisen ...«

Breckers ältliches Auge wanderte über das Gepäck und kam

auf Charlie zur Ruhe, wobei in ihm ein Glanz aufleuchtete. »Und dies ist Frau März?«

»Unglücklicherweise nein.« März legte seine Hand auf Breckers Ärmel und geleitete ihn in eine Ecke, wo sie die ältliche Empfangsdame mißtrauisch beäugte. »Diese junge Dame besitzt Informationen von besonders kritischer Art, aber wir möchten sie vernehmen ... wie soll ich sagen?«

»In einem informellen Rahmen?« schlug der alte Mann vor.

»Genau!« März zog hervor, was von den Ersparnissen seines Lebens noch übrig war und begann, Banknoten abzuzählen. »Für diesen ›informellen Rahmen‹ würde die Kriminalpolizei sich Ihnen natürlich angemessen erkenntlich zeigen.«

»Ich verstehe.« Brecker sah auf das Geld und leckte sich die Lippen. »Und da dies eine Sicherheitsangelegenheit ist, würden Sie zweifellos auch vorziehen, wenn bestimmte Formalitäten - wie zum Beispiel die Registrierung - unterblieben?«

März hörte zu zählen auf, drückte die ganze Notenrolle in die feuchten Hände des Geschäftsführers.

Als Gegenleistung für seinen Bankrott erhielt März das Zimmer eines Küchenmädchens unter dem Dach, das vom dritten Stockwerk aus über eine wackelige Hintertreppe zu erreichen war. Sie mußten fünf Minuten am Empfang warten, bis das Mädchen aus ihrem Heim vertrieben und das Bett neu bezogen war. März lehnte Herr Breckers wiederholte Angebote, ihnen beim Gepäck zu helfen, ebenso ab, wie er seine lüsternen Blicke übersah, die der alte Mann Charlie ständig zuwarf. Allerdings fragte er nach etwas zu essen - Brot, Käse, Schinken, Obst, eine Thermoskanne schwarzen Kaffees -, was der Geschäftsführer persönlich hochzubringen versprach. März sagte ihm, er solle es auf dem Gang stehenlassen.

»Das ist nicht das Adlon«, sagte März, als er mit Charlie allein war. Der kleine Raum war erstickend. Alle Hitze des Hotels schien emporgestiegen zu sein und sich unter den Ziegeln gesammelt zu haben. Er stieg auf einen Stuhl, um die Luke der Dachkammer zu öffnen, und sprang in einem Staubregen wieder herab.

»Wen kümmert das Adlon?« Sie schlang ihre Arme um ihn und küßte ihn fest auf den Mund.

Der Geschäftsführer stellte das Tablett mit Essen wie angewiesen vor die Tür. Die Treppen zu steigen hatte ihn fast umgebracht. Durch drei Zentimeter Holz lauschte März auf sein rasselndes Keuchen und dann auf seine Schritte, die sich durch den Gang entfernten. Er wartete, bis er sicher war, daß der alte Mann wirklich gegangen war, ehe er das Tablett hereinholte und auf den winzigen Ankleidetisch stellte. Da es an der Tür kein Schloß gab, keilte er einen Stuhl unter die Klinke.

März legte Luthers Koffer auf das harte Holzbrett und nahm sein Taschenmesser heraus.

Das Schloß war so gearbeitet worden, daß es eben dieser Art von Angriff widerstehen konnte. Es kostete ihn fünf Minuten des Hakkens und Stemmens, wobei ihm eine kurze Klinge zerbrach, ehe der Verschluß aufsprang. Er zog die Tasche auf.

Wieder dieser Papiergeruch – der Geruch von lange verschlossenen Aktenschränken oder Schreibtischschubladen, ein Hauch von Schreibmaschinenöl. Und dahinter noch etwas: etwas Antiseptisches, Medizinisches . . .

Charlie lehnte sich über seine Schulter. Er konnte ihren warmen Atem auf seiner Wange spüren. »Sag's mir nicht. Er ist leer.«

»Nein. Er ist nicht leer. Er ist voll.«

Er zog sein Taschentuch heraus und wischte sich den Schweiß von den Händen. Dann stürzte er den Koffer um und schüttete seinen Inhalt auf die Bettdecke.

VIER

[4 Seiten; maschinegeschrieben]

Am Sonntag, dem 31. Dezember 1941, ersuchte mich der Berater des Innenministeriums für Jüdische Angelegenheiten, Dr. Bernhard Losener, um ein dringendes Privatgespräch. Er unterrichtete mich, daß sein Untergebener, der Stellvertretende Berater für Rassenfragen, Dr. Werner Feldscher, von einer ›absolut vertrauenswürdigen Quelle, einem Freund‹ erfahren habe, daß die eintausend Juden, die kürzlich aus Berlin evakuiert worden waren, im Wald von Rumbuli in Polen ermordet worden seien. Er unterrichtete mich ferner, daß seine Gefühle der Empörung so stark seien, daß er seine gegenwärtige Arbeit im Ministerium nicht weiter fortsetzen könne und daß er daher ersuche, ihn mit anderen Aufgaben zu betrauen. Ich erwiderte, daß ich mir in dieser Angelegenheit Klarheit verschaffen würde.

Am nächsten Tag suchte ich auf meine Bitte hin Obergruppenführer Reinhard Heydrich in seinem Büro in der Prinz-Albrecht-Straße auf. Der Obergruppenführer bestätigte, daß Dr. Feldschers Informationen zutreffend seien und drängte mich, die Quelle herauszufinden, da solche Sicherheitslecks nicht geduldet werden könnten. Dann schickte er seinen Adjutanten aus dem Zimmer und sagte, er wolle mit mir auf privater Basis sprechen.

Er unterrichtete mich, daß er im Juli in das Führerhauptquartier in Ostpreußen bestellt worden sei. Der Führer habe zu ihm ganz offen wie folgt gesprochen: Er habe sich entschieden, die jüdische Frage ein für allemal zu lösen. Die Stunde sei gekommen. Er könne nicht darauf vertrauen, daß seine Nachfolger den nötigen Willen oder die militärische Macht hätten, über die er jetzt verfüge. Er habe keine Angst vor den Folgen. Heute verehrten die Leute die Französische Revolution, wer aber erinnere an die Tausenden Unschuldigen, die gestorben seien? Revolutionäre Zeiten würden durch ihre eigenen Gesetze beherrscht. Sobald Deutschland den Krieg gewonnen habe, werde niemand mehr fragen, wie wir es gemacht hätten. Falls Deutschland den Kampf auf Leben und Tod verliere, würden wenigstens jene, die sich aus der Niederlage des Nationalsozialismus einen Profit erhofft hätten, ausgerottet sein. Es sei nötig, die biologischen Fundamente des Judaismus für immer zu beseitigen. Andernfalls würde das Problem erneut hervorbrechen, um künftige Generationen zu quälen. Das sei die Lehre der Geschichte.

Obergruppenführer Heydrich stellte ferner fest, daß ihm die nötigen Vollmachten, um diese Anordnung des Führers zu verwirklichen, von Reichsmarschall Göring am 31. 7. 41 erteilt worden seien. Diese Angelegenheiten würden bei der bevorstehenden zwischenbehördlichen Konferenz besprochen werden. In der Zwischenzeit, drängte er mich, solle ich mit allen zur Verfügung stehenden Mitteln versuchen, die Identität des Informanten von Dr. Feldscher herauszufinden. Es handele sich hier um eine Angelegenheit der allerhöchsten Sicherheitsstufe.

Ich regte daraufhin an, angesichts der Schwere der anstehenden Fragen würde es vom rechtlichen Standpunkt aus angemessen sein, die Anordnung des Führers schriftlich zu bekommen. Obergruppenführer Heydrich erklärte hierzu, ein solches Vorgehen sei aus politischen Erwägungen unmöglich, wenn ich aber irgendwelche Bedenken hätte, sollte ich sie dem Führer persönlich vortragen. Obergruppenführer Heydrich beendete unser Gespräch, indem er in scherzhafter Weise bemerkte, eigentlich sollten wir keinen Grund für rechtliche Besorgnisse haben, da ich ja der oberste Gesetzesentwerfer des Reiches sei und er des Reiches oberster Polizist.

Ich beschwöre, daß dies eine wahrheitsgetreue Widergabe unseres Gesprächs ist, auf der Grundlage von Notizen, die ich mir noch am gleichen Abend gemacht habe.

Gez.: Wilhelm Stuckart (Rechtsanwalt)
Dat.: 4. Juni 1942, Berlin
Zeuge: Josef Bühler (Rechtsanwalt)

FÜNF

Jenseits der Stadt starb der Tag. Die Sonne versank hinter der Kuppel der Großen Halle und vergoldete sie wie die Kuppel einer riesigen Moschee. Mit Gebrumm sprangen die Flutlichter in der Siegesallee und auf der Ost-West-Achse an. Die Nachmittagsmenge schmolz, löste sich auf, bildete sich neu zu Abendschlangen vor Kinos und Restaurants, während über dem Tiergarten ein Luftschiff im Düstern verloren dahindröhnte.

REICHSMINISTERIUM   GEHEIMES STAATSDOKUMENT
FÜR AUSWÄRTIGE ANGELEGENHEITEN

TELEGRAMM DES DEUTSCHEN BOTSCHAFTERS IN LONDON,
HERBERT VON DIRKSEN

*Bericht über Unterhaltungen mit Botschafter Joseph P. Kennedy,
Botschafter der Vereinigten Staaten in Großbritannien*

[Auszüge]

Eingegangen in Berlin am 13. Juni 1938:

Er kenne zwar Deutschland nicht, habe aber von den verschiedensten Seiten gehört, daß die jetzige Regierung Großes für Deutschland getan habe und die deutsche Bevölkerung zufrieden sei und in guten materiellen Verhältnissen lebe ...

Der Botschafter kam dann auf die Judenfrage zu sprechen und sagte, daß sie natürlich von großer Bedeutung für die deutsch-amerikanischen Beziehungen sei. Dabei sei es nicht so sehr die Tatsache, daß wir die Juden loswerden wollten, die uns so schädlich sei, als vielmehr das lärmende Getöse, das wir mit dieser Absicht verbänden. Er selbst habe durchaus Verständnis für unsere Judenpolitik; er stamme aus Boston und dort würden in einem Golf-Club und in anderen Clubs seit 50 Jahren keine Juden zugelassen.

302

Eingegangen in Berlin am 18. Oktober 1938:

Wie bei früheren Unterhaltungen so erwähnte Kennedy auch heute, daß in den Vereinigten Staaten sehr starke antisemitische Tendenzen bestünden und daß weite Teile der Bevölkerung für die deutsche Haltung gegenüber den Juden Verständnis hätten ... Nach seiner ganzen Persönlichkeit glaube ich, daß er mit dem Führer gut harmonieren würde.

»Das können wir nicht alleine schaffen.«

»Das müssen wir.«

»Bitte. Laß mich das zur Botschaft bringen. Die können es mit der Diplomatenpost rausschmuggeln.«

»Nein!«

»Du weißt doch nicht sicher, daß er uns verraten ...«

»Wer könnte es denn sonst sein? Und sieh dir das an. Glaubst du wirklich, amerikanische Diplomaten würden das anfassen wollen?«

»Aber wenn wir damit geschnappt werden ... Das ist das Todesurteil.«

»Ich hab einen Plan.«

»Einen guten?«

»Ich glaub schon.«

HAUPTBAUBÜRO, AUSCHWITZ, AN: DEUTSCHE AUSRÜSTUNGSWERKE, AUSCHWITZ, 31. MÄRZ 1943

BEZ.: IHR SCHREIBEN VOM 24. MÄRZ 1943

[Auszug]

Es wird ... mitgeteilt, daß drei gasdichte Türen gemäß des Auftrages vom 18. 1. 1943 ... auszuführen sind, genau nach den Ausmaßen und der Art der bisher gelieferten Türen.

Bei dieser Gelegenheit wird an einen weiteren Auftrag vom 6. 3. 43 über Lieferung einer Gastür 100/192 für Leichenkeller I des Krematoriums III ... erinnert, die genau nach Art und Maß der Kellertür des gegenüberliegenden Krematoriums II mit Guckloch aus doppeltem 8-mm-Glas mit Gummidichtung und Beschlag auszuführen ist. Dieser Auftrag ist als besonders dringend anzusehen ...

Und dann werden noch für die Krematorien IV und V »drei gasdichte Türen ... genau nach den Ausmaßen und der Art der bisher
gelieferten Türen« bestellt.

Nicht weit vom Hotel, Unter den Linden nach Norden, war eine
Drogerie, die während der ganzen Nacht geöffnet hatte. Sie gehörte, wie alle Geschäfte, Deutschen, aber sie wurde von Rumä-
nen betrieben – den einzigen Menschen, die arm genug waren,
um bereit zu sein, zu solchen Stunden zu arbeiten. Sie war wie
ein Basar vollgestopft mit Kochtöpfen, Paraffinheizöfen, Strümpfen, Babynahrung, Glückwunschkarten, Briefpapier, Spielzeug,
Filmen ... Sie machte unter Berlins anschwellender Bevölkerung
von Gastarbeitern ausgezeichnete Geschäfte.

Sie kamen getrennt herein. An einem Tresen sprach Charlie
mit der älteren weiblichen Bedienung, die prompt in einem dunklen Hinterzimmer verschwand und dann mit einer Auswahl von
Flaschen zurückkam. An einem anderen kaufte März ein Schulheft, zwei Bogen Packpapier, zwei Bogen Geschenkpapier und
eine Rolle Klarsichtklebeband.

Sie gingen hinaus und dann zwei Blocks weiter zum Bahnhof
Friedrichstraße, wo sie die U-Bahn nach Süden bekamen. Der
Wagen war vollgestopft mit der üblichen Samstagabendmenge –
Liebespaare, die Händchen hielten, Familien, die vom Feuerwerk
kamen, junge Männer auf Sauftour –, und niemand widmete ihnen, soweit März erkennen konnte, auch nur die geringste Aufmerksamkeit. Dennoch wartete er, bis die Türen begannen zuzu-
zischen, ehe er sie beim Arm packte, sie herauszerrte und zum
Bahnsteig für Züge zum Bahnhof Tempelhof. Eine Zehnminuten-
fahrt mit einer Straßenbahn der Linie 35 brachte sie zum Flughafen.

Während des Ganzen sagte keiner ein Wort.

18. 8. 43   *[handschriftlich]*

Mein lieber Kritzinger!

Hier ist die Aufstellung.

Auschwitz	50.02 N	19.11 O
Kulmhof	53.20 N	18.25 O
Belzec	50.12 N	23.28 O
Treblinka	52.48 N	22.20 O
Majdanek	51.18 N	22.31 O
Sobibor	51.33 N	23.31 O

Heil Hitler!

gez.: Bühler (?)

Tempelhof war älter als der Flughafen Hermann-Göring - schäbiger, urtümlicher. Die Abflughalle war vor dem Krieg erbaut worden und mit Bildern aus den Kindertagen der Passagierluftfahrt geschmückt - alte Junkers der Lufthansa mit Rümpfen aus Wellblech, kühne Piloten mit Schutzbrille und Seidenschal, unerschrockene weibliche Reisende mit kräftigen Knöcheln und Glockenhüten. Tage der Unschuld! März bezog Stellung nahe beim Halleneingang und gab vor, sich diese Aufnahmen anzusehen, während Charlie zum Schalter für Mietwagen ging.

Sie lächelte und machte mit den Händen Gesten der Entschuldigung - und spielte vollendet die Dame in Schwierigkeiten. Sie habe die Maschine verpaßt, ihre Familie warte... Der Angestellte der Mietagentur war bezaubert und zog ein maschinegeschriebenes Blatt zu Rate. Einen Augenblick lang hing die Frage in der Schwebe, dann aber - ja, mein Fräulein, zufälligerweise *habe* er da etwas. Natürlich nur für jemanden mit so schönen Augen wie Sie... Ihren Führerschein, bitte...

Sie gab ihn ihm. Er war im Vorjahr auf den Namen Voss, Magda, Alter 24, aus Mariendorf, Berlin, ausgestellt worden. Es war die Fahrerlaubnis des Mädchens, das vor fünf Tagen an ihrem Hochzeitstag ermordet worden war - die Fahrerlaubnis, die

Max Jäger in seinem Schreibtisch mit allen anderen Unterlagen über die Schießerei in Spandau hatte liegen lassen.

März sah weg und zwang sich, eine alte Luftaufnahme des Tempelhofer Flugfeldes zu studieren. BERLIN war da mit großen weißen Buchstaben auf die Rollbahn gemalt. Als er sich umsah, trug der Angestellte Einzelheiten aus dem Führerschein in den Mietvertrag ein und lachte über eines seiner eigenen Witzchen.

Als Strategie war das nicht ungefährlich. Am Morgen würde automatisch eine Kopie des Mietvertrages an die Polizei gehen, und selbst die Orpo würde sich wundern, warum sich eine ermordete Frau einen Wagen gemietet haben mochte. Aber morgen war Sonntag, und Montag war Führers Geburtstag, und Dienstag – der früheste Tag, an dem die Orpo vermutlich die Finger aus ihren Ärschen ziehen würde – würden er und Charlie, hatte März sich überlegt, entweder in Sicherheit sein oder verhaftet oder tot.

Zehn Minuten später überreichte man ihr während eines letzten Austauschs von Lächeln die Schlüssel eines viertürigen schwarzen Opels, der 10 000 Kilometer auf dem Tacho hatte. Fünf Minuten danach traf März sie auf dem Parkplatz. Er gab ihr die Straßen an, während sie fuhr. Er sah sie zum ersten Mal hinter dem Lenkrad: eine weitere Seite von ihr. In dem geschäftigen Verkehr legte sie eine übertriebene Vorsicht an den Tag, die – das fühlte er – nicht natürlich war.

[datiert 15. Juli 1943; handschriftlich; 1 Seite]

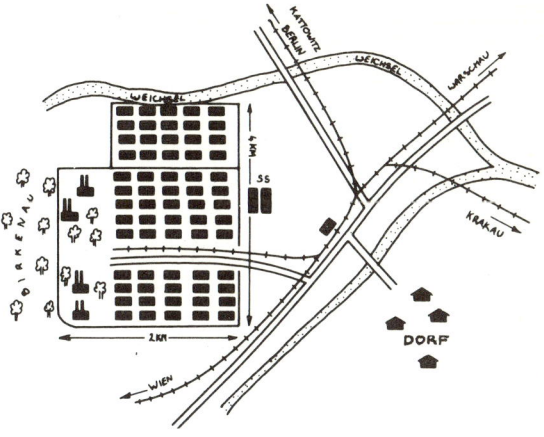

Die Empfangshalle des Prinz-Friedrich-Karl war verlassen: Die Gäste waren für den Abend ausgegangen. Als sie auf dem Weg zu den Treppen hindurchgingen, hielt die Empfangsdame ihren Kopf unten. Sie waren nur eine andere der kleinen Gaunereien von Herrn Brecker – und am besten wußte man davon nicht allzu viel.

Ihr Zimmer war nicht durchsucht worden. Die Baumwollfäden hingen noch dort, wo März sie eingeklemmt hatte: zwischen Tür und Türrahmen. Und als er im Innern Luthers Koffer unter dem Bett hervorzog, war das einzelne Haar immer noch durch das Schloß geschlungen.

Charlie stieg aus ihrem Kleid und legte sich ein Handtuch um die Schultern.

In dem Badezimmer am Ende des Ganges beleuchtete eine nackte Birne ein schmuddeliges Waschbecken. Eine Badewanne stand auf Zehenspitzen, auf Eisenklauen.

März ging ins Zimmer zurück und schloß sich ein, indem er erneut den Stuhl gegen die Tür stemmte. Er stapelte den Inhalt des Koffers auf dem Ankleidetischchen – die Karte, die unterschiedlichen Umschläge, die Protokolle und Denkschriften, die Berichte, einschließlich des einen mit den statistischen Kolumnen, geschrieben auf der Maschine mit den übergroßen Buchstaben. Einige der Papiere knisterten vor Alter. Er erinnerte sich, wie er und Charlie den sonnendurchleuchteten Nachmittag hindurch dagesessen hatten, während draußen der Verkehr vorüberrumpelte; wie sie einander die Beweisstücke zugereicht hatten – zuerst voller Erregung, dann sprachlos, dann ungläubig, dann schweigend, bis sie zu dem Beutel mit den Fotografien kamen.

Jetzt mußte er es systematischer angehen. Er zog sich einen Stuhl heran, räumte ein Eckchen frei und schlug das Schulheft auf. Er riß dreißig Blätter heraus. Oben auf jedes Blatt schrieb er Jahr und Monat, das begann mit dem Juli 1941 und endete mit dem Januar 1944. Er zog die Jacke aus und hängte sie über die Rücklehne des Stuhls. Dann begann er, sich durch den Haufen von Papieren durchzuarbeiten, wobei er sich in seiner klaren Handschrift Notizen machte.

Ein Eisenbahnfahrplan, schlecht auf vergilbendem Kriegspapier getippt:

Tag	Zug	Nr.	Von	ab	nach	an
26. 1.	Da	105	Theresienstadt		Auschwitz	
27. 1.	Lp	106	Auschwitz		Theresienstadt	
29. 1.	Da	13	Berlin Mob	17.20	Auschwitz	10.48
	Da	107	Theresienstadt		Auschwitz	
30. 1.	Lp	108	Auschwitz		Theresienstadt	
31. 1.	Lp	14	Auschwitz		Zamocz	
1. 2.	Da	109	Theresienstadt		Auschwitz	
2.2.	Da	15	Berlin Mob	17.20	Auschwitz	10.48
	Lp	110	Auschwitz		Myslowitz	
3. 2.	Po	65	Zamocz	11.00	Auschwitz	
4. 2.	Lp	16	Auschwitz		Litzmannstadt	

... und so weiter, bis in der zweiten Februarwoche eine neue Endstation auftauchte. Jetzt aber waren fast alle Zeiten bis auf die Minute ausgearbeitet:

11.2.	Pj	131	Bialystok	9.00	Treblinka	12.10
	Lp	132	Treblinka	21.18	Bialystok	1.30
12. 2.	Pj	133	Bialystock	9.00	Treblinka	12.10
	Lp	134	Treblinka	21.18	Grodno	
13. 2.	Pj	135	Bialystock	9.00	Treblinka	12.10
	Lp	136	Treblinka	21.18	Bialystok	1.30
14. 2.	Pj	163	Grodno	5.40	Treblinka	12.10
	Lp	164	Treblinka		Scharfenwiese	

... und so weiter, bis zum Monatsende.

Eine rostige Papierklammer hatte die Ecke des Fahrplans fleckig gemacht. Mit ihr war ein Telegrammbrief der Deutschen Reichsbahn, Generalbetriebsleitung Ost, angeheftet, datiert zu Berlin am 16. 1. 1943. Zunächst die Empfänger:

An die Reichsbahndirektionen
- Berlin, Breslau, Dresden, Erfurt, Frankfurt, Halle (S), Karlsruhe, Königsberg (Pr), Linz, Mainz, Oppeln, Osten in Frankfurt (O), Posen, Wien
- Generaldirektion der Ostbahn in Krakau
- Reichsprotektor, Gruppe Eisenbahnen in Prag
- Generalverkehrsdirektion Warschau
- Reichsverkehrsdirektion Minsk.
- nachrichtlich GBL Süd München, GBL West Essen,
            - je besonders 3 × -

Dann der Text:

Betr.: Sdz für Umsiedler in der Zeit
        vom 20. 1. bis 28. 2. 1943
Wir übersenden eine Zusammenstellung der am 15. 1. 43 in Berlin vereinbarten Sonderzüge für Umsiedler (Vd, RM, Po, Pj u Da) in der Zeit vom 20. 1. bis 28. 2. 43 und einen Umlaufplan für die zur Bedienung dieser Züge zu verwendenden Wagenzüge.

Die Zugbildung ist bei jeden Umlauf angegeben und zu beachten. Nach jeder Vollfahrt sind die Wagen gut zu reinigen, erforderlichenfalls zu entwesen und nach Beendigung des Programms zum weiteren Einsatz bereitzustellen. Zahl und Gattung der Wagen sind beim Auslauf des letzten Zuges festzustellen, und fernmündlich mitzuteilen und mit Dienstkarte zu bestätigen.
        gez Dr. Jacobi

März blätterte zum Fahrplan zurück und las ihn erneut durch. Theresienstadt/Auschwitz, Auschwitz/Theresienstadt, Bialystok/Treblinka, Treblinka/Bialystok: Die Silben dröhnten in seinem müden Hirn wie der Rhythmus der Räder auf den Eisenbahngleisen.

Er fuhr mit dem Finger die Zahlenkolonnen entlang und versuchte, die Botschaft hinter ihnen zu entziffern. Also: In der polnischen Stadt Bialystok wird zur Frühstückszeit ein Zug beladen. Zur Zeit des Mittagessens erreicht er seine Hölle Treblinka. (Nicht alle Fahrten waren so kurz – ihn schauderte bei dem Gedanken an die 17 Stunden von Berlin nach Auschwitz.) Nachmittags wird er in Treblinka entladen und ausgeräuchert. Um 9 Uhr abends kehrt er nach Bialystok zurück, kommt dort in den frühen Morgenstunden an und kann zur Frühstückszeit wieder beladen werden.

Am 12. Februar verändert sich das Muster. Statt ihn nach Bialystok zurückzufahren wird der leere Zug nach Grodno geschickt. Nach zwei Tagen auf den Abstellgleisen dort wird der Zug – in der Dunkelheit lange vor der Dämmerung – erneut vollbeladen zurück nach Treblinka gefahren. Er kommt zur Zeit des Mittagessens an. Wird entladen. Und beginnt noch am gleichen Abend, zurück nach Westen zu rattern, diesmal nach Scharfenwiese.

Was konnte ein Fahnder der Berliner Kriminalpolizei sonst noch aus diesem Dokument folgern?

Er konnte Zahlen folgern. Sagen wir: 60 Menschen pro Wagen bei durchschnittlich 60 Wagen pro Zug: 3600 Menschen pro Transport.

Im Februar liefen die Züge im Rhythmus von 1 pro Tag. Folgerung: 25 000 Menschen pro Woche; 100 000 Menschen pro Monat; 1 250 000 Menschen pro Jahr. Und das war der Durchschnitt, den man im tiefen mitteleuropäischen Winter erreichte, wenn die Weichen einfrieren und Schneeverwehungen die Gleise blockieren und Partisanen aus den Wäldern wie Gespenster auftauchen, um ihre Minen zu legen.

Folgerung: Die Zahlen dürften im Frühling und im Sommer noch höher sein.

Er stand in der Badezimmertür. Charlie in schwarzem Slip wandte ihm den Rücken zu und beugte sich über das Waschbecken. Mit den nassen Haaren sah sie schmaler aus; fast zerbrechlich. Die Muskeln in ihren blassen Schultern spannten sich, während sie sich die Kopfhaut massierte. Sie spülte ihr Haar ein letztes Mal durch und streckte die Hand blindlings hinter sich. Er gab ihr ein Handtuch.

Auf dem Rand der Badewanne hatte sie eine Reihe von Gegenständen aufgebaut – ein Paar grüner Gummihandschuhe, eine Bürste, eine Schale, einen Löffel, zwei Flaschen. März nahm die Flaschen und studierte ihre Etiketten. Die eine enthielt eine Mischung aus Magnesiumkarbonat und Sodiumazetat, die andere eine 20%ige Lösung aus Wasserstoffsuperoxid. Neben dem Spiegel über dem Becken hatte sie den Paß des Mädchens aufgeschlagen hingelegt. Magda Voss sah März mit weiten und unbeschwerten Augen an.

»Bist du sicher, daß das klappt?«

Charlie wickelte sich das Handtuch wie einen Turban um ihren Kopf. »Zuerst werde ich rot. Dann orangefarben. Dann weißblond.« Sie nahm ihm die Flaschen ab. »Ich war ein fünfzehnjähriges Schulmädchen und schwärmte für Jean Harlow. Meine Mutter wurde verrückt. Vertrau mir.«

Sie zwängte ihre Hände in die Gummihandschuhe und maß die Chemikalien in die Schale ab. Mit dem Löffel begann sie, daraus eine dicke blaue Paste zu mischen.

GEHEIME REICHSSACHE. KONFERENZPROTOKOLL. 30 KOPIEN. KOPIE NR. . . .

[Die Zahl war ausradiert worden.]

I. An der am 20. 1. 1942 in Berlin, Am Großen Wannsee Nr. 56/58 stattgefundenen Besprechung über die Endlösung der Judenfragen nahmen teil: . . .

März hatte das Protokoll an diesem Nachmittag zweimal gelesen. Dennoch zwang er sich, sich noch einmal in die Seiten reinzuknien. Unter III. stand: »Im Zuge dieser Endlösung der europäischen Judenfrage kommen rund 11 Millionen Juden in Betracht...« Nicht nur deutsche Juden. Das Protokoll führte über 30 europäische Nationalitäten auf, darunter französische Juden (865 000), niederländische Juden (160 000), polnische Juden (2 284 000), ukrainische Juden (2 994 684); da gab es die englischen, spanischen, irischen, schwedischen und finnischen Juden; die Konferenz hatte sich sogar Zeit für die albanischen Juden genommen (200). Und:

Unter entsprechender Leitung sollen nun im Zuge der Endlösung die Juden in geeigneter Weise im Osten zum Arbeitseinsatz kommen. In großen Arbeitskolonnen, unter Trennung der Geschlechter, werden die arbeitsfähigen Juden straßenbauend in diese Gebiete geführt, wobei zweifellos ein Großteil durch natürliche Verminderung ausfallen wird.

Der allfällig endlich verbleibende Restbestand wird, da es sich bei diesen zweifellos um den widerstandsfähigsten Teil handelt, entsprechend behandelt werden müssen, da dieser, eine natürliche Auslese darstellend, bei Freilassung als Keimzelle eines neuen jüdischen Aufbaus anzusehen ist. (Siehe die Erfahrung der Geschichte.)

Im Zuge der praktischen Durchführung der Endlösung wird Europa von Westen nach Osten durchgekämmt.

»Unter entsprechender Leitung ... in geeigneter Weise ... den widerstandsfähigsten Teil entsprechend behandelt werden ...« »Entsprechend, entsprechend.« Das Lieblingswort im Bürokratenlexikon – das Schmierfett, darauf um Unerfreuliches herumzuglitschen, das Schlupfloch, um Präzisierungen zu vermeiden.

März entfaltete einen Satz grober Fotokopien. Es schien sich um Kopien des ursprünglichen Entwurfs vom Protokoll der Wannseekonferenz zu handeln, zusammengestellt vom SS-Standartenführer Eichmann aus dem Reichssicherheitshauptamt. Es war ein getipptes Dokument, voller Ergänzungen und ärgerlicher Ausstreichungen in einer sauberen Handschrift, die März inzwischen als die von Reinhard Heydrich zu erkennen gelernt hatte.

Eichmann hatte zum Beispiel geschrieben:

Schließlich wurde Obergruppenführer Heydrich nach den praktischen Schwierigkeiten gefragt, die sich bei der Verarbeitung so großer Zahlen ergaben. Der Obergruppenführer stellte fest, daß unterschiedliche Methoden zum Einsatz gekommen sind. Erschießen müsse aus den verschiedensten Gründen als unangemessene Lösung angesehen werden. Die Arbeit sei langsam. Die Abschirmungsmöglichkeiten seien schlecht, mit dem daraus entstehenden Risiko einer Panik unter denen, die die Sonderbehandlung erwarten. Auch habe man festgestellt, daß diese Methode eine schädliche Wirkung auf unsere Männer hat. Er forderte Sturmbannführer Dr. Rudolf Lange (KdS Lettland) auf, einen Augenzeugenbericht zu geben.

Sturmbannführer Lange berichtete, daß kürzlich drei Methoden zum Einsatz gekommen seien, die Vergleichsmöglichkeiten bieten. Am 30. November habe man 1000 Berliner Juden in einem Wald bei Riga erschossen. Am 8. Dezember hätten seine Männer eine Sonderbehandlung mit Gas-LKWs in Kulmhof organisiert. In der Zwischenzeit habe man seit Oktober im Lager Auschwitz Versuche an russischen Gefangenen und polnischen Juden mit Zyklon B durchgeführt. Hierbei seien die Ergebnisse sowohl vom Gesichtspunkt der Kapazität wie auch dem der Sicherung besonders vielversprechend gewesen.

Daneben hatte Heydrich an den Rand geschrieben »Nein!« März überprüfte das in der Schlußversion des Protokolls. Dieser ganze Konferenzabschnitt war in einen einzigen Satz zusammengefaßt worden:

Abschließend wurden die verschiedenen Arten der Lösungsmöglichkeiten besprochen.

Auf solche Weise gereinigt war das Protokoll für die Archive geeignet.

März kritzelte weitere Notizen: Oktober, November, Dezember 1941. Langsam füllten sich die leeren Blätter. Im gedämpften Licht des Dachzimmers entwickelte sich ein Bild: Verbindungen, Strategien, Ursachen und Wirkungen ... Er schlug die Beiträge

Luthers, Stuckarts und Bühlers zur Wannseekonferenz nach. Luther sah Probleme »in den nordischen Staaten« voraus, aber »keine größeren Probleme im südöstlichen und westlichen Europa«, Stukkart, als er nach Personen mit nur einem jüdischen Großelter gefragt wurde, »schlug vor, zwangsweise Sterilisation anzuwenden«. Bühler kroch charakteristischerweise vor Heydrich: »Er bat nur um eine Vergünstigung – daß die jüdische Frage im Generalgouvernement so schnell wie möglich gelöst werde.«

Er unterbrach für fünf Minuten, um eine Zigarette zu rauchen, durch den Gang zu wandern, seine Papiere zu sortieren: ein Schauspieler, der seinen Text lernt. Aus dem Badezimmer: das Geräusch laufenden Wassers. Aus dem übrigen Hotel: nichts außer Knarren in der Dunkelheit wie bei einer Galeone vor Anker.

SECHS

NOTIZEN ÜBER EINEN BESUCH IN AUSCHWITZ-BIRKENAU von
MARTIN LUTHER,
UNTERSTAATSSEKRETÄR, REICHSMINISTERIUM FÜR AUSWÄRTIGE
ANGELEGENHEITEN

[handschriftlich; 11 Seiten]

14. Juli 1943

Endlich wird mir nach fast einem Jahr wiederholter Ersuchen die Erlaubnis erteilt, für das Außenministerium eine volle Besichtigung des Lagers Auschwitz-Birkenau durchzuführen.

Ich lande von Berlin kommend auf dem Flugfeld Krakau kurz vor Sonnenuntergang und verbringe den Abend mit Generalgouverneur Hans Frank, Staatssekretär Josef Bühler und ihrem Stab im Wawel. Morgen früh soll ich bei Dämmerung vom Schloß abgeholt und ins Lager gefahren werden (Fahrzeit: etwa 1 Stunde), wo mich der Kommandant Rudolf Höß empfangen soll.

15. Juli 1943

Das Lager. Mein erster Eindruck ist der von der schieren Größe der Anlage, die nach Höß fast 2 x 4 km mißt. Die Erde ist gelber Lehm, ähnlich dem in Ostschlesien – eine einödhafte Landschaft, ab und zu von grünen Baumdickichten unterbrochen. Im Inneren des Lagers erstrecken sich weit über meine Sicht hinaus Hunderte von Holzbaracken, deren Dächer mit grüner Teerpappe gedeckt sind. In der Entfernung sehe ich, wie sich zwischen ihnen kleine Gruppen von Häftlingen in blau-weiß gestreifter Kleidung bewegen – die einen tragen Bretter, andere Schaufeln und Hacken; ein paar verladen große Kisten auf LKWs. Ein Geruch hängt über der Stätte.

Ich danke Höß, daß er mich empfängt. Er erklärt die Verwaltungsstruktur. Dieses Lager untersteht der Jurisdiktion dem SS-Wirtschaftsverwaltungs-Hauptamt. Die anderen im Bezirk Lublin unterstehen der Kontrolle von SS-Obergruppenführer Odilo Globocznik.

Leider verhindert seine Arbeitslast Höß daran, mich persönlich durchs Lager zu führen, und deshalb übergibt er mich der Fürsorge eines jungen Untersturmführers, Weidemann. Er weist Weidemann an, sicherzustellen, daß mir alles gezeigt wird und daß alle meine Fragen vollständig beantwortet werden. Wir beginnen mit einem Frühstück in der SS-Unterkunft.

Nach dem Frühstück: wir fahren in den südlichen Abschnitt des Lagers. Hier: ein Abstellgleis von etwa 1,5 km Länge. Auf beiden Seiten: Stacheldraht an Betonpfeilern und hölzerne Wachtürme mit MG-Nestern. Es ist schon heiß. Hier ist der Geruch schlimm, Millionen Fliegen summen umher. Nach Westen erhebt sich über den Bäumen ein viereckiger Fabrikschlot aus roten Ziegeln, dem Rauch entquillt.

7.40 Uhr: der Bereich um die Eisenbahngleise beginnt, sich mit SS-Männern zu füllen, manche mit Hunden und mit Sonderhäftlingen, die abgestellt sind, ihnen zu helfen. In der Ferne hören wir das Pfeifen des Zuges. Ein paar Minuten später: die Lokomotive zieht langsam durch die Einfahrt, ihr Dampfablassen wirft Wolken aus gelbem Staub hoch. Er kommt vor uns zum Stehen. Die Tore schließen sich hinter ihm. Weidemann: »Das ist ein Transport von Juden aus Frankreich.«

Ich schätze die Länge des Zuges auf rund 60 Güterwagen mit hohen Holzwänden. Die Männer und die Sonderhäftlinge scharen sich zusammen. Die Türen werden entriegelt und aufgeschoben. Entlang des Zuges werden die gleichen Worte gebrüllt: »Alles raus! Nehmt das Handgepäck mit! Das große Gepäck bleibt in den Wagen!« Die Männer kommen zuerst heraus, vom Licht geblendet, springen auf die Erde – 1,5 m – und drehen sich dann um, um ihren Frauen und Kindern und den Älteren zu helfen und das Gepäck entgegenzunehmen.

Der Zustand der Deportierten: erbärmlich – dreckig, verstaubt, halten Schalen und Becher und weisen auf ihre Münder und weinen vor Durst. Hinter ihnen liegen in den Wagen die Toten und die, die zu krank sind, sich zu bewegen – Weidemann sagt, ihre Reise hat vor 4 Tagen begonnen. SS-Wachmannschaften zwingen die Gehfähigen in zwei Reihen. Wenn die Familien getrennt werden, schreien sie einander zu. Mit vielen Gesten und Rufen marschieren die Reihen in verschiedene Richtungen ab. Diejenigen, die in gutem körperlichen Zustand sind, marschieren zum Arbeitslager. Die anderen ziehen auf den Baumschleier zu, Weidemann und ich folgen ihnen. Als ich zurückblicke, sehe ich, wie die Häftlinge in ihrer gestreiften Kleidung

in die Güterwagen klettern und das Gepäck und die Leichen heraus-
zerren.

8.30 Uhr: Weidemann schätzt die Größe der Kolonne auf nahezu
2000: Frauen, die Säuglinge tragen, und Kinder, die sich an ihren
Röcken festhalten; alte Männer und Frauen; Heranwachsende;
Kranke; Verrückte. Sie gehen zu fünft nebeneinander einen Schlak-
kenweg von 300 Metern hinunter, durch einen Hof, dann über einen
anderen Weg, an dessen Ende 12 Betonstufen in eine ungeheure unterirdische Kammer führen, 100 Meter lang. Ein Schild gibt in verschiedenen Sprachen (Deutsch, Französisch, Griechisch, Unga-
risch) bekannt: »Bäder und Desinfektionsraum«. Er ist hell erleuchtet, mit Dutzenden von Bänken und Hunderten von numerierten
Haken.

Die Wachen brüllen: »Alles ausziehen! Ihr habt 10 Minuten!« Die
Leute zögern, sehen sich gegenseitig an. Der Befehl wird wiederholt,
schärfer, u. dieses Mal befolgen sie ihn zögernd, aber ruhig. »Merkt
euch eure Hakennummer, damit ihr eure Kleider wiederfindet!« Die
Vertrauenshäftlinge aus dem Lager bewegen sich zwischen ihnen,
flüstern Ermutigungen, helfen den Schwachen und Geistesschwa-
chen, sich auszuziehen. Einige Mütter versuchen, ihre Säuglinge in
den Haufen abgelegter Kleider zu verstecken, aber die Kinder werden rasch entdeckt.

9.05 Uhr: Nackt schiebt sich die Menge durch weite Eichentüren,
die von Wachtposten flankiert werden, in einen zweiten Raum, der
so groß ist wie der erste, aber vollständig leer, abgesehen von vier
dicken viereckigen Säulen in Abständen von 20 Metern, die die
Decke tragen. Am Fuß einer jeden Säule befindet sich ein Metallgitter. Nachdem die Kammer gefüllt ist, schwingen die Türen zu. Weidemann winkt. Ich folge ihm durch den leeren Auszieheraum die Betonstufen hinauf an die Luft. Ich kann das Geräusch eines
Automotors hören.

Über das Gras, das die Decke der Anlage bedeckt, holpert ein kleiner LKW mit dem Rot-Kreuz-Zeichen. Er hält an. Ein SS-Offizier
und ein Arzt steigen aus, die Gasmasken tragen u. vier Metallkani-
ster. Vier gedrungene Betonrohre ragen in Abständen von 20 Metern
aus dem Gras hervor. Der Arzt u. der SS-Mann heben die Deckel von
den Rohren u. kippen eine veilchenfarbene gekörnte Substanz hinein. Sie nehmen die Masken ab und zünden sich im Sonnenschein
Zigaretten an.

9.09 Uhr: Weidemann führt mich die Stufen hinab zurück. Das
einzige Geräusch ist ein gedämpftes Trommeln, das vom anderen

Ende des Raumes kommt, von jenseits der Koffer u. der Haufen noch warmer Kleidung. Eine kleine Glasscheibe ist in die Eichentür eingelassen. Ich lege mein Auge an sie. Die Handfläche eines Mannes schlägt gegen die Öffnung, und ich fahre mit dem Kopf zurück.

Da sagt einer der Wachposten: »Das Wasser im Duschraum muß heute besonders heiß sein, weil sie so laut schreien.«

Draußen sagt Weidemann: Jetzt müssen wir 20 Minuten warten. Ob ich Kanada besuchen möchte? Ich frage: was? Er lacht: »Kanada« – einen bestimmten Lagerabschnitt. Warum Kanada? Er zuckt die Achseln: niemand weiß es.

Kanada. 1 km nördlich der Gaskammer. Ein großer rechteckiger Hof, Wachtürme in den Ecken u. von Stacheldraht umgeben. Berge von Sachen – Schrankkoffer, Rucksäcke, Koffer, Seesäcke, Pakete; Decken; Kinderwagen, Rollstühle, Prothesen; Bürsten, Kämme. Weidemann: Zahlen für den RF-SS über die kürzlich ins Reich geschickten Sachen – Männerhemden 132 000, Frauenkleider 155 000, Frauenhaar 3000 kg (»ein Güterwagen«), Knabenjacken 15 000, Mädchenkleider 9000, Taschentücher 135 000. Ich bekomme eine wunderbar gearbeitete Arzttasche als Souvenir – Weidemann besteht darauf.

9.31 Uhr: zurück in der unterirdischen Anlage. Lautes elektrisches Summen erfüllt die Luft – das patentierte Exhalator-System, zum Absaugen von Gas. Türen auf. Die Leichen stapeln sich an einem Ende *(unleserlich)* Beine von Exkrementen und Menstrualblut verschmiert; Biß- u. Kratzspuren. Jüdisches Sonderkommando kommt, um Leichen herabzuziehen, trägt Gummistiefel, Schürzen, Gasmasken (laut W. bleiben Gastaschen auf Bodenhöhe bis zu 2 Stunden hängen). Leichen glitschig. Man benutzt Stricke um Gelenke, um sie zu vier doppeltürigen Aufzügen zu ziehen. Kapazität je: 25 *(unleserlich)* Glocke läutet, steigen eine Etage hoch zu …

10.02 Uhr: Verbrennungsraum. Erstickend heiß: 15 Öfen arbeiten mit voller Hitze. Lautes Geräusch: Dieselmotoren fachen Flammen an. Leichen aus Aufzug auf Transportband geladen (Metallrollen). Blut usw. in Betonabfluß. Barbiere auf beiden Seiten rasieren Köpfe. Haar in Säcke gesammelt. Ringe, Halsketten, Armbänder usw. in Metallkisten geworfen. Zuletzt: Zahnmannschaft – 8 Männer mit Brecheisen u. Zangen – entfernt Gold (Zähne, Brücken, Füllungen). W. gibt mir Dose aus Gold, um Gewicht zu prüfen: sehr schwer. Leichen von metallenen Schiebkarren in Brennöfen gekippt.

Weidemann: 4 solcher Gaskammer/Krematorium-Anlagen im Lager. Gesamtkapazität je: 2000 Leichen pro Tag = 8000 insgesamt. Von jüdischen Arbeitern betrieben, die alle 2-3 Monate ausgetauscht werden. Operation trägt sich so selbst; das Geheimnis versiegelt sich selbst. Größte Geheimhaltungskopfschmerzen - Gestank aus den Schloten u. Flammen bei Nacht, sichtbar über viele Kilometer, besonders für Truppentransportzüge, die auf der Hauptstrecke nach Osten fahren.

März überprüfte die Daten. Luther hatte Auschwitz am 15. Juli besucht. Am 17. Juli hatte Bühler die geographischen Örter der sechs Lager an Kritzinger von der Reichskanzlei übermittelt. Am 9. August war die letzte Niederlegung in der Schweiz erfolgt. Im gleichen Jahr hatte Luther nach Angaben seiner Frau einen Zusammenbruch erlitten.

Er machte sich eine Notiz. Kritzinger war der vierte Mann. Sein Name tauchte überall auf. Er verglich mit Bühlers Taschenkalender. Auch die Daten paßten. Ein weiteres Geheimnis gelöst.

Seine Feder glitt übers Papier. Er war fast am Ende. Etwas Kleines; es war während des Nachmittags unbemerkt durchgeschlüpft; eines von einem guten Dutzend Papieren, die durcheinander in einen angerissenen Hefter gestopft worden waren. Es war ein Rundschreiben von SS-Obergruppenführer Richard Glücks, dem Chef der Amtsgruppe D des SS-Wirtschafts-Verwaltungshauptamts im Konzentrationslager Oranienburg. Es war vom 6. August 1942 datiert und an die Kommandanten der 16 Stamm-KLs gerichtet.

Betrifft: Verwertung der abgeschnittenen Haare.

Der Chef des SS-Wirtschafts-Verwaltungshauptamtes, SS-Obergruppenführer Pohl, hat auf Vortrag angeordnet, daß das in allen KL anfallende Menschenschnitthaar der Verwertung zugeführt wird. Menschenhaare werden zu Industriefilzen verarbeitet und zu Garn versponnen. Aus ausgekämmten und abgeschnittenen Frauenhaaren werden Haargarnfüßlinge für U-Boot-Besatzungen und Haarfilzstrümpfe für die Reichsbahn angefertigt.

Es wird daher angeordnet, daß das anfallende Haar weiblicher Häftlinge nach Desinfektion aufzubewahren ist. Schnitthaar von männlichen Häftlingen kann nur von einer Länge von 20 mm an Verwertung finden.

...

Die Mengen der monatlich gesammelten Haare, getrennt nach Frauen- und Männerhaaren, sind jeweils zum 5. eines jeden Monats, erstmalig zum 5. September 1942, nach hier zu melden.

gez. Glücks, SS-Brigadeführer und Generalmajor der Waffen-SS.

Er las es noch einmal: »*U-Boot-Besatzungen* . . .«

»Eins. Zwei. Drei. Vier. Fünf . . .« März lag unter Wasser, hielt den Atem an und zählte. Er lauschte auf die gedämpften Geräusche und sah Muster wie Algenketten an sich vorbei in die Dunkelheit treiben. »Vierzehn. Fünfzehn. Sechzehn . . .« Mit Gebrüll tauchte er aus dem Wasser empor, schlang Luft ein, strömte von Wasser. Er füllte seine Lungen noch einige Male, nahm dann einen mächtigen Schluck Sauerstoff, und tauchte erneut weg. Dieses Mal schaffte er es bis fünfundzwanzig, ehe ihm der Atem explodierte und er hochbrach und Wasser auf den Boden des Badezimmers überschwappen ließ.

Würde er je noch einmal sauber werden?

Danach lag er da, die Arme baumelten über die Ränder der Wanne, sein Kopf war zurückgeworfen, und er starrte an die Decke wie ein Ertrunkener.

TEIL VI

SONNTAG, 19. APRIL 1964

Wie immer dieser Krieg auch enden mag, wir haben den Krieg gegen euch gewonnen; von euch wird niemand übrigbleiben, um Zeugnis abzulegen, aber selbst wenn jemand übrigbleiben sollte, würde die Welt ihm nicht glauben. Es wird vielleicht Verdacht geben, Diskussionen, Untersuchungen von Historikern, aber es wird keine Gewißheit geben, denn wir werden die Beweise zusammen mit euch zerstören. Und selbst wenn einige Beweise übrigbleiben und einige von euch überleben sollten, werden die Leute doch sagen, daß die Vorgänge, die ihr beschreibt, viel zu monströs sind, um glaubhaft zu sein: Sie werden sagen, daß das Übertreibungen der alliierten Propaganda sind und uns glauben, die wir alles abstreiten werden, und nicht euch. Wir werden die Geschichte der Lager diktieren.

Ein SS-Offizier, nach Primo Levi, »Die Atempause«

EINS

Im Juli 1953, als Xaver März gerade dreißig war und seine Arbeit aus kaum mehr bestand als der Verhaftung von Huren und Zuhältern im Hamburger Hafen, hatten er und Klara Ferien gemacht. Sie waren in Freiburg am Fuße des Schwarzwalds angekommen, waren entlang des Rheins nach Süden gefahren und dann in seinem zerbeulten KdF-Auto ostwärts zum Bodensee und hatten in einem der kleinen Hotels am See während eines regnerischen Nachmittags, als ein Regenbogen sich über den Himmel wölbte, die Saat gelegt, die sich zu Paule entwickelte.

Er konnte den Ort immer noch vor sich sehen: der schmiedeeiserne Balkon, drüben das Rheintal, durch dessen weites Wasser sich die Flußkähne langsam dahinbewegten; die Steinmauern der alten Stadt, die kühle Kirche; Klaras Rock, von der Hüfte bis zu den Knöcheln, sonnenblumengelb.

Und da gab es etwas, das er immer noch sehen konnte: einen Kilometer flußab, den Abgrund zwischen Deutschland und der Schweiz überspannend – das Glitzern einer stählernen Brücke.

Vergiß den Versuch, durch die Luft- oder die Seehäfen zu entkommen: Die werden ebenso dicht überwacht und bewacht wie die Reichskanzlei. Vergiß die Grenzübergänge nach Frankreich, Belgien, Holland, Dänemark, Ungarn, Jugoslawien, Italien – das hieße lediglich, die Mauern des einen Gefängnisses zu überklettern, um in den Freihof eines anderen zu fallen. Vergiß den Postweg, um die Dokumente aus dem Reich hinauszuschaffen: Es werden zu viele Päckchen routinemäßig durch die Post geöffnet, als daß das sicher wäre. Vergiß es, das Material einem der anderen Korrespondenten in Berlin zu geben: Zum einen sähen die sich dann denselben Problemen gegenüber, und zum andern waren sie nach Charlies Worten so vertrauenswürdig wie Klapperschlangen.

Die Schweizer Grenze bot die beste Hoffnung; die Brücke winkte.

Jetzt versteck es. Versteck es alles.

Er kniete auf dem abgewetzten Teppich und breitete einen einzelnen Bogen braunen Packpapiers aus. Er machte einen sauberen Stapel aus den Dokumenten und klopfte ihre Ränder gerade. Aus seiner Brieftasche nahm er die Fotografie der Familie Weiß. Er starrte sie einen Augenblick lang an und fügte sie dann zu dem Stapel. Er umwickelte das Ganze straff mit dem Papier und umwickelte es dann noch mit dem Klarsichtklebeband, bis das Päckchen sich so fest anfühlte wie ein Stück Holz.

Er saß da mit einem länglichen Päckchen, zehn Zentimeter dick, das auf Druck nicht nachgab und dem Auge nichts verriet.

Er atmete auf. Das war schon besser.

Er fügte eine weitere Schicht hinzu, diesmal aus Geschenkpapier. Goldene Buchstaben riefen ALLES GUTE! und VIEL GLÜCK!, und die Wörter schlängelten sich wie Banner zwischen Ballons und Champagnerkorken hinter einer lächelnden Braut und ihrem Bräutigam.

Von Berlin nach Nürnberg über die Autobahn: 500 Kilometer. Von Nürnberg nach Stuttgart über die Autobahn: 150 Kilometer. Von Stuttgart aus schlängelte sich die Straße durch die Täler und Wälder Württembergs nach Waldshut am Rhein: noch mal 150 Kilometer. Insgesamt 800 Kilometer.

»Wieviel Meilen sind das?«

»500. Glaubst du, daß du das schaffst?«

»Natürlich. Zwölf Stunden, vielleicht weniger.« Sie hockte auf dem Rand des Bettes und lehnte sich aufmerksam nach vorne. Sie trug zwei Handtücher, das eine um ihren Körper, das andere als Turban um ihren Kopf.

»Nicht hetzen - du hast vierundzwanzig. Sobald du glaubst, daß du eine sichere Entfernung zwischen dich und Berlin gelegt hast, ruf das Hotel Bellevue in Waldshut an und bestell ein Zimmer - es ist keine Saison, also dürfte das keine Schwierigkeit machen.«

»Hotel Bellevue. Waldshut.« Sie nickte langsam, als sie es auswendig lernte. »Und du?«

»Ich komm ein paar Stunden später nach. Ich will versuchen, gegen Mitternacht bei dir im Hotel zu sein.«

Er konnte sehen, daß sie ihm nicht glaubte. Er machte rasch weiter: »Wenn du bereit bist, das Risiko einzugehen, dann solltest du die Papiere mitnehmen, und auch das . . .« Aus seiner Tasche zog er den anderen gestohlenen Reisepaß. Paul Hahn, SS-Sturmbannführer, geboren in Köln am 16. August 1925. Er war drei Jahre jünger als März, und man sah es ihm an.

Sie sagte: »Warum behältst du den nicht selbst?«

»Wenn ich verhaftet und durchsucht werde, werden sie ihn finden. Dann wissen sie auch, welche Identität du benutzt.«

»Du hast überhaupt nicht die Absicht zu kommen.«

»Ich habe jede Absicht zu kommen.«

»Du denkst, du bist erledigt.«

»Stimmt nicht. Aber meine Chancen, 800 Kilometer zu fahren, ohne entdeckt zu werden, sind geringer als deine. Das mußt du doch begreifen. Deshalb müssen wir getrennt fahren.«

Sie schüttelte den Kopf. Er kam und setzte sich neben sie und streichelte ihre Wange und drehte ihr Gesicht zu seinem. »Hör zu. Du sollst auf mich warten - hör zu! -, warte auf mich im Hotel bis 8.30 Uhr morgen früh. Wenn ich bis dahin nicht eingetroffen bin, mußt du ohne mich fahren. Warte dann nicht länger, denn das ist nicht mehr sicher.«

»Warum 8.30 Uhr?«

»Du mußt versuchen, die Grenze möglichst gegen 9 Uhr zu überqueren.« Ihre Wangen waren feucht. Er küßte sie. Er redete weiter. Sie mußte das begreifen. »9 Uhr ist die Stunde, zu der der geliebte Vater des deutschen Volkes die Reichskanzlei verläßt, um zur Großen Halle zu fahren. Seit Monaten hat man ihn nicht mehr gesehen - das ist ihre Art, Spannung aufzubauen. Du kannst sicher sein, daß die Grenzposten ein Radio in ihrem Postenhaus haben und zuhören. Wenn es überhaupt eine Zeit gibt, zu der sie dich noch am ehesten einfach durchwinken, dann ist es diese.«

Sie stand da und wickelte sich den Turban ab. Im schwachen Licht des Dachzimmers schimmerte ihr Haar weiß.

Sie ließ das zweite Handtuch fallen.

Helle Haut, weißes Haar, dunkle Augen. Ein Geist. Er mußte

sich versichern, daß sie wirklich war, daß sie beide lebendig waren. Er streckte die Hand aus und berührte sie.

Sie lagen umschlungen auf dem kleinen Holzbett, und sie flüsterte ihm ihre Zukunft zu. Ihr Flug würde morgen am frühen Abend auf dem New Yorker Flughafen Idlewild landen. Dann würden sie sofort zum Gebäude der ›New York Times‹ gehen. Dort gab es einen Redakteur, den sie kannte. Als erstes mußte man Kopien ziehen – mindestens ein Dutzend – und dann so viel wie möglich so schnell wie möglich gedruckt bekommen. Dafür war die ›Times‹ wie geschaffen.

»Und was, wenn sie es nicht drucken wollen?« Der Gedanke an Menschen, die druckten, was immer sie wollten, war für ihn schwer faßbar.

»Gott, wenn die das nicht drucken, stell ich mich wie einer der Verrückten, deren Romane nicht gedruckt werden, in die Fifth Avenue und verteil Kopien an die Passanten. Aber mach dir keine Sorgen – die werden das drucken, und wir werden die Geschichte verändern.«

»Aber glaubt uns irgendwer?« Der Zweifel war in ihm gewachsen, seit sie den Koffer geöffnet hatten. »Ist das nicht zu unglaubwürdig?«

Nein, sagte sie mit großer Gewißheit, denn jetzt hätten sie Tatsachen, und Tatsachen verändern alles. Ohne die habe man nichts, eine gähnende Leere. Aber leg Tatsachen vor – bring ihnen Namen, Daten, Befehle, Zahlen, Zeittafeln, Ortsangaben, Kartenhinweise, Programme, Fotos, Diagramme, Beschreibungen – und plötzlich besitzt die Leere eine Geometrie, wird der Vermessung zugänglich, ist zu einem festen Gegenstand geworden. Natürlich könne man diesen festen Gegenstand ableugnen, oder in Frage stellen, oder einfach nicht beachten. Aber jede dieser Reaktionen sei per definitionem eben eine *Re-Aktion*, die Antwort auf etwas, das existiere.

»Manche Leute werden es nicht glauben wollen – sie werden es nicht glauben wollen, egal, wie viele Beweise wir haben. Aber ich glaube, wir haben hier genug, um Kennedy zu stoppen. Kein Gipfeltreffen. Keine Wiederwahl. Keine Entspannung. Und in fünf

Jahren oder in fünfzig wird diese Gesellschaft auseinanderfallen. Du kannst auf einem Massengrab nichts aufbauen. Menschen sind besser - sie müssen einfach besser sein -, daran glaube ich - du nicht auch?«

Er antwortete nicht.

Er lag wach und sah im Berliner Himmel ein weiteres Morgendämmern. Ein vertrautes graues Gesicht in der Dachluke, ein alter Widersacher.

»Ihr Name?«

»Magda Voß.«

»Geboren?«

»Am 25. Oktober 1939.«

»Wo?«

»In Berlin.«

»Beruf?«

»Ich lebe bei meinen Eltern, in Berlin.«

»Wohin fahren Sie?«

»Nach Waldshut am Rhein. Um meinen Verlobten zu treffen.«

»Name?«

»Paul Hahn.«

»Was ist der Zweck Ihres Besuchs in der Schweiz?«

»Die Hochzeit einer Freundin.«

»Wo?«

»In Zürich.«

»Was ist das?«

»Ein Hochzeitsgeschenk. Ein Fotoalbum. Oder eine Bibel? Oder ein Buch? Oder ein Hackbrett?« Sie probierte die Antworten an ihm aus.

»Hackbrett - sehr gut. Genau die Art von Geschenk, das zu übergeben ein Mädchen wie Magda *wirklich* 800 Kilometer fahren würde.« März war im Zimmer herumgelaufen. Jetzt blieb er stehen und zeigte auf das Päckchen in Charlies Schoß.

»Bitte öffnen Sie es.«

Sie dachte einen Augenblick lang nach. »Was soll ich darauf antworten?«

»Da gibt es nichts zu antworten.«

»Scheußlich.« Sie nahm eine Zigarette heraus und zündete sie an. »Oha, sieh dir das mal an. Meine Hände zittern.«

Es war fast sieben. »Wir müssen gehn.«

Das Hotel begann zu erwachen. Als sie an den Reihen dünner Türen vorbeigingen, hörten sie Wasser platschen, ein Radio, Kinder lachen. Irgendwo auf dem zweiten Stock schnarchte ein Mann unbeeinflußt weiter.

Sie hatten das Päckchen vorsichtig behandelt, auf Armes Länge, so als handele es sich um Uran. Sie hatte es mitten in ihrem Koffer versteckt, in ihren Kleidern vergraben. März trug ihn die Treppen hinunter, quer durch die leere Empfangshalle und durch den engen Notausgang auf die Rückseite des Hotels. Sie trug ein dunkelblaues Kostüm und hatte ihre Haare unter einem Schal verborgen. Der gemietete Opel stand neben seinem Volkswagen. Aus den Küchen kamen Rufe, der Geruch nach frischem Kaffee, das Zischen von Pfannen.

»Wenn du das Bellevue verläßt, halt dich links. Die Straße folgt dem Tal. Dann kannst du die Brücke nicht verfehlen.«

»Das hast du mir doch schon gesagt.«

»Versuch herauszufinden, auf welcher Sicherheitsstufe sie sind, ehe du dich in Gefahr begibst. Wenn es so aussieht, als ob sie alles durchsuchen, dann dreh ab und versuch, es irgendwo zu verstecken. Wälder, Gräben, Scheunen - irgendwo, woran du dich erinnern kannst, eine Stelle, wohin jemand zurückkommen und es wiederfinden kann. Dann fahr raus. Versprich mir das.«

»Ich versprech es dir.«

»Es gibt täglich einen Flug der Swissair von Zürich nach New York. Er geht um zwei Uhr ab.«

»Um zwei. Ich weiß. Das hast du mir schon zweimal gesagt.«

Er trat einen Schritt auf sie zu, um sie in den Arm zu nehmen, aber sie stieß ihn zurück. »Ich sag dir nicht auf Wiedersehn. Nicht hier. Ich seh dich heut abend. *Ich seh dich.*«

Es gab einen Tiefpunkt, als der Opel sich weigerte anzuspringen. Sie zog den Choke und versuchte es erneut, und diesmal sprang der Motor an. Sie setzte rückwärts aus der Parklücke und weigerte sich immer noch, ihn anzusehen. Er erhaschte noch einen letzten Blick auf ihr Profil – und dann war sie fort und hinterließ eine Spur aus blauweißem Qualm, der in der kalten Morgenluft hing.

März saß allein in dem leeren Zimmer auf der Kante des Bettes und hielt ihr Kissen im Arm. Er wartete eine ganze Stunde, ehe er seine Uniform anzog. Er stand vor dem Ankleidespiegel und knöpfte sich die schwarze Uniformjacke zu. Das würde das letzte Mal sein, daß er sie anhatte, so oder so.

»Wir werden die Geschichte verändern...«

Er setzte die Mütze auf und richtete sie aus. Dann nahm er seine dreißig Blätter, sein Notizbuch und Bühlers Taschenkalender, faltete alles zusammen, schlug es in den übrigen Bogen braunes Packpapier ein und steckte es in seine Innentasche.

Konnte man die Geschichte so einfach ändern? fragte er sich. Gewiß, nach seiner Erfahrung waren Geheimnisse Säuren – waren sie einmal ausgegossen, dann fraßen sie sich durch eine Präsidentschaft, warum nicht durch einen Staat? Aber von Geschichte zu reden – er schüttelte den Kopf über seine Überlegungen –, Geschichte lag hinter ihm. Fahnder verwandelten Verdachtsmomente in Beweise. Das hatte er getan. Die Geschichte würde er ihr überlassen.

Er trug Luthers Tasche ins Badezimmer und warf all den Abfall hinein, den Charlie zurückgelassen hatte – die leeren Flaschen, die Gummihandschuhe, die Schale und den Löffel, die Bürsten. Dasselbe machte er im Schlafzimmer. Es war eigenartig, wie sehr sie diesen Raum erfüllt hatte, wie leer er ohne sie war. Er sah auf seine Uhr. 8.30 Uhr. Inzwischen sollte sie schon aus Berlin raus sein, vielleicht schon so weit südlich wie Wittenberg.

Am Empfang lungerte der Geschäftsmann herum.

»Guten Morgen, Herr Sturmbannführer. Ist die Befragung beendet?«

»Ist sie, Herr Brecker. Ich danke Ihnen für Ihre patriotische Unterstützung.«

»Es war mir ein Vergnügen.« Brecker deutete eine kleine Verbeugung an. Er schlang seine fetten weißen Hände umeinander, als ob er Öl einreibe. »Und falls der Herr Sturmbannführer jemals den Wunsch verspüren sollte, weitere Befragungen vorzunehmen...« Seine buschigen Augenbrauen tanzten. »Vielleicht wäre ich sogar imstande, ihn mit einer oder zwei Verdächtigen zu versorgen...?«

März lächelte. »Ich wünsche Ihnen einen guten Tag, Herr Brekker.«

»Ich *Ihnen*, Herr Sturmbannführer.«

Er saß auf dem vorderen Beifahrersitz des Volkswagens und dachte einen Augenblick lang nach. Der Ersatzreifen wäre die ideale Stelle, aber dazu hatte er keine Zeit. Die Plastikverkleidungen der Türen waren zu gut befestigt. Er reichte hinab unter das Trittbrett, bis seine Finger eine glatte Stelle ertasteten. Die würde seinen Zwecken dienen. Er riß zwei Längen vom Klebeband ab und heftete das Päckchen an das kalte Metall.

Dann ließ er die Rolle Klebeband in Luthers Tasche fallen und warf ihn in einen der Abfalleimer vor den Küchen. Das braune Leder sah, wie es da so auf der Oberfläche lag, zu fehl am Platze aus. Er fand einen abgebrochenen Besenstiel und grub ihm damit ein Grab und begrub sie wenigstens unter dem Kaffeesatz, den stinkenden Fischköpfen, den Fettfetzen und dem von Maden durchsetzten Schweinefleisch.

ZWEI

Gelbe Schilder mit dem einzigen Wort *Fernverkehr* wiesen den Weg heraus aus Berlin, zu der Autobahnrennstrecke, die die Stadt umgab. März hatte die nach Süden führende Fahrbahn fast für sich allein – die wenigen Autos und Busse, die so früh an diesem Sonntagmorgen unterwegs waren, fuhren in die andere Richtung. Er fuhr an der äußersten Drahtbewehrung des Tempelhofer Feldes vorbei und befand sich dann plötzlich in den Vorstädten, in denen die breite Straße durch trübselige Strecken voller Geschäfte und Wohnhäuser aus roten Ziegeln führte und von kränklichen Bäumen mit schwarzen Stämmen gesäumt war.

Zu seiner Linken ein Krankenhaus; zu seiner Rechten eine Kirche außer Gebrauch, mit Brettern zugenagelt und mit Parteisprüchen beschmiert. Marienfelde, sagten die Schilder.

Buckow. Lichtenrade.

An einer Verkehrsampel hielt er an. Die Straße nach Süden lag offen vor ihm – zum Rhein, nach Zürich, nach Amerika ... Hinter ihm hupte jemand. Die Ampel war umgesprungen. Er stellte den Blinker an, bog von der Hauptstraße ab und hatte sich bald in dem Netz rechtwinkliger Straßen der Wohnstadt verloren.

In den frühen fünfzigern hatte man die Straßen in der Nachglut des Sieges nach Generalen benannt: Studentstraße, Reichenaustraße, Manteuffelstraße. März fand sich nie richtig zurecht. Ging es rechts von der Model in die Dietrich? Oder links in die Paulus und *dann* in die Dietrich? Er fuhr langsam an den Reihen identischer Einfamilienhäuser entlang, bis er es schließlich erkannte.

Er parkte an der vertrauten Stelle und hätte fast gehupt, als er sich erinnerte, daß dies der dritte Sonntag im Monat war und nicht der erste – und deshalb nicht seiner – und daß auf alle Fälle seine Besuchsgenehmigung zurückgezogen worden war. Einen frontalen

Zusammenstoß, eine Handlung im Geist von Hasso von Manteuffel selbst, wollte er vermeiden.

Es lag kein Spielzeug auf der Betonauffahrt herum, und als er klingelte, bellte kein Hund. Er fluchte schweigend. Es schien in dieser Woche sein Schicksal zu sein, vor verlassenen Häusern zu stehen. Er trat von der Eingangstür zurück und richtete den Blick auf die Fenster daneben. Der Netzvorhang bewegte sich.

»Paule! Bist du da?«

Eine Ecke des Vorhangs wurde plötzlich zurückgezogen, als ob ein versteckter Würdenträger an einer Schnur gezogen hätte, um ein Porträt zu enthüllen, und da war es – das weiße Gesicht seines Sohnes starrte ihn an.

»Kann ich reinkommen? Ich möchte mit dir sprechen.«

Das Gesicht war ausdruckslos. Der Vorhang fiel zurück.

Ein gutes Zeichen oder ein schlechtes? März war nicht sicher. Er winkte zu dem leeren Fenster hinüber und wies in den Garten. »Ich warte da auf dich.«

Er ging zurück zu dem kleinen Holztor und blickte über die Straße. Einfamilienhäuser auf beiden Seiten, Einfamilienhäuser gegenüber. Sie erstreckten sich in alle Richtungen, wie die Zelte eines Armeelagers. In den meisten lebten alte Leute: Veteranen aus dem Ersten Weltkrieg, Überlebende all dessen, was danach folgte – Inflation, Arbeitslosigkeit, die Partei, der Zweite Weltkrieg. Schon vor zehn Jahren waren sie grau und gebeugt gewesen. Sie hatten genug gesehen, genug erlitten. Jetzt blieben sie zu Hause und schrien Paule an, er mache zuviel Lärm, und sahen den ganzen Tag Fernsehen.

März strich auf dem kleinen Handtuch von Rasen herum. Kein besonderes Leben für den Jungen. Autos fuhren vorüber. Zwei Türen weiter reparierte ein alter Mann ein Fahrrad und pumpte die Reifen mit einer quietschenden Pumpe auf. Von irgendwoher das Geräusch eines Rasenmähers ... Keine Spur von Paule. Er fragte sich, ob er sich auf Hände und Füße niederlassen und die Nachricht durch den Briefschlitz rufen müsse, als er hörte, wie die Tür sich öffnete.

»Guter Junge. Wie geht es dir? Wo ist deine Mutter? Und wo ist Helfferich?« Er brachte es nicht über sich, »Onkel Erich« zu sagen.

Paule hatte die Tür gerade weit genug geöffnet, daß er um sie herumsehen konnte. »Sie sind nicht da. Ich mach mein Bild fertig.«

»Wo sind sie hin?«

»Proben für die Parade. Ich bin verantwortlich. Haben sie gesagt.«

»Natürlich bist du das. Kann ich reinkommen und mit dir reden?«

Er hatte Widerstand erwartet. Statt dessen trat der Junge ohne ein Wort beiseite, und März überschritt zum ersten Mal seit ihrer Scheidung die Schwelle der Wohnung seiner ehemaligen Frau. Er sah sich die Möbel an - billig, aber gut aussehend; der Strauß frischer Osterblumen auf dem Kaminsims; die Sauberkeit; die flekkenlosen Oberflächen. Sie hatte alles so gut gemacht, wie sie nur konnte, ohne dabei viel Geld ausgeben zu können. So hatte er es erwartet. Sogar das Bild des Führers über dem Telefon - eine Aufnahme des alten Mannes, wie er ein Kind umarmt - war geschmackvoll: Klaras Gottheit war immer ein wohlwollender Gott, Neues Testament eher als Altes. Er nahm die Mütze ab. Er kam sich wie ein Einbrecher vor.

Er stand auf der Nylonbrücke und begann seine Ansprache. »Ich muß verreisen, Paule. Vielleicht für lange Zeit. Und die Leute werden dir vielleicht manches über mich sagen. Schreckliche Dinge, die nicht wahr sind. Und ich wollte dir sagen . . .« Ihm gingen die Worte aus. *Was soll ich dir sagen?* Er fuhr sich mit der Hand durch die Haare. Paule stand da mit gekreuzten Armen und sah ihn an. Er versuchte es noch einmal. »Es ist schwer, wenn man keinen Vater hat. Mein Vater ist gestorben, als ich noch sehr klein war - viel jünger als du jetzt. Und manchmal habe ich ihn dafür gehaßt . . .«

Diese kalten Augen.

». . . Aber das ging vorüber, und dann - hab ich ihn vermißt. Und wenn ich jetzt mit ihm reden könnte - ihn fragen könnte . . . Dafür würde ich alles geben . . .«

». . . *daß das in allen KL anfallende Menschenschnitthaar der Verwertung zugeführt wird. Menschenhaare werden zu Industriefilzen verarbeitet und zu Garn versponnen . . .*«

Er war nicht sicher, wie lange er da gestanden hatte, ohne zu reden und mit gesenktem Kopf. Schließlich sagte er: »Ich muß jetzt gehn.«

Und da kam Paule auf ihn zu und zupfte ihn an der Hand. »Ist schon gut, Papa. Bitte geh noch nicht. Komm und sieh dir mein Bild an.«

Das Zimmer des Jungen sah aus wie ein Kommandostand. Plastikmodelle von Luftwaffendüsenjägern aus Nachbausätzen hingen an unsichtbarer Angelschnur von der Decke und kreisten herum. An einer Wand eine Karte der Ostfront mit farbigen Nadeln, die die Stellungen der Armeen zeigten. An einer anderen eine Gruppenaufnahme von Paules Pimpfzug – nackte Knie und feierliche Gesichter, vor einer Zementwand fotografiert.

Während er ihn mit sich zog, gab Paule einen laufenden Kommentar mit Toneffekten ab. »Das hier sind unsere Jets – rrrrroo – uuuuu! – und das hier die roten Flak-Stellungen. Pouuh! Pouuh!« Striche von gelber Kreide schossen himmelwärts. »Jetzt geben wir's ihnen. Feuer!« Kleine schwarze Ameiseneier regneten zu Boden und ließen zerfetzte Feuerkronen aufblühen. »Die Kommies lassen ihre alten Jäger aufsteigen, aber die sind für unsere kein Problem . . .« So ging das noch fünf Minuten lang weiter, Handlung häufte sich auf Handlung.

Plötzlich ließ Paule, von seiner eigenen Schöpfung gelangweilt, die Hände fallen und tauchte unters Bett. Er zog einen Stapel Illustrierte aus der Kriegszeit hervor.

»Wie bist du da drangekommen?«

»Onkel Erich hat sie mir gegeben. Er hat sie gesammelt.«

Paule warf sich aufs Bett und begann, die Seiten umzublättern. »Was steht hier in der Unterschrift, Papa?« Er gab März die Illustrierte und setzte sich nahe zu ihm und hielt seinen Arm fest.

»Der Pionier hat sich seinen Weg bis zu den Drahtverhauen gebahnt, die das Maschinengewehrnest schützen«, las März vor. »Ein paar Flammenstöße und der tödliche Strom brennenden Öls hat den Feind ausgeschaltet. Die Flammenwerfer erfordern furchtlose Männer mit Nerven aus Stahl.«

»Und in der hier?«

Das war nicht das Lebewohl, das März sich vorgestellt hatte, aber wenn es das war, was der Junge sich wünschte . . . Er machte weiter: »Ich will für das neue Europa kämpfen: so sagten drei Brüder aus Kopenhagen, mit ihrem Kompaniechef im SS-Ausbildungslager im Oberelsaß. Sie haben alle Bedingungen im Hinblick auf Rasse und Gesundheit erfüllt und genießen jetzt das männliche Leben an der freien Luft im Lager im Walde.«

»Und das hier?«

Er lächelte. »Aber Paule. Du bist zehn Jahre alt. Du kannst das doch leicht selbst lesen.«

»Ich will aber, daß du es mir vorliest. Hier ist ein Bild von einem U-Boot wie deinem. Was steht hier?«

Er hörte auf zu lächeln und legte die Illustrierte hin. Etwas war merkwürdig hier. Dann wurde es ihm klar: die Stille. Seit einer Reihe von Minuten schon hatte sich draußen auf der Straße nichts mehr ereignet - kein Auto, keine Schritte, keine Stimmen. Selbst der Rasenmäher hatte aufgehört. Er sah, wie Paules Augen zum Fenster schielten, und da begriff er.

Irgendwo im Haus: ein Klirren von Glas. März wollte zur Tür, aber der Junge war zu schnell für ihn - er warf sich vom Bett, umfing seine Beine, und rollte sich um seines Vaters Füße zu einem embryonalen Ball zusammen, die Parodie kindlichen Flehens. *Bitte geh nicht, Papa«*, sagte er, »*bitte...*« März' Finger schlossen sich um die Türklinke, aber er konnte sich nicht bewegen. Er war wie vor Anker, wie im Sumpf. *Das habe ich doch schon mal geträumt*, dachte er. Hinter ihnen barst die Scheibe nach innen und übersäte ihre Rücken mit Glassplittern - jetzt füllten wirkliche Uniformen mit wirklichen Waffen das Zimmer -, und plötzlich lag März auf dem Rücken und starrte empor zu den kleinen Kriegsflugzeugen aus Plastik, die wie verrückt am Ende ihrer unsichtbaren Schnüre hüpften und kreisten. Er konnte Paules Stimme hören: »Es wird alles gut werden, Papa. Sie helfen dir. Sie machen dich gesund. Dann kannst du wieder zu uns kommen und mit uns leben. Das haben sie versprochen ...«

DREI

Seine Hände waren ihm mit Handschellen eng auf den Rücken geschlossen, die Gelenke nach außen. Zwei SS-Männer lehnten ihn gegen die Wand, gegen die Karte der Ostfront, und Globus stand vor ihm. Gott sei Dank hatte man Paule rasch fortgebracht. »Ich habe lange auf diesen Augenblick gewartet«, sagte Globus, »wie ein Bräutigam auf seine Braut wartet«, und schlug März in den Magen, hart. März klappte zusammen, fiel auf die Knie, riß dabei die Karte mit all ihren kleinen Nadeln mit sich, glaubte, er werde nie wieder atmen können. Dann packte Globus ihm ins Haar und riß ihn hoch, und sein Körper versuchte, zu gleicher Zeit zu erbrechen und Luft einzusaugen, und Globus schlug ihn wieder, und er ging wieder zu Boden. Dies wurde mehrmals wiederholt. Schließlich setzte ihm Globus, während er mit angezogenen Knien auf dem Teppich lag, den Stiefel auf die Gesichtsseite und bohrte ihm dessen Spitze ins Ohr. »Sieh mal an«, sagte er, »da bin ich doch mit meinem Stiefel in Scheiße geraten«, und von sehr weit her hörte März das Geräusch lachender Männer.

»Wo ist das Mädchen?«

»Welches Mädchen?«

Globus entfaltete vor März' Gesicht langsam seine wurstartigen Finger und ließ seine Hand dann in einem Bogen mit einem Karateschlag gegen seine Nieren krachen.

Das war schlimmer als alles andere – ein blendendweißer Blitz aus Qual schoß durch ihn und schleuderte ihn wieder zu Boden, wo er Galle erbrach. Am schlimmsten aber war es, zu wissen, daß er sich erst in den Vorhügeln eines langen Aufstiegs befand. Die Etappen der Folterung erstreckten sich vor ihm und stiegen an wie die Noten auf einer Tonskala, vom dumpfen Baß des Hiebs in den Bauch über das Mittelregister der Nierenhaken weiter und höher hinauf zu Tonhöhen weit jenseits der Hörfähigkeiten des menschlichen Ohres, zu einer Spitze aus reinem Kristall.

»Wo ist das Mädchen?«

»Welches ... Mädchen ...?«

Sie entwaffneten ihn, sie durchsuchten ihn, dann trieben sie ihn halb, halb schleppten sie ihn aus dem Bungalow. Eine kleine Menge hatte sich auf der Straße versammelt. Klaras ältliche Nachbarn sahen zu, wie er mit gesenktem Kopf auf den Rücksitz des BMWs verfrachtet wurde. Er erhaschte einen kurzen Blick auf vier oder fünf Wagen mit Warnlichtern in der Straße, auf einen LKW, auf Mannschaften. Was hatten sie erwartet? Einen kleinen Krieg? Immer noch keine Spur von Paule. Die Handschellen zwangen ihn, vornübergekauert dazusitzen. Zwei Gestapo-Männer quetschten sich zusätzlich auf den Hintersitz, einer auf jeder Seite. Als der Wagen anfuhr, konnte er sehen, wie einige der alten Leute bereits wieder in ihre Häuser zurückschlurften, zurück zum beruhigenden Schein ihrer Fernsehapparate.

Man fuhr ihn durch den Feiertagsverkehr, die Saarlandstraße hinauf und dann in die Prinz-Albrecht-Straße. Fünfzig Meter hinter dem Haupteingang schwang die Kolonne nach rechts ab durch ein hohes Gefängnistor in einen Ziegelmauernhof an der Rückseite des Gebäudes.

Er wurde aus dem Wagen gezerrt, und durch einen niedrigen Eingang steile Betonstufen hinab. Dann schleiften seine Absätze über den Boden eines gewölbten Durchgangs. Eine Tür, eine Zelle, und Stille.

Sie ließen ihn allein, um seiner Phantasie zu ermöglichen, sich an die Arbeit zu machen – das Standardverfahren. Sehr gut. Er kroch in eine Ecke und lehnte den Kopf gegen die feuchten Ziegel. Jede verstreichende Minute war eine weitere Reiseminute für sie. Er dachte an Paule, an all die Lügen, und ballte die Fäuste.

Die Zelle wurde von einer schwachen Birne über der Tür erleuchtet, die in ihrem eigenen rostigen Metallkäfig gefangen war. Er blickte nach seinem Handgelenk, ein sinnloser Reflex, denn sie hatten ihm seine Uhr weggenommen. Sicher war sie jetzt nicht mehr weit von Nürnberg entfernt. Er versuchte, seinen Geist mit Bildern der gotischen Türme zu füllen - Sankt Lorenz, Sankt Sebaldus, Sankt Jakob . . .

Jedes Glied - jeder Teil von ihm, dem er einen Namen geben konnte - schmerzte, und doch konnten sie ihn kaum länger als fünf Minuten bearbeitet haben, und noch immer hatten sie es geschafft, in seinem Gesicht keine Spuren zu hinterlassen. Er war wahrlich in die Hände von Experten gefallen. Fast hätte er gelacht, aber da das seine Rippen schmerzte, ließ er es sein.

Er wurde durch den Durchgang in einen Verhörraum geführt: weißgekalkte Wände, ein schwerer Eichentisch mit einem Stuhl an jedem Ende, ein Eisenofen. Globus war verschwunden, Krebs war an der Reihe. Die Handschellen wurden abgenommen. Wieder Standardverfahren - erst der harte Bulle, dann der sanfte. Krebs versuchte sogar einen Witz: »Normalerweise hätten wir auch Ihren Sohn verhaftet und ihm ebenfalls gedroht, um Sie zur Zusammenarbeit zu ermutigen. Aber in Ihrem Fall wissen wir, daß ein solches Verfahren kontraproduktiv wäre.« Der Humor des Geheimpolizisten! Er lehnte sich auf seinem Stuhl zurück, lächelte und spitzte seinen Bleistift an. »Immerhin. Ein bemerkenswerter Junge.«

»›Bemerkenswert‹ - Sie sagen es.« Irgendwann hatte sich März, während man ihn verprügelte, auf die Zunge gebissen. Jetzt sprach er, als habe er eine Woche auf dem Stuhl eines Zahnarztes verbracht.

»Gestern abend hat man Ihrer früheren Frau eine Telefonnummer gegeben für den Fall, daß Sie Kontakt suchten. Der Junge hat sie auswendig gelernt. Im gleichen Augenblick, als er Sie gesehen hat, hat er angerufen. Er hat Ihren Kopf geerbt, März. Ihre Tatkraft. Darauf sollten Sie stolz sein.«

»In diesem Augenblick sind meine Gefühle meinem Sohn gegenüber allerdings sehr stark.«

Gut, dachte er, *machen wir so weiter. Noch eine Minute und noch ein Kilometer.*

Aber Krebs wandte sich schon seinem Geschäft zu, indem er einen dicken Aktenordner durchblätterte. »Es stehen hier zwei Fragen an, März. Erstens: Ihre allgemeine politische Zuverlässigkeit, und die reicht viele Jahre zurück. Aber die beschäftigt uns heute nicht – wenigstens nicht direkt. Zweitens: Ihr Verhalten während der letzten Woche – besonders Ihre Verwicklung in den Versuch des verblichenen Parteigenossen Luther, in die Vereinigten Staaten überzulaufen.«

»Ich bin in so etwas nicht verwickelt.«

»Sie sind gestern morgen von einem Beamten der Ordnungspolizei auf dem Adolf-Hitler-Platz angesprochen worden – genau zu dem Zeitpunkt, als der Verräter Luther die amerikanische Journalistin Maguire zusammen mit einem Beamten der Botschaft der Vereinigten Staaten treffen wollte.«

Woher wußte er das? »Absurd.«

»Streiten Sie ab, daß Sie auf dem Platz waren?«

»Nein. Natürlich nicht.«

»Warum waren Sie denn da?«

»Ich bin der Amerikanerin gefolgt.«

Krebs machte sich Notizen. »Warum?«

»Sie war die Person, die die Leiche des Parteigenossen Stuckart entdeckt hat. Also hatte ich natürlich einen Verdacht gegen sie in ihrer Rolle als Agentin der bourgeoisen demokratischen Presse.«

»Pissen Sie mich nicht an, März.«

»Na schön. Ich hatte mich in ihre Gesellschaft gedrängt. Ich hatte mir gedacht: Wenn sie über die Leiche eines Staatssekretärs im Ruhestand stolpern kann, dann könnte sie vielleicht über noch eine stolpern.«

»Guter Punkt.« Krebs rieb sich das Kinn und dachte einen Augenblick lang nach, dann machte er ein neues Päckchen Zigaretten auf und gab März eine, die er ihm mit einem Streichholz aus einer ungebrauchten Dose anzündete. März füllte sich die Lunge mit Rauch. Krebs hatte sich selbst keine genommen, bemerkte er – sie waren nur Teil seines Spiels, die Requisiten eines Verhörers.

Der Gestapo-Mann durchblätterte seine Notizen aufs neue und runzelte die Stirn. »Wir glauben, daß der Verräter Luther plante, der Journalistin Maguire bestimmte Informationen zu enthüllen. Welcher Art waren diese Informationen?«

»Ich habe keine Ahnung. Vielleicht der Kunstraub?«

»Am Donnerstag sind Sie nach Zürich geflogen. Warum?«

»Dahin war Luther geflogen, bevor er verschwunden ist. Ich wollte überprüfen, ob es dort möglicherweise Hinweise gab, die hätten erklären können, warum er verschwand.«

»Und gab es welche?«

»Nein. Meine Reise war genehmigt. Ich habe dem Oberstgruppenführer Nebe einen vollständigen Bericht übermittelt. Haben Sie den nicht gesehen?«

»Natürlich nicht.« Krebs machte sich eine Notiz. »Der Oberstgruppenführer zieht niemanden ins Vertrauen, nicht einmal uns. Wo ist Maguire?«

»Woher soll ich das wissen?«

»Sie sollten das wissen, weil Sie sie auf dem Adolf-Hitler-Platz gestern nach der Schießerei aufgelesen haben.«

»Nicht ich, Krebs.«

»Doch, Sie, März. Danach sind Sie ins Leichenschauhaus gefahren und haben die persönlichen Effekten des Verräters Luther durchsucht – das wissen wir mit absoluter Sicherheit von Dr. Eisler.«

»Ich wußte nicht, daß es sich um die Effekten *Luthers* handelte«, sagte März. »Ich war der Meinung, sie gehörten einem Mann namens Stark, der sich drei Meter von Maguire entfernt befand, als er erschossen wurde. Natürlich war ich daran interessiert zu erfahren, was er bei sich hatte, weil ich mich für die Maguire interessierte. Übrigens haben *Sie* mir, wenn Sie sich erinnern, Freitag abend eine Leiche gezeigt, von der Sie behauptet haben, es sei die von Luther. Und wer hat denn nun Luther erschossen?«

»Das braucht Sie jetzt nicht zu kümmern. Was haben Sie denn erwartet, im Leichenschauhaus einsammeln zu können?«

»Viel.«

»Was? Seien Sie genauer!«

»Flöhe. Läuse. Einen Hautausschlag von seiner verschissenen Kleidung.«

Krebs warf seinen Bleistift hin. Er kreuzte die Arme. »Sie haben Köpfchen, März. Erfreuen Sie sich an der Tatsache, daß wir Ihnen wenigstens das zugestehen. Glauben Sie denn, wir hätten uns auch nur für einen Groschen darum gekümmert, wenn Sie ein ebenso dummer fetter Wichser wie Ihr Freund Max Jäger wären? Ich wette, Sie könnten stundenlang so weitermachen. Aber wir haben keine Stunden, und wir sind nicht so dumm, wie Sie meinen.« Er wühlte in seinen Papieren, grinste höhnisch, und spielte sein As aus.

»Was war in dem Koffer, den Sie vom Flughafen mitgenommen haben?«

März sah ihn offen an. *Sie hatten es die ganze Zeit gewußt.* »Welchen Koffer?«

»Der Koffer, der aussieht wie eine Ärztetasche. Der Koffer, der nicht viel wiegt, aber vielleicht Papiere enthält. Der Koffer, den Friedmann Ihnen gegeben hat, dreißig Minuten bevor er uns anrief. Als er zurückkam, fand er ein Telex vor, März, aus der Prinz-Albrecht-Straße – eine Aufforderung, Sie daran zu hindern, das Land zu verlassen. Als er das sah, hat er – als patriotischer Bürger – beschlossen, uns besser von Ihrem Besuch zu unterrichten.«

»Friedmann!« sagte März. »Ein ›patriotischer Bürger‹? Der führt Sie doch an der Nase rum, Krebs. Der verfolgt seine eigenen Pläne.«

Krebs seufzte. Er stand auf und kam um den Tisch, um sich hinter März zu stellen, wobei seine Hände auf der Rücklehne von März' Stuhl lagen. »Wenn das hier vorbei ist, dann möchte ich Sie kennenlernen. Wirklich. Vorausgesetzt, daß irgendwas von Ihnen zum Kennenlernen übrigbleibt. Warum ist jemand wie Sie so abgerutscht? Das interessiert mich. Vom technischen Standpunkt aus. Damit man versuchen kann, so was in Zukunft zu verhindern.«

»Ihre Leidenschaft, noch besser zu werden, ist lobenswert.«

»Das ist wieder typisch für Sie. Eine Frage der Haltung. Die Dinge ändern sich in Deutschland, März, von innen heraus, und Sie hätten ein Teil davon sein können. Der Reichsführer selbst nimmt Anteil an der neuen Generation, er hört auf uns, er befördert uns. Er glaubt an die Erneuerung, an größere Offenheit, an Gespräche mit den Amerikanern. Der Tag von Männern wie Odilo Globocznik ist vorbei.« Er hielt inne und flüsterte März dann ins Ohr: »Wissen Sie, warum Globus Sie nicht mag?«

»Klären Sie mich auf.«

»Weil Sie ihm das Gefühl geben, dumm zu sein. Und nach Globus' Regeln ist das ein Kapitalverbrechen. Helfen Sie mir, dann kann ich Sie vor ihm schützen.« Krebs richtete sich wieder auf und faßte mit seiner normalen Stimme zusammen: »Wo ist die Frau? Welche Informationen wollte Luther ihr geben? Wo ist Luthers Koffer?«

Diese drei Fragen, immer und immer wieder.

Verhöre enthalten zumindest diese eine Ironie: Sie können dem Befragten ebensoviel – oder mehr – mitteilen wie den Befragern.

Aus der Art, wie Krebs fragte, konnte März das Ausmaß seiner Kenntnisse abschätzen. Die waren zu bestimmten Fragen sehr gut: Er wußte zum Beispiel, daß März das Leichenschauhaus besucht und daß er den Koffer vom Flughafen abgeholt hatte. Aber es gab da eine bedeutungsvolle Lücke. Vorausgesetzt, daß Krebs nicht ein geradezu teuflisch hinterhältiges Spiel trieb, hatte er offenbar keine Ahnung von der *Art* der Informationen, die Luther den Amerikanern versprochen hatte. Und auf diesem einen schmalen Halt beruhte März' einzige Hoffnung.

Nach einer ergebnislosen halben Stunde öffnete sich die Tür, und Globus erschien, einen langen Prügel aus poliertem Holz schwingend. Hinter ihm standen zwei massig gebaute Männer in schwarzen Uniformen.

Krebs stand stramm.

Globus sagte: »Hat er ein volles Geständnis abgelegt?«

»Nein, Herr Obergruppenführer.«

»Welche Überraschung. Dann bin ich wohl an der Reihe.«

»Natürlich.« Krebs bückte sich und sammelte seine Papiere ein.

Bildete März sich das nur ein, oder sah er über jenes lange unbewegte Gesicht ein Zucken des Bedauerns, gar des Widerwillens huschen?

Nachdem Krebs gegangen war, schlenderte Globus herum, summte einen alten Parteimarsch und schleifte den Prügel über den Steinfußboden.

»Wissen Sie, was das ist, März?« Er wartete. »Nein? Keine Antwort? Das ist eine amerikanische Erfindung. Ein Baseballschläger. Einer meiner Freunde an der Botschaft in Washington hat ihn mir mitgebracht.« Er schwang ihn ein paarmal um seinen Kopf. »Ich denke daran, ein SS-Team aufzustellen. Dann könnten wir gegen ein Team der US-Armee spielen. Was halten Sie davon? Goebbels ist ganz scharf darauf. Er denkt, die amerikanischen Massen würden auf solche Bilder gut reagieren.«

Er lehnte den Schläger gegen den schweren Eichentisch und begann, sich die Uniformjacke aufzuknöpfen.

»Wenn Sie meine Meinung hören wollen, dann hat man 1936 den grundlegenden Fehler begangen, als Himmler anordnete, daß jeder Kripo-Plattfuß im Reich SS-Uniform tragen sollte. Das hat uns solchen Abschaum wie Sie eingebracht, und solche verschrumpelten alten Arschlöcher wie Artur Nebe.«

Er gab seine Jacke einer der beiden Wachen und begann, sich die Ärmel aufzukrempeln. Plötzlich brüllte er.

»Mein Gott, wir wußten, wie man mit Leuten wie dir umspringt. Aber jetzt sind wir weich geworden. Jetzt heißt es nicht mehr ›Hat er Mut?‹, sondern ›Hat er den Doktor?‹ Im Osten haben wir keine Doktortitel gebraucht, 1941, als fünfzig Grad unter Null Frost war und dir die Pisse mitten in der Luft einfror. Du hättest Krebs hören sollen, März. Das hätte dir Spaß gemacht. Scheiße, ich glaub, der gehört zu eurem Pack.« Er ahmte eine gezierte Stimme nach. »Mit Erlaubnis des Herrn Obergruppenführers würde ich den Verdächtigen gern zuerst vornehmen. Ich habe den Eindruck, daß er vielleicht auf ein subtileres Vorgehen antworten könnte.‹ Subtiler, bei meinem Arsch! Was ist bloß mit dir los? Wenn du mein Hund wärst, gäb ich dir Gift zu fressen.«

»Wenn ich Ihr Hund wäre, würde ich es fressen.«

Globus grinste eine der Wachen an. »Hör dir den großen Mann an!« Er spuckte sich in die Hände und hob den Baseballschläger hoch. Er drehte sich zu März um. »Ich hab mir Ihre Akte angesehen. Sie schreiben gern. Ständig Notizen machen, Listen zusammenstellen. Ganz der frustrierte Autor. Sagen Sie: Sind sie Linkshänder oder Rechtshänder?«

»Linkshänder.«

»Noch eine Lüge. Legen Sie den rechten Arm auf den Tisch.«

März spürte, wie sich ihm eiserne Bande um die Brust legten. Er konnte kaum noch atmen. »Fick dich selbst.«

Globus sah die Wachen an, und mächtige Fäuste ergriffen März von hinten. Der Stuhl stürzte um, und er wurde mit dem Kopf nach vorne über den Tisch gezwungen. Einer der SS-Männer bog ihm den linken Arm hoch in den Rücken und verdrehte ihn, und März brüllte vor Schmerzen, bis der andere Mann seine freie Hand ergriff. Der Mann kletterte halb auf den Tisch und pflanzte sein Knie genau unter März' rechten Ellbogen, womit er ihm den rechten Vorderarm mit der Handfläche nach unten auf die hölzerne Tischplatte nagelte.

In Sekundenschnelle war alles an seinem Platz befestigt, mit Ausnahme seiner Finger, die gerade noch schwach flattern konnten.

Globus stand einen Meter vom Tisch entfernt und fuhr mit der Spitze des Schlägers leicht über März' Knöchel. Dann hob er ihn hoch, schwang ihn wie eine Axt in einen weiten Bogen von 300 Grad und schmetterte ihn mit all seiner Kraft herab.

März wurde nicht ohnmächtig, zuerst nicht. Die Wachen ließen ihn los, und er rutschte auf seine Knie, ein Faden Speichel rann ihm aus dem Mundwinkel und hinterließ eine Schneckenspur auf dem Tisch. Sein Arm war immer noch ausgestreckt. Er blieb eine Weile so, bis er den Kopf hob und die Überreste seiner Hand sah – einen fremdartigen Haufen aus Blut und Knorpel auf dem Hackklotz eines Metzgers – und dann wurde er ohnmächtig.

Schritte im Dunkel. Stimmen.

»Wo ist die Frau?«

Ein Tritt.

»Welche Information?«

Ein Tritt.

»Was hast du gestohlen?«

Ein Tritt. Ein Tritt.

Ein Stiefel stampfte auf seine Finger, drehte sich, und matschte sie in den Stein.

Als er wieder zu sich kam, lag er in der Ecke, und seine zerbrochene Hand lag neben ihm auf dem Boden, wie man ein totgeborenes Kind neben seiner Mutter liegen läßt. Ein Mann – vielleicht Krebs – kauerte vor ihm und sagte etwas. Er versuchte, sich zu konzentrieren.

»Was ist das?« fragte Krebs' Mund. »Was bedeutet das?«

Der Gestapo-Mann war atemlos, als ob er treppab, treppauf gerannt sei. Mit einer Hand ergriff er März' Kinn und zwang sein Gesicht ins Licht. In der anderen hielt er ein Bündel Papiere.

»Was bedeutet das, März? Die waren vorne unter Ihrem Volkswagen versteckt. Unter das Trittbrett geklebt. Was bedeuten sie?«

März zog seinen Kopf zurück und drehte sein Gesicht zur dunkel werdenden Mauer.

Taptaptap. In seinen Träumen. *Taptaptap.*

Einige Zeit später – genauer wußte er es nicht, denn Zeit war jenseits des Meßbaren, wurde schneller und dann wieder so langsam wie ein kaum mehr wahrnehmbares Kriechen – erschien über ihm eine weiße Jacke. Ein Blitzen von Stahl. Eine dünne Klinge erschien vertikal vor seinen Augen. März versuchte wegzukriechen, aber Finger schlossen sich um sein Gelenk, und die Nadel wurde in eine Vene gestoßen. Zuerst brüllte er auf, als man seine Hand berührte, aber dann spürte er, wie sich die Flüssigkeit durch seine Adern ergoß, und die Agonie schwand.

Der Folterarzt war alt und bucklig, und März, der vor Dankbarkeit für ihn überströmte, hatte den Eindruck, daß er schon seit vielen Jahren in diesen Kellern lebte. Der Ruß hatte sich in seinen Poren festgesetzt, und die Dunkelheit hing in Beuteln unter seinen Augen. Er redete nicht. Er säuberte die Wunde, bestrich sie mit einer klaren Flüssigkeit, die nach Krankenhäusern und Leichenhallen roch, und umwickelte sie fest mit einem weißen Gazeverband. Dann half er, immer noch ohne zu reden, gemeinsam mit Krebs März auf die Beine. Sie setzten ihn auf einen

Stuhl. Ein Emailbecher mit süßem Milchkaffee wurde auf den Tisch vor ihn gestellt. Eine Zigarette wurde ihm in die gesunde Hand geschoben.

VIER

März hatte in seinem Geist eine Mauer errichtet. Dahinter hatte er Charlie in ihrem dahinschießenden Auto gesetzt. Es war eine hohe Mauer, aus allem errichtet, was seine Einbildungskraft nur auftreiben konnte - aus Pflastersteinen und Betonblöcken, aus ausgebrannten eisernen Bettgestellen, umgestürzten Straßenbahnwagen, Koffern und Kinderwagen -, und sie erstreckte sich nach beiden Seiten durch die sonnenbeglänzten deutschen Landschaften, wie die Große Mauer in China auf einer Ansichtskarte. Vor ihr patrouillierte er. *Über die Mauer würde er sie nicht lassen.* Alles andere konnten sie haben.

Krebs las März' Notizen. Er saß da, beide Ellenbogen auf den Tisch gestemmt, das Kinn auf den Knöcheln. Ab und zu löste er eine Hand, wendete eine Seite um, legte sie wieder an, fuhr fort zu lesen. März beobachtete ihn. Nach dem Kaffee und der Zigarette und der Dämpfung seiner Schmerzen fühlte er sich fast hochgestimmt.

Krebs hatte geendet und schloß für einen Augenblick die Augen. Sein Teint war weiß wie üblich. Dann richtete er die Seiten aus und legte sie vor sich hin, neben März' Notizbuch und Bühlers Kalender. Er richtete sie millimetergenau aus zu einer Linie von Paradegenauigkeit. Vielleicht war es die Wirkung der Drogen, aber plötzlich sah März alles so klar - wie die Tinte auf dem billigen Papier leicht ausgelaufen war und wie jedem Buchstaben winzige Härchen sprossen; wie schlecht Krebs sich rasiert hatte: und das Wäldchen schwarzer Stoppeln in der Hautfalte unter seiner Nase. In dem Schweigen glaubte er wirklich, er könne den Staub fallen und auf den Tisch prasseln hören.

»Haben Sie mich erledigt, März?«

»Sie erledigt?«

»Mit dem da.« Krebs' Hand schwebte einen Zentimeter über den Notizen.

»Es hängt davon ab, wer weiß, daß Sie sie haben.«

»Nur ein Kretin von Unterscharführer, der in der Garage arbeitet. Er hat sie gefunden, als wir Ihren Wagen reinbrachten. Er hat sie sofort mir gegeben. Globus weiß nichts davon – noch nicht.«

»Dann haben Sie ja Ihre Antwort.«

Krebs begann, sich heftig das Gesicht zu reiben, als wolle er sich abtrocknen. Er hielt inne, preßte die Hände gegen seine Wangen und starrte März durch die gespreizten Finger an. »Was geht hier vor?«

»Sie können doch lesen.«

»Ich kann lesen, aber ich verstehe es nicht.« Krebs griff nach den Seiten und blätterte sie durch. »Hier zum Beispiel – was ist ›Zyklon B‹?«

»Kristallisiertes Hydrogencyanid. Davor haben sie Kohlenmonoxyd verwandelt. Und davor Kugeln.«

»Und hier – ›Auschwitz/Birkenau‹. ›Kulmhof‹. ›Belzec‹. ›Treblinka‹. ›Majdanek‹. ›Sobibor‹.«

»Die Schlachthöfe.«

»Diese Zahlen: 8000 pro Tag . . .«

»Das ist die Gesamtmenge, die sie in Auschwitz/Birkenau unter Einsatz der 4 Gaskammern und Krematorien vernichten konnten.«

»Und diese ›11 Millionen‹?«

»11 Millionen ist die Gesamtzahl europäischer Juden, hinter denen sie her waren. Vielleicht haben sie Erfolg gehabt. Wer weiß das? Aber ich sehe kaum noch welche, Sie etwa?«

»Hier: der Name ›Globocznik‹ . . .«

»Globus war SS- und Polizeiführer in Lublin. Er hat die Tötungszentren aufgebaut.«

»Das habe ich nicht gewußt.« Krebs ließ die Notizen auf den Tisch fallen, als ob sie ansteckend wären. »Ich habe von all dem nichts gewußt.«

»Natürlich haben Sie's gewußt! Sie wußten es jedesmal, wenn jemand einen Witz über ›in den Osten gehen‹ gemacht hat, jedesmal, wenn Sie eine Mutter ihrem Kind sagen hörten, es solle sich gut benehmen, sonst müsse man durch den Schornstein gehen. Wir wußten es, als wir ihre Häuser bezogen, als wir ihr Eigentum übernahmen, ihre Arbeitsplätze. Wir wußten es, aber wir kannten die Tatsachen nicht.« Er wies mit seiner linken Hand auf die Notizen. »Die da geben Fleisch an die Knochen. Und Knochen, wo vorher gar nichts war.«

»Ich meinte: ich wußte nicht, daß Bühler und Stuckart und Luther damit zu tun hatten. Ich wußte nicht, daß Globus . . .«

»Sicher. Sie haben geglaubt, Sie untersuchen einen einfachen Kunstraub.«

»Das ist wahr! Das ist wahr!« wiederholte Krebs. »Am Mittwoch morgen - können Sie sich noch soweit zurückerinnern? - untersuchte ich Korruption bei der Deutschen Arbeiterfront: Handel mit Arbeitserlaubnissen. Dann werde ich plötzlich aus heiterem Himmel zum Reichsführer befohlen, unter vier Augen. Er sagt mir, hohe Beamte im Ruhestand seien bei einem riesigen Kunstbetrug erwischt worden. Die möglichen Schäden für die Partei seien groß. Obergruppenführer Globocznik leitet die Untersuchung. Ich solle mich sofort nach Schwanenwerder begeben und seine Befehle entgegennehmen.«

»Warum Sie?«

»Warum nicht? Der Reichsführer kennt mein Kunstinteresse. Wir haben darüber gesprochen. Mein Auftrag lautete einfach, die Kunstschätze zu katalogisieren.«

»Aber Sie müssen doch gewußt haben, daß Globus Bühler und Stuckart umgebracht hat?«

»Natürlich. Ich bin ja kein Idiot. Ich kenne Globus' Ruf genausogut wie Sie. Aber Globus handelte auf Heydrichs Anweisungen hin, und wenn Heydrich beschlossen hatte, ihn von der Leine zu lassen, um der Partei einen öffentlichen Skandal zu ersparen - wer war ich, zu widersprechen?«

»Wer waren Sie, zu widersprechen?« wiederholte März.

»Lassen Sie uns das klarstellen, März. Wollen Sie behaupten, ihre Tode hätten nichts mit der Unterschlagung zu tun?«

»Nichts. Die Unterschlagung war ein Zufall, der gerade recht kam als nützliche Verschleierungsgeschichte, das ist alles.«

»Aber die ergab einen Sinn. Sie erklärte, warum Globus als Staatshenker handelte und warum er sich so verzweifelt bemühte, eine Untersuchung durch die Kripo abzuwehren. Mittwoch abend war ich immer noch dabei, die Bilder auf Schwanenwerder zu katalogisieren, als er mich voller Wut anrief - Ihretwegen. Er sagte, Sie seien offiziell vom Fall abgezogen worden, und jetzt seien Sie in

Stuckarts Wohnung eingebrochen. Ich solle losgehen und Sie holen; was ich getan habe. Und das will ich Ihnen sagen: Wenn Globus seinen Willen bekommen hätte, wären Sie da schon erledigt worden, aber Nebe wollte das nicht. Dann haben wir am Freitag abend gefunden, was wir für Luthers Leiche hielten, und damit schien das erledigt zu sein.«

»Wann haben Sie entdeckt, daß die Leiche nicht die von Luther war?«

»Gegen 6 am Samstag morgen. Globus rief mich zu Hause an. Er sagte, er habe Informationen, daß Luther immer noch lebe und vorhabe, die amerikanische Journalistin um 9 zu treffen.«

»Er wußte das«, bestätigte März, »weil er einen Hinweis aus der amerikanischen Botschaft bekommen hatte.«

Krebs schnaubte. »Was soll denn der Scheiß? Er wußte es von einem Telefonmitschnitt.«

»Das ist unmöglich . . .«

»Wieso unmöglich? Sehen Sie selbst.« Krebs schlug einen seiner Aktendeckel auf und holte ein einzelnes Blatt dünnen braunen Papiers heraus. »Es wurde von den Abhörern in Charlottenburg mitten in der Nacht rübergeschickt.«

März las:

Forschungsamt   *Geheime Reichssache*
G745,275
23:51

MÄNNLICH: Sie fragen: was ich will? Was glauben Sie denn, was ich will? Asyl in Ihrem Land.
WEIBLICH: Sagen Sie mir, wo Sie sind.
MÄNNLICH: Ich kann bezahlen.
WEIBLICH: [unterbricht]
MÄNNLICH: Ich habe Informationen. Bestimmte Tatsachen.
WEIBLICH: Sagen Sie mir, wo Sie sind. Ich werde Sie abholen. Dann werden wir in die Botschaft fahren.
MÄNNLICH: Zu früh. Noch nicht.
WEIBLICH: Wann?
MÄNNLICH: Morgen früh. Hören Sie mir zu. Um 9 Uhr. An der Großen Halle. Haupttreppe. Haben Sie das verstanden?

Noch einmal konnte er ihre Stimme hören; sie riechen; sie berühren.

Im Hintergrund seines Geistes bewegte sich etwas.

Er schob das Papier über den Tisch zu Krebs zurück, der es in seinen Aktendeckel legte und zusammenfaßte: »Was danach geschah, wissen Sie. Globus ließ Luther in dem Augenblick erschießen, in dem er auftauchte – und das hat mich, um ehrlich zu sein, schockiert. So was auf einem öffentlichen Platz zu machen . . . Ich dachte: Dieser Mann ist verrückt. Natürlich wußte ich da nicht, warum er so versessen darauf war, daß Luther nicht lebend gefaßt werden sollte.« Plötzlich brach er ab, als ob er vergessen hatte, wo er war und welche Rolle er spielen sollte. Er beendete es rasch: »Wir haben die Leiche durchsucht und nichts gefunden. Dann haben wir uns hinter Ihnen her gemacht.«

März' Hand begann wieder zu pochen. Er schaute auf sie herab und sah karmesinrote Flecken durch den weißen Verband sickern.

»Wie spät ist es?«

»5.47 Uhr.«

Sie war jetzt schon seit 11 Stunden fort.

Gott, seine Hand . . . Die roten Flecken wurden größer, berührten sich, bildeten Blutarchipele.

»Insgesamt waren vier daran beteiligt«, sagte März. »Bühler, Stukkart, Luther und Kritzinger.«

»Kritzinger?« Krebs machte sich eine Notiz.

»Friedrich Kritzinger, Ministerialdirektor in der Reichskanzlei. Wenn ich Sie wäre, würde ich davon nichts aufschreiben.«

Krebs legte seinen Bleistift weg.

»Was die betrifft, so hatten sie nichts gegen das Ausrottungsprogramm selbst – vergessen Sie nicht, es waren ja hohe Parteifunktionäre –, aber es war das Fehlen eines ordnungsgemäß ausgestellten Führerbefehls. Es gab nichts Schriftliches. Alles, was sie hatten, waren mündliche Versicherungen von Heydrich und Himmler, daß das die Wünsche des Führers seien. Kann ich noch eine Zigarette haben?«

Nachdem Krebs ihm eine gegeben und er die ersten süßen Züge getan hatte, fuhr er fort: »Das alles sind Vermutungen, verstehen Sie?« Sein Verhörer nickte. »Ich nehme an, sie haben sich gefragt: Warum gibt es keine schriftliche Verbindung zwischen dem Führer und dieser Politik? Und ich nehme an, sie haben sich gesagt: Weil das alles so monströs ist, daß das Staatsoberhaupt nicht da hinein verwickelt erscheinen darf. Und wo standen sie? Sie standen in der Scheiße. Denn wenn Deutschland den Krieg verlieren würde, dann könnte man sie als Kriegsverbrecher verurteilen, und wenn Deutschland ihn gewann, dann mochte man sie eines Tages zu Sündenböcken für den größten Massenmord in der Geschichte machen.«

Krebs murmelte: »Ich bin mir nicht sicher, ob ich das alles wissen möchte.«

»Also haben sie sich eine Versicherung besorgt. Sie formulierten eidesstattliche Erklärungen – das war einfach: drei von ihnen waren ja Rechtsanwälte – und brachten Dokumente an sich, wo immer sie konnten. Und schrittweise stellten sie eine Dokumentation zusammen. Für jedes Ergebnis war vorgesorgt. Wenn Deutschland gewann und man gegen sie vorgehen würde, dann konnten sie damit drohen, zu veröffentlichen, was sie wußten. Und wenn die Alliierten gewannen, konnten sie sagen: Seht her, wir waren gegen diese Politik und haben sogar unser Leben aufs Spiel gesetzt, um Informationen darüber zu sammeln. Luther hat noch einen Hauch Erpressung hinzugefügt – peinliche Dokumente über den amerikanischen Botschafter in London, Kennedy. Geben Sie mir die da.«

Er nickte zu seinem Notizbuch und zu Bühlers Kalender hinüber. Krebs zögerte, dann schob er sie über den Tisch.

Es war schwierig, das Notizbuch mit nur einer Hand zu öffnen. Der Verband war durchtränkt. Er verschmierte die Seiten.

»Die Lager waren so organisiert, daß sichergestellt war, es gab keine Zeugen. Sonderhäftlinge betrieben die Gaskammern, die Krematorien. Bei Gelegenheit wurden diese Sonderhäftlinge selbst vernichtet und durch andere ersetzt, die ihrerseits auch wieder vernichtet wurden. Und so weiter. Wenn das aber auf der untersten Ebene geschehen konnte, warum dann nicht auch auf der höchsten? Sehen Sie hier. 14 Leute bei der Wannseekonferenz. Der erste stirbt 1954. Ein weiterer 1955. Dann jedes Jahr einer: 1957, 1959, 1960, 1961, 1962. Vermutlich sollten ›Einbrecher‹ Luther 1963 umbringen, und danach hat er Wachmänner angestellt. Aber als die Zeit verging und nichts passierte, hat er wohl angenommen, es sei ein Zufall gewesen.«

»Das genügt, März.«

»1963 begann es, sich zu beschleunigen. Im Mai stirbt Klopfer. Im Dezember erhängt Hoffmann sich. Im März dieses Jahres wird Kritzinger mit einer Autobombe in die Luft gesprengt. Jetzt bekommt Bühler es wirklich mit der Angst zu tun. Kritzinger ist der Auslöser. Er war der erste der Gruppe, der starb.«

März hob den Taschenkalender auf.

»Hier – sehen Sie her –, er markiert den Tag von Kritzingers Tod mit einem Kreuzchen. Danach aber vergehen die Tage und nichts geschieht; vielleicht sind sie in Sicherheit. Dann am 9. April – ein weiteres Kreuzchen! Bühlers alter Kollege aus dem Generalgouvernement, Schöngarth, ist im Bahnhof Zoo unter die Räder einer U-Bahn gerutscht. Panik auf Schwanenwerder! Aber da ist es schon zu spät . . .«

»Ich sagte: Es reicht!«

»Eine Frage störte mich: Warum gab es während der ersten 9 Jahre nur 8 Tote, denen dann weitere 6 in den letzten 6 Monaten folgten? Warum diese Eile? Warum dieses schreckliche Risiko nach so langer Geduld? Aber wir Polizisten heben ja selten unsere Nasen aus dem Dreck, um uns das größere Bild anzusehen, nicht wahr? Alles sollte am letzten Dienstag erledigt sein und bereit für den Besuch unserer guten neuen Freunde, der Amerikaner. Und das wirft eine weitere Frage auf: . . . «

»Geben Sie mir die!« Krebs riß Kalender und Notizbuch aus März' Griff. Draußen im Gang: die Stimme von Globus . . .

». . . würde Heydrich das alles aus eigenem Antrieb getan haben, oder handelte er auf Befehl von höher oben? Befehl vielleicht von derselben Person, die ihre Unterschrift unter kein Dokument hatte setzen wollen . . .?«

Krebs hatte den Ofen aufgerissen und stopfte die Papiere hinein. Einen Augenblick lang lagen sie schwelend auf den Kohlen, und dann flammten sie gelb auf, als sich der Schlüssel im Schloß der Zellentür drehte.

FÜNF

»Kulmhof!« schrie er Globus an, als der Schmerz zu schlimm wurde. »Belzec! Treblinka!«

»Na also, jetzt machen wir Fortschritte.« Globus grinste seine beiden Gehilfen an.

»Majdanek! Sobibor! Auschwitz/Birkenau!« Er hielt die Namen wie einen Schild vor sich, um die Schläge abzuwehren.

»Und was soll ich jetzt tun? Zusammenschrumpfen und sterben?« Globus hockte sich auf seine Schenkel, ergriff März bei den Ohren und zerrte sein Gesicht auf sich zu. »Das sind nur Namen, März. Da gibt es nichts mehr, nicht mal einen Ziegelstein. Niemand wird das jemals glauben. Und soll ich Ihnen was sagen? *Ein Teil von Ihnen kann das selbst nicht glauben.*« Globus spie ihm ins Gesicht – einen Klumpen graugelben Speichels. »So viel wird das die Welt kümmern.« Er schleuderte ihn fort, mit dem Kopf gegen den Steinboden.

»Und jetzt noch einmal: Wo ist das Mädchen?«

SECHS

Die Zeit kroch mit gebrochenem Kreuz auf allen vieren. Er bibberte. Seine Zähne klapperten wie eine Spielzeugmechanik.

Andere Häftlinge waren Jahre vor ihm hier gewesen. Anstelle von Grabsteinen hatten sie mit zersplitternden Fingernägeln in die Zellenwände gekratzt. »J. F. G. 22. 2. 57«. »Katja«. »H. K. Mai 44«. Jemand hatte nur den halben Buchstaben E geschafft, ehe ihn die Kraft oder Zeit oder Wille verließen. Aber immer noch dieser Drang zu schreiben ...

Keines der Zeichen war, wie er bemerkte, höher als einen Meter über dem Boden.

Die Schmerzen in seiner Hand machten ihn fiebern. Er hatte Halluzinationen. Ein Hund zermalmte seine Finger zwischen seinen Kiefern. Er schloß die Augen und fragte sich, wie spät es wohl sei. Als er Krebs zuletzt gefragt hatte, war es – was? – fast 6 gewesen. Danach hatten sie vielleicht noch eine weitere halbe Stunde geredet. Danach war eine zweite Sitzung mit Globus gewesen – endlos. Und jetzt diese Strecke allein in der Zelle, wobei er ins Licht und aus dem Licht glitt, von der Erschöpfung in die eine, von dem Hund in die andere Richtung gezerrt.

Der Boden war warm unter seiner Wange, der glatte Stein löste sich auf.

Er träumte von seinem Vater – sein Kindheitstraum –, wie jene steife Gestalt auf der Fotografie lebendig wird und ihm von Deck seines Schiffes aus zuwinkt, während es aus dem Hafen ausläuft, ihm zuwinkt, bis er zu einem Strichmännchen geschrumpft ist, bis er verschwindet. Er träumte von Jost, wie der auf der Stelle lief und mit seiner feierlichen Stimme das Gedicht intoniert:

Ihr werft dem Tier im Menschen Futter hin,
damit es wächst . . .

Er träumte von Charlie.

Meistens aber träumte er, er sei wieder in Paules Zimmer, in jenem
furchtbaren Augenblick, in dem er begriffen hatte, was der Junge
aus Zuneigung - *Zuneigung!* - getan hatte, und sich seine Arme
nach der Tür ausstreckten, aber seine Beine gefangen blieben - und
das Fenster barst und Fäuste an seinen Schultern zerrten . . .

Der Aufseher schüttelte ihn wach.
»Los, hoch!«
Er hatte sich auf seiner linken Seite zusammengerollt wie ein
Fötus - sein Körper wund, seine Gelenke verschweißt. Das Schüt-
teln des Aufsehers weckte den Hund, und ihm war übel. Es war
nichts in ihm, das er hätte ausspeien können, aber schon allein um
der alten Zeiten willen krampfte sich sein Magen. Die Zelle zog
sich weit zurück und stürzte dann wieder heran. Er wurde hochgezogen.

Der Aufseher schwang ein Paar Handschellen. Neben ihm stand
Krebs, Gottseidank nicht Globus.
Krebs sah ihn mit Abscheu an und sagte zu dem Aufseher:
»Legen Sie sie ihm die besser vorne an.«
Die Gelenke wurden vor ihm zusammengeschlossen, die Mütze
wurde ihm auf den Kopf gestülpt, und er wurde vornübergebeugt
durch den Gang geführt und dann die Stufen hinauf in die frische
Luft.
Eine kalte Nacht und klar. Die Sterne sprühten aus dem Him-
mel über dem Binnenhof herab. Die Gebäude und die Wagen hat-
ten vom Mondenschein silberne Ränder. Krebs schob ihn auf den
Rücksitz eines Mercedes und stieg nach ihm ein. Er nickte dem
Fahrer zu: »Columbia-Haus. Verriegeln Sie die Türen.«
Als die Riegel in der Tür neben ihm an ihren Platz glitten, empfand März ein Aufflackern der Erleichterung.

»Machen Sie sich keine Hoffnungen«, sagte Krebs. »Der Ober-gruppenführer wartet immer noch auf Sie. Wir haben nur mehr moderne Technik im Columbia-Haus. Das ist alles.«

Sie fuhren durch das Tor hinaus und sahen für jeden aus wie zwei SS-Offiziere mit ihrem Fahrer. Eine Wache salutierte.

Das Columbia-Haus stand etwa 3 Kilometer südlich der Prinz-Albrecht-Straße. Die verdunkelten Regierungsgebäude wichen bald schäbigen Bürohäusern und mit Brettern vernagelten Kauf-häusern. Das Gebiet um das Gefängnis war in den fünfziger Jahren in den Plan der Stadtentwicklung aufgenommen worden, und hier und da hatten Speers Bulldozer zerstörerische Ausfälle unternom-men. Aber das Geld war ausgegangen, ehe an der Stelle dessen, was sie niedergewalzt hatten, etwas Neues gebaut werden konnte. Jetzt schimmerten überwucherte Flächen verfallenden Landes im bläu-lichen Licht wie die Ecken alter Schlachtfelder. In den dunklen Sei-tenstraßen zwischen ihnen brodelten die wimmelnden Kolonien osteuropäischer Gastarbeiter.

März saß ausgestreckt da, und sein Kopf ruhte auf der Rück-lehne des Ledersitzes, als sich Krebs plötzlich zu ihm beugte und dann schrie: »O Scheiße!« Er wandte sich an den Fahrer. »Er bepißt sich selbst. Halten Sie hier an.«

Der Fahrer fluchte und bremste hart.

»Öffnen Sie die Türen!«

Krebs stieg aus, kam herum auf März' Seite und hievte ihn her-aus. »Los doch! Wir haben nicht die ganze Nacht Zeit!« Zum Fah-rer: »Eine Minute. Lassen Sie den Motor laufen.«

Und dann wurde März geschoben - und stolperte über grobe Steine, eine Allee hinab, in den Eingang einer Kirche außer Betrieb -, und dann schloß ihm Krebs die Handschellen auf.

»Sie sind ein glücklicher Mann, März.«

»Ich verstehe nicht . . .«

Krebs sagte: »Sie haben einen Lieblingsonkel.«

Taptaptap. Aus der Dunkelheit der Kirche. *Taptaptap.*

»Sie hätten sofort zu mir kommen sollen, mein Junge«, sagte Artur Nebe. »Dann hätten Sie sich solche Quälereien ersparen können.« Er fuhr mit der Fingerspitze über März' Wange. In den tiefen

Schatten konnte März die Einzelheiten seines Gesichtes nicht erkennen, nur einen fahlen Fleck.

»Nehmen Sie meine Pistole.« Krebs preßte die Luger in März' linke Hand. »Nehmen Sie sie! Sie haben mich aufs Kreuz gelegt. Sie haben meine Pistole in die Finger bekommen. Verstehen Sie!«

Er mußte wohl träumen, oder? Aber die Pistole fühlte sich solide genug an . . .

Nebe redete immer noch - eine leise, drängende Stimme. »O März, März. Krebs ist heute abend zu mir gekommen - schockiert! so zutiefst schockiert! - und hat mir erzählt, was Sie da haben. Wir haben es natürlich alle vermutet, hatten aber niemals Beweise. Jetzt müssen Sie sie rausbringen. Um unser aller willen. Sie müssen diese Scheißkerle aufhalten . . .«

Krebs unterbrach: »Um Vergebung, Herr Oberstgruppenführer, aber unsere Zeit ist fast um.« Er zeigte. »Da unten, März. Können Sie sehen? Ein Wagen.«

Unter einer zerbrochenen Straßenlampe konnte März am fernen Ende der Allee noch gerade einen niedrigen Schatten geparkt sehen, einen Motor laufen hören.

»Was soll das?« Er sah von einem Mann zum anderen.

»Gehn Sie zum Wagen, und steigen Sie ein. Wir haben jetzt keine Zeit mehr. Ich zähle bis zehn, dann schreie ich.«

»Lassen Sie uns nicht im Stich, März.« Nebe kniff ihn in die Wange. »Ihr Onkel ist ein alter Mann, aber er hofft, noch lange genug zu leben, um diese Schweine hängen zu sehen. Gehen Sie. Bringen Sie die Papiere raus. Veröffentlichen Sie sie. Wir setzen alles aufs Spiel, um Ihnen eine Chance zu geben. Ergreifen Sie sie. Gehen Sie.«

Krebs sagte: »Ich zähle: eins . . . zwei . . . drei . . .«

März zögerte, begann zu gehen, verfiel dann in einen Trab. Die Wagentür öffnete sich. Er sah zurück. Nebe war schon in der Dunkelheit verschwunden. Krebs hatte die Hände um den Mund gewölbt und begann zu schreien.

März wandte sich um und kämpfte sich auf den wartenden Wagen zu, als eine vertraute Stimme rief: »Xavi! Xavi!«

TEIL VII

FÜHRERS GEBURTSTAG

Die Bahn nach Krakau führt nordöstlich weiter über (348 km von Wien) *Auschwitz*, eine Industriestadt von 12 000 Einwohnern, ehemals Hauptort der Piastenherzogtümer Auschwitz und Zator (Hotel Zator, 20 B.), von wo eine Nebenbahn über Skawina (49 km) nach Krakau führt (69 km in 3 St.) . . .

BAEDEKER *Das Generalgouvernement 1943*

EINS

Mitternächtliches Glockenläuten klang auf, um den Tag zu begrüßen. Fahrer brausten vorüber, die mit ihren Scheinwerfern blinkten und auf ihre Hupen hämmerten, und verschmierte Töne über der Straße hinter sich hängen ließen. Fabriksirenen riefen einander quer über Berlin zu, wie stehende Züge.

»Mein lieber alter Freund, was haben die bloß mit dir gemacht?«

Max Jäger versuchte, sich aufs Fahren zu konzentrieren, doch alle paar Sekunden drehte sich sein Kopf in entsetzter Faszination zum Beifahrersitz um.

Er wiederholte immer wieder: »Was haben die bloß mit dir gemacht?«

März war benommen und unsicher, was Traum und was Wirklichkeit sei. Er hatte den Kopf halb gewendet und starrte aus dem Rückfenster. »Wohin fahren wir, Max?«

»Das weiß Gott allein. Wo willst du denn hin?«

Die Straße hinter ihnen war sauber. März blickte sich sorgfältig um, um Jäger anzusehen. »Hat Nebe dir das nicht gesagt?«

»Nebe hat gesagt, *du* würdest es mir sagen.«

März sah zur Seite, auf die Gebäude, die vorüberglitten. Er sah sie nicht. Er dachte an Charlie in ihrem Hotelzimmer in Waldshut. Wach, allein, auf ihn wartend. Es waren noch immer mehr als 8 Stunden übrig. Er und Max würden die Autobahnen praktisch für sich allein haben. Vermutlich könnten sie es schaffen.

»Ich war am Markt«, sagte Jäger gerade. »Das war gegen 9. Das Telefon klingelt. Onkel Artur. ›Sturmbannführer! Ein wie guter Freund ist Xaver März?‹ ›Es gibt nichts, was ich nicht für ihn tun würde‹, sage ich - inzwischen hatte es sich herumgesprochen, wo du warst. Er sagt, ganz ruhig: ›Na schön, Sturmbannführer, wir werden ja sehen, ein wie guter Freund Sie sind. Kreuzberg. Ecke Axmann-Weg, nördlich der aufgelassenen Kirche. Warten Sie da von Viertel vor bis Viertel nach Mitternacht. Und zu niemandem ein Wort, sonst stecken Sie morgen früh im KZ.‹ Das war's. Dann hat er aufgelegt.«

Auf Jägers Stirn lag ein Schweißglanz. Er blickte von der Straße zu März und zurück. »Verdammte Scheiße, Xavi. Ich weiß nicht, was ich mache. Ich hab Angst. Ich fahr nach Süden. Ist das in Ordnung?«

»Du machst das schon richtig.«

»Freust du dich nicht, mich zu sehen?« fragte Jäger.

»Ich freu mich sehr.«

März fühlte sich wieder schwach. Er verdrehte seinen Körper und kurbelte das Fenster mit der linken Hand herunter. Über dem Sausen von Wind und Reifen: ein Geräusch. Was war das? Er steckte den Kopf hinaus und sah nach oben. Er konnte es nicht sehen, aber er konnte es über sich hören. Das Knattern eines Hubschraubers. Er schloß das Fenster.

Er erinnerte sich an den Telefonmitschnitt: *» Was ich will? Was glauben Sie denn, was ich will? Asyl in Ihrem Land . . .«*

Die Skalen und Anzeiger des Wagens schimmerten in der Dunkelheit in sanftem Grün. Die Polsterungen rochen nach frischem Leder.

Er sagte: »Wo hast du den Wagen her, Max?« Es war ein Mercedes: das neueste Modell.

»Aus dem Fuhrpark am Werderschen Markt. Schön, was? Der Tank ist voll. Wir können hin, wohin du willst. Überall hin.«

Da begann März zu lachen. Nicht sehr laut und nicht sehr lange, denn seine schmerzenden Rippen zwangen ihn bald, aufzuhören. »O Max, Max«, sagte er. »Nebe und Krebs sind so gute Lügner, und du bist ein so schlechter, sie tun mir fast leid, daß sie dich in ihrer Mannschaft haben müssen.«

Jäger starrte geradeaus. »Die haben dich mit Drogen vollgepumpt, Xavi. Die haben dir weh getan. Du bist verwirrt, glaub mir.«

»Wenn sie sich irgendeinen anderen Fahrer ausgesucht hätten und nicht dich, dann wäre ich vermutlich drauf reingefallen. Aber dich . . . sag mir, Max: Warum ist die Straße hinter uns so leer? Ich nehme an, wenn man einem glänzenden neuen Wagen folgt, der vollgepackt ist mit Elektronik und ein Signal sendet, braucht man ihm nicht näher als einen Kilometer zu kommen. Besonders dann nicht, wenn man einen Hubschrauber einsetzen kann.«

»Ich setze mein Leben aufs Spiel«, jammerte Jäger, »und das ist mein Lohn.«

März hielt die Luger von Krebs in der Hand – in der Linken, sie war unbequem zu halten. Dennoch gelang es ihm überzeugend, den Lauf in die dicken Falten von Jägers Nacken zu bohren. »Krebs hat mir seine Pistole gegeben. Um diesen wesentlichen Hauch von Wahrhaftigkeit hinzuzufügen. Ich bin sicher, nicht geladen. Aber willst du's drauf ankommen lassen? Ich glaube nicht. Halt die linke Hand am Steuerrad, Max, und die Augen auf der Straße, und mit der Rechten gib mir deine Luger. Ganz langsam.«

»Du bist verrückt geworden.«

März verstärkte den Druck. Der Lauf glitschte an der schweißigen Haut hoch und kam genau hinter Jägers Ohr zur Ruhe.

»Schon gut, schon gut . . .«

Jäger gab ihm die Pistole.

»Ausgezeichnet. Paß auf, ich werde jetzt hier sitzen und damit auf deinen fetten Bauch zielen, und wenn du irgendwas versuchst, Max – irgendwas –, dann werde ich eine Kugel reinjagen. Dir ist klar, daß ich nichts mehr zu verlieren habe.«

»Xavi . . .«

»Halt den Mund. Bleib auf dieser Straße, bis wir den äußeren Autobahnring erreicht haben.«

Er hoffte, Jäger könne nicht sehen, wie seine Hand zitterte. Er ließ die Waffe in seinem Schoß ruhen. Es stand gut, redete er sich ein. Wirklich gut. Es bewies, daß sie sie noch nicht hatten. Und noch nicht entdeckt hatten, wo sie war. Denn sonst hätten sie nicht mehr zu diesem Mittel gegriffen.

Fünfundzwanzig Kilometer südlich der Stadt schwangen sich die Lichter der Autobahn wie ein Halsband durch die Nacht. Große Flächen Gelb wuchsen aus dem Boden hoch und trugen in Schwarz die Namen der Reichsstädte: im Uhrzeigersinn von Stettin über Danzig, Königsberg, Minsk, Posen, Krakau, Kiew, Rostow und Odessa nach Wien; dann hinauf über München und Nürnberg, Stuttgart, Straßburg, Frankfurt und Hannover nach Hamburg.

Auf März' Anweisung hin fuhren sie gegen den Uhrzeiger.

Zwanzig Kilometer später bogen sie am Friedersdorfer Kreuz nach rechts ab. Ein anderes Schild: Liegnitz, Breslau, Kattowitz ...

Die Sterne schlugen einen Bogen. Kleine Flecken leuchtender Wolken schimmerten über den Bäumen.

Der Mercedes flog über den Zubringer und schoß auf die mondbeschienene Autobahn zu. Die Straße schimmerte wie ein weiter Fluß. Er stellte sich vor, wie hinter ihnen ein Drachenschweif aus Lichtern und Waffen zur Verfolgung herumschwang.

Er war der Kopf. Er zog sie alle hinter sich her – von ihr weg über die leere Autobahn gen Osten.

ZWEI

Schmerzen und Erschöpfung hetzten ihn. Um wach zu bleiben, redete er.

»Ich nehme an«, sagte er, »wir haben Krause hierfür zu danken.«
Seit fast einer Stunde hatte keiner von ihnen gesprochen. Die einzigen Geräusche waren das Brummen des Motors und das Hämmern der Reifen auf der Betonstraße. Jäger fuhr von März' Stimme zusammen. »Krause?«

»Krause hat die Dienstpläne durcheinandergebracht und mich an deiner Stelle nach Schwanenwerder geschickt.«

»Krause!« grollte Jäger. Sein Gesicht sah aus wie das eines Bühnendämons, vom Schimmer des Armaturenbretts grün angemalt. Alle Schwierigkeiten in seinem Leben gingen auf Krause zurück!

»Die Gestapo hatte es so gedreht, daß du am Montagabend Dienst hattest, oder nicht? Was haben sie dir gesagt? ›Man wird eine Leiche in der Havel finden, Sturmbannführer. Keine Eile, sie zu identifizieren. Verlegen Sie die Akte für ein paar Tage . . .‹«

Jäger murmelte: »So ungefähr.«

»Und dann hast du verschlafen, und als du am Dienstag am Markt ankamst, hatte ich den Fall übernommen. Armer Max. Konntest morgens nie aufstehn. Die Gestapo muß dich in ihr Herz geschlossen haben. Mit wem hast du's zu tun gehabt?«

»Mit Globocznik.«

»Mit Globus persönlich!« März pfiff. »Ich wette, du hast gedacht, es wär Weihnachten! Was hat er dir versprochen, Max? Beförderung? Versetzung zur Sipo?«

»Fick dich, März.«

»Und dann hast du ihn über alles auf dem laufenden gehalten. Als ich dir erzählt hab, daß Jost Globus mit der Leiche am Rand des Sees gesehen hat, hast du das weitergegeben, und Jost verschwand. Als ich dich aus Stuckarts Wohnung anrief, hast du ihnen gesagt, wo wir waren, und wir wurden festgenommen. Am nächsten Morgen haben sie die Wohnung der Frau durchsucht, weil du ihnen gesagt hast, sie hätte was aus Stuckarts Safe. Sie haben uns in der Prinz-Albrecht-Straße zusammengelassen, damit du mich für sie vernehmen konntest . . .«

Jägers rechte Hand flog vom Steuerrad herüber, ergriff den Pistolenlauf und drehte ihn weg und hoch, aber März' Finger blieben um den Hahn gepreßt und zogen ab.

Die Explosion in dem geschlossenen Raum zerriß ihnen die Trommelfelle. Der Wagen schleuderte über die Autobahn und auf den Grasstreifen, der die beiden Fahrbahnen voneinander trennte, und sie holperten über die rauhe Spur. Einen Augenblick lang glaubte März, er sei getroffen, und dann dachte er, Jäger sei getroffen. Aber Jäger hatte beide Hände am Steuer und kämpfte um die Kontrolle über den Mercedes, und März hatte immer noch die Waffe. Kalte Luft schoß durch ein ausgefranstes Loch in der Decke ins Auto.

Jäger lachte wie ein Verrückter und sagte irgend etwas, aber März war von dem Schuß immer noch taub. Der Wagen schlitterte vom Gras herunter und gewann wieder die Autobahn.

Der Rückstoß des Schusses hatte März gegen seine zerschmetterte Hand geschleudert und ihn fast in Ohnmacht sinken lassen, aber der Strom eiskalter Luft peitschte ihn wieder ins Bewußtsein zurück. Er verspürte ein verzweifeltes Bedürfnis, seine Geschichte zu Ende zu bringen – *Ich wußte erst sicher, daß du mich verraten hast, als Krebs mir die Bandmitschrift zeigte: Da wußte ich es, weil du der einzige Mensch warst, dem ich von der Telefonzelle in der Bülowstraße erzählt hatte, und wie Stuckart das Mädchen anrief –*, aber der Wind riß seine Worte fort. Und was spielte es im übrigen für eine Rolle?

In all diesem war die Ironie Nightingale. Der Amerikaner war ein redlicher Mann gewesen; sein engster Freund der Verräter.

Jäger grinste immer noch wie ein Verrückter und sprach zu sich selbst, während er fuhr, und Tränen glitzerten auf seinen feisten Wangen.

Kurz nach 5 fuhren sie von der Autobahn ab in eine Tankstation, die die ganze Nacht geöffnet hatte. Jäger blieb im Wagen und sagte dem Tankwärter durch das offene Fenster, er solle auftanken. März hielt die Luger gegen Jägers Rippen gepreßt, aber den hatte die Kampfeslust offenbar verlassen. Er war in sich zusammengesackt. Er war nur noch ein Sack Fleisch in Uniform.

Der junge Mann, der die Pumpen bediente, sah auf das Loch der Decke und sah auf sie – zwei SS-Sturmbannführer in einem brandneuen Mercedes –, biß sich auf die Lippen und sagte nichts.

Durch den Baumschleier, der das Tankstellengelände von der Autobahn trennte, konnte März ab und zu vorbeifliegende Scheinwerfer sehen. Aber von der Kavalkade, die ihnen, wie er wußte, folgte: keine Spur.

Er vermutete, daß sie etwa einen Kilometer zurück angehalten hatte, um abzuwarten, bis sie sehen könnten, was er als nächstes vorhabe.

Als sie wieder auf der Straße waren, sagte Jäger: »Ich hab nie gewollt, daß dir was zustößt, Xavi.«

März, der an Charlie dachte, grunzte.

»Um Himmels willen, Globocznik ist General der Polizei. Wenn der einem sagt: ›Jäger! Wegsehen!‹ – dann sieht man eben weg, oder? Ich meine, so ist das Gesetz, oder nicht? Wir sind Polizisten. Wir haben dem Gesetz zu gehorchen!«

Jäger nahm den Blick lange genug von der Straße, um März anzusehen, der nichts sagte. Er blickte wieder auf die Straße.

»Als er mir befohlen hat, ihm mitzuteilen, was du herausgefunden hast – was hätte ich da tun sollen?«

»Du hättest mich warnen können.«

»Ja? Und was hättest du dann getan? Ich kenne dich: Du hättest weitergemacht. Und wo wäre ich dann geblieben – ich und Hannelore und die Kinder? Wir sind nicht alle dazu geschaffen, Helden zu sein, Xavi. Es muß auch Leute wie mich geben, damit Leute wie du so schlau aussehen können.«

Sie fuhren der Dämmerung entgegen. Über den niedrigen bewaldeten Hügeln vor ihnen war schon ein fahles Leuchten, als stünde eine ferne Stadt in Flammen.

»Ich nehme an, sie werden mich erschießen, weil ich zugelassen habe, daß du die Waffe gegen mich gerichtet hast. Sie werden sagen, ich hätte dich gelassen. Sie werden mich erschießen. O Gott, ist das nicht ein Witz?« Er sah März mit nassen Augen an. »Was für ein Witz!«

»Wirklich ein Witz«, sagte März.

Als sie die Oder überquerten, war es schon hell. Der graue Fluß erstreckte sich auf beiden Seiten der stählernen Brücke. Zwei Flußkähne glitten in der Mitte des sich langsam bewegenden Wassers aneinander vorüber und dröhnten sich ein lautes Gutenmorgen zu.

Die Oder: Deutschlands natürliche Grenze zu Polen. Nur gab es da keine Grenze mehr; es gab kein Polen mehr.

März starrte geradeaus. Das war die Straße, über die die 10. Armee der Wehrmacht im September 1939 gerollt war. In seinem Geiste sah er wieder die alten Wochenschauen: die mit Pferden bespannte Artillerie, die Panzer, die Marschkolonnen ... Der Sieg war so leicht erschienen. Wie hatten sie gejubelt!

Da war das Ausfahrtschild nach Gleiwitz, der Stadt, wo der Krieg angefangen hatte.

Jäger stöhnte. »Ich bin erledigt, Xavi. Ich kann nicht mehr viel weiter fahren.«

März sagte: »Ist nicht mehr weit.«

Er dachte an Globus. *»Da gibt es nichts mehr, nicht mal einen Ziegelstein. Niemand wird das jemals glauben. Und soll ich Ihnen was sagen? Ein Teil von Ihnen kann das selbst nicht glauben.«* Das war sein schlimmster Augenblick gewesen, weil es wahr war.

Eine Totenburg erhob sich nicht weit von der Straße auf einem kahlen Hügel: 4 Türme aus Granit, 50 Meter hoch, umschlossen zum Viereck angeordnet einen bronzenen Obelisken. Während sie vorüberfuhren, schimmerte für einen Augenblick die schwache Sonne in dem Metall wie in einem Spiegel. Es gab Dutzende solcher Tumuli zwischen hier und dem Ural – unvergängliche Mahnmale für die Deutschen, die gestorben waren – starben, sterben werden – für die Eroberung des Ostens. Jenseits Schlesiens waren die Autobahnen durch die Steppen auf Dämmen gebaut, damit sie vom Winterschnee freiblieben – einsame Schnellstraßen, die unaufhörlich vom Wind gepeitscht wurden ...

Sie fuhren noch weitere zwanzig Kilometer über die rauchspeienden Fabrikschlote von Kattowitz hinaus, und dann sagte März zu Jäger, er solle von der Autobahn abfahren.

Er kann sie in seinem Geist sehen.

Sie verläßt das Hotel. Sie sagt am Empfang: »Sind Sie sicher, daß keine Nachricht gekommen ist?« Die Empfangsdame lächelt. »Keine, Fräulein Voß.« Sie hat das ein dutzendmal gefragt. Ein Träger bietet ihr an, beim Gepäck zu helfen, aber sie lehnt ab. Sie sitzt in dem Auto und blickt über den Fluß und liest noch einmal den Brief, den sie in ihrem Koffer versteckt gefunden hat. »Hier ist der Schlüssel zum Tresor, mein Liebling. Sorge dafür, daß sie eines Tages wieder das Licht erblickt...« *Eine Minute vergeht. Noch eine. Und noch eine. Sie blickt stetig nach Norden, in die Richtung, aus der er kommen soll.*

Schließlich sieht sie auf die Uhr. Dann nickt sie langsam, läßt den Motor an und biegt nach rechts in die ruhige Straße ein.

Jetzt fuhren sie durch industrialisiertes Land: braune Felder, begrenzt von struppigen Hecken; weißliches Gras; vom Kohlenstaub schwarze Hänge; die hölzernen Türme alter Schächte mit geisterhaft sich drehenden Rädern, wie die Skelette von Windmühlen.

»Was für ein Scheißloch«, sagte Jäger. »Was passiert hier?«

Die Straße lief an einem Eisenbahngleis entlang und überquerte dann einen Fluß. Flöße aus gummiartigem Schaum trieben an den Ufern entlang. Sie befanden sich unmittelbar unterm Wind aus Kattowitz. Die Luft stank nach Chemikalien und Kohlenstaub. Der Himmel war hier normalerweise schwefelgelb, die Sonne eine orangefarbene Scheibe im Dunst.

Sie fuhren abwärts, unter einer geschwärzten Eisenbahnbrücke durch, dann über eine Eisenbahnkreuzung. Nahe jetzt … März versuchte, sich an Luthers grobe Faustskizze zu erinnern.

Sie kamen an eine Kreuzung. Er zögerte.

»Nach rechts.«

An Wellblechhütten vorbei, an ärmlichen Baumgruppen, und ratterten über noch mehr stählerne Gleise …

Er erkannte eine aufgegebene Eisenbahnstrecke. »Halt!«

Jäger bremste.

»Hier ist es. Du kannst den Motor abstellen.«

Völlige Stille. Nicht einmal ein Vogelruf.

Jäger sah sich mit Widerwillen auf der engen Straße, den kahlen Feldern mit den fernen Bäumen um. Ödland. »Wir sind ja mitten im Nichts!«

»Wie spät ist es?«

»Gerade nach 9.«

»Mach das Radio an.«

»Was soll das? Willst du ein bißchen Musik? *Die lustige Witwe?*«

»Mach es einfach an.«

»Welchen Sender?«

»Der Sender spielt keine Rolle. Wenn es 9 ist, haben alle das gleiche Programm.«

Jäger drückte auf eine Taste und drehte an einem Wählknopf. Ein Geräusch wie ein Ozean, der sich an einer felsigen Küste bricht. Als er durch die Frequenzen ging, verschwand das Geräusch, kam wieder, ging wieder verloren und war dann in voller Stärke da: nicht der Ozean, aber Millionen Stimmen, die sich zujubelnd erhoben.

»Nimm deine Handschellen raus, Max. Gib mir den Schlüssel. Und jetzt feßle dich selbst ans Lenkrad. Tut mir leid, Max.«

»O Xavi …«

»*Hier kommt er!*« schrie der Kommentator. »*Ich kann ihn sehen! Hier kommt er!*«

Er war mehr als fünf Minuten gegangen und hatte schon fast das Birkenwäldchen erreicht, als er den Hubschrauber hörte. Er sah einen Kilometer zurück, über das wogende Gras hinweg und an den überwachsenen Gleisen entlang. Dem Mercedes hatten sich auf der Straße ein Dutzend anderer Wagen angeschlossen. Eine Reihe schwarzer Gestalten begann, auf ihn zuzukommen.

Er drehte sich um und ging weiter.

Sie hält am Grenzübergang - jetzt. Die Hakenkreuzfahne flattert über dem Kontrollposten. Die Wache nimmt ihren Paß. »Aus welchem Grund verlassen Sie Deutschland?« »Um an der Hochzeit einer Freundin teilzunehmen. In Zürich.« Er blickt vom Paßfoto zu ihrem Gesicht und wieder zurück und überprüfte die Daten des Visums. »Sie reisen allein?« »Mein Verlobter sollte mitkommen, aber er wurde in Berlin aufgehalten. Er muß seine Pflicht tun. Sie wissen ja, wie das ist.« Lächeln, natürlich ... So ist es gut, mein Liebling. Niemand kann das besser als du.

Er suchte den Boden ab. Da mußte etwas sein.

Ein Beamter befragt sie, ein anderer geht um den Wagen herum. »Was für Gepäck führen Sie mit sich?« »Nur Sachen zur Übernachtung. Und ein Hochzeitsgeschenk.« Sie setzt eine verdutzte Miene auf. »Warum? Ist was nicht in Ordnung? Wollen Sie, daß ich alles auspacke?« Sie beginnt, die Tür zu öffnen ... O Charlie, übertreib es nicht. Die Beamten tauschen Blicke aus ...

Und dann sah er es. Fast vergraben in der Wurzel eines Schößlings: ein Streifen Rot. Er bückte sich und nahm es auf, und drehte es in der Hand. Der Ziegel war von gelblichen Flechten bedeckt, von der Sprengung verbrannt, und zerbröselte an den Kanten. Aber noch war er solide genug. Er war da. Er kratzte mit dem Daumen an den Flechten herum, und der karmesinrote Staub setzte sich unter seinen Nagel wie vertrocknetes Blut. Als er sich bückte, um ihn wieder hinzulegen, sah er andere, halb im fahlen Gras verborgen - zehn, zwanzig, hundert ...

Ein hübsches Mädchen, eine Blondine, ein schöner Tag, ein Feiertag ... Die Beamten lesen das Blatt noch einmal durch. Da heißt es nur, Berlin bemühe sich, eine Amerikanerin zu finden, eine Brünette. »Nein.« Er gibt ihr den Paß zurück und winkt dem anderen Beamten zu. »Eine Durchsuchung wird nicht nötig sein.« Die Schranke öffnet sich. »Heil Hitler!« sagt er. »Heil Hitler!« antwortet sie.

Fahr los, Charlie. Fahr los.

Es ist, als ob sie ihn hört. Sie wendet den Kopf nach Osten, ihm entgegen, dahin, wo die Sonne frisch am Himmel steht, und als der Wagen anfährt, scheint sie den Kopf zustimmend zu neigen. Über die Brücke: das weiße Kreuz der Schweiz. Das Morgenlicht glitzert auf dem Rhein ...

Sie ist entkommen. Er sah zur Sonne empor und wußte es – wußte es mit absoluter Sicherheit.

»Bleiben Sie stehen, wo Sie sind!«

Der schwarze Schatten des Hubschraubers flappte über ihm. Hinter ihm Rufe – sehr viel näher jetzt – metallene, roboterhafte Befehle: »Lassen Sie die Waffe fallen!«

»Bleiben Sie, wo Sie sind!«

»Bleiben Sie, wo Sie sind!«

Er nahm die Uniformmütze ab und schleuderte sie über das Gras, wie sein Vater einst flache Hüpfsteine über den See schleuderte. Dann zog er die Pistole aus dem Hosenbund, prüfte nach, ob sie geladen war, und bewegte sich auf die schweigenden Bäume zu.

NACHBEMERKUNG

Viele der Personen, deren Namen in diesem Roman verwendet werden, haben wirklich gelebt. Die biographischen Einzelheiten sind bis 1942 zutreffend. Ihr späteres Schicksal hat sich natürlich anders gestaltet.

Josef Bühler, Staatssekretär im Generalgouvernement, wurde in Polen zum Tode verurteilt und 1948 hingerichtet.

Wilhelm Stuckart wurde bei Kriegsende festgenommen und verbrachte vier Jahre in Haft. Er wurde 1949 freigelassen und lebte in Westberlin. Im Dezember 1953 wurde er bei einem Auto»unfall« in der Nähe von Hannover getötet. Der »Unfall« ist vermutlich von einer Rächergruppe arrangiert worden, die Nazi-Kriegsverbrecher jagte, die sich in Freiheit befanden.

Martin Luther versuchte in einem Machtkampf 1943, den deutschen Außenminister Joachim von Ribbentrop zu stürzen. Er scheiterte und wurde in das Konzentrationslager Sachsenhausen geschickt, wo er einen Selbstmordversuch unternahm. Er wurde 1945 kurz vor Kriegsende entlassen und starb im Mai 1945 in einem örtlichen Krankenhaus an Herzversagen.

Odilo Globocznik wurde von einer britischen Patrouille am 31. Mai 1945 in Weißensee/Kärnten festgenommen. Er beging Selbstmord durch Zerbeißen einer Zyankalikapsel.

Reinhard Heydrich wurde von tschechischen Agenten in Prag im Sommer 1942 ermordet.

Artur Nebes Schicksal ist - typisch - sehr viel rätselhafter. Es wird angenommen, daß er in das Attentat auf Hitler im Juli 1944 verwickelt war, sich auf einer Insel im Wannsee versteckte und von einer abgewiesenen Geliebten verraten wurde. Offiziell wurde er am 21. März 1945 in Berlin hingerichtet. Dennoch wurde er angeblich später in Italien und Irland gesehen.

Jene, die als Teilnehmer der Wannsee-Konferenz genannt werden, waren tatsächlich anwesend. Alfred Mayer beging 1945 Selbstmord. Roland Freisler wurde bei einem Bombenangriff 1945 getötet. Friedrich Kritzinger starb nach schwerer Krankheit in Freiheit. Adolf Eichmann wurde von den Israelis 1962 hingerichtet. Karl Schöngarth wurde von einem britischen Gericht 1946 zum Tode verurteilt. Otto Hoffmann wurde von einem US-Militärgericht zu 15 Jahren Haft verurteilt. Heinrich Müller gilt seit Kriegsende als verschollen. Die anderen lebten entweder in Deutschland oder in Südamerika weiter.

Die folgenden, im Text zitierten Dokumente sind authentisch: Heydrichs Einladung zur Wannsee-Konferenz; Görings Anweisung an Heydrich vom 31. Juli 1941; die Telegramme des deutschen Botschafters, die die Kommentare Joseph P. Kennedys beschreiben; die Anweisung vom Zentralen Baubüro in Auschwitz; der Eisenbahnfahrplan (gekürzt); die Auszüge aus den Protokollen der Wannsee-Konferenz; das Rundschreiben über die Verwendung von Häftlingshaaren.

Wo ich Dokumente erfinden mußte, habe ich mich bemüht, das auf der Basis von Tatsachen zu tun - zum Beispiel: die Wannsee-Konferenz *wurde* verschoben, und die Protokolle *sind* von Eichmann in sehr viel umfassenderer Weise niedergeschrieben, dann aber von Heydrich redigiert worden; Hitler vermied - notorischerweise -, seinen Namen unter irgend etwas zu setzen, das wie eine direkte Anweisung zur Endlösung aussah, hat aber mit größter Wahrscheinlichkeit im Sommer 1941 eine mündliche Anweisung erteilt.

Das Berlin in diesem Buch entspricht dem, das Albert Speer zu bauen plante.

Leonardo da Vincis Porträt der Cecilia Gallerani wurde in Deutschland nach Kriegsende wiedergefunden und an Polen zurückgegeben.

Anmerkungen des Übersetzers

Der Autor Robert Harris hat in seinem Roman eine Reihe von Textzitaten aus dem Großdeutschen Reich teils als Motti einzelner Kapitel, teils als Textpassagen eingearbeitet, aber nicht im Sinne einer historischen Dokumentation, sondern nach den Bedürfnissen seiner Geschichte. Manche hat er in genauer Übersetzung übernommen, wie z. B. den SS-Eid auf Seite 9; andere in bearbeiteter Form, wie etwa das Hitler-Zitat auf Seite 5, das in der englischen Ausgabe lautet: »People sometimes say to me: ›Be careful! You will have twenty years of guerilla warfare on your hands!‹ I am delighted at the prospect ... Germany will remain in a state of perpetual alertness.« Hierzu lautet die Originalfassung: »Das wird jetzt ein hundertjähriger Kampf, was auch ganz gut ist: Wir schlafen nicht ein! Wenn einer sagt: Passen Sie auf, Sie kriegen jetzt zwanzig Jahre Partisanen-Krieg! Gut, das ist ja letzten Endes auch das Geheimnis gewesen, warum kleine Armeen eine Vielzahl von Völkern in Schach zu halten vermochten. Kommt in Zukunft eine Division nicht nach dem Lager Lechfeld oder nach Hammelburg, sondern nach dem Kaukasus: Die Jungens haben immer gejubelt vor Freude, wenn es hieß: packen. Dafür werde ich sorgen, daß diese Jugend herumgewirbelt wird. Es muß immer was los sein.« Dementsprechend wurde den Originaltexten entnommen, was zu entnehmen war; alles andere wurde aus dem Englischen nach Harris übersetzt.

Ganz oder teilweise übernommene Texte:

Seite 5

Adolf Hitler am 29. August 1942 aus: *Monologe im Führerhauptquartier 1941-1944.* Die Aufzeichnungen Heinrich Heims, herausgegeben von Werner Gochmann, Albrecht Knaus Verlag, Hamburg 1980 (Seite 374/5).

Seite 9:

Der SS-Eid aus: Heinz Höhne, *Der Orden unter dem Totenkopf. Die Geschichte der SS.* Verlag Der Spiegel, Hamburg 1966 (Seite 138).

Seite 89

Rede Hitlers am 1. September 1939 vor dem Reichstag zum Kriegsausbruch: »Seit 5.45 Uhr wird jetzt zurückgeschossen.« Nach: Archiv der Gegenwart, Band 1939, Seite 4200.

Seite 127

Hitler aus *Monologe* (wie zu Seite 5; dort Seite 40: »Das lehrt uns die bolschewistische Front: Sie kennen keinen Gott, und doch verstehen sie, zu sterben. Wenn der Nationalsozialismus längere Zeit geherrscht hat, wird man sich etwas anderes gar nicht mehr denken können. Auf die Dauer vermögen Nationalsozialismus und Kirche nicht nebeneinander zu bestehen.«

Seite 249
Aus: Eichmann-Prozeß, *Beweisdokumente* 871-950. Ref. Nr. G 01. Blatt 946 der *Materialsammlung der Police d'Israel*, Quartier Général 6-ème Bureau. Anschlie-ßend an den hier zitierten Text heißt es in dem Einladungsschreiben weiter: »Ähnli-che Schreiben habe ich an Herrn Generalgouverneur Dr. Frank, Herrn Gauleiter Dr. Meyer, die Herren Staatssekretäre Stuckart, Dr. Schlegelberger, Gutterer und Neumann, sowie an Herrn Reichsamtsleiter Dr. Leibbrandt, SS-Obergruppenfüh-rer Krüger, SS-Gruppenführer Hoffmann, SS-Gruppenführer Greifelt, SS-Ober-führer Klopfer und an Herrn Ministerialdirektor Kritzinger gerichtet.«

Seite 250
Dokument 710-PS in *Der Prozeß gegen die Hauptkriegsverbrecher vor dem Inter-nationalen Militärgerichtshof*, Nürnberg, 14. November 1945 - 1. Oktober 1946«, Band XXVI »Urkunden und anderes Beweismaterial« (Seite 266/7): »Der Reichs-marschall des Großdeutschen Reiches/Beauftragter für den Vierjahresplan/Vorsit-zender des Ministerrats für die Reichsverteidigung« - »An den Chef der Sicherheits-polizei und des SD SS-Gruppenführer Heydrich - Berlin.«

Seite 259
Dokument 1919-PS in *Der Prozeß* ... (wie zu Seite 250; Band XXIX, Seite 110-173, hier: Seite 145), Rede Himmlers bei der SS-Gruppenführertagung in Posen am 4. Oktober 1943: Ausführung des Gedankens: Andere Völker sind als Sklaven für die deutsche Kultur zu betrachten; Einzelnes über Russen, Italiener; Befreiung Mussolinis durch die SS; Lage und Stimmung in Deutschland; Beurteilung der Lage der Alliierten; SS-Ideale und Zukunftspläne (Beweisstück US-170). Die fragliche Passage behandelt die »Judenevakuierung, die Ausrottung des jüdischen Volkes«.

Seite 276
Hitlers Rede am 18. Juli 1937 zur »feierlichen Weihe des Hauses der Deutschen Kunst und Eröffnung der großen deutschen Kunstausstellung«, aus: *Die »Kunst-stadt« München 1937. Nationalsozialismus und »Entartete Kunst«*, Prestel Verlag, München 1987 (hier: Seite 250/1).

Seite 302
Aus: *Akten zur Deutschen Auswärtigen Politik 1918 - 1945*, von Neurath zu Rib-bentrop, Band 1, Serie D (1937-1945). Institut für Zeitgeschichte, München. Von Dirksen stellte in seinem Schreiben vom 18. Oktober 1938 an Staatssekretär von Weizsäcker zum Inhalt seiner Unterredung mit US-Botschafter Kennedy neben dem Interesse von Oberst Charles Lindbergh am neuen Deutschland ferner u. a. fest: »Wie Sie daraus entnehmen werden, erwartet Kennedy nunmehr eine Stellung-nahme unsererseits, ob uns seine Reise nach Deutschland genehm sein würde und ob er Gelegenheit haben wird, den Führer zu sehen.«

Seite 303
Aus: *Nationalsozialistische Massentötungen durch Giftgas* - eine Dokumenta-tion, herausgegeben von Kogon, Langbein, Rückerl u. a. im S. Fischer Verlag GmbH, Frankfurt/Main 1983 (hier: s. 222).

Seite 308 f
Aus: *Sonderzüge nach Auschwitz*, herausgegeben von Raul Hilberg im Horst-Werner Dumjahn Verlag, Mainz 1981 (hier: Anlage 45, S. 207-210).

Seite 311 ff

Aus: *Akten . . .* (wie zu Seite 300/301), Band 1, Serie E (1941-1945) Seite 267 ff.
Undatiertes Protokoll der Wannseekonferenz (die ursprünglich für den 9. Dezember
1941 einberufene Konferenz war wegen politischer Ereignisse kurzfristig auf den
20. Januar 1942 anberaumt worden; das Protokoll sandte Heydrich erst mit Schreiben vom 26. Februar 1942 dem Auswärtigen Amt zu. Die Teilnehmerliste lautet:
Gauleiter Dr. Meyer und Reichsamtsleiter Dr. Leibbrandt, Reichsministerium für
die besetzten Ostgebiete; Staatssekretär Dr. Stuckart, Reichsministerium des Innern; Staatssekretär Neumann, Beauftragter für den Vierjahresplan; Staatssekretär
Dr. Freisler, Reichsjustizministerium; Staatssekretär Dr. Bühler, Amt des General-
gouverneurs; Unterstaatssekretär Luther, Auswärtiges Amt; SS-Oberführer Klopfer, Partei-Kanzlei; Ministerialdirektor Kritzinger, Reichskanzlei; SS-Gruppenführer Hofmann, Rasse- und Siedlungshauptamt; SS-Gruppenführer Müller, SS-Ober-
sturmbannführer Eichmann, Reichssicherheitshauptamt; SS-Oberführer Dr.
Schöngarth, Befehlshaber der Sicherheitspolizei und des SD im Generalgouvernement, Sicherheitspolizei und SD; SS-Sturmbannführer Dr. Lange, Kommandeur
der Sicherheitspolizei und des SD für den Generalbezirk Lettland, als Vertreter des
Befehlshabers der Sicherheitspolizei und des SD für das Reichskommissariat Ostland, Sicherheitspolizei und SD.« Im Teil III des Protokolls heißt es zur Frage der
rund 11 Millionen Juden, »die sich wie folgt auf die einzelnen Länder verteilen:

A. Altreich	131 800
Ostmark	43 700
Ostgebiete	420 000
Generalgouvernement	2 284 000
Białystok	400 000
Protektorat Böhmen und Mähren	74 200
Estland – judenfrei –	
Lettland	3 500
Litauen	34 000
Belgien	43 000
Dänemark	5 600
Frankreich/Besetztes Gebiet	165 000
Unbesetztes Gebiet	700 000
Griechenland	69 600
Niederlande	160 800
Norwegen	1 300
B. Bulgarien	48 000
England	330 000
Finnland	2 300
Irland	4 000
Italien einschl. Sardinien	58 000
Albanien	200
Kroatien	40 000

Portugal		3 000
Rumänien einschl. Bessarabien		342 000
Schweden		8 000
Schweiz		18 000
Serbien		10 000
Slowakei		88 000
Spanien		6 000
Türkei (europ. Teil)		55 500
Ungarn		742 800
UdSSR		5 000 000
Ukraine	2 994 684	
Weißrußland ausschl. Białystok	446 484	
zusammen über		11 000 000

Bei den angegebenen Judenzahlen der verschiedenen ausländischen Staaten handelt es sich jedoch nur um Glaubensjuden, da die Begriffsbestimmungen der Juden nach rassischen Grundsätzen teilweise dort noch fehlen.« Und ferner: »Die berufständische Aufgliederung der im europäischen Gebiet der UdSSR ansässigen Juden war etwa folgende:

In der Landwirtschaft	9,1 %
als städtische Arbeiter	14,8 %
im Handel	20,0 %
als Staatsarbeiter angestellt	23,4 %
in den privaten Berufen –	
Heilkunde, Presse, Theater usw.	32,7 %

Seite 319
Dokument UdSSR-511 in *Der Prozeß* ... (wie zu Seite 250; Band XX »Verhandlungsniederschriften 30. Juli 1946–10. August 1946«, Seite 387/8).

Seite 359
Karl Baedeker *Das Generalgouvernement*, Reisehandbuch, mit 3 Karten und 6 Stadtplänen, Verlag Baedeker, Leipzig 1943 (hier: Seite 10 »Route von Wien nach Krakau«).

BERLIN, SIEGESALLEE, 1964

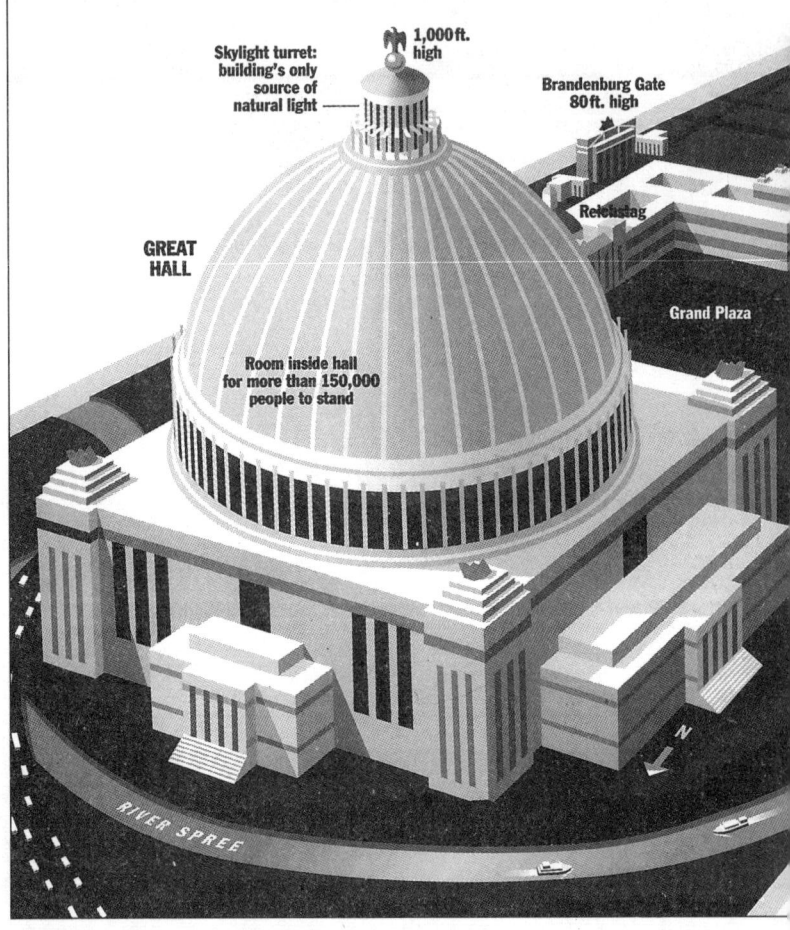

Skylight turret: building's only source of natural light

1,000 ft. high

Brandenburg Gate 80 ft. high

Reichstag

GREAT HALL

Room inside hall for more than 150,000 people to stand

Grand Plaza

RIVER SPREE

N

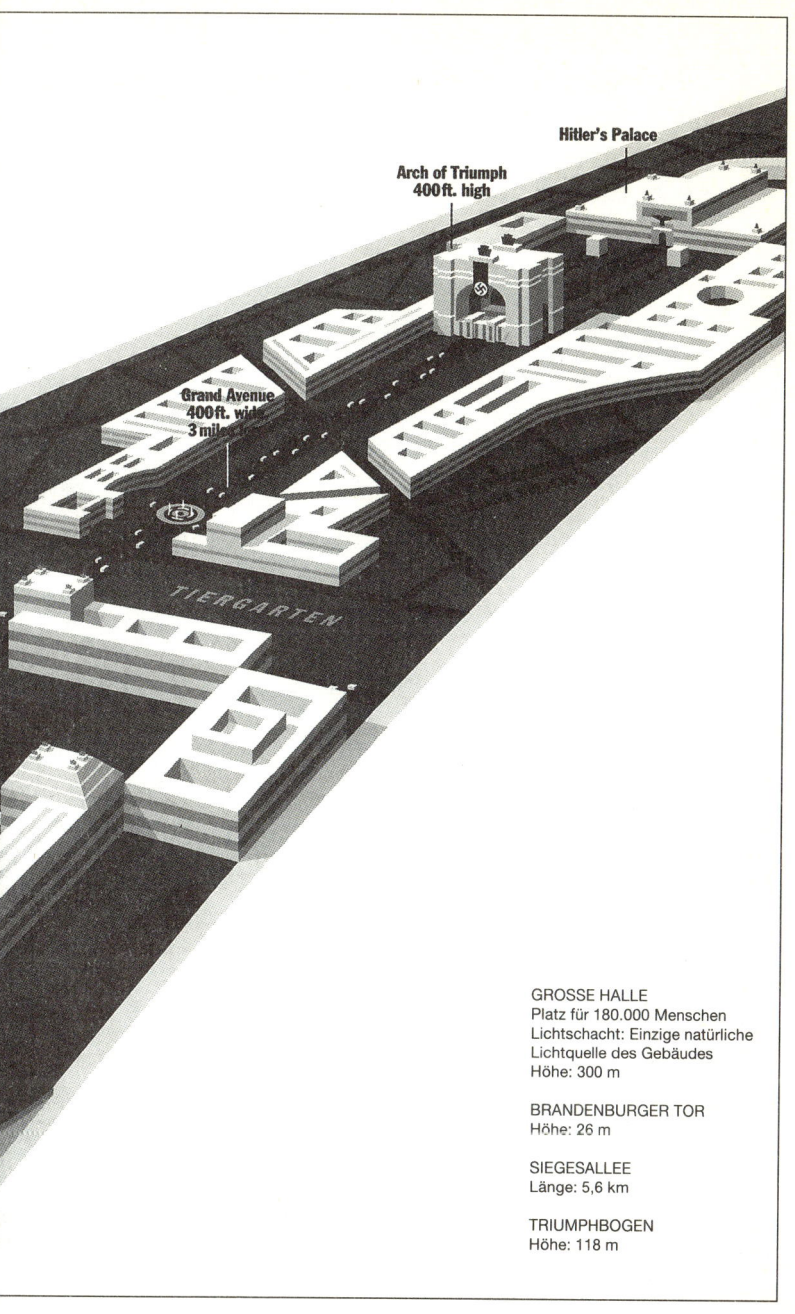

Hitler's Palace

Arch of Triumph
400 ft. high

Grand Avenue
400 ft. wide
3 miles

TIERGARTEN

GROSSE HALLE
Platz für 180.000 Menschen
Lichtschacht: Einzige natürliche
Lichtquelle des Gebäudes
Höhe: 300 m

BRANDENBURGER TOR
Höhe: 26 m

SIEGESALLEE
Länge: 5,6 km

TRIUMPHBOGEN
Höhe: 118 m

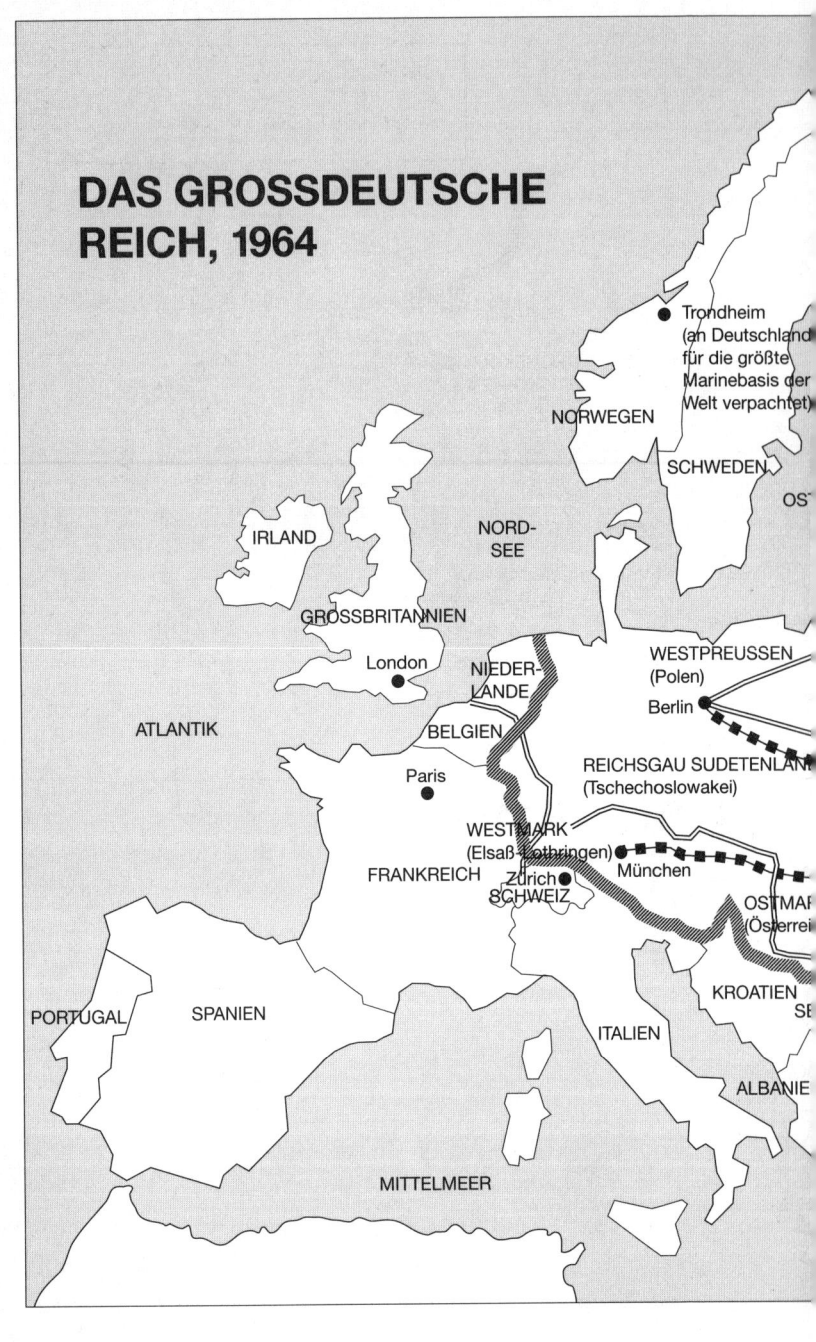

DAS GROSSDEUTSCHE REICH, 1964

Trondheim
(an Deutschland
für die größte
Marinebasis der
Welt verpachtet)

NORWEGEN

SCHWEDEN

OS

NORD-
SEE

IRLAND

GROSSBRITANNIEN

London

NIEDER-
LANDE

WESTPREUSSEN
(Polen)

Berlin

BELGIEN

ATLANTIK

Paris

REICHSGAU SUDETENLAN
(Tschechoslowakei)

WESTMARK
(Elsaß-Lothringen)

München

FRANKREICH

Zürich
SCHWEIZ

OSTMAI
(Österrei

KROATIEN

SE

PORTUGAL

SPANIEN

ITALIEN

ALBANIE

MITTELMEER

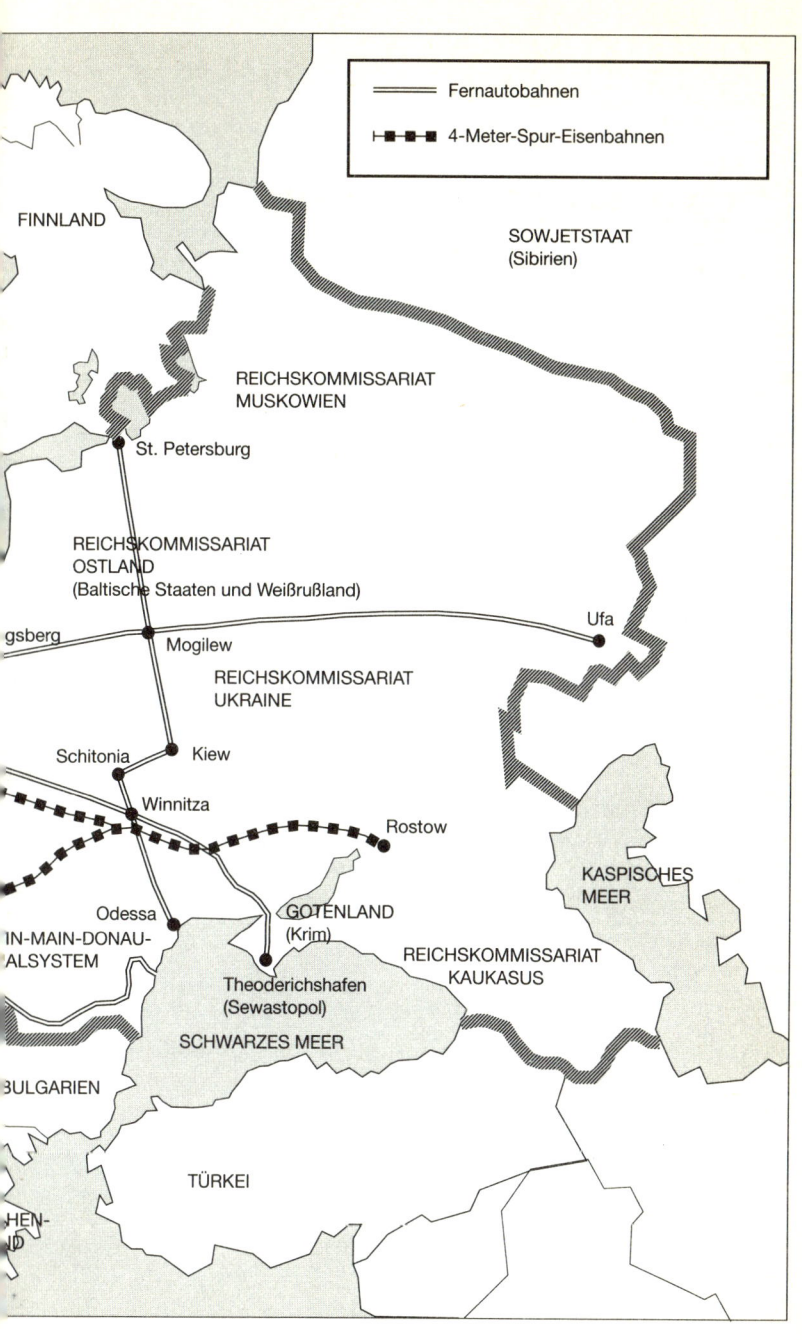

FINNLAND

SOWJETSTAAT
(Sibirien)

REICHSKOMMISSARIAT
MUSKOWIEN

St. Petersburg

REICHSKOMMISSARIAT
OSTLAND
(Baltische Staaten und Weißrußland)

Ufa

gsberg · Mogilew

REICHSKOMMISSARIAT
UKRAINE

Schitonia · Kiew

Winnitza

Rostow

KASPISCHES
MEER

Odessa

GOTENLAND
(Krim)

REICHSKOMMISSARIAT
KAUKASUS

IN-MAIN-DONAU-
ALSYSTEM

Theoderichshafen
(Sewastopol)

SCHWARZES MEER

BULGARIEN

TÜRKEI

HEN-
ID

Fernautobahnen

4-Meter-Spur-Eisenbahnen